DIE DEUTSCHEN UND IHR MITTELALTER

W0109058

AUSBLICKE

Essays und Analysen zu Geschichte und Politik

DIE DEUTSCHEN
UND IHR MITTELALTER

Themen und Funktionen moderner Geschichtsbilder
vom Mittelalter

Herausgegeben von
GERD ALTHOFF

WISSENSCHAFTLICHE BUCHGESELLSCHAFT

DARMSTADT

Einbandgestaltung: Neil McBeath, Stuttgart.

Einbandbild: Der 'Cappenberger Barbarossakopf' (nach: Die Zeit der Staufer. Geschichte – Kunst – Kultur. Katalog der Ausstellung Stuttgart: Württembergisches Landesmuseum 1977, Bd. II, Abb. 325; Foto: Ann Münchow).

Die Deutsche Bibliothek – CIP-Einheitsaufnahme

Die Deutschen und ihr Mittelalter: Themen und Funktionen moderner Geschichtsbilder vom Mittelalter / hrsg. von Gerd Althoff. – Darmstadt: Wiss. Buchges., 1992
(Ausblicke)
ISBN 3-534-10997-X
NE: Althoff, Gerd [Hrsg.]

Bestellnummer 10997-X

Das Werk ist in allen seinen Teilen urheberrechtlich geschützt.
Jede Verwertung ist ohne Zustimmung des Verlages unzulässig.
Das gilt insbesondere für Vervielfältigungen,
Übersetzungen, Mikroverfilmungen und die Einspeicherung in
und Verarbeitung durch elektronische Systeme.

© 1992 by Wissenschaftliche Buchgesellschaft, Darmstadt
Gedruckt auf säurefreiem und alterungsbeständigem Offsetpapier
Satz: Setzerei Gutowski, Weiterstadt
Druck und Einband: Wissenschaftliche Buchgesellschaft, Darmstadt
Printed in Germany
Schrift: Linotype Times, 9.5/11

ISBN 3-534-10997-X

Inhalt

Vorwort

Der vorliegende Band verdankt seine Entstehung einer Vortragsreihe im Historischen Verein zu Münster, die im Sommersemester 1989 durchgeführt wurde und bereits den Titel 'Die Deutschen und ihr Mittelalter' trug. Die politische Entwicklung in Deutschland, die zu diesem Zeitpunkt noch nicht abzusehen war, gibt dem Thema gewiß zusätzliche Aktualität; sie war jedoch nicht der Auslöser für die Vortragsreihe. Das schon damals lebhafte Interesse an der Thematik und die intensiven Diskussionen, die die vier Vorträge von Historikern in Münster auslösten, führten zu dem Entschluß, die Vorträge, erweitert um Beiträge aus anderen Fächern, zu publizieren. Es gelang, Vertreter der Kunst- und Literaturgeschichte zu gewinnen, und so die Interdisziplinarität der Thematik exemplarisch zu betonen. Bewußt wurden exempla aus ganz unterschiedlichen Zeiten nebeneinandergestellt, die jedoch eine wichtige Klammer verbindet: Mittelalter-Rezeption hat in aller Regel eine Funktion, sie muß deshalb vor dem Hintergrund der jeweiligen Zeit, ihrer Probleme und Anforderungen, gesehen und verstanden werden. Zu danken hat der Herausgeber in mehrfacher Hinsicht. Zunächst den Autoren für ihre engagierte Mitarbeit und zugleich für die Geduld, die sie zwischen der Abgabe der Manuskripte und dem Erscheinen des Buches aufbrachten. Ferner Karl Hauck, dem damaligen ersten Vorsitzenden des Historischen Vereins zu Münster, der die Vortragsreihe ermöglicht und sie mit intensivem und kritischem Interesse begleitet hat. Und nicht zuletzt der Wissenschaftlichen Buchgesellschaft für die vorbildliche Betreuung und zügige Drucklegung des Bandes.

Gießen, im April 1992   Gerd Althoff

Sinnstiftung und Instrumentalisierung: Zugriffe auf das Mittelalter

Eine Einleitung

Von Gerd Althoff

Die Deutschen tun sich schwer mit ihrer Identität, so ist insbesondere im letzten Jahrzehnt deutlich geworden. Der 'Historikerstreit' und die Diskussion um das Haus der deutschen Geschichte in Bonn sowie das Deutsche Historische Museum in Berlin vermittelten dies einer breiten Öffentlichkeit.[1] Es ist zu erwarten, daß die Vereinigung der beiden deutschen Staaten das Problem nicht ent- sondern eher verschärft, auch wenn zur Zeit Konsequenzen der neuen Situation noch nicht formuliert sind. Der Streit um die inhaltliche Füllung nationaler Identität der Deutschen steht aber mit einiger Gewißheit ins Haus, ein Problem, das gewiß ernst genug ist, um konzertierte Anstrengungen gerade der geisteswissenschaftlichen Disziplinen herauszufordern. Hier interessiert weniger, inwieweit das Mittelalter bei diesbezüglichen Überlegungen eine Rolle spielen kann, sondern welche es früher bei der Stiftung deutscher Identität gespielt hat. Diese Rückbesinnung scheint dringend geboten, um alte Fehler nicht zu wiederholen.

Der Begriff Identität suggeriert wie viele Modebegriffe mehr Eindeutigkeit, als er einlöst.[2] Ist sein Inhalt in bezug auf das Individuum schon kompliziert genug, so potenzieren sich die Schwierigkeiten bei den kollektiven Identitäten und dies naturgemäß um so mehr, je komplexer die Gruppen werden, die diese kollektiven Identitäten ausgebildet haben und durch sie charakterisiert sein sollen.[3] Eines jedoch ist gewiß: Kollektive Identität bildet sich nicht unwesentlich durch Zugriffe auf die Geschichte, die – als eigene Vorgeschichte interpretiert – als 'Erbe', 'Auftrag' oder 'Vermächtnis' appellative Funktionen bekommt. Die Aufgabe, sich dieses Erbes würdig zu erweisen, verpflichtet, eint und spornt an. Ist das Erbe jedoch eine Hypothek, die Vergangenheit belastet, wird Identitätsstiftung mittels Vergangenheit zum Problem.

Identitätsbildend sind nämlich vor allem Sachverhalte, die als positiv empfunden werden. So wie das Individuum seine Identität, sein Selbstverständnis und Selbstwertgefühl, durch selektive Verarbeitung der persönlichen Erlebnisse bildet und bei zu häufigen oder zu großen Brüchen und Einbrüchen Identitätskrisen produziert, so selektieren auch Gruppen und

Gesellschaften Ereignisse und Erfahrungen aus vielen Bereichen und nutzen bevorzugt die zur Identitätsbildung, die sie als positiv ansehen. So ist bekannt, daß das Wirtschaftswunder wie der Gewinn der Fußballweltmeisterschaft von 1954 für die bundesrepublikanische Identität ungeheuer prägend waren. Das neugewonnene Selbstwertgefühl drückte sich programmatisch in dem Ludwig Erhard zugeschriebenen Satz aus: „Wir sind wieder wer."[4]

Identitätsbildung ist also kein Vorgang, der allein über die ratio läuft, sondern erhebliche emotionale Komponenten hat – manches Mal stehen diese ganz im Vordergrund. Dies ist nicht anders, wenn die Geschichte zur Bildung von Identität verwandt wird. Läßt sich diese als Kette von Erfolgen präsentieren, so ist sie dementsprechend identitätsstiftend. Nicht nur Nationen, sondern alle menschlichen Gruppen bilden ihre Identität mit Vorliebe an geschichtlichen Sachverhalten, die zu 'Stolz' berechtigen. Das von anderen häufig als übertrieben bis penetrant empfundene Selbstbewußtsein der Bewohner von Hauptstädten, seien es Berliner, Wiener, Römer oder Pariser, basiert nicht zuletzt auf dem Bewußtsein, an Größe und Bedeutung alle anderen zu übertreffen. Ähnlich verhält es sich, wenn sich in Städten oder Regionen Superlative anderer Art finden oder ereigneten. Der schönste Dom, die 'historische Altstadt' sind für Bewohner Anlaß zu Stolz und Selbstbewußtsein, sie beeinflussen die kollektive Identität. Gleiche Funktionen gewinnen etwa die „großen Söhne" eines Ortes, deren Leistung zur Identitätsstiftung verwandt wird: Goethe-Stadt, Mozart-Stadt. Selbst das reine Alter eines Ortes kann diese Funktion übernehmen: Was ist eine 750-Jahr-Feier gegen eine 1200- oder gar 2000-Jahr-Feier.

Solche Charakteristika gesellschaftlicher Identitätsbildung zu konstatieren heißt nicht, sie zu bejahen. Alle Bemühungen um die Ausbildung eines differenzierten Geschichtsbewußtseins blieben jedoch blauäugig, wenn sie nicht die Erwartungshaltungen an Geschichtsinhalte, die als Bestandteile kollektiver Identität angenommen werden, in Rechnung stellen. Vereinfacht ausgedrückt richtet sich die Erwartung auf Sachverhalte, denen Bedeutung, Größe, Außergewöhnliches eigen ist, auf alles, woraus sich ein Vorrang, ein Besser-sein als andere ableiten läßt. Scheitern wird allenfalls dann akzeptiert, wenn es unter tragischen Umständen vonstatten ging oder Opfercharakter hatte. Ein frühes und berühmtes Beispiel für letzteres ist der Untergang des Spartaners Leonidas an den Thermophylen: „Wanderer, kommst Du nach Sparta ..." Angesichts dieser Erwartungen der Öffentlichkeit hat es die aufklärerische, die emanzipatorische Art der Geschichtsschreibung schwer, sich Gehör zu verschaffen.[5] Dies ist keine resignative, sondern eine nachdenkliche Feststellung, die lediglich davor warnt, sich über die Schwere der Aufgabe Illusionen zu machen, wenn man durch differenziertes Geschichtsbewußtsein Identität zu stiften hofft. Differenziertes

Geschichtsbewußtsein und Identität sind zwei durchaus verschiedene Dinge, zwischen denen ein erhebliches Spannungsverhältnis herrscht. Sinnstiftung durch Rückgriffe auf geschichtliches Geschehen verführt aus diesen Gründen leicht zur Mythenbildung. Häufig schon hat man die Arbeit des Historikers auf diesem Felde als eine 'Gratwanderung' zwischen Sinnstiftung und Entmythologisierung charakterisiert, und Klio und ihre 'Priester' des allzu willfährigen Umgangs mit den Mächtigen und Siegern verdächtigt: Dies sicher nicht zu Unrecht. Wieviel Instrumentalisierung derartige Sinnstiftung mit sich bringen konnte, läßt sich auf wenigen Feldern besser zeigen als am Verhältnis der Deutschen zu 'ihrem' Mittelalter, am Gebrauch oder auch Mißbrauch des Mittelalters zu deutscher Identitätsstiftung. Dies ist das Thema des hier vorliegenden Bandes. Ob die ganze Nation oder Teile von ihr, ob Gelehrte, Dichter oder 'geschichtsbewußte' Bürger sich der mittelalterlichen Vergangenheit bemächtigten, immer hing die Art dieser Rezeption sehr eng mit Problemen der je eigenen Zeitumstände und zeitbedingten Vorstellungen zusammen.[6]

Es ist viel untersucht und dargestellt worden, mit welcher Unbefangenheit und mit welchem Eifer gerade das 19. Jahrhundert und viele seiner politischen Strömungen auf das Mittelalter zugriffen, um aus dieser Geschichte die Legitimation und Richtschnur für das eigene politische Wollen und Handeln zu gewinnen. Historiker haben an diesen Vorgängen in vorderster Linie mitgewirkt.[7] Dem mittelalterlichen Kaiserreich wurde dabei vornehmlich das attestiert, was man selbst erstrebte: Glanz, Größe und Macht. Die Deutschen als Vor- und Ordnungsmacht im Abendland, hieß die „köstliche Botschaft", die das Mittelalter dem 19. und dem 20. Jahrhundert in dessen Augen verkündete.[8] Folgerichtig schrieb man die mittelalterliche Geschichte als Verfallsgeschichte mit dem Tenor: Von den „Höhen der Kaisermacht" in die dumpfe Enge (und Machtlosigkeit) der deutschen Kleinstaaterei. Die Popularität der mittelalterlichen Herrscher hing nicht zuletzt davon ab, wie energisch und erfolgreich sie sich diesem angeblichen Verfall ihrer Macht entgegenstemmten oder ob sie ihn sogar schuldhaft beschleunigt hatten.[9] Man machte „verhängnisvolle Wenden" des Mittelalters aus und Bösewichte, die solche Wenden herbeigeführt hatten. Als Schuldige ins Visier kamen vornehmlich die Fürsten mit ihren partikularistischen Interessen und das Papsttum mit Protagonisten wie Gregor VII., Alexander III. oder Innocenz III. Unreflektiert setzte man dabei zumeist voraus, daß Machtausübung im Mittelalter und im 19./20. Jahrhundert das Gleiche bedeutete. Gerade hier sind aber erhebliche Zweifel angebracht.

Es geht nicht darum, solche Geschichtsbilder noch einmal als Mythen zu entlarven, die der wissenschaftlichen Forderung, fremden Zeiten nicht die eigenen Denkmuster und Wertungskategorien zu oktroyieren, Hohn sprechen. Viel wichtiger ist, sich klarzumachen, was derartige Sinnstiftung auch bewirkt hat: Sie hat neben anderen Faktoren, die Deutschen mental dazu bereit gemacht, sich Macht, Glanz und Größe zurückzuerobern. Der sehnsüchtige Blick auf die Geschichte, besonders die mittelalterliche, der einstige Größe vorführte, um der Gegenwart einen Auftrag für die Zukunft zu vermitteln, schaffte ein Bewußtsein, das fraglos den Prozeß der nationalen Einigung forcierte, aber auch kriegerische Auseinandersetzungen rechtfertigte und beförderte, die bald eine bis dahin unbekannte Größenordnung annahmen und schließlich von einem nie dagewesenen Vernichtungswillen geprägt wurden. Ein böses Dictum sagt über Historiker, im Unterschied zu den ärztlichen täten ihre Fehler niemandem weh: Die Geschichte nationaler Identitätsstiftung in Deutschland ist ein erschreckender Beweis des Gegenteils.

Die daraus erwachsende Hypothek verhindert seit dem Ende des Zweiten Weltkriegs jeden unbefangenen Blick der Deutschen auf ihre nationale Geschichte. Die bundesrepublikanische Identität gewann Inhalt und Profil kaum aus der Geschichte, sehr dagegen aus den wirtschaftlichen Leistungen ihrer Gegenwart. Das öffentliche Bewußtsein verlor die deutsche Geschichte und insbesondere das Mittelalter aus den Augen; für die bundesrepublikanische Wirklichkeit der Zeit des kalten Krieges, der Westintegration und der Etappen europäischer Einigung war das mittelalterliche Erbe lange irrelevant, obgleich es nicht an Versuchen fehlte, im Zusammenhang mit der westeuropäischen Integration etwa auf die gemeinsamen Wurzeln des Karolingerreichs zu verweisen. Bei den verschiedensten Suchen nach Ursachen der „deutschen Katastrophe" spielte das Mittelalter jedoch keine Rolle.[10] Die Versuche in der DDR, ihrerseits das Erbe deutscher, auch mittelalterlicher Geschichte partiell anzutreten, standen erkennbar unter dem Unstern der Instrumentalisierung.[11]

Interessant und bis heute rätselhaft ist, daß sich mitten in dieser Abstinenz ein neues Interesse am Mittelalter bemerkbar machte, das unter dem Stichwort Identität oder gar nationale Identität nicht zu begreifen war. Die erste massive Manifestation dieses Interesses war die Staufer-Ausstellung des Jahres 1977, die aus Anlaß des 25jährigen Bestehens des Bundeslandes Baden-Württemberg von der dortigen Landesregierung initiiert worden war.[12] Gewiß stand bei den Initiatoren die Absicht im Vordergrund, Stauferwasser auf die Mühlen des Bundeslandes zu leiten und so der „geglückten Staatsbildung im deutschen Südwesten" (H. Filbinger) mit der nicht unproblematischen Vereinigung von Schwaben und Badenern eine Identität anzubieten, doch erklären diese Angebote nicht den Besuchererfolg der Ausstellung und das Interesse der Menschen, ein Interesse, das sich bald auch bei vergleichbaren Ausstellungen zeigte und auf Landesregierungen inzwischen magnetische Wirkungen auszuüben scheint: 1992 eröffnet Rheinland-Pfalz eine Salier-Ausstellung; für die zweite Hälfte dieses Jahrzehnts plant Sachsen-Anhalt eine Ottonen-Ausstellung.[13]

Die Besucher der Mittelalter-Ausstellungen suchten jedoch ebensowenig wie die Leser von Umberto Ecos „Der Name der Rose" oder die Besucher erfolgreicher Mittelalter-Filme Bausteine für ihre nationale oder regionale Identität. Will man den Grund ihrer Aufmerksamkeit mit einem Wort benennen, scheint eher der Begriff 'Andersartigkeit' angebracht. Das Mittelalter scheint seinen Reiz heute in erster Linie durch ästhetisch sehr eindrucksvolle Exponate zu gewinnen, die von einem als frappierend anders empfundenen Zeitalter Zeugnis geben. An Erbe, Vermächtnis oder gar Auftrag denkt man in solchen Situationen nicht mehr. Schlaglichtartig mag das Spezifische dieser Mittelalter-Rezeption der Titel einer offensichtlich erfolgreichen, weil wiederholten Sendung des Ersten Deutschen Fernsehens verdeutlichen: Mit dem bekannten Moderator Hanns-Joachim Friedrichs als Sprecher produzierte man eine mehrteilige Sendung über die Salier und nannte sie: „Nomaden auf dem Kaiserthron". Der Titel appelliert an das Interesse für die Fremdartigkeit der gezeigten Lebenswelt; Identität will er augenscheinlich nicht stiften.[14]

Die Zukunft wird zeigen, ob diese neue Mittelalter-Rezeption Bestand hat oder ob die Deutschen sogar nach ihrer Vereinigung eine neue Integration des Mittelalters in ihr nationales Geschichtsbild versuchen. Vor der Lösung letzteren Problems rangiert sicher die Aufarbeitung der jüngeren und jüngsten Geschichte, die gewiß den Zugang zum Mittelalter erschwert bzw. verhindert. Die Wege, auf denen man im 18., 19. oder 20. Jahrhundert das Mittelalter zur Sinnstiftung benutzte und es auf diese Weise instrumentalisierte, sind uns verschlossen, weil wir die Folgen solcher Sinnstiftung schmerzlich erfahren haben. Eines jedoch ist gewiß: Die Neubegründung nationaler Identität kann nicht unabhängig vom Prozeß der europäischen Integration vonstatten gehen. Sie hat die Interessen und Empfindlichkeiten der europäischen Nachbarn zu beachten. Dies setzt der Identitätsstiftung mittels Geschichte überall dort Grenzen, wo Stolz auf nationale Erfolge Niederlagen oder Mißerfolge der Nachbarn in Erinnerung ruft.[15] Gerade deshalb aber ist es sinnvoll, sich der Eigenarten dieser Wege und Zugriffe auf die Geschichte zu erinnern, wozu die Beiträge dieses Bandes anregen wollen. Die Verschiedenartigkeit dieser Wege an herausragenden Beispielen deutlich zu machen, das versuchen die Beiträge dieses Bandes, die bewußt exempla aus verschiedenen Zeiten und verschiedene Zugriffe auf das Mittelalter thematisieren. Allen Zugriffen aber ist gemeinsam, daß die jeweiligen Zustände und Bedingungen der eigenen Zeit einen erheblichen Druck zur Instrumentalisierung ausübten, dem zu wehren selten gelang.

Diesbezügliche Kenntnisse machen sicher nicht weise für immer, aber vielleicht nachdenklich für ein andermal. Von dieser Nachdenklichkeit könnten auch zukünftige Bemühungen profitieren, die aufzeigen wollen, was das Mittelalter uns heute noch zu sagen hat als eine Zeit der gänzlich an-

deren Formen menschlichen Zusammenlebens, aber auch der ach so vertrauten menschlichen Verhaltensweisen. Auf diesem Felde gibt es gewiß
nicht eine, sondern viele Antworten. In ihnen sollte Raum sein für die Bewunderung aller Leistungen der Vergangenheit, für die Kenntnisnahme der
Schwierigkeiten und Probleme menschlicher Existenz wie für die Einsicht
in menschliche Fehler, Verfehlungen und auch Verbrechen im Dienste welcher Ideen auch immer; Raum sein für den „handelnden, strebenden und
leidenden Menschen, wie er ist und immer war und immer sein wird"
(J. Burckhardt).

Das entzweite Mittelalter

Von Otto Gerhard Oexle

Was heißt es, Überlegungen zum Mittelalterbild der Moderne unter die Überschrift ›Das entzweite Mittelalter‹ zu stellen? Was ist damit gemeint? Es geht um den Sachverhalt, daß das Mittelalter als historische Epoche im Denken der Moderne in einer ganz singulären Weise gegenwärtig ist. Unter 'Moderne' sei dabei jene Epoche verstanden, die wir als die unsrige erleben, die wir herkömmlicherweise in der zweiten Hälfte des 18. Jahrhunderts oder um 1800 beginnen lassen und die wir konstituiert und charakterisiert sehen durch Aufklärung und Revolution, durch Industrialisierung und Technisierung[1] und durch die umfassende Historisierung alles dessen, was ist.[2] Wie steht es nun mit der Gegenwart des Mittelalters im Denken der Moderne? Das Mittelalter ist im Denken der Moderne in zweierlei Weise gegenwärtig: in einer positiven und einer negativen Auffassung, in einer positiven und einer negativen Besetzung dieses Begriffs, in Abstoßung und Aneignung, in Verurteilung und Identifikation zugleich. Beide Auffassungen stehen in einem kontradiktorischen Gegensatz zueinander; sie schließen sich gewissermaßen wechselseitig aus und beziehen sich doch zugleich unausgesetzt aufeinander. Mit anderen Worten: Die Moderne deutet das Mittelalter in der polaren Spannung zweier entgegengesetzter grundsätzlicher Wahrnehmungen.[3] Dieser Sachverhalt wird im folgenden mit dem Begriff des 'entzweiten Mittelalters' bezeichnet.

Das Thema soll in vier Gedankenschritten erörtert werden: Zunächst geht es um eine Veranschaulichung des genannten Sachverhalts von der doppelten, in sich gespaltenen Wahrnehmung des Mittelalters anhand von eher trivialen Beispielen aus unseren Tagen. Ein zweiter Abschnitt skizziert einige Knotenpunkte, in denen sich seit dem Beginn der Moderne die beiden Mittelalter-Bilder immer wieder aufs neue manifestierten. Danach ist in einem dritten Abschnitt nach den Ursachen, nach den historischen Gründen des Sachverhalts zu fragen. Im vierten Abschnitt ist schließlich, ebenfalls andeutend, die Frage zu erörtern, ob wir der Wahrnehmung des Mittelalters in der Form des 'entzweiten Mittelalters' verhaftet bleiben müssen oder uns vielleicht auch davon lösen können.

I

Was mit dem 'entzweiten Mittelalter' gemeint ist, soll also zunächst an
Beispielen aus unseren Tagen anschaulich gemacht werden, mit dem Blick in
die Tages- und Wochenpresse, der sich aber auch andere Äußerungen zuordnen lassen.

Im Sommer 1989 z. B. wurden in der Bundesrepublik von der Presse zwei
damals aktuelle Vorgänge ständig mit dem Mittelalter in Verbindung gebracht. Der eine Vorgang war der vielkommentierte, in Memmingen gegen
einen Gynäkologen geführte Prozeß, der von kritischen Beobachtern immer
wieder mit dem Stichwort 'Hexenjagd' belegt und ausdrücklich als 'mittelalterlich' bezeichnet wurde. Für 'mittelalterlich' hielt man dabei die Entmündigung des Individuums aufgrund von letztlich religiös bestimmten Orientierungen. Im analogen Zusammenhang einer als aggressiv empfundenen
Überwältigung von Menschen durch eine politisierte Religion oder eine religiös motivierte Politik tauchten die Wörter 'Mittelalter' und 'mittelalterlich'
sodann regelmäßig auf in der Darstellung und Beurteilung der Vorgänge im
Iran, im Hinblick auf den Massenwahn beim Tod des berühmten schiitischen
„Revolutionsführers" und überhaupt im Rückblick auf die politische Rolle
dieses Mannes als eines – wie man gerne sagte – „neuen Savonarola", seit
1979.[4] In gleichartiger Weise erscheint das Schlagwort 'Zurück ins Mittelalter', je nach dem Anlaß mit einem Ausrufungs- oder mit einem Fragezei-
chen versehen, in emotioneller Besetzung regelmäßig dort, wo es darum
geht, politische, soziale, intellektuelle oder ökonomische Vorgänge zu
bezeichnen, die als Attacken gegen den Fortschritt und gegen moderne Errungenschaften verstanden werden können.[5] Oder man sieht das, was als
Kennzeichen und Errungenschaft der Moderne gilt, eben zum Beispiel die
Autonomie des Individuums, durch die Heraufkunft eines 'Neuen Mittelalters' bedroht. Ein amerikanischer Kulturkritiker sah unlängst das 'Neue
Mittelalter' heraufziehen im Abbau des Leistungsdenkens, in der zunehmenden Entmündigung des Menschen durch Berater, Therapeuten, Sozial-
helfer, kurz: im Verfall der Individualität, während ein bekannter deutscher
Soziologe vor einigen Jahren in der „Priesterherrschaft der Intellektuellen"
das neue Mittelalter erkannte.[6] Die Parole vom unmittelbar bevorste-
henden 'Neuen Mittelalter' ("new mediaevalism") bündelt das Gefühl der
Angst vor dem Zusammenbruch der modernen Kultur.[7] Auf dem Wege zu
einem 'Neuen Mittelalter' vermutete auch Umberto Eco die Kultur der Gegenwart und verknüpfte damit pessimistische Szenarios: den Zusammenbruch der industriellen Zivilisation und der Städte, der Pax Americana und
der öffentlichen Ordnung, ein neues Nomadentum, ein neues Mönchtum
und eine neue Bindung des Denkens an vorgegebene Autoritäten.[8]

Oft begegnet das Wort 'mittelalterlich' aber auch in fast völlig inhaltsleerer, gewissermaßen rein diffamierender Verwendung: Es bezeichnet dann einfach eine Sache, die als alt und schlecht, als abgetan und passé gilt. So konnte man die Ablösung der Setzmaschine durch die Computerelektronik beschreiben unter der Überschrift: „Die Zeitung nimmt Abschied vom Mittelalter".[9] Eine merkwürdige Ansammlung von Urteilen über das Mittelalter, die derartigen Äußerungen über moderne Vorgänge zugrundeliegen, bot 1981 auch das Theaterstück ›Frauen im Mittelalter‹, das im Rahmen eines Modellversuchs 'Künstler und Schüler' von Kölner Bühnenkünstlern geschrieben und aufgeführt und mit sechshunderttausend Mark aus öffentlichen Mitteln finanziert wurde. Das Stück handelte vor allem vom ausgehenden Mittelalter als dem „Höhepunkt an Unterdrückung in der Geschichte der Frauen", von bösartigen Grundherren, die brave Bauern um den Ertrag ihrer Arbeit prellen und nichts im Kopf haben als ihr *jus primae noctis*, und von sadistischen Priestern auf Hexenjagd, die das Volk dümmer machen wollen, als sie selbst es sind. Die Kölner Theatertruppe hatte bei alledem, nach eigenem Bekunden, die Absicht, „Licht in die mittelalterliche Finsternis" zu bringen.[10] Die Erscheinungsformen solcher Imaginationen über das Mittelalter sind zahlreich und beschränken sich doch zugleich auf einige wenige, immer wieder auftretende Grundmuster.[11]

Aber auch wissenschaftliche Fachliteratur, etwa von Neuhistorikern, verwendet das Wort 'mittelalterlich' unbefangen als Diffamierungsbegriff und, was noch merkwürdiger erscheint, sie macht diesen Diffamierungsbegriff zur Grundlage fachhistorischer Urteile. Da wird zum Beispiel in einer herausragenden Monographie über Adolf Hitler über die geistige Prägung des Nationalsozialismus nachgedacht. Der Verfasser reflektiert dabei den „eigenartigen Grundwiderspruch des Nationalsozialismus", den er erkennt in der „Verbindung von intellektueller Sachlichkeit und Irrationalität, von 'Eiseskälte' und Magieverfallenheit". Er findet zur prägnanten Kennzeichnung dieses „Grundwiderspruchs" keine bessere Formulierung als die: Es handle sich hier um eine Verbindung von „Modernität und Mittelalter".[12] In ähnlicher Weise ist jüngst der Nationalsozialismus als „Feudalismus" bezeichnet worden. Die nationalsozialistische Herrschaftsstruktur sei „feudalistisch" gewesen, und zwar wegen ihrer „staatsauflösenden Tendenzen"; und ebenso sei auch Hitlers Lebens- und Großraumvision als feudalistisch zu bezeichnen: Sie sei nämlich, wie es heißt, eine „Wiedergeburt des mittelalterlichen Feudalreichs der Ottonen und Hohenstaufen" gewesen.[13] Noch merkwürdiger erscheint, daß diese These gar als „sehr gedankenreich und brillant", als „erwägenswert" und „umsichtig" gelobt wurde, mit der zusätzlichen Bemerkung, es erscheine „auf jeden Fall ... zutreffend", daß der nationalsozialistische Imperialismus einen „Rückfall in vormoderne Denk- und Handlungsweisen darstellte".[14] Man sieht an solchen Qualifikationen des Nationalsozialismus als „mittelalterlich" oder „feudalistisch" die Quint-

essenz alltagssprachlicher Verwendungen dieser Begriffe. Sie sollen einen
abstoßenden, häßlichen Atavismus bezeichnen, der den Fortschritt negiert,
eine unzeitgemäße, geschichtlich überholte, obsolete Scheußlichkeit. 'Mittelalter' ist hier das Gegenteil des Fortschritts der Moderne, ein Gegenbegriff, der in den soeben zitierten Zusammenhängen in einer merkwürdigen
Weise verwendet wird zur Kennzeichnung gerade solcher Phänomene des
20. Jahrhunderts, die jegliche Annahme eines Fortschritts im Zeichen der
Moderne so fundamental widerlegen und deshalb gewissermaßen als „mittelalterlich" aus der Moderne entfernt werden.

Diese Funktionen des Wortes 'mittelalterlich' als Diffamierungsbegriff
treten noch deutlicher zutage, wenn man den alltagssprachlichen Besetzungen des Gegen-Begriffs 'antik' nachgeht. Denn unser Alltagswort 'antik'
ist die Bezeichnung des Inbegriffs jener Relikte der Vergangenheit, die wir
als schön, edel, kostbar empfinden – und dies ganz ungeachtet der Tatsache,
daß die allermeisten der als 'antik' gepriesenen Kostbarkeiten aus der Neuzeit oder aus dem Mittelalter stammen. Der gefühlsmäßig positive Wert der
Antike für die moderne Alltagswelt ist kaum zu überschätzen.[15] Nichts
könnte dies deutlicher demonstrieren als die Werbung, welche sich gerne antiker Motive bedient und dabei mit ganz wenigen bildlichen Symbolen der
antiken Kunst, mit Säule und Kapitell, mit Torso und Portraitbüste, offenbar
erfolgreich für Damenwäsche und Herrenhemden, für Kosmetika, Spiri-
tuosen, Automobile und die Erzeugnisse der pharmazeutischen Industrie
sich einsetzt, wobei stets die gleiche Botschaft verkündet wird: daß das jeweilige Produkt „klassisch" sei, was heißen soll, daß es vital und lebensvoll
sei, gesund und stark, von zeitloser Gültigkeit, dem Verbrauch und Verfall
nicht unterworfen.[16] Es gibt also einen vulgären Begriff des zeitlos Schönen
und zeitlos Gültigen, der sich in dem Wort 'antik' konkretisiert, der mit Hilfe
von Motiven der antiken Kunst wachgerufen werden kann und der in strikter
Umkehrung der Wertungen seinem Gegen-Begriff des 'Mittelalterlichen' als
dem schlechthin und ein für allemal Überholten, Lächerlichen und Verwerf-
lichen entspricht.

Aber dies ist nicht alles. Der Sachverhalt wird komplex erst dadurch, daß
ein zweites Bild vom Mittelalter, ein zweiter Begriff des Mittelalterlichen
zur Verfügung steht, der uns mit ebensolcher Selbstverständlichkeit vertraut
ist. In diesem zweiten Bild vom Mittelalter mischen sich Staunen und Bewunderung mit dem sehnsüchtigen Blick in eine andere Welt, die eben deshalb mit Sehnsucht betrachtet wird, weil sie *nicht* unsere Welt, weil sie *nicht*
die Welt der Moderne ist.

Dieses zweite Bild vom Mittelalter evozierte und benutzte zugleich zum
Beispiel ein vom Kultursekretariat Nordrhein-Westfalen zum Sommer 1989
herausgegebener Katalog ›Erlebnis Mittelalter‹. Auf 231 Seiten bot er einen
Überblick über Filme, Museen und Ausstellungen zu mittelalterlichen

Themen und gab darüber hinaus zahlreiche „Projektanregungen", nämlich Angebote von Vorträgen über das Mittelalter, von Musik-, Tanz- und Theatergruppen, von Rezitationen mit einschlägigen Themen sowie preisgünstige Offerten zur Veranstaltung kompletter mittelalterlicher Märkte oder mehrtägiger Ritter-Turniere. Für das Erlebnis „Mittelalter in Ostbayern" warb, ebenfalls im Sommer 1989, ein der Tagespresse beigelegter, mehrseitiger und buntfarbiger Prospekt, der mit einem munteren „Grüß Gott im Mittelalter!" begann und ein vielfältiges Angebot vom „Mittelalter für Wanderlustige" und „Mittelalter für 'Aufsteiger'" (gemeint waren Ballonfahrten) bis zum „Mittelalter" für Musikliebhaber, Kunstfreunde, Festspiel-Fans und so weiter unterbreitete. Die bei alledem vorausgesetzte und evozierte Verlockung zielte auf die Lust zu einem Blick in fremde Welten, zu einem Blick auf das im Verhältnis zur Moderne Staunen erregende 'Andere', zu einem Blick in Welten, die ihren Reiz ausüben durch die Verheißungen der Buntheit, des unbeschwerten Genusses, der Lebenslust, der Ursprünglichkeit, Spontaneität und Unmittelbarkeit – im Gegensatz zu dem, was der moderne Mensch in seiner Welt an Langeweile, 'Entfremdung', Komplexität, Unüberschaubarkeit, Einschränkung und Rationalität zu leben sich gezwungen sieht.[17] In alledem erscheint das Mittelalter als das 'Andere', das doch zugleich tiefe Wurzeln des 'Eigenen' und des 'Eigentlichen' aufweist. So wird die 'Alterität' des Mittelalters zum Grund seiner 'Modernität', auch in der Wissenschaft.[18] Das Mittelalter wird zum „fernen Spiegel" der Gegenwart,[19] in dem der moderne Mensch fasziniert sich selbst betrachten kann, wie auch die Literatur[20] und der Film[21] unserer Tage dokumentieren – wobei schließlich sogar Brutalität, Haß, Gewalt und Zerstörung im dargestellten Mittelalter zum Faszinosum werden.[22]

Vor allem ist es immer wieder die mittelalterliche Kunst, die Architektur wie die Buchkunst, welche im modernen Menschen Bewunderung, ja Ergriffenheit auslöst. Ausstellungen, die mittelalterliche Kunst präsentieren, erreichen Besucherzahlen, die im Hinblick auf die so verbreiteten anti-mittelalterlichen Vorurteile erstaunlich sind. Die inzwischen schon fast legendär gewordene Stuttgarter Staufer-Ausstellung des Jahres 1977 hat innerhalb weniger Wochen rund 700000 Besucher angelockt. Es ist überaus bezeichnend, daß eben dieser Erfolg damals sogleich eine lebhafte Kontroverse auslöste, in der das Interesse so vieler Menschen an Zeugnissen des 12. und 13. Jahrhunderts wiederum in zwei konträren Hinsichten bewertet und kritisiert wurde. Auf der einen Seite galt die Attraktivität dieser Mittelalter-Schau als Anzeichen einer neuen Zuwendung zur Geschichte überhaupt. Es wurde also das Mittelalter-Interesse interpretiert als Indikator für ein neuerwachendes und nach den Jahren der Geschichtsfeindschaft mit Freude begrüßtes neues Geschichtsbewußtsein.[23] Auf der anderen Seite wurde die Stuttgarter „Staufer-Wallfahrt", wie es sogleich spöttisch hieß,[24] mit ideologiekritischem Mißtrauen beobachtet. Man vermutete Nostalgie, Flucht vor der Gegenwart und ihren Problemen, Selbsttäuschung, ein bequemes Alibi, „eskapistische Übungen": „heraus aus Umwelt-Ruinen, aus gesellschaftlichen Miseren, aus dem Gift von Wasser und Milch, dem Bazillenflor der Air-Condition"[25].

Es genügt also ein Blick in die Presse, um fast täglich darüber belehrt zu werden, daß es – im Gegensatz zu unserem Bild der Antike[26] – vom Mittelalter zwei Bilder gibt, die gegensätzlich sind, sich darin ständig aufeinander beziehen und gewissermaßen immerfort in Gemengelage vorkommen, was von keiner anderen vergangenen Epoche gesagt werden kann. Eine Dokumentation dieses Sachverhalts bietet übrigens auch Umberto Ecos längst weltberühmter Roman von 1980.[27] Und ich sehe den überwältigenden Erfolg dieses Buches wesentlich auch dadurch bedingt, daß der Verfasser mit außerordentlicher Raffinesse beide Bilder vom Mittelalter zugleich evoziert: in der Schöpfung eines Mittelalters, das geprägt erscheint von Verbrechen, Mord, Fanatismus und dumpfer Beschränktheit, aber auch von unbefangener Sinnlichkeit, von Glauben und von der Morgenfrische eines neuen geistigen Aufbruchs.[28] Kein Wunder, daß sogar die Wissenschaft den Verlockungen dieses Buches erlegen ist, indem sie es nämlich ihrerseits gewissermaßen als Quelle interpretiert und mit einem Netz von Kommentaren, Deutungen und historischen Interpretationen überzogen hat.

II

Unsere Beispiele aus dem Bereich derartiger trivialer Geschichtsdeutungen sind indessen nicht nur unterhaltsam, sie machen uns auch aufmerksam auf zwei grundsätzliche Gegebenheiten, die für das Nachdenken der Moderne über das Mittelalter relevant sind, und das nicht nur im Bereich der Trivialität und des Alltags- und Jedermannswissens. Erstens sehen wir in Umrissen jene Elemente, die dem Schema des 'entzweiten Mittelalters' und seinen Deutungen zugrundeliegen. Es ist dies vor allem: die Frage nach dem Fortschritt und nach der Beurteilung des Fortschritts. Und dieses Thema konkretisiert sich einerseits in der Frage nach der Bedeutung der Religion in der Gesellschaft und andererseits in der Frage nach dem Verhältnis von Individuum und Gesellschaft; es ist dies die Frage nach der Freiheit oder Bindung des Individuums. Zweitens ist zumindest in Umrissen deutlich geworden, daß diese Mittelalter-Bilder instrumentalen Charakter haben: Sie sind nicht Aussagen über das Mittelalter, sondern vielmehr Aussagen über die Moderne. Die Äußerung über das Mittelalter dient zur Deutung der Moderne.

In Weiterführung dieser Feststellungen geht es im zweiten Abschnitt nunmehr darum, über das triviale Denken der Gegenwart hinauszugehen, es als Residuum geschichtlicher Reflexionen und geschichtlicher Vorgänge zu erkennen und damit diese Vorgänge selbst in die Betrachtung einzubeziehen: die Reflexion des modernen Denkens über die Moderne anhand des Mittelalters.

Dabei sind mehrere Zugriffe möglich. Einerseits gibt es epochenspezifische Knotenpunkte, wie zum Beispiel der seit der Mitte des 18. und am Beginn des 19. Jahrhunderts sich ausformende Gegensatz von 'Aufklärung' und 'Romantik', der dem Schema vom 'entzweiten Mittelalter' viele wesentliche Motive vermittelt hat. Diese Feststellung bedarf aber sogleich der Ergänzung dahingehend, daß 'Aufklärung' keineswegs mit Mittelalter-Feindschaft identisch ist, darf man doch die erheblichen Beiträge nicht übersehen, welche gerade die Aufklärung zur Erkenntnis des Mittelalters beigesteuert hat.[29]

Ein zweiter Zugriff wäre der über das Œuvre herausragender Historiker, die aufgrund ihrer tiefgehenden Reflexionen über die eigene Gegenwart die Meinungsbildung der historischen Disziplinen und der Öffentlichkeit geprägt haben. Ein solcher Historiker war zum Beispiel Jacob Burckhardt.

Ein dritter Zugriff wäre der über nationale Eigentümlichkeiten jeweiliger Mittelalter-Diskurse. Ein zum Beispiel für Deutschland spezifischer Mittelalter-Topos ist der Streit des 19. Jahrhunderts um die Kaiserpolitik und Italienpolitik, der noch bis in die Mitte unseres Jahrhunderts hineinreichte.[30] Im Blick auf Frankreich wäre an die kontroverse Aneignung der Jeanne d'Arc und die Rolle dieser Auseinandersetzung in der französischen Innenpolitik bis in die Vichy-Zeit[31] zu erinnern. Als ein spezifisch englischer Mittelalter-Diskurs wiederum könnte die Aneignung und Auseinandersetzung mit dem Rittertum in Literatur und Kunst und in den Denkformen der englischen Moderne bezeichnet werden.[32] Ich lasse dies indessen beiseite, um vielmehr auf zwei für Deutschland typische und noch wenig beachtete Mittelalter-Debatten hinzuweisen: nämlich die Mittelalter-Diskussion in der deutschen Soziologie in den achtziger Jahren des 19. Jahrhunderts und die daran anknüpfende Mittelalter-Diskussion in der deutschen Philosophie nach dem Zusammenbruch von 1918.

(1) Aufklärung und Romantik. Das Erlebnis der eigenen Gegenwart, nämlich der werdenden Moderne des ausgehenden 18. Jahrhunderts, bildet die Grundlage eines umfangreichen historischen Werks, welches in nachhaltiger Weise moderne Mittelalter-Deutungen inauguriert hat. Es ist die ›History of the Decline and Fall of the Roman Empire‹ von Edward Gibbon, deren erster Band 1776 erschien.[33] Der Untergang Roms ist bekanntlich das große Thema des europäischen Geschichtsdenkens seit der Antike selbst,[34] eine Problemgeschichte, ein „Gespräch über Rom", in dessen herausragenden Zeugnissen in stets repräsentativer Weise die eigene Gegenwart ge-

deutet wurde.[35] Gibbon steht in einer Reihe, in der wir am Beginn Polybios und Augustin und im früheren 18. Jahrhundert Montesquieu und Voltaire finden. Gerade deshalb ist Gibbons Werk zugleich eine „Auseinandersetzung der modernen Welt" mit den Bedingungen ihrer Entstehung und ihrer Möglichkeiten, nämlich mit der Antike und dem Christentum „als den beiden großen, das europäische Weltbild gestaltenden Mächten"[36]. Neben den germanischen Barbaren ("the wild barbarians of Germany") ist es vor allem das Christentum, das – so die These Gibbons – die Kultur, den Staat, die Gesellschaft Roms durch Fanatismus und Intoleranz, durch seinen Unsterblichkeits- und Wunderglauben, durch seine eifernde Moral und kirchliche Disziplin zerstört hat[37]: "I have described the triumph of barbarism and religion."[38] Das Mittelalter ist deshalb von Grund auf illegitim. Gibbons Überzeugung von der Illegitimität des Mittelalters geht so tief, daß er dem Mittelalter den Epochencharakter abspricht: Der Niedergang Roms endete für ihn erst mit dem Fall Konstantinopels 1453, die Geschichte des Mittelalters ist nichts als die lange Schlußphase von Niedergang und Fall des Römischen Reiches.

Natürlich hat Gibbon viele seiner Stichworte und Aspekte der älteren Geschichtswissenschaft des 18. Jahrhunderts, besonders Montesquieu und Voltaire, entnommen. Aber seine Betrachtung unterscheidet sich grundlegend durch ihren Bezug zur Krise seiner Gegenwart, wie er sie sah. Für Gibbon wird diese Krise sichtbar in den geistigen, sozialen und politischen Erschütterungen Englands im ausgehenden 18. Jahrhundert durch die amerikanische Revolution, durch den politischen Radikalismus und vor allem durch die religiöse Protestbewegung des Methodismus, der die werdende Arbeiterschaft in Fabriken und Bergwerken im Sinne einer religiösen und zugleich demokratischen Bewegung formierte.[39] So wird England für Gibbon zum neuen Rom, das abermals durch Religion und Fanatismus gefährdet ist. Denn der Sieg des Christentums über die Antike ist „der Triumph der Religion" überhaupt; das Christentum ist „nur" die historische Gestalt von Religion an sich. Gibbon war der erste, der unter dem Eindruck der Entstehung der Moderne die römische Geschichte und die Geschichte der (christlichen) Religion darstellte, dabei die Verfallsgeschichte Roms als Erfolgsgeschichte der christlichen Religion schrieb und somit die geschichtlichen Wirkungen von Religion oder das Thema 'Religion und Gesellschaft' als Grundthema der Moderne behandelt hat.[40]

Seit langem wird darüber gestritten, ob Gibbon die bedeutendste wissenschaftliche Darstellung des Untergangs des Römischen Reiches geschrieben habe[41] oder ob – gerade umgekehrt – sein Werk ohne wissenschaftlichen Wert sei.[42] Diese Frage ist nicht zu entscheiden, weil sie offenkundig ein Teil des Problems ist. Aber sie ist auch nicht wichtig. Gewiß: Gibbon war kein Fachhistoriker. Aber gerade deshalb ist er so außerordentlich interessant, gerade deshalb spricht aus seinem Werk modernes Bewußtsein so unmittelbar. Und gerade deshalb ist seine Wirkung im Hinblick auf die Reflexion des Mittelalters so überaus bedeutsam. Diese Wirkung zeigt sich übrigens unmittelbar bei Friedrich Nietzsche, den man ganz treffend als den „ideengeschichtlichen Testamentsvollstrecker Gibbons" bezeichnet hat,[43] worauf hier jedoch nicht eingegangen werden kann.

Die Gegenposition vertrat schon um 1799 Novalis in seiner berühmten Beschwörung jener „schönen, glänzenden Zeiten, wo Europa ein christliches Land war, wo *Eine* Christenheit diesen menschlich gestalteten Weltteil bewohnte; *Ein* großes gemeinschaftliches Interesse ... die entlegensten Provinzen dieses weiten geistlichen Reichs" verband.[44] Mit der Reformation aber, so Novalis, „wars um die Christenheit getan", mit ihr habe die Epoche des Antagonismus von Glauben und Wissenschaft begonnen und nähere sich „die Zeit ... einer gänzlichen Atonie der höheren Organe, der Periode des praktischen Unglaubens". Diese „Geschichte des modernen Unglaubens" seit dem Ende des Mittelalters aber sei „der Schlüssel zu allen ungeheuren Phänomenen der neueren Zeit", also zu all jenen „frechen Ausbildungen menschlicher Anlagen auf Kosten des heiligen Sinns, und unzeitigen gefährlichen Entdeckungen, im Gebiete des Wissens" und zur Revolution als dem „törichten Bestreben, die Geschichte und die Menschheit zu modeln". Eine Überwindung dieser Erschütterungen sei nur von einer Erneuerung im Zeichen der Religion zu erwarten. Ebenso wie für Gibbon, auf den er verweist,[45] ist auch für Novalis das „sonderbare Zusammentreffen der Gründung des Christentums und der römischen Monarchie"[46] ein Angelpunkt der Überlegungen. Novalis aber findet im Begriff des „Weltopfers" zur entgegengesetzten Antwort: Rom (d. h. die römische Republik) ist das „Weltopfer", das gebracht werden muß, damit das Christentum sich durchsetzen konnte, ein Grundgedanke metaphysischer Geschichtsschreibung, der in der Folge (und stets in Anknüpfung an Gibbon) vielfach wiederkehrt.[47]

Zugleich ist zu erkennen, wie bei Novalis die Reflexion über den Prozeß der Moderne und seine grundlegenden Antriebskräfte und über das Problem der Religion in der modernen Gesellschaft verknüpft ist mit dem Problem der Stellung des Individuums: beklagt Novalis doch auch die Zerstörung des „*Einen* großen gemeinschaftlichen Interesses", des „allgemeinen christlichen Vereins".[48] Bekanntlich ist dies die Gegenposition zur Gesellschaftslehre der Aufklärung, eine Fundamentalkritik an deren Vertragsdenken, wie sie Rousseau klassisch formuliert hat, der ja auch, wie Diderot und andere, die Auflösung aller ständischen Gruppierungen, aller Zünfte, Korporationen, Universitäten, Kommunen gefordert hat. In der Revolution wurde dies praktisch durchgeführt. Darauf antwortete bekanntlich wiederum die um 1800 von der Romantik vorgetragene Wertschätzung der Stände und das Programm einer nach Ständen und Korporationen gegliederten sozialen Ordnung, die sich gegen die revolutionären Prozesse stemmt[49]: in de Bonalds Parole des 'Maintenir' gegen das 'Faire' der revolutionären Bewegung (1800); in Joseph de Maistres Programm zur Restituierung ständischer Verhältnisse (1797), in Adam Müllers Entwurf einer ständisch gegliederten Gesellschaft (1809), in Franz von Baaders Plädoyer für „Standschaft und Korporation" (1802).[50]

(2) Jacob Burckhardt hat seine historische Arbeit immer verbunden mit einer lebhaften Beobachtung seiner Zeit, mit Anteilnahme und Kritik an der Gegenwart.[51] Dies macht ihn zu einem aufschlußreichen Zeugen und bewirkt, daß Burckhardt in verschiedenen Phasen seines Lebens nacheinander beide Auffassungen vom Mittelalter vertreten hat. Das Urteil Burckhardts über das Mittelalter in seinen mittleren Lebensjahren bietet seine ›Kultur der Renaissance in Italien‹ von 1860, mit dem berühmten Kapitel über die „Entwicklung des Individuums", an dessen Beginn einige seither wirklich unendlich oft zitierte Sätze stehen: Im Mittelalter, so heißt es hier, hätten „die beiden Seiten des Bewußtseins – nach der Welt hin und nach dem Innern des Menschen selbst – wie unter einem gemeinsamen Schleier träumend oder halbwach" gelegen. „Der Schleier war gewoben aus Glauben, Kindesbefangenheit und Wahn; durch ihn hindurchgesehen erschienen Welt und Geschichte wundersam gefärbt, der Mensch aber erkannte sich nur als Rasse, Volk, Partei, Korporation, Familie ..."[52] Die Bindung, ja die Fesselung des Menschen in seiner Religion und in seinen Gemeinschaften definiert demnach also das Mittelalter. Indem der Mensch Individuum wurde, so meint Burckhardt, seien diese Bindungen an „Glauben" und „Wahn", seien die Fesselungen des Menschen an die Mächte der Gemeinschaft zerrissen, habe der moderne Mensch als geistiges wie als soziales Wesen seinen Weg begonnen: in der zweifachen Zertrümmerung des Mittelalters als einer Welt der Bindungen.

Burckhardts berühmte Sätze von 1860 dienen noch immer, bei Historikern wie auch bei Kunsthistorikern,[53] als Aussage nicht nur von 'klassischer' Geltung, sondern von geradezu objektiver Richtigkeit. Daß dazu kein Anlaß besteht,[54] ergibt sich auch daraus, daß Burckhardt selbst zwei Jahrzehnte später unter dem Eindruck der Zeitereignisse den Prozeß der Moderne ganz anders beurteilte und eben deshalb auch ein entgegengesetztes Bild des Mittelalters entwarf. Unter dem Eindruck der Krise und des als gefährlich empfundenen Tempos der politischen und gesellschaftlichen Vorgänge revidierte er sein Bild vom Mittelalter. Jetzt entdeckte er das Mittelalter als eine Realität wieder, „auf die man den Blick heften kann, wenn der gräßliche jagende Fortschritt einem den Boden unter den Füßen wegzieht"[55]. „Die jetzige europäische Menschheit hat in Gestalt des Mittelalters wenigstens eine lange Jugend gehabt", schrieb Burckhardt 1882, und so gehöre „die Kunde vom Mittelalter mit zum Teuersten ..., was wir besitzen".

Und 1884: „Was uns lebenswert ist, wurzelt dort"; denn: „Es war eine Zeit der selbstverständlichen Autoritäten. Es ist nicht seine Schuld, daß wir diese nicht mehr haben noch wieder bekommen können, sondern statt dessen den Wogen der Majoritäten von unten herauf verfallen sind."[56] Die Menschen des Mittelalters konnten leben „ohne beständige oder beständig drohende Nationalkriege, ohne Zwangs- und Massenindustrie mit tödlicher Konkurrenz, ohne Kredit und Kapitalismus". Es sind deshalb die „neueren Feinde des Mittelalters", gegen die Burckhardt 1884 seinerseits aufs schärfste Stellung bezieht: die Gegner der christlichen Religion nämlich; „ferner: wer keinen Sinn für das Retardierende hat oder auch: wem es pressiert ... mit der unbedingten Ausbildung der Philosophie, mit dem eiligen Sieg der Naturwissenschaften, mit unbedingtem Verkehr der fernsten und nächsten Völker, mit der industriellen Ausbeutung der Welt ... Endlich rechne man dazu alle Leute der nivellierenden Gleichheit."[57]

(3) Jacob Burckhardts Äußerungen von 1882/84 über das Mittelalter im Kontext der Moderne bezeichnen jene Phase der modernen Mittelalter-Reflexion, in der auch das den Stellungnahmen der Romantik andeutungsweise bereits zugrundeliegende Schema des Gegensatzes von 'Gemeinschaft' und 'Gesellschaft' explizit formuliert wurde. Dies stand in einem unmittelbaren Zusammenhang mit der „zunehmenden Rationalisierung aller gesellschaftlichen Lebensverhältnisse einerseits, der Positivierung und Historisierung moralischer, rechtlicher und sozialer Normen andererseits"[58]. Im Jahr 1887 erschien das Buch des Soziologen Ferdinand Tönnies, das später, seit der zweiten Auflage (1912), den die Hauptthesen knapp benennenden, signalartigen Titel ›Gemeinschaft und Gesellschaft‹ erhielt. Das Buch bezeichnet einen Markstein in der Geschichte der modernen Soziologie und zugleich in der Geschichte der modernen Mittelalterdeutungen.[59]

Analog zu den Gedanken Jacob Burckhardts von 1882/84 unterschied Tönnies als 'Gemeinschaft' und 'Gesellschaft' zwei Typen menschlicher Beziehungsformen. 'Gemeinschaft' ist für Tönnies die „natürliche", „ursprüngliche", „familienhafte" Personenverbindung, die um ihrer selbst willen unmittelbar bejaht wird. 'Gesellschaft' hingegen hat den Charakter des „Künstlichen", des „Artefakts", weil 'Gesellschaft' das Ergebnis zweckhaften Handelns ist, das Ergebnis von Interessen und Rationalität, das Produkt eines bloßen Vertragshandelns der Individuen.[60] 'Gesellschaft' als Ergebnis zweckrationalen Handelns und rationaler Vertragsverhältnisse ist deshalb „mechanisch". 'Gemeinschaft' hingegen ist organisch. Die systematische Unterscheidung der beiden Typen sozialer Verhältnisse ist bei Tönnies zugleich mit einer umfassenden historischen Deutung verbunden, die „in den großen Kulturentwicklungen" einander „zwei Zeitalter" gegenüberstellt und zugleich linear aufeinander folgen läßt. Das eine ist das „Zeitalter der Gemeinschaft", gekennzeichnet durch den „sozialen Willen als Ein-

tracht, Sitte, Religion". Das andere ist das „Zeitalter der Gesellschaft", gekennzeichnet durch den „sozialen Willen als Konvention, Politik, öffentliche Meinung".[61] Natürlich handelt es sich hier um eine Gegenüberstellung
von 'Mittelalter' und 'Moderne'. Das Zeitalter der Gesellschaft (die 'Moderne' also) hat einen wesentlich negativen, revolutionären Charakter; sein
Kennzeichen ist der „Rationalismus", die „rationale Mechanisierung" nicht
nur der Produktion, sondern der 'Welt' überhaupt.[62] Ihm wird die „positive
und organische Ordnung" des Mittelalters gegenübergestellt, welches den
Inbegriff des Zeitalters der Gemeinschaft darstellt im Gegensatz zum „wesentlich negativen und revolutionären Charakter der Neuzeit".[63] 'Gemeinschaft' ist nach Tönnies also nicht nur der ältere, sondern auch der höher stehende Typus sozialer Verhältnisse. 'Gesellschaft' bezeichnet schließlich nur
„den gesetzmäßig-normalen Prozeß des Verfalls aller 'Gemeinschaft'"[64].

Es kann hier nicht auf analoge, wiewohl weniger dramatische Entgegensetzungen von Mittelalter und Moderne bei anderen berühmten Soziologen
jener Epoche wie Georg Simmel und Emile Durkheim eingegangen
werden.[65] Wohl aber soll daran erinnert werden, wie schnell das Tönniessche
Theorem des Gegensatzes von Gemeinschaft und Gesellschaft vulgarisiert
wurde, wie rasch sein Begriff der 'Gemeinschaft' in Deutschland „zur Parole
einer kulturell-gesellschaftlichen Wiedergeburt", „zum Kampfruf aller jener
Elemente des Bürgertums" wurde, „die der sozialen Revolution mißtrauten" und doch zugleich die moderne Gesellschaft in ihren Grundelementen bekämpften, was Th. Geiger schon 1931 treffend als ein „recht
eigentlich deutsches Problem" bezeichnet hat.[66] Vor allem nach dem Ende
des Ersten Weltkriegs wurde 'Gemeinschaft' in Deutschland zu einem politisch-sozialen Schlüssel- und Kampfbegriff, in dessen Licht die Krise der Gegenwart erhellt und mit dessen Hilfe das Mittelalter als Kontrastepoche zur
Moderne und zugleich als gültige Norm herausgestellt werden sollte.

Höchst aufschlußreich dafür ist, was man als die Mittelalter-Diskussion in
der deutschen Philosophie der 1920er Jahre bezeichnen kann. Sie kann hier
nur anhand eines einzigen Beispiels vorgestellt werden.[67] Paul Ludwig
Landsberg, ein Schüler Max Schelers, gab die Stichworte mit seinem Buch
›Die Welt des Mittelalters und wir‹ von 1922.[68] Er spricht hier von der
„neuen Liebe zum Mittelalter, die als ungestümer Sturm durch unsere
Herzen geht, Bedingung und Forderung einer historischen Wesensschau,
einer Synopsis all der Tatsachen, einer Deutung all der Lebensäußerungen,
die mit dem Liebeswort Mittelalter in geahnter Verbindung stehen". Dabei
sollte, so Landsberg, „das Wort weniger einen bestimmten Zeitraum bezeichnen ..., als eine menschliche Grund- und Wesensmöglichkeit, die in
einem bestimmten Zeitraum am sichtbarsten in Erscheinung trat ...". Das
Mittelalter soll der Gegenwart gegenüber zur „Maßgestalt" werden, und
zwar zu einer „verwirklichbaren Maßgestalt". Denn das Mittelalter sei der

„formale Bewegungstypus" des Ja, die Neuzeit der des Nein; die Neuzeit
stehe „überhaupt im Zeichen der Negativität". Worin aber sei die „Positivität" des Mittelalters zu erkennen? Die Antwort ergibt sich gewissermaßen
von selbst: Die Positivität des Mittelalters liege in der „Idee der Ordnung",
ebensowohl im Geistigen wie im Sozialen. Sie liege nämlich zum einen in der
Ordnung der Stände, der „Grundlage für die Gesundheit der Gesellschaft",
die in ihrer „Statik" den Menschen das Gefühl der Zufriedenheit und der
Solidarität vermittle, „die wir nur sehnsüchtig ahnen können". Die Positivität liege zum anderen in der Ordo-Idee des Denkens, im Ordo der Meta-
physik, die sich von Plato über Augustinus bis zu Thomas von Aquin und
Dante entfaltet habe. Der Nominalismus des 14. Jahrhunderts aber habe
dann die „Zersetzung der mittelalterlichen Gedankengefüge", den „Selbst-
mord der Scholastik" gebracht; er ist die „Quelle aller Übel". Nicht Luther
und Calvin, sondern Duns Scotus und Ockham seien „die in der Tiefe ent-
scheidungsvollen, wirksamen Zerstörer des mittelalterlichen Religionssy-
stems". Die Negativität der Neuzeit habe sich dann im Protestantismus und
– noch ausgeprägter – in der katholischen Gegenreformation durchgesetzt.
Ausgangspunkt und Zielpunkt aller dieser Überlegungen Landsbergs ist der
Krisencharakter der Gegenwart. Deshalb geht es Landsberg um die „Sinn-
beziehung" des Mittelalters in seiner „inneren Größe und Folgerichtigkeit"
auf die „geistigen Zustände der Gegenwart". Er fordert deshalb den „Tod
der neuzeitlichen europäischen", d. h. der modernen „Gesellschaft". Erst
wenn dieser Tod eingetreten sei, „können wir", so Landsberg, „wieder auf
eine soziale Gebundenheit" und eine geistige Ordnung und das heißt also:
auf das Ende der Krise „hoffen". Auf die gleichzeitigen und gleichartigen
Gedankengänge eines Hermann Schmalenbach (›Das Mittelalter. Sein Begriff und Wesen‹, 1926) und vieler anderer kann hier nicht eingegangen
werden.[69]
  Die Krisen und Krisendiskussionen der Weimarer Republik sind längst
historisch geworden – die Denkformen des 'entzweiten Mittelalters' aber
haben überlebt. In einem seinerzeit vieldiskutierten Buch, das unmittelbar
an die entsprechenden Positionen der zwanziger Jahre anknüpfte, hat Romano Guardini 1950 Mittelalter und Moderne abermals in einen Gegensatz
gebracht. Die bleibende und auch der Moderne vorgegebene Exemplarität
des Mittelalters habe darin gelegen, „die Welt als Ganzes durchzukonstru-
ieren und darin dem einzelnen einen irgendwie notwendigen Ort anzu-
weisen", ein Denken, dessen Auflösung im 14. Jahrhundert begonnen habe,
als mit dem Nominalismus das „Verlangen nach individueller Bewegungs-
freiheit" in Gesellschaft und Wissenschaft erwacht sei – ein destruktiver
Prozeß. Denn: „Solange das Daseinsgefühl des mittelalterlichen Menschen
einheitlich bleibt, empfindet er die Autorität nicht als Fessel, sondern als Beziehung zum Absoluten und als Standort im Irdischen. Sie gibt ihm die Mög-

lichkeit, ein Ganzes von einer Größe des Stils, einer Intensität der Form und einer Vielfalt lebendiger Ordnungen aufzurichten, mit dem verglichen unser Dasein ihm wahrscheinlich als höchst primitiv erscheinen würde." Guardini diagnostizierte demnach und forderte deshalb zugleich (wie vor ihm schon P. L. Landsberg) die „Auflösung des neuzeitlichen Weltbildes", er diagnostizierte und forderte (und das ist denn auch der Titel seines Buches): ›Das Ende der Neuzeit‹[70]. Die dem diametral entgegengesetzte Position hat in diesem Fall anderthalb Jahrzehnte später Hans Blumenberg vertreten, in einem Buch mit dem wiederum programmatischen Titel: ›Die Legitimität der Neuzeit‹[71]. Hier geht es darum, daß die Neuzeit dem Mittelalter (als einer „Jahrhunderte überspannenden Sinnstruktur"), daß sie dem „theologischen Absolutismus" des Mittelalters mit „humaner Selbstbehauptung" und im Zeichen der „theoretischen Neugierde", mit der „immanenten Selbstbehauptung der Vernunft durch Beherrschung und Veränderung der Wirklichkeit" entgegentritt. Aber wir finden die von Guardini und Blumenberg repräsentierten Schemata des 'entzweiten Mittelalters' auch in Zusammenhängen, wo man sie nicht vermuten möchte, so zum Beispiel in den „Anläufen zur sozialen und politischen Theorie", die Ralf Dahrendorf 1979 unter dem Titel ›Lebenschancen‹ veröffentlicht hat.[72] Thema dieses Buches ist: das Problem der Freiheit und der Bindung in den modernen Gesellschaften, das „optimale Verhältnis von Optionen und Ligaturen, das möglicherweise in den Gesellschaften der Gegenwart gestört worden ist". Dahrendorf plädierte für mehr Bindung, sah sich dabei aber sogleich genötigt, Mißverständnissen vorzubeugen. Keineswegs habe er ein „romantisches Plädoyer für die Welt von gestern im Sinn", und niemand solle „die impliziten oder expliziten Analysen" seines Buches „als Aufforderung zur Rückkehr zur vermeintlichen Geborgenheit von gestern mißverstehen". Denn: „Diese Geborgenheit war ein Gehäuse der Hörigkeit und nicht der Freiheit." Dahrendorfs Versuch, sich der Verstrickung zumindest geahnter Denkschemata zu entziehen, zeigt also abermals deren Vorhandensein und Wirkung. Diese manifestieren sich übrigens auch in den seit dem Ende der siebziger Jahre geführten Kontroversen über die Moderne im Zeichen der „Postmoderne": Die neuen Erörterungen über die „Postmoderne" und den „Abschied von der Moderne" werden vielfach mit eben jenen Deutungsmustern und Behauptungen bestritten, wie sie vordem und vor allem seit den 1880er Jahren für die Debatten über 'Mittelalter' und 'Moderne' charakteristisch waren.[73] Dies ist nicht überraschend.

III

Es wäre von Interesse, an dieser Stelle den Wirkungen des 'entzweiten Mittelalters' auch in der Geschichtswissenschaft und in benachbarten Wissenschaften unserer Tage nachzugehen, wo dieses Denkmuster dazu dient, spezifisch Mittelalterliches am Mittelalter zu benennen[74] oder epochale Schwellen im Mittelalter und in der Neuzeit zu bezeichnen und inhaltlich zu definieren[75]. Dabei geht es nämlich um die Behauptung, solche Epochenschwellen bestünden in der Emanzipation des Individuums von den Mächten der Gemeinschaft und der Tradition, und darin zeige sich der Übergang von einer traditionalen und archaischen zu einer von geistiger und sozialer Mobilität geprägten, also eher 'modernen' Gesellschaft. Das Problem solcher Thesen liegt immer darin, daß Epochenschwellen solcher Art in allzu breiter Streuung und zu den verschiedensten Zeitpunkten angesetzt werden: im 11. oder im 12. oder im 13. Jahrhundert, um 1400, im Übergang vom 15. zum 16. Jahrhundert und noch einmal um 1800. Man sieht daran, daß wir bei alledem vielleicht nicht so sehr Erfassungen historischer Phänomene vor uns haben als vielmehr Anwendungen eines historisch vermittelten Schemas: eben der Gegenüberstellung von 'Mittelalter' und 'Moderne', die sogar zur Anwendung innerhalb des Mittelalters selbst geeignet erscheint. Gerade in der Vielzahl der Anwendungen erweist sich wohl weniger die Erkenntnis geschichtlicher Realitäten als vielmehr die Wirkung eines Schemas ihrer Wahrnehmung.

Darauf sei jedoch nicht näher eingegangen. Statt dessen ist im dritten Abschnitt dieser Überlegungen die Frage zu stellen nach den geschichtlichen Gründen für die Entstehung des Denkschemas vom 'entzweiten Mittelalter'.

Einer Antwort auf diese Frage hat Reinhart Koselleck den Weg gebahnt.[76] Koselleck war einer anderen Frage nachgegangen, deren Beantwortung jedoch für unser Problem von Bedeutung ist. Kosellecks Frage war nämlich, wann zum ersten Mal eine Gliederung der Geschichte sich durchsetzte, die nicht natural oder religiös oder theologisch begründet, sondern die aus der Erkenntnis der Geschichte selbst gewonnen wurde, also geschichtsimmanent begründet war. Wann, so Kosellecks Frage, vollzog sich dieser erste Schritt zu einer geschichtsimmanenten Gliederung der Geschichte und worin bestand er?

Die Antwort: Dieser „erste Schritt, aus den historischen Ereignissen selbst so etwas wie eine geschichtsimmanente Gliederung zu gewinnen", war die „Erfindung des Mittelalters", die sich mit dem Beginn der Moderne im 18. Jahrhundert vollzog, eben weil es „das Programm der Aufklärung" war, „die geschichtliche Zeit nach Kriterien zu ordnen, die sich erst aus der Erkenntnis der Geschichte selbst ableiten ließen".[77] Natürlich ist, wie allgemein bekannt, das Wort 'Mittelalter' sehr viel älter, stammt es doch sogar noch aus dem Mittelalter selbst.[78] Aber erst im 18. Jahrhundert hat sich der Begriff als Periodenbegriff „langsam eingebürgert". Der dazugehörende Begriff der 'Renaissance' wurde im Anschluß daran sogar erst im 19. Jahrhundert (vor allem durch Jacob Burckhardt) „ein allgemeinverbindlicher historischer Periodenbegriff"[79]. Allgemein bekannt ist auch, daß wesentliche Inhalte des Mittelalterbegriffs und daß die Wertungen, die mit ihm verbunden sind, zeitlich über das 18. Jahrhundert hinaus weit in die Neuzeit und in das Mittelalter selbst zurückreichen.[80] Gleichwohl vollzog sich, so Koselleck, die „Erfindung des Mittelalters" erst „im Medium der Geschichtsphilosophie, die ein Produkt des 18. Jahrhunderts ist, auch wenn damit gemeinte Sachverhalte schon in früheren Epochen thematisiert worden waren"[81]. Die Erfindung des Mittelalters kommt also im 18. Jahrhundert in der Geschichtsphilosophie zum Abschluß, weil die Reflexion über das Mittelalter darin zugleich eine neue Reflexionsstufe erreicht. Diese läßt sich nachweisen an der Verwendung bisher unbekannter, jetzt aber zentraler Zeitkategorien, in denen sich eine neue geschichtliche Erfahrung manifestiert. Es sind dies, wie Koselleck darlegt, die Kategorien der 'neuen Zeit' und des 'Fortschritts'.[82] Die Erfahrung der 'neuen Zeit' ist die Erfahrung einer als offen und unbegrenzt gedachten Zukunft, die nicht mehr von den letzten Dingen des Glaubens oder der Theologie begrenzt erscheint, sondern einen offenen Horizont bietet, einen Horizont der Planung und des menschlichen Handelns. Eben deshalb war diese 'neue Zeit' „identisch mit dem Fortschritt". „Denn der Fortschritt ist es, der die Differenz zwischen der bisherigen Vergangenheit und der kommenden Zukunft auf einen einzigen Begriff gebracht hat. Damit gewann die Zeit eine neue geschichtliche Qualität, die sie im Horizont des immer Gleichen und der Wiederkehr des Exemplarischen früher nicht gehabt hatte." Anders gesagt: „Fortschritt ist die erste genuin geschichtliche Zeitbestimmung, die ihren Sinn nicht mehr aus anderen Erfahrungsbereichen, etwa der Theologie ... bezogen hat. Fortschritt wurde vielmehr erst entdeckbar, als man daran ging, geschichtliche Zeit selbst zu reflektieren." Gerade darin vollzog sich auch die Entdeckung der geschichtlichen Welt im 18. Jahrhundert: „Die historische und die fortschrittliche Welt sind gemeinsamen Ursprungs. Sie ergänzen einander wie ein Janusgesicht."[83]

Die von Koselleck nachgewiesene Konstellation von Fortschrittsreflexion, Erfahrung der 'neuen Zeit' mit offenem Horizont und 'Erfindung des Mittelalters' enthält den für unsere Frage entscheidenden Hinweis auf die Bedingungen der Entstehung des 'entzweiten Mittelalters'. Während Koselleck in der Verknüpfung von Mittelalterreflexion, Fortschrittserfahrung und Erfahrung einer 'neuen Zeit' im Medium der Geschichtsphilosophie vor allem die Erfahrung der 'neuen Zeit' mit offenerem Horizont betont, ist für unsere Fragestellung von großer Bedeutung, daß sich die Erfahrung von 'neuer Zeit' und Fortschritt im Blick auf das Mittelalter vollzogen hat. Denn dadurch gerieten 'Mittelalter' und 'Fortschritt' in eine spezifische und spannungsreiche Polarität, die den Ursprung der Denkfiguren des 'entzweiten Mittelalters' als typische Denkfigur der Moderne enthält. Auch hier ist zunächst festzustellen, daß der Vorgang der Entstehung des Fortschrittsbegriffs sich über die ganze Neuzeit hin erstreckt.[84] Aber erst in den beiden letzten Jahrzehnten des 18. Jahrhunderts, erst um 1800 formt sich der Begriff des Fortschritts im Sinne des dem modernen Menschen selbstverständlichen geschichtlichen Leitbegriffs aus: ein Kollektivsingular, bezogen auf ein universales Subjekt als „Agens von höchster Allgemeinheit oder von zwingendem Allgemeinheitsanspruch, dem sich niemand mehr entziehen kann", sodann als geschichtliches Agens selbst, wozu schließlich im 19. Jahrhundert noch die Vorstellung vom „Fortschritt schlechthin" hinzutritt, „der zum Subjekt seiner selbst wird".[85] Indem sich die neue epochale Erfahrung der 'neuen Zeit' im 18. Jahrhundert im Zeichen des Fortschritts vom Mittelalter abgrenzt, dieses in seinem Anderssein und in seiner Fremdheit als eigene Epoche ausgrenzt, ergibt sich eben daraus unmittelbar die Frage nach dem Verhältnis von Fortschritt und Mittelalter, und zwar in dem zweifachen Sinn des 'entzweiten Mittelalters'. Es ergibt sich hieraus nämlich die doppelte Frage, ob denn nun die Überwindung des Mittelalters einen Fortschritt darstellt oder ob nicht vielmehr der Fortschritt der Moderne, gemessen am Mittelalter, sich als ein Unglück erweisen muß. Diese zweifache Problematik ist es, die dem 'entzweiten Mittelalter' in allen seinen Erscheinungsformen zugrundeliegt und den unaufhörlichen Streit um die Exemplarität und Legitimität des Mittelalters und das 'Ende der Neuzeit' oder aber um die 'Legitimität der Neuzeit' zuungunsten des Mittelalters hervorbringt, in dem es immer um Bejahung oder Kritik der Moderne geht. In der Konstellation mit dem Fortschrittsgedanken löst sich die Mittelalter-Reflexion von der Erinnerung an die Antike und bindet die Erinnerung an das Mittelalter an die Moderne und deren Deutungen.

Die Entstehung der Moderne seit der zweiten Hälfte des 18. Jahrhunderts ist das Ergebnis der Wirkung konkreter historischer Kräfte und Bewegungen. Die Mittelalter-Deutung wird ein Ort der Reflexion über eben diese Kräfte und Bewegungen. Und weil die Reflexion darüber sich alsbald in Bejahung und Verneinung spaltet, hat sich die Mittelalter-Reflexion dementsprechend in Abstoßung und Identifikation entzweit. Die Revolution schob beiseite, was man im 18. Jahrhundert als 'Feudalismus' bezeichnete, nämlich das als 'mittelalterlich' empfundene System bäuerlicher Unterdrückung und zersplitterter Staatlichkeit.[86] Die Aufklärung, sich selbst begreifend als den Ausgang des Menschen aus seiner selbstverschuldeten Unmündigkeit, verstand sich als die Beseitigung jener von nun an als genuin mittelalterlich geltenden Herrschaft der Religion und ihrer Sachwalter, der Zwänge geistiger Unfreiheit und Unwissenheit. Industrialisierung und Technisierung brachten große ökonomische und soziale Verbesserungen, weil sie den Menschen befreiten von den Zwängen des Mangels und der Krankheit, von den Notlagen der Subsistenzwirtschaft und ihren Hungerkrisen. Aus der Berücksichtigung dieser Gegebenheiten und ihrer Beurteilung als Fortschritt resultierte die positive Bewertung der Moderne und ihrer charakteristischen Grundelemente, resultierte das Bedürfnis nach Affirmation dieser Elemente, resultierte zugleich aber auch das damit verknüpfte und noch am Ende des 20. Jahrhunderts offenbar unwiderstehliche Bedürfnis nach einer immer wieder erneuten Diffamierung des als absoluter Gegensatz dazu empfundenen Mittelalters. Entsprechend und zugleich führte die entgegengesetzte Bewertung dieser Grundkräfte der Moderne, also die Kritik am Fortschritt, zur Affirmation des Mittelalters. Sieht man nämlich die Aufklärung als eine Bewegung, welche Bindungen an absolute transzendente Normen, an Religion und Kirche löste, sieht man die Revolutionierung, die Industrialisierung und Technisierung der Welt als einen Prozeß, der zur Entwurzelung des Individuums führte, der das Individuum herausriß aus den 'natürlichen Ordnungen' des Lebens, aus Familie und Verwandtschaft, aus Dorf und Pfarrei, so wird das Mittelalter unter diesem Aspekt zum Inbegriff einer verlorenen Welt der Bindungen und der Geborgenheit, im geistigen wie im sozialen Sinn des Wortes. So wird das Problem von Bindung und Freiheit im sozialen wie im geistigen Sinn zu einer Grundfrage der Moderne und wird damit zugleich auch das Mittelalter zu einem singulären Exempel, an dem in der Dialektik von Abstoßung und Identifikation der Prozeß der Moderne illuminiert oder aber verurteilt werden kann.

IV

Der Althistoriker Christian Meier hat einmal festgestellt, die Antike sei für den modernen Menschen von „ganz besonderem Wert", und zwar als „das Andere, das Fremde": Sie sei nämlich „das nächste Fremde" der Moderne.[87] Im Rückblick auf die soeben benannten Denk-Bilder und Deutungsschemata vom 'entzweiten Mittelalter' wird man diese These in Frage stellen dürfen: Das Mittelalter, nicht die Antike, ist der Moderne offensichtlich das „nächste Fremde". Darin wurzeln die konträren Bilder und die vielschichtigen Erörterungen, denen sie zugrunde liegen.

Beobachtet man die zahlreichen bewußten oder auch nicht reflektierten Äußerungen im Sinne des 'entzweiten Mittelalters', nicht nur in alltäglichen Bemerkungen, sondern auch in der Geschichtswissenschaft und den Sozialwissenschaften, in der Philosophie und in der Kunstgeschichte unserer

Tage,[88] so stellt sich die Frage, ob diese Wirkungen des Schemas gewissermaßen unausweichlich sind. Diese Frage kann verneint werden. Aber wo finden sich Beispiele für eine andere Wahrnehmung des Mittelalters? Bezeichnenderweise nicht etwa dort, wo die historische Forschung die Bindung an die eigene Gegenwart aufgeben will, um sich dadurch – vermeintlich – um so vorurteilsfreier in ihre historischen Gegenstände versenken zu können. Diese Beispiele finden sich vielmehr dort, wo die Dialektik der Gegenüberstellung von Moderne und Mittelalter bewußt aufgegriffen und zugleich in eine andere Fragestellung transformiert und darin aufgehoben wurde. An die Stelle des Gegensatzes von Moderne und Mittelalter in Abstoßung oder Identifikation tritt hier die Frage nach der Verknüpfung von Mittelalter und Moderne, die Frage also nach der mittelalterlichen Genese der modernen Kultur, die Frage nach den Bedingungen der Verkettung von Umständen, die dazu geführt haben, daß aus diesem Mittelalter, nämlich dem okzidentalen, gerade diese Moderne entstanden ist, in der wir leben.

Drei Beispiele für diese Art der Verknüpfung von Mittelalter und Moderne seien am Schluß dieser Überlegungen andeutend benannt. Es sind drei 'Klassiker', die bereits am Anfang unseres Jahrhunderts ein anders ausgerichtetes Interesse am Mittelalter zum Zuge kommen ließen: Max Weber, Otto Hintze und Marc Bloch.

(1) Mit der Entdeckung „Max Webers, des Historikers" haben die Historiker gerade erst begonnen.[89] Am weitesten sind dabei wohl die Althistoriker vorangeschritten,[90] am weitesten zurück liegen wohl noch die Mediävisten.[91] Das ist erstaunlich, da Weber doch über ein mediävistisches Thema promoviert hat (›Zur Geschichte der Handelsgesellschaften im Mittelalter‹, 1889) und da er doch eine seiner wichtigsten Fragestellungen, die Frage nämlich nach dem Zusammenhang zwischen „innerweltlicher Askese" und Kapitalismus, sowie schließlich seine generelle religionssoziologische Frage nach dem Verhältnis von religiös geprägten Weltbildern und materiellen Interessen von der Geschichte des Mittelalters her entwickelt hat. Waren es doch intensive Lektüren zu Verfassung und Wirtschaft des mittelalterlichen Mönchtums,[92] wodurch Weber seinen so bedeutsamen Ansatz fand, nämlich die Frage nach den „in den psychologischen und pragmatischen Zusammenhängen der Religionen gegründeten praktischen Antrieben zum Handeln"[93] und nach der geschichtlichen Bedeutung jener Formen „systematischer", „rationaler" und „methodischer" „Lebensführung", in denen durch gemeinschaftlich geübte Verzichte außerordentliche Leistungen erbracht wurden[94]. Auch in Webers bedeutenden Arbeiten zur Alten Geschichte, schon in der Habilitationsschrift über ›Die römische Agrargeschichte in ihrer Bedeutung für das Staats- und Privatrecht‹ von 1891 und vor allem in den anschließenden Studien über ›Die sozialen Gründe des Untergangs der antiken Kultur‹ (1896) oder über ›Agrarverhältnisse im Altertum‹ (1897 ff., 1909),

ging es immer zugleich auch um das Mittelalter.[95] Das Mittelalter war für
Weber die Grundlage der okzidentalen Kultur, die sich schließlich in der Moderne zu einer Kultur von universaler und universalgeschichtlicher Bedeutung entfaltet hat. Wenn Weber am Ende seines Lebens als seine Leitfrage
formulierte, „welche Verkettung von Umständen" dazu geführt habe, „daß
gerade auf dem Boden des Okzidents, und nur hier, Kulturerscheinungen
auftraten, welche doch ... in einer Entwicklungsrichtung von universeller
Bedeutung und Gültigkeit lagen"[96], so verweist diese retrospektive Formulierung darauf, daß der Frage von allem Anfang an eine konstitutive Bedeutung in Webers Œuvre zukam. Sehr deutlich wird das in der großen Abhandlung über ›Die Stadt‹[97]. Hier geht es um die Unterscheidung der Stadt des
Alten Orients von der des Okzidents und vor allem darum, zu zeigen, was
die Stadt des okzidentalen Mittelalters von der Stadt der europäischen Antike unterscheidet. Denn auch hier liegt der Ursprung der Moderne im
Mittelalter.[98]

(2) In der Nachfolge Webers und unter dem deutlichen Eindruck seines
Œuvres steht Otto Hintze mit seinem Spätwerk, den großen Abhandlungen
über ›Wesen und Verbreitung des Feudalismus‹ (1929), über die ›Typologie
der ständischen Verfassungen des Abendlandes‹ (1930) und vor allem über
›Weltgeschichtliche Bedingungen der Repräsentativverfassung‹ (1931).
Diese Arbeiten haben keine Präzedentien im früheren Werk Hintzes, sind
sie doch auch ein Ergebnis dessen, daß Hintze den Zusammenbruch von
1918 tief und schmerzlich erlebt, aus diesem Erlebnis aber – in deutlichem
Gegensatz zur überwältigenden Mehrheit seiner Fachgenossen in Deutschland[99] – die Einsicht in die Notwendigkeit einer Neuorientierung der Geschichtswissenschaft gewonnen hat.[100] Es sind Arbeiten auf der Grundlage
einer vergleichenden europäischen Geschichtsforschung, in deren Mitte
wiederum die Frage nach den mittelalterlichen Grundlagen der Moderne
steht. „Die Repräsentativverfassung", so die ersten Sätze der Abhandlung
von 1931, „die heute dem politischen Leben der ganzen zivilisierten Welt ihr
eigenartiges Gepräge gibt, geht in ihrer historischen Entstehung auf die
ständische Verfassung des Mittelalters zurück, und diese wurzelt ... zu
einem nicht geringen Teil in den politischen und sozialen Verhältnissen des
Feudalsystems. Die mittelalterliche ständische Verfassung und die moderne
Repräsentativverfassung ... sind ... Glieder einer zusammenhängenden
historischen Entwicklungsreihe ...".[101] Diese These wird nun in einer Weise
begründet, welche die politischen, wirtschaftlichen, rechtlichen, sozialen
und kirchlichen Verhältnisse sowie die Denkformen und Mentalitäten des
Mittelalters umfassend darstellt und in ihrem Zusammenspiel zeigt – in einer
Dichte und Pointierung, die seitdem, vielleicht abgesehen von einigen Abhandlungen Otto Brunners aus den fünfziger Jahren,[102] nicht wieder erreicht worden ist.

(3) Wie bei Hintze, so war auch bei Marc Bloch die vergleichende Untersuchung und Darstellung der Geschichte des europäischen Okzidents seit
Beginn der zwanziger Jahre unseres Jahrhunderts die leitende Fragestellung.[103] Und auch Bloch gewann eben diesen Ansatz aus dem Erlebnis des
Ersten Weltkriegs, der auch ihm bewiesen hatte, daß die Zeit nationaler Ver-
engungen in der historischen Forschung, daß die Zeit einer bloß nationalen
Geschichtsbetrachtung ein für alle Mal zu Ende gegangen sei. Die Summe
der Ergebnisse seines erstmals 1928 programmatisch vorgetragenen An-
satzes (›Pour une histoire comparée des sociétés européennes‹)[104] bietet
Blochs großes Werk ›La société féodale‹ von 1939/40[105]. Das Buch beginnt
mit einer Reflexion über die historische Vermitteltheit, über die historisch
bedingten Besetzungen der Begriffe 'féodal' und 'féodalité' und über das
komplexe Ensemble historisch vermittelter Bilder («un ensemble intriqué
d'images»)[106], das dieser Begriff hervorruft. Und es endet mit der Darlegung der 'modernen' Prägung der 'féodalité', nämlich mit dem Hinweis auf
den für die europäische Sozial- und Verfassungsentwicklung so außerordentlich folgenreichen Charakter der Vasallität, der vasallitischen Bindung, als
eines Vertrags, der ungleiche Partner in ungleichen Pflichten, in einer «réci-
procité dans des devoirs inégaux» wechselseitig bindet. Dieser von Ungleich-
heit geprägten wechselseitigen Bindung der Vasallität stehen gegenüber die
auf der Grundlage der Gleichheit gebildeten, geschworenen Einungen der
Gilde und der Kommune: Sie widerstreiten dem 'Feudalismus' und sind
doch zugleich auch ihrerseits ein wesentliches und in die Zukunft weisendes
Element der 'société féodale',[107] das ebenfalls auf Konsens und Verein-
barung und auf dem Vertragshandeln der Individuen beruht.[108] Im Mittel-
punkt des Interesses Blochs steht immer der europäische Okzident in seinen
spezifischen Prägungen, in seiner Unterscheidung von der islamischen sowie
der byzantinischen und slawischen Kultur und in seiner Verknüpfung mit
diesen Kulturen. Zeitlicher Schwerpunkt der Darstellung ist die europäische
Geschichte von der Mitte des 9. bis zum Beginn des 13. Jahrhunderts. Denn
in dieser Zeit des frühen Mittelalters ist Europa entstanden: «L'Europe fut
une création du haut moyen âge.»[109] Das frühe Mittelalter ist es also, das
wesentliche Züge der Moderne hervorgebracht hat.

Bei Bloch, bei Hintze, bei Max Weber sind wir von den Bildern und Schemata des 'entzweiten Mittelalters' weit entfernt. Es wäre lohnend, der Geschichte dieser anders ausgerichteten Wahrnehmung nachzugehen,[110] zumal
da ihre vormoderne, vom 16. bis zum 18. Jahrhundert sich allmählich ausfal-
tende Genese unlängst umfassend dargestellt wurde.[111] Darauf kann hier
nur hingewiesen werden. Daß die mit dem Beginn der Moderne einset-
zenden, andersgearteten Denkmuster des 'entzweiten Mittelalters' ihre Wirkung bis heute ausüben, im Alltagsdenken und Jedermannswissen ebenso
wie in den Wissenschaften, wird durch die Konstituierung dieser Schemata

eben mit dem Beginn der Moderne und durch die seither wirklich lange Dauer ihrer Geltung und immer wieder neuen Behauptung hinreichend verständlich. Ihre Funktion im Zusammenhang der Selbstdeutung der Moderne, bei der Verständigung über die Epoche, in der auch wir leben, ist evident. Insofern sind diese Schemata in vielen Zusammenhängen wohl unverzichtbar, und insofern ist auch ihr Verschwinden nicht zu erwarten. Ihre Erklärungskraft allerdings steht in einem deutlichen Gegensatz zu ihrer Dominanz und ihrer sogar unter Historikern oft unreflektierten Geltung. Aber es gibt schon längst, wie wir gesehen haben, auch andere Ansätze dazu, das Problem von Mittelalter und Moderne umfassend und kenntnisreich zu erörtern. In deren immer wieder neuer Aneignung steht hinlänglicher Stoff zum Nachdenken zur Verfügung.

Mittelalterbilder in der Frühen Neuzeit

Von DIETER MERTENS

I

Das Thema dieses Beitrags koppelt zwei Begriffe – „Mittelalter" und „Frühe Neuzeit" –, die wir zur Einteilung des Geschichtsverlaufs in Perioden verwenden. Wir können diesen Begriffen bestimmte Jahrhunderte zuordnen, dem Begriff des Mittelalters sogar eine Großperiode aus dem geläufigen Dreierschema Altertum–Mittelalter–Neuzeit. Obwohl die Abgrenzung des Mittelalters im einzelnen und auch im großen zu Recht umstritten ist, hat sich dieser Begriff als Zusammenfassung eines Jahrtausends, der zehn Jahrhunderte vom sechsten bis zum fünfzehnten, beharrlich behauptet, nicht zuletzt deshalb, weil das Wort mit der Bezeichnung zahlreicher wissenschaftlicher Institutionen fest verbunden ist. Während sich der Mittelalter-Begriff im Lauf der vergangenen drei Jahrhunderte durchgesetzt und etabliert hat und, obwohl ursprünglich ein Verlegenheitsbegriff, zu Zeiten der Romantik wie derzeit in der 'Postmoderne' sogar eine „einladende" Aura gewonnen hat, ist die Periodenbezeichnung „Frühneuzeit" ein noch sehr junger Terminus. In den vergangenen drei Jahrzehnten ist er in der Wissenschaft und ihrer Organisation usuell geworden; mit erstaunlicher Geschwindigkeit, doch ohne Aura noch – eine 'Einladung in die Frühe Neuzeit' würde kaum so anziehend wirken wie Fuhrmanns „Einladung ins Mittelalter", selbst wenn sie mit dem gleichen Esprit erginge.[1] Der Frühneuzeit können unter bildungs-, literatur- und wissenschaftsgeschichtlichen Aspekten der Renaissance-Humanismus, die Barock- und die Aufklärungszeit zugerechnet werden, doch unter anderen Aspekten werden in demselben Zeitraum auch das Reformationszeitalter, das Konfessionelle Zeitalter und das Zeitalter des Absolutismus unterschieden. Im Umgang mit der Vergangenheit ist es offensichtlich möglich und anscheinend auch unumgänglich, mit den Bezeichnungen und Abgrenzungen von Perioden recht behende zu hantieren. Das bedeutet aber, daß die Periodenbezeichnungen allesamt nur eingeschränkte Gültigkeit besitzen können; sie sind perspektivisch bedingt. Und diese Bedingtheit gilt in noch höherem Maß, wenn Perioden nicht allein bezeichnet, sondern auch beschrieben und gedeutet, wenn also z. B. „Bilder" vom Mittelalter gezeichnet werden, sei es im Zeitalter und im Zeichen des Humanismus oder des Barock, sei es der Aufklä-

rung, der wir die Erkenntnis dieser perspektivischen Bedingtheit verdanken.[2]

Das Thema ›Mittelalterbilder in der Frühen Neuzeit‹ wird darum schon
vor der Frage nach den „Mittelalterbildern" selber interessant: durch die bereits angedeutete Vorfrage, seit wann das Thema mit diesen Worten formuliert, seit wann also in dieser Weise periodisiert werden konnte. Es stellt sich
dann heraus, daß die Mehrzahl der uns geläufigen Periodenbegriffe recht
jung ist. Der Begriff der Frühneuzeit ist, wie gesagt, fast noch ein Neolo-
gismus. Er wurde geprägt, nachdem Romano Guardini 1950 'Das Ende der
Neuzeit' ausgerufen hatte.[3] Der bündige Terminus „Neuzeit", der uns so
selbstverständlich von den Lippen geht, ist nicht vor 1838 nachweisbar und
hat sich erst in der zweiten Hälfte des vorigen Jahrhunderts in Geschichtsdarstellungen und Lexika durchgesetzt. Der bündige Begriff schloß mühsam
genug zusammen, was doch seit Beginn des 19. Jahrhunderts schon ausein-
anderfiel: die bis dahin sogenannte „neue Zeit" oder „neueren Jahrhunderte" und andererseits die „neueste Zeit", die mit der Französischen Revolution begann.[4]

Das Durchmustern unserer Perioden-Terminologie läßt immer wieder auf
die Bedeutung des späten 18. und des 19. Jahrhunderts stoßen. Diejenigen
Bezeichnungen, die nur wenige Jahrhunderte zu einem Zeitalter zusammenfassen und dieses mit einer inhaltlichen Kennzeichnung des für wesentlich
Erachteten versehen, entstammen der individualisierenden und Entwicklungen herauspräparierenden historischen Arbeit eben des späten 18. und
des 19. Jahrhunderts. „Humanismus", „Reformation" und „Renaissance"
zählen hierzu, ebenfalls die „Aufklärung", die sich bereits diesen ihren
Namen selbst gegeben hat und sich als eine „Epoche", als Schwelle zu einer
neuen, besseren Zeit verstand. Als eine befristete Periode konnte sie dann
rückblickend, d. h. wiederum im 19. Jahrhundert, eindeutiger bestimmt
werden.[5] Dagegen handelt es sich bei der Trias der Großperioden Altertum –
Mittelalter – Neuzeit, seit sie zur Gliederung der Universalgeschichte verwendet wurde, um formale, nicht um inhaltliche Bestimmungen. Sie bezeichnen nicht die Individualität von Zeitaltern, sondern markieren den zeitlichen Abstand vom Betrachter.[6] Die Einteilung der Geschichte in diese drei
Großperioden ist denn auch kein Produkt des späten 18. und 19. Jahrhunderts; sie ist übernommen, dann aber geläufig gemacht und in bezeichnender Weise verändert worden. Die übernommenen Periodenbegriffe
wurden im 18./19. Jahrhundert einerseits mit Bedeutung aufgeladen, damit
aus bloßen Distanzbestimmungen eine einsehbare, entwicklungsgeschicht-
liche Abfolge würde; und andererseits wurden sie individualisierend unterteilt, z. B. das Mittelalter, insbesondere das deutsche, in die „Kaiserzeit"
und die Zeit der „Herrscher aus verschiedenen Häusern" oder in Früh-,
Hoch- und Spätmittelalter.[7]

Die Einteilung der Geschichte des europäischen Kulturkreises, schließlich gar der Universalgeschichte in die drei großen Perioden Altertum – Mittelalter – Neuzeit ist eine Leistung der ersten drei frühneuzeitlichen Jahrhunderte. In der Zeit vom Humanismus bis zur Aufklärung wurde das Dreierschema entwickelt und schließlich im 18. Jahrhundert gegen andere, bis
dahin vorherrschende Einteilungen der Geschichte durchgesetzt. Das Auf-
tauchen des kompakten deutschen Begriffs „Mittelalter" seit 1772 mag als
Kennmarke dafür genommen werden, daß im Umgang mit der Vergangenheit das Dreierschema nun Verbreitung und Anerkennung gefunden hatte.[8]
Mit der allmählichen Ausbildung und Etablierung der Perioden-Trias in der
Frühen Neuzeit und mit der emphatischen Selbstdefinition der Neuzeit
wurde das Mittelalter – unser heutiges Mittelalter[9] – geschaffen. Es wurde,
um im Bild vom Mittelalterbild zu bleiben, jedenfalls die Grundvoraussetzung für die Schöpfung eines Bildes geschaffen: die Umgrenzung der Malfläche. Im 18. Jahrhundert anerkannte die deutsche Historiographie
weithin, daß es in der Universalgeschichte ein Mittelalter gegeben habe. Es
wurde nicht bloß anerkannt, daß die Einteilung in alte, mittlere und neue
Geschichte praktische Vorteile für die Darstellung der Universalgeschichte
biete, sondern daß sie sich überdies aus der geschichtlichen Entwicklung
selbst begründen lasse. Die Grenze zwischen Altertum und Mittelalter
wurde freilich ganz uneinheitlich bestimmt – etwa bei Konstantin d. Gr., bei
der Völkerwanderung, bei der Absetzung des Romulus Augustulus, des
letzten weströmischen Kaisers, oder erst bei Karl d. Gr. –, wogegen man das
Ende des Mittelalters schließlich weithin übereinstimmend in die Jahrzehnte um 1500 datierte.[10] Doch trotz solcher Differenzen, trotz der gleichsam unterschiedlichen Größe der Malfläche bestanden in der deutschen Historiographie des 18. Jahrhunderts keine Zweifel, daß es eine Leinwand von
begrenzter Größe für das „Mittelalter"-Bild gebe und nicht eine lange Rolle
zur Darstellung der Weltgeschichte von Anbeginn, wie man sie im Mittelalter selbst gerne benutzte.[11] Die Frage nach Mittelalterbildern in der
Frühen Neuzeit richtet sich also nicht nur auf die dargestellten Szenen, sondern zugleich auf das Problem, ob sie einem abgegrenzten Mittelalter zugerechnet werden.

Diese Frage soll an vier Geschichtsbücher, Produkte der frühneuzeitlichen bürgerlichen Gelehrtenkultur, gerichtet werden, die für höhere
Schulen bestimmt waren, deren jedes beachtliche Wirkung entfaltet hat und
für die Zeit seiner Entstehung und seiner Wirkung weitgehend als repräsen-
tativ gelten kann. Es handelt sich dabei um den „Abriß der deutschen Geschichte" (›Epitome rerum Germanicarum‹ oder auch ›Epithoma Germanorum‹) Jakob Wimpfelings, das ›Chronicon Carionis‹, für das neben Johannes Carion ebenso Philipp Melanchthon und Caspar Peucer als Autoren zu
nennen sind, die ›Historia medii aevi‹ des Christoph Cellarius und Johann

Hübners ›Kurtze Fragen aus der politischen Historia‹. Zur Einordnung und
teilweise zur Kontrastierung werden außerdem drei Autorenpaare herange-
zogen: Auf das humanistische Schulbuch Wimpfelings sollen Petrarca und
Enea Silvio Piccolomini hinführen. Die Werke Jakob Mennels und Georg
Rüxners, die sich der deutschsprachigen Adelskultur des 16. Jahrhunderts
einfügen, schaffen einen Kontrast zu den zeitgenössischen lateinisch-ge-
lehrten Schulbüchern. Der Blick schließlich auf Voltaire und Möser soll verdeutlichen, was die Schulbücher des Cellarius und Hübners, die den Stoff
noch und noch abteilen, vermissen lassen: die Organisation der Darstellung
aus einer Leitidee.

II

Die Ausgrenzung einer mittleren Zeit, einer Zwischenzeit, die die Gegenwart von der Antike trennt, war zuerst die Tat eines einzelnen: Francesco Petrarcas (1304–1374). Indem er die römische Antike zur Norm erklärte für lateinische Sprache, Poesie und Tugendlehre und gleichzeitig sich anheischig
machte, seine Zeitgenossen auf den Weg zur Erfüllung dieser antiken Norm
zu führen, zeigte er die weite Kluft auf, die sie von der Antike trennte. Diese
Kluft war eine mittlere Zeit der Unkenntnis römischer Dichtung und Geschichtsschreibung und darum eine Zeit des Verfalls der lateinischen
Sprache und Kultur, eine Un-Zeit ohne authentischen Bezug zur Antike.
Petrarca hat diese Auffassung in einer symbolträchtigen öffentlichen
Handlung zu effektvoller Darstellung gebracht. 1341 hat er an antiker Stätte
– auf dem römischen Kapitol, wo 1200 Jahre zuvor letztmals ein römischer
Dichter mit dem Lorbeer gekrönt worden sei – sich selber von einem römischen Senator zum Dichter krönen lassen, und er hat sich darüber eine Urkunde ausstellen, besser gesagt: ein Manifest beurkunden lassen.[12] Das war
an Ostern 1341, es sollte ein Auferstehungsfest der seit 1200 Jahren toten lateinischen Kultur bedeuten, und es war die Proklamation einer künftigen
Trias der kulturellen Entwicklung – Petrarca schuf proklamatorisch ein
finsteres Mittel-Alter. In der Sache betraf es die lateinische Sprachkultur,
die allerdings für Petrarca und seine humanistischen Nachfahren den Rang
eines grundlegenden Kriteriums geschichtlicher Entwicklung einnahm. Die
künftige Trag- und Ausbaufähigkeit der proklamierten Trias hing davon ab,
ob sich außer der Bildung weitere Bereiche der Geschichte in derselben
Weise würden gliedern und werten lassen, ob – im Hinblick auf „die Deutschen und ihre Mittelalter" gesprochen – auch die deutschen Humanisten
eine solche Gliederung und Wertung der Vergangenheit überhaupt als einen
Ausdruck ihres Selbstverständnisses würden gebrauchen können.
101 Jahre nach Petrarcas Dichterkrönung fand eine solche Zeremonie
erstmals in Deutschland statt: König Friedrich III. krönte in Frankfurt

seinen aus dem Sienesischen stammenden Sekretär Enea Silvio Piccolomini (1405–1464) zum *poeta laureatus* – es ist der „Apostel des Humanismus in Deutschland", der 1458 als Pius II. auf den Papstthron gelangte. In Frankfurt wurde dem Piccolomini eine Urkunde ausgestellt, die den Wortlaut der Krönungsurkunde Petrarcas wiederaufnahm.[13] Doch Enea Silvio war weit davon entfernt, wie Petrarca die nachantike Geschichte in Bausch und Bogen zu einer Unzeit zu erklären. Enea hat im Gegenteil sich besonders intensiv um diese Zeit gekümmert. Er hat z. B. die ›Decades‹ des Flavius Blondus (1392–1463), eine voluminöse Darstellung der Geschichte vornehmlich Italiens vom Niedergang des römischen Reiches und der Völkerwanderung bis zum 15. Jahrhundert, leicht lesbar zusammengefaßt und so einem größeren Publikum erschlossen. Die deutschen Humanisten hat er den bedeutendsten Historiker des hohen Mittelalters, Otto von Freising, schätzen gelehrt.[14] Und diejenigen Schriften Eneas, die unmittelbar die deutsche Vergangenheit betreffen, argumentieren anders, als dies im Sinne Petrarcas hätte getan werden müssen.

1458 verfaßte Enea, inzwischen Kardinal und kurz vor der Erhebung zum Papst stehend, eine beinahe maliziös wohlmeinende Schrift über Deutschland, die ›Germania‹, wie sie später mit Bezug auf das Werk des Tacitus betitelt wurde.[15] Eneas Schrift sollte gegen Rom gerichtete Klagen widerlegen, der apostolische Stuhl habe Deutschland arm gemacht und sauge es weiterhin finanziell aus. Enea zog einen Vergleich zwischen dem „neuen" Deutschland und dem „alten", der *nova Germania* und der *vetus Germania* – Germanen und Deutsche werden nicht unterschieden. Er konnte diesen Vergleich anstellen, weil er – übrigens als erster – die Schilderungen Caesars, Strabos und der soeben wiederaufgefundenen ›Germania‹ des Tacitus über das alte Germanien verwendete. Aber anstatt nun mit Tacitus die Freiheit der Germanen auf Kosten des unfreien Römerreiches zu feiern, malte Enea das dunkle Bild einer primitiven geistigen und materiellen Kultur der Germanen. Vor diesem Hintergrund ließ er das offensichtlich auch weiterhin zahlungskräftige Deutschland seiner Gegenwart in den hellsten Farben erstrahlen. Seine ungleich größere Ausdehnung, die wohlhabenden, sauberen Städte, die reichen, wenngleich zersplitterten Machtmittel und die hohe sittliche, wissenschaftliche und materielle Kultur sind die Ruhmestitel des neuen Deutschland. Nichts mehr sei an den Deutschen barbarisch geblieben – ausgenommen die deutsche Sprache. Den Aufstieg von der Barbarei zur Blüte verdanke Deutschland der Christianisierung durch den aspostolischen Stuhl. Mit einer solchen Argumentation verpaßte Enea den Deutschen einerseits ein Altertum, das statt einer hehren Norm nur eine dunkle Folie war, andererseits gab er den Deutschen Kriterien an die Hand für eine positive Wertung ihrer mittelalterlichen Vergangenheit. Hätte er die Christianisierung nicht nur als ein Argument angeführt, sondern fränkische und deutsche Kirchengeschichte auch beschrieben, so hätte er zumindest einen Teil der Geschichte unseres heutigen Mittelalters dargeboten. Aber er hätte diesen Teil gewiß nicht einem Mittelalter zugeordnet. Denn Enea kennt kein Mittel-Alter. Er operiert mit der Zweiteilung in alte und neue Zeit, nicht mit einer Trias. Die Christianisierung hätte zur neuen Zeit gehört. Immerhin deutet Enea einräumend an, daß die neuen Zustände nicht das Ergebnis einer einsinnigen Aufwärtsentwicklung sind, sondern wenigstens in einer Hinsicht schon einmal besser waren als in seiner Gegenwart. Unter Karl d. Gr., dem Deutschen – fränkische Geschichte ist für Enea wie für viele andere deutsche Geschichte –, und unter den staufischen Friedrichen hätten die Deutschen durch Einigkeit nach außen größere Macht besessen als seither.[16] Doch solche Einräumung führt Enea weder zu einer historiographischen Darstellung noch gar zu einer periodologischen Abtrennung des hohen Mittelalters vom späten. Die Höhe der Macht ist weder sein einziges noch sein wichtigstes Kriterium.

Eneas Tendenzschrift fand bei den deutschen Humanisten, den ein bis zwei Generationen jüngeren Humanisten der Zeit um 1500, Widerspruch: Enea habe als Italiener zugunsten seiner Nation geschrieben.[17] Aber die Saat fiel dennoch auf fruchtbaren Boden. Der Weg zu einem germanischen Altertum wurde vollständig ausgeschritten. Dabei erfuhr Eneas Abwertung der Germanenzeit eine völlige Umkehrung. Die Germanenzeit wurde zu einer eigenen, deutschen Antike stilisiert mit hoher, wenngleich wesentlich mündlicher Kultur und einer den Römern vergleichbaren, von den Römern nie bezwungenen und darum neidvoll totgeschwiegenen Reichsbildung – es sei nur an die Druden des Konrad Celtis, an das Sueven-Reich Heinrich Bebels und an den Arminius-Kult Ulrichs von Hutten erinnert.[18] Gegen diese „deutsche Antike" brauchte die nachfolgende Zeit der christianisierten Deutschen, also unser heutiges fränkisch-deutsches Mittelalter, nicht abzufallen. Aber es sollte seinen Glanz nicht, wie bei Enea, allein dem römischen Stuhl verdanken. Denn nicht nur habe sich die römische Kirche um die Deutschen verdient gemacht, mehr noch hätten die Deutschen sich um Papsttum und Kirche Verdienste erworben, so die Kaiser und Könige, die die Päpste schützten und stützten wie einst Karl d. Gr., die Ottonen und jüngst Sigismund, so auch die deutschen Erfinder des Buchdrucks.[19]

Jakob Wimpfeling (1450–1528), der elsässische Humanist, pochte hierauf, als er Eneas ›Germania‹ mitsamt einer vehementen Erwiderung drucken ließ, eine (heute verschollene) Schrift über die Erfindung des Buchdrucks schrieb und 1505 die erste „deutsche" Geschichte erscheinen ließ, die nicht Weltgeschichte und nicht Regionalgeschichte bot, sondern eine deutsche Nationalgeschichte sein wollte, die also die deutsche Geschichte unseres heutigen Mittelalters erstmals nationalgeschichtlich aufbereitete.[20] Freilich gibt es in Wimpfelings deutscher Geschichte so wenig ein Mittel-Alter wie in

Enea Silvios ›Germania‹. Statt dessen gibt es wiederum eine Zweiteilung in die Zeit vor der Christianisierung und in die Zeit seither.[21] Bonifatius, „der die Deutschen zum Glauben an Christus bekehrte" *(qui Germanos ad Christi fidem convertit)*[22], hat darum also Epoche gemacht. Das übergeordnete Kriterium, das zum Zweck der Auswahl bzw. der Ausblendung historischer Stoffe aus der Gesamtgeschichte angelegt wird und in der Folge zur Konstituierung einer Nationalgeschichte führt, ist das Lob Deutschlands bzw. der Deutschen *(laus Germaniae, laus Germanorum)*[23]; die agonalen Kategorien Lob, Ruhm und Ehre werden stets zur nationalen Identitätsstiftung verwendet. Die Gesichtspunkte, unter denen die deutsche Geschichte unseres Mittelalters im einzelnen zusammengestellt wird, sind sowohl ältere, diesem Mittelalter selbst entnommene als auch neue, humanistische. So treten zum traditionellen Stolz auf die Kaiserkrone und auf kriegerische Tüchtigkeit die Ruhmestitel kultureller Leistungen, ausdrücklich auch der im Rahmen des traditionellen, nichthumanistischen Wissenschaftskanons erbrachten Leistungen, die im übrigen durchweg mit Namen Nichtadeliger verbunden erscheinen. Anders als in dieser mittelalterlichen und humanistischen Mischung war eine deutsche Nationalgeschichte nicht zu begründen. Denn die Anwendung von Petrarcas Dreierschema: lateinische antike Norm – ihr Verlust – ihre Wiedergewinnung hätte um 1500 nicht zu einer deutschen Nationalgeschichte führen können; die Jahrhunderte unseres Mittelalters wären nicht darstellenswert gewesen. Nur über eine Verbreiterung des Kategorienspektrums und damit über eine Relativierung der genuin humanistischen, an der lateinischen Sprachkultur orientierten Kategorien war unser deutsches Mittelalter zu gewinnen. Deutschlands Kultur und seine Macht waren aufzuzeigen.

Kriegerische Tüchtigkeit, die den Rest der Welt erzittern läßt, ihr frommer Einsatz zugunsten der Kirche und des Papsttums, die Ausstattung des Kirchenstaates, die mit all dem verdiente (nicht bloß vom Papst gewährte) Kaiserwürde, die fortdauernde Ausübung der Kirchenvogtei – all dies sind mittelalterliche Argumente, die von den deutschen Humanisten voll ausgespielt wurden. Sie wurden zusätzlich bewiesen durch die Verbreitung entsprechender älterer (mittelalterlicher) Traktate im neuen Medium des Buchdrucks, so des Lupold von Bebenburg aus der Mitte des 14. Jahrhunderts stammende Schriften über das Recht der Deutschen am Reich und über die Leistungen des deutschen Adels für die Kirche.[24] Karl der Große gilt den Deutschen unzweifelhaft als Deutscher – in Ingelheim am Rhein sei er geboren –, und daß Karl die Kaiserkrone erwarb, ist der größte Ruhmestitel der Deutschen: „Was konnte den Deutschen Ruhmvolleres und Rühmenswerteres je widerfahren, als wegen ihrer hervorstechenden Tapferkeit im Krieg und bei der Verteidigung des Papsttums die Monarchie des ranghöchsten Reiches und des ganzen Erdkreises, Zügel und Steuer des höchsten

Fürstenamtes zu verdienen?" So Wimpfeling.[25] Karl der Große ist Karl der
Größte: „Karl war ein Kaiser von solcher Größe und Vollkommenheit, daß
ihn nachher niemand überragte oder erreichte"[26], auch nicht der für Wimpfeling zweitgrößte Kaiser: Friedrich II.[27]

Macht und Kultur müssen im Einklang stehen, wenn ein Humanist ein
positives Bild unserer mittelalterlichen Jahrhunderte zeichnet. Sie stehen in
Einklang in der Person des großen Karl selbst – der seine Mußestunden auf
das Studium der Literatur verwendet, der die Universität Paris errichtet
habe – und mehr noch im Gesamtbild der Karolingerzeit. Die deutschen Humanisten haben der Literatur der Karolingerzeit einen festen, hervorra-
genden Platz im Bild von der deutschen Geschichte gesichert. Mit dieser Literatur konnten sich die Humanisten anfreunden; denn sie kannte noch
nicht die scholastische Begriffssprache, und mehr noch: Sie umfaßte auch lateinische Poesie, Hymnen und Sequenzen, die in die Liturgie Eingang gefunden hatten. Der Benediktinerabt Johannes Trithemius stieß bei der
Suche nach den Glanzzeiten seines Ordens ebenfalls auf die karolingerzeit-
lichen Autoren und stellte sie gehörig heraus. Trithemius hatte einen chronologisch angeordneten Katalog aller ihm bekannten geistlichen Autoren her-
ausgebracht, eine Art allgemeiner kirchlicher Literaturgeschichte. Wimpfeling veranlaßte ihn nun, daraus die deutschen Autoren auszuwählen, ihnen
die weltlichen deutschen Autoren hinzuzufügen und diese Sammlung als ge-
sonderten deutschen Gelehrtenkatalog zu publizieren.[28] So sollten die lite-
rarisch-wissenschaftlichen Leistungen der Deutschen in dem neuen Litera-
turtyp einer nationalen Literaturgeschichte sichtbar gemacht und sollte der
Beweis erbracht werden: Die Deutschen besitzen das Kaisertum zu Recht,
denn sie sind keine wilden Barbaren, sondern vereinen mit der Macht auch
literarische Kultur. Hrabanus Maurus diente als einer der Garanten für den
Gleichrang der kulturellen mit den politischen Leistungen. Denn Hrabanus
– so wieder Wimpfeling – habe die ebenso raffiniert ausgedachten wie ge-
heimnisvoll bedeutsamen Figurengedichte erfunden.[29] Die Deutschen als
Erfinder – der Scharfsinn und der Einfallsreichtum des Erfinders ist eine
neue Kategorie, die die Humanisten auf der Basis antiker Autoren wie dem
älteren Plinius in die Geschichtsschreibung einführen.[30] Unter dieser Kategorie rücken neben die angebliche Erfindung des Hrabanus Maurus zwei
weitere: die auf 1380 datierte Erfindung der Bombarde und die angeblich
1440 gelungene Erfindung des Buchdrucks – deutscher Erfindergeist und
Scharfsinn zugunsten der Macht und zugunsten der Kultur.[31] Bombarde und
Bücherpresse tauchen als deutsche Zwillinge seither immer wieder im deutschen Selbstbewußtsein auf.

Diese Jahrhunderte mächtiger, frommer und mehrfach auch – wie Kaiser
Sigismund – lateinisch gebildeter, sprachenkundiger deutscher Herrscher
und einer kulturell ansehnlichen Nation sind für den deutschen Humanisten

Wimpfeling kein Mittel-Alter. Im Unterschied zu Späteren hat er Feuer-
waffen und Druckerpresse nicht zu Argumenten für die Abgrenzung eines
neuen Zeitalters gemacht. Wenn er die Kriegskunst der athenischen, sparta-
nischen, thebanischen, karthagischen Feldherrn gegen die der deutschen
Kaiser, der Heinriche, Ottonen, Karle, Konrade, Friedriche, nicht auf-
kommen läßt,[32] wenn er den regierenden König Maximilian zum größten
Feldherrn aller Zeiten stilisiert und gar über den großen Alexander stellt,[33]
dann vergegenwärtigt er antike Norm, die, nie verloren, von den deutschen
Herrschern schon stets übertroffen worden sei. Deshalb handelt es sich wiederum nur um einen Superlativ im Lob der Deutschen und nicht um die Ausgrenzung eines Mittel-Alters, wenn Wimpfeling die kulturellen Leistungen
der Deutschen seines Jahrhunderts, ohne die früheren Jahrhunderte zu erwähnen, an denen der Antike mißt und behauptet, das Altertum (vetustas)
habe so Nützliches wie die Buchdruckerkunst nicht hervorgebracht; Skopas,
Phidias, „Ktesiphon" und Archimedes müßten das Straßburger Münster
über die sieben Weltwunder stellen; Parrhasius und Apelles wären keineswegs höher geachtet als Dürer; Chorebus, nach Plinius der athenische
Erfinder der Töpferei, würde die Töpferkunst der Deutschen bewundern
können.[34] Im politischen Bereich bleibt Wimpfeling freilich nur die Hoffnung auf die Zukunft, auf den Sieg über die Türken, den König Maximilian
erringen werde – wenn ihm die deutschen Fürsten in Einigkeit folgen. Die
Nation in der Vergangenheit historiographisch aufzuweisen und ihre künftige Einigkeit herbeizuschreiben, das ist das Anliegen dieser ersten deutschen Geschichte.

Sie ist im reichstädtisch und habsburgisch geprägten Elsaß von einem Gelehrten und Kleriker bürgerlicher Herkunft ohne fürstlichen Auftrag verfaßt
worden; sie verleugnet ihre regionale, politisch-geographische und soziale
Standortgebundenheit keineswegs. Sie hätte auch nicht überall in Deutschland geschrieben werden können, nicht z. B. in einer königsfernen Region
Norddeutschlands und nicht am Hofe eines Fürsten, auch nicht des habsburgischen Königs. An den Höfen und in deren Auftrag wurde nicht deutsche
Geschichte, sondern dynastische Geschichte geschrieben, und diese füllte
die Jahrhunderte unseres Mittelalters zu einem großen Teil mit anderen
Stoffen, vor allem natürlich mit Ahnenbildern.

III

Der Habsburger Maximilian, der von 1493 bis 1519 regierte, ließ sich von
einem ganzen Stab von Gelehrten, federführend von dem in Freiburg i. Br.
ansässigen Jakob Mennel (ca. 1460–1526), einem gebürtigen Bregenzer,
eine mehrbändige Chronik des habsburgischen Adelsgeschlechts erar-

beiten.[35] Die Mitarbeit der Gelehrten hinderte nicht, daß die ausgreifende Quellenrecherche mittelalterlichen Herkunftssagen und fiktiven Stammreihen zugute kam; dies entsprach dem Selbstverständnis des Auftraggebers. Das Werk ist entlang dem habsburgischen Mannesstamm aufgebaut, es präsentiert ihn lückenlos durch sage und schreibe siebenundzwanzig Jahrhunderte vom Fall Trojas – auf 1180 v. Chr. datiert – bis zum Abfassungsdatum 1518, d. h. von Hector, dem Sohn des Königs Priamus von Troja, bis Maximilian. Maximilian ließ seinen Historiographen Mennel folgendes darlegen: Die Habsburger stammten von den Merowingern ab und mit diesen von den Franken, die unter der Führung von Hectors Sohn Francio aus dem zerstörten Troja geflüchtet sind. Die erste, eine fränkisch-merowingische und noch vorhabsburgische Periode endet, als um 600 der merowingische Königssohn Otpert zugunsten seines älteren Bruders um des Friedens willen sich mit dem Grafenrang und der Grafschaft Habsburg begnügt. Damit beginnt eine zweite Periode, eine Art habsburgischen Mittelalters. Es besteht darin, daß Otperts Nachfahren sich mit allen bedeutenden europäischen Adelshäusern verheiraten und verschiedene Länder erwerben. Dadurch ist zu Maximilians Zeit eine qualitativ neue Situation im Gefüge der christlichen Herrscherhäuser entstanden. Denn sie alle sind laut Mennel mit Habsburg verwandt und gleichsam um Habsburg als das edelste, weil im ununterbrochenen Mannesstamm von Priamus von Troja sich herleitende Herrscherhaus gruppiert. Mit Maximilian bricht – so kann man die Gewichtung der Verbindungen Habsburgs mit Burgund und mit Spanien, aber mehr noch die Idee einer derartigen dynastischen Chronik selbst verstehen – eine neue Epoche des Ranges und des Selbstbewußtseins seines Geschlechtes an. Maximilian hat sich mit der Chronik seine Ahnenprobe als ranghöchster Herrscher der Welt und künftiger Sieger über die Türken schreiben lassen. Die Chronik begründet und entfaltet das Selbstverständnis eines Herrschers, der es zeit seiner Regierung verstanden hat, die alten und neuen Medien virtuos und unglaublich vielfältig nutzend, sich als den Hoffnungsträger zu stilisieren.

Das habsburgische Mittel-Alter zwischen Otpert und Maximilian ist eine Welt des königlichen und reichlich auch des landesfürstlichen Adels: der Habsburger und ihrer Verwandten, angefüllt von Generation zu Generation mit der Schilderung von Taten, Weib und Kindern und den Lebensbeschreibungen heiliger Verwandter. Das Werk bietet zwar auch viel deutsche Geschichte, aber es ist keine deutsche Geschichte, erst recht keine, zu deren Personal Gelehrte, Künstler und Erfinder zählten.

In der oberdeutschen Adelswelt des 16. und beginnenden 17. Jahrhunderts wurde das habsburgische dynastische Geschichtswerk als Vorbild gepriesen und zum Vorbild genommen für andere dynastische Adelschroniken,[36] die, was unser hohes und frühes Mittelalter angeht, großenteils ganz abenteuerliche, fiktive Stammbäume bieten. Unser heutiges Mittelalter wurde dadurch immer adeliger – mit immer mehr adeligen Personen aufgefüllt –, und es wurde immer deutscher. Denn hatten sich bisher viele Geschlechter aus italienischem oder antik-römischem Adel abgeleitet, zumal sie von deutschen Vorfahren nichts wußten, so wurden nun mutig Stammreihen konstruiert, die in die deutsche Vergangenheit zurückführten. Insofern nahm der Adel auf seine – dynastische – Weise an der von den Humanisten konstituierten Nationalgeschichte teil.

Wie den deutschen Humanisten der Gelehrtenkatalog des Abtes Trithemius von 1495 als Reservoir einer deutschen Gelehrtengeschichte zur Verfügung stand, so besaß seit 1530 auch der Adel ein ebenso reichhaltiges, freilich weithin mit bloß fiktiven Personen angefülltes Reservoir. Georg Rüxner, der bekannte Unbekannte aus der ersten Hälfte des 16. Jahrhunderts, der Herold Jerusalem des simmerschen Pfalzgrafen Johann, tat dem Adel einen großen Gefallen, insbesondere dem nicht zur Landesherrschaft gelangten ritterschaftlichen Adel, dem Zeugnisse hohen Alters und glanzvoller Vergangenheit ebenso Balsam waren wie die Dokumentation, daß er mit Kaiser, Königen, Herzögen und Grafen dem einen Adelsstand angehöre. Rüxner publizierte ein repräsentatives Buch, das die vollständigen Teilnehmerlisten der 36 Turniere bot, welche angeblich seit dem Jahr 938, als Heinrich I. das adelige Turnier begründet haben soll, bis 1487 abgehalten wurden. Fast alle diese Listen waren bis ins Detail vollständig; sie sagten, wer Turniervogt gewesen, wer von den Mannspersonen und von den Frauen und Jungfrauen zur Helmschau bestellt worden war, wer auf welcher Seite turniert hatte, wer anschließend den Tanz eröffnete.[37] Daß König Heinrich I., der 936 gestorben ist, ohne die Kaiserkrone erlangt zu haben, als Kaiser im Jahr 938 die Tradition der Turniere begründet und deren Zwölf Artikel aufgestellt haben sollte, tat der Glaubwürdigkeit Rüxners offenbar lange Zeit keinen Abbruch. Rüxners mit den Namen der turnierfähigen Familien, der Rittergesellschaften, mit Wappen und erzählenden Bildern ausgestattetes Panorama gab das Selbstverständnis vor allem des ritterschaftlichen Adels viel zu authentisch wieder, als daß es diesem hätte unglaubhaft erscheinen können. Ein Mittel-Alter sollte das jedoch nicht sein, auch wenn um 1600 das Ende von Rüxners Berichtszeit (1487) mit dem Ende der Turniere überhaupt, für das die Hand- und Steinbüchsen (scloperae bombardaeque) mitverantwortlich seien, gleichgesetzt wurde.[38] Der Verleger und Autor Sigmund Feyerabend aktualisierte 1568 das Turnierbuch mit der Schilderung eines von Maximilian II. veranstalteten Turniers – die Turniere „des letzten Ritters" Maximilian I. fanden weder bei Rüxner noch bei Feyerabend Erwähnung. Als Rüxners Buch die angeblich jahrhundertelang nach demselben Ritual und Ehrencodex abgehaltenen Turniere vorstellte und sich damit lang anhaltender Beliebtheit erfreuen durfte, vollzogen sich im ritterschaftlichen Adel allerdings bedeutende Wandlungen. Es bildete sich die Reichsritterschaft heraus, die sich reichsrechtlich und organisatorisch von den Landesherren und von den landsässigen Standesgenossen trennte. Rüxners Turnierbuch konnte dem Adel gerade auf dem Weg zur Reichsritterschaft von Nutzen sein, „zumahl" – so lautete die Argumentation – „solche Geschlechter bey Turnieren zugelassen gewesen, die der Röm. Kaiser Immediatet und H. Reichs Freyheit und Dienst fähig"[39]. Die Ritterschaft hatte Sigmund Feyerabend bei seiner Neuausgabe vor allem im Auge,[40] und noch 1720 nahm Johann Stephan Burgermeister, der reichsritterschaftliche Staatsrechtler schlechthin, den Rüxner in toto in seine ›Bibliotheca equestris‹ auf.[41] Das Turnierbuch bedeutet die Reaktion auf einen Wandel, den es aber nicht benennt, sondern eher überspielt. Es präsentiert die Wunschform einer Adelsgesellschaft und will offenbar Kontinuität im Zeichen des Adels herstellen. Indem es vorgibt, hohes Alter zu dokumentieren, folgt es einer zentralen Kategorie adeligen Bewußtseins, stellt aber keine Reflexion über geschichtliche Entwicklungen an.

IV

Im selben Jahr 1530, als Rüxner den stets turnierenden Adel vorführte, verfaßte Melanchthon für den Augsburger Reichstag die ›Augsburgische Konfession‹, eine theologische Selbstdefinition der neuen Lehre; als Bekenntnisschrift trug sie wesentlich zur Festigung und Formierung der reformatorischen Bewegung bei. Zur selben Zeit arbeitete Johannes Carion (1499–1537), brandenburgischer Hofastronom, ein Altersgenosse und Schüler Melanchthons (1497–1560), an einer Universalgeschichte, die von Adam und Eva bis 1532 reichte, in welchem Jahr das handliche Buch in Wittenberg erschien. Der Erscheinungsort bezeichnet auch den geistigen Standort, von dem aus die Geschichte dargestellt wurde; es geht um eine historische Selbstdefinition der neuen kirchlich-konfessionellen Entwicklung, um den Beginn des konfessionellen Zeitalters auf dem Gebiet der Geschichtsschreibung. Carion hatte Melanchthon letzte Hand an das deutschsprachige Werk legen lassen, was dieser aber nur für die älteren Zeiten gründlich tat,[42] und nach Carions frühem Tod hat Melanchthon das Ganze noch einmal vorgenommen, es nunmehr lateinisch bearbeitet und kräftig erweitert. Er schaffte aber wiederum nur die ersten zwei Teile (Bücher 1–3), die bis in die Zeit Karls d. Gr. reichen. Sie erschienen 1558 und 1560. Nach Melanchthons Tod hat die Wittenberger Universität Caspar Peucer (1525– 1602) mit der Vollendung beauftragt. Peucer hat 1562 und 1565 in zwei weiteren Büchern die Bearbeitung der Zeiten bis zu Otto IV. und von Friedrich II. bis zum Ende Maximilians I. – korrekter gesagt: bis zu Luthers Auftreten – geliefert; eine Fortsetzung darüber hinaus, auf die Peucer verweist und die

eine Geschichte der Reformation, der *ecclesia renascens*, geboten hätte,[43]
ist nicht zustande gekommen. Als ein Ganzes erschien das Werk zuerst 1572,
wie stets unter dem Namen Carions, angewachsen zu einem Folianten von
750 Seiten. Das ›Chronicon Carionis‹ wurde zwischen 1532 und 1625 sehr
häufig und in verschiedenen Ländern aufgelegt, im internationalen Latein
und in sieben Volkssprachen, zuletzt 1649 in schwedischer Übersetzung.[44]
Nur noch eines der Geschichtswerke aus dieser Zeit hat eine vergleichbar
breite und anhaltende Rezeption erfahren: Johannes Sleidans (1507–1566)
Darstellung der Weltgeschichte ›De quatuor summis imperiis‹.[45] Beide
Werke haben unter dem sehr negativen Urteil Eduard Fueters zu leiden,[46]
das aber zumindest im Falle Carion–Melanchthon–Peucer einer Lektüre
der Chronik überhaupt nicht standhält.

Was konnten dieser Chronik zufolge die Anhänger Luthers mit den Jahrhunderten unseres Mittelalters anfangen? Waren vielleicht gerade sie argu-
mentativ am besten gerüstet, mit neuen Gründen ein Mittel-Alter auszu-
grenzen, etwa zwischen der Zeit der Kirchenväter und der Reformation
Luthers? Die Chronik von Carion, Melanchthon und Peucer grenzt kein
Mittelalter aus, sie folgt einem seit der Väterzeit oftmals angewandten Gliederungsprinzip, das in der Geschichte seit Abraham vier einander ablösende
Weltreiche unterscheidet – die vier Reiche, nach denen der zweite Teil der
Carion-Chronik betitelt ist und ebenso das oben genannte Buch Sleidans.
Gemeint sind die jeweils zu ihrer Zeit führenden Reiche; als viertes und de-
finitiv letztes galt das römische Reich seit Caesar und Augustus mitsamt
seiner Verlängerung durch das römisch-deutsche.[47] Die Jahrhunderte dieses
vierten Weltreichs wurden folglich als ein zusammenhängendes Zeitalter
aufgefaßt, das im 16. Jahrhundert, in der Gegenwart der Verfasser, noch an-
dauerte. Gott selbst habe im Buch Daniel die Reihe der vier Monarchien
vorhergesagt, am Beginn der vierten Monarchie sei Gottes Sohn den Menschen erschienen, und seine Wiederkunft – das Ende des vierten Reichs, der
Zeiten und des Menschengeschlechts zugleich – sei nicht mehr fern.[48] Starke
eschatologische Erwartungen prägten die frühe Reformationszeit und
ließen den Gedanken gar nicht zu, mit Luthers Reformation werde das Tor
zu einem neuen Zeitalter der Weltgeschichte geöffnet. Durch das Wirken
Luthers wurde, so sahen es seine Anhänger, das traditionelle Geschichtsbild
nicht in Frage gestellt, sondern bestätigt. Gott sollte erst recht als der Herr
der Geschichte erkannt werden. Denn daß Gott die Führungsrolle in der
Weltgeschichte zuerst den Chaldäern gab und wieder nahm, dann den Per-
sern und danach Alexander und den Diadochen, daß er die Führungsrolle
schließlich auf die Römer übertrug und innerhalb des Römischen Reiches
die Macht an Karl d. Gr. gab, daß er nach dem Ende Friedrichs II. „durch
einen besonderen Anstoß" *(singulari Dei impulsu)*[49] das Kurfürstenkolle-
gium zu heilsamer Mitwirkung am Imperium gelangen ließ – darin habe sich

Gott als der erwiesen, der seine Vorhersage stets wahrgemacht habe, als der im Geschichtsverlauf in erkennbarer Weise machtvoll wirkende Herr der Geschichte, der in der Geschichte Beispiele seiner Güte und mehr noch seines Zürnens und Richtens gab.[50]

Hinzu kam eine weitere Tradition, die es ermöglichte, die vier Reiche in den Gang der gesamten Weltgeschichte einzuordnen und auch ihre Dauer zu bestimmen. Carion, Melanchthon und Peucer folgten einer alten christlichen und jüdischen Spekulation, welche die Geschichte in Analogie zum Sechs-Tage-Werk der Schöpfung in sechs Zeitalter einteilte und im Anschluß an Ps. 90 (89),4 – tausend Jahre sind vor Gott wie ein Tag – jedes Zeitalter auf 1000 Jahre berechnete, die Gesamtdauer der Geschichte also auf 6000 Jahre.[51] Carion und Melanchthon zitieren aus dem Umkreis dieser Tradition einen dem Propheten Elias zugeschriebenen Spruch.[52] Demnach waren in diesen 6000 Jahren drei etwa gleichlange Zeitalter zu unterscheiden, 2000 Jahre von der Erschaffung der Welt bis Abraham, weitere 2000 Jahre bis zum Erscheinen des Messias – d. h. der Geburt Christi genau im Jahr 3963 nach Erschaffung der Welt[53] – und noch einmal zwei Jahrtausende bis zum Ende der Welt. Doch ob dieses letzte Zeitalter, zugleich die Zeit des vierten, des Römischen Reiches, volle 2000 Jahre dauern werde, sei nicht sicher. Denn weil – nach Mt. 24,22 bzw. Mk. 13,20 – die Gottlosigkeit schließlich arg zunehme, würden um der Auserwählten willen die letzten Tage abgekürzt.[54] Carion, Melanchthon und Peucer haben ihre Chroniken zwischen 1532 und 1565 nach Christi Geburt, das hieß für sie zwischen 5494 und 5527 seit Erschaffung der Welt, abgeschlossen. Sie haben aus diesen Daten keineswegs geschlossen, die Geschichte gehe noch ein rundes restliches Halbjahrtausend weiter. Wohl erkannten sie in ihrer Gegenwart Anzeichen tiefgreifender und weitreichender geschichtlicher Veränderungen – die europäische Dimension der habsburgischen Herrschaft seit dem Wechsel von Maximilian I. zu Karl V., die enorm gewachsene Macht der Türken und vor allem die Wiedergeburt der zwar kleinen und bedrängten, aber wahren Kirche dank dem Auftreten Luthers.[55] Doch diese Veränderungen leiteten nach ihrer Überzeugung keine neue Zeit ein, sie leiten vielmehr hin zum Zeitenende. Für Luther bedeutete die Reformation das Gnadengeschenk des guten Endes einer heillos verwirrten kirchengeschichtlichen Entwicklung, nicht aber den Anfang einer langen neuen Weltzeit.[56] Der enorme Erfolg der Carion-Chronik hat der humanistischen Trias und damit einem Mittel-Alter keine Chance gelassen.

Diese Geschichtsgliederungen bestimmen die Gesamtanlage der Chronik. Was die deutsche Geschichte unseres Mittelalter anbetrifft, ist es aufschlußreich zu sehen, wie in der protestantischen Historiographie auch unter den veränderten religiösen Vorzeichen die nationalgeschichtliche Hochschätzung der Kaiser von Karl d. Gr. bis einschließlich Kaiser Maximilian I. zur Geltung kommt. Der alte Stolz auf die Kaiserwürde lebt fort. Gott habe das deutsche Volk seit Karl d. Gr. mit der Ehre ausgezeichnet, zu regieren, was vom vierten, römischen Reich übrig geblieben sei, und er habe es zu den vornehmlichen Hütern Europas bestellt.[57] Von der Stilisierung einer germanischen, mit Rom konkurrierenden Antike findet sich bei Melanchthon allerdings nichts;[58] gegen Augustus, das Werkzeug Gottes, kann ein Arminius nicht ankommen.[59] Um so mehr aber bedenkt Melanchthon die deutschen Könige und Kaiser seit Karl d. Gr. mit Lob.[60] Sie Mann für Mann zu würdigen und ihre Geschichte darzustellen, blieb dann Caspar Peucer überlassen. Dieser fühlte sich bei seiner Arbeit ganz den Kategorien Melanchthons verpflichtet. Er fragt wie Melanchthon in der politischen Geschichte wegen der Ordnungsfunktion des Reiches nach den durchsetzungsfähigen Herrschern, die auch dem Papsttum Widerstand leisteten, die die Frömmigkeit und die Bildung förderten, um ihnen hohes Lob zu spenden. Auch er läßt die Kirchengeschichte neben der politischen zu wachsender Eigenständigkeit gelangen.[61]

Die Förderung der Bildung durch Karl d. Gr., den auch persönlich in Latein, Dialektik, Philosophie und Theologie ausgebildeten und des Griechischen zumindest passiv mächtigen Kaiser, erhält viel Farbe und erfährt reichlich Lob, nicht zuletzt die großzügige Bestallung eines Griechischlehrers am *collegium Osnaburgense*.[62] Otto d. Gr. gilt ihm aufgrund seiner Taten für Reich und Kirche als der nächstgrößte deutsche Herrscher.[63] Heinrich IV. wird wegen seines unbeirrten Kampfes gegen die Anmaßungen Gregors VII. zu den großen, aber tragischen Herrschergestalten gezählt.[64] Kaiser Friedrich II. kommt weit über Friedrich Barbarossa zu stehen und gilt als einer der größten Heroen aller Zeiten, weil er – darum ein Heros – mit Kriegstüchtigkeit profunde Bildung verband; beherrschte er doch sechs Sprachen einschließlich Latein und Griechisch, gründete er doch die Universität Neapel und sorgte für die Übersetzung der Werke griechischer und arabischer Philosophen und Naturwissenschaftler.[65] Kaiser Sigismund, wegen seiner Lateinkenntnisse und klugwitzigen Aussprüche einer der Lieblingskaiser der deutschen Humanisten, kommt bei Peucer mit all seinen Aussprüchen zur Geltung und erfährt wegen vieler Eigenschaften Lob.[66] Doch dann tritt eine neue Wertung hinzu: Sowohl gegen die Türken als auch gegen die Hussiten sei Sigismund erfolglos geblieben, weil er es zugelassen habe, daß Johannes Hus und Hieronymus von Prag auf dem Konstanzer Konzil verbrannt worden seien und den Märtyrertod hätten erleiden müssen – Hus, der unmittelbar vor seinem Tod eine Reformation nach hundert Jahren, soll heißen: Luthers Reformation, vorhergesagt habe.[67] Sigismunds letztendliches Scheitern erscheint als Gottes Strafe dafür, daß er sich als verlängerter Arm der Priesterherrschaft habe gebrauchen lassen.

Die unter humanistischen Kategorien hervorgehobenen Themen verlieren auf diese Weise an Gewicht, und statt dessen erhalten zwei neue Themen Bedeutung: erstens die Darstellung der Anmaßungen des Papsttums und der Mönche, ja überhaupt ihrer verderblichen Rolle, und zweitens das Aufspüren der raren Zeugen des reineren Glaubens angesichts seiner zunehmenden Verfinsterung; aus katholischer Sicht hieß dies zumindest teilweise: der Ketzer.[68] Zu diesen neuen Themen führt die Aufarbeitung der Jahrhunderte unseres Mittelalters unter reformatorischen Kategorien. Die kirchengeschichtliche Perspektive der anderen Konfession erfährt dabei eine folgerichtige Umkehrung,[69] das Mittelalter wird konfessionalisiert. Solche Konfessionalisierung unseres Mittelalters in der Historiographie betrifft vor allem die Zeit seit dem Investiturstreit. In den Jahrhunderten davor, als noch die Kaiser die Synoden einberiefen und Päpste ab- und einsetzten, sei das Papsttum noch relativ ungefährlich gewesen; die Kaiser hätten ihr Recht in Kirchensachen gebraucht, welches die Römer Karl dem Großen zugleich mit der Patrizius-Würde übertragen hätten.[70] Doch seit Gregor VII. übten die Päpste eine Tyrannis aus.

Peucer erkennt im Investiturstreit eine „bedeutende Veränderung" innerhalb der Kirche und in der Folge auch im Reich und nimmt, einer Lieblingsidee Melanchthons folgend,[71] den Investiturstreit zum Anlaß, in die Geschichte der vierten Weltmonarchie, also seit Augustus und damit seit der Zeit Christi, eine vornehmlich kirchengeschichtliche Periodisierung einzubauen. In Perioden von ungefähr 500 Jahren verfinstere sich der Glaube, drängen Mönchtum, Heiligenverehrung und päpstliche *monarchia* vor; doch auch schon nach 250 Jahren könnten bedeutende Veränderungen vorfallen. Bei dieser eigenartigen Periodisierung soll es sich diesmal nicht um eine theologisch deduzierte Kategorie handeln, sondern um eine am geschichtlichen Stoff selber abgelesene.[72] Mit dem Konflikt zwischen Gregor VII. und Heinrich IV. beginne im 11. Jahrhundert die dritte, finsterste 500-Jahresperiode der Kirchengeschichte, die bis zu Luther dauere; dieser erst habe den gordischen Knoten der päpstlichen Hierarchie mit einem Schlag des Gotteswortes durchhauen. „Denn so lange stand die Monarchie der römischen Kirche."[73] Die Tyrannis des Papsttums habe auch eine Konfusion der weltlichen Ordnung verursacht, doch diese sei schließlich durch das heilsame Wirken des Kurfürstenkollegs und überhaupt durch die Ausbildung der Reichsverfassung – diese hochgeschätzte, „aus Monarchie und Aristokratie sehr weise gemischte Verfassung" *(ex monarchia et Aristocratia sapientissime temperata politiae forma)*, deren Urheber Gott selber sei – korrigiert worden.[74] In der Kirchengeschichte führen die Zeugen des reinen Glaubens auf Luther zu, in der weltlichen Geschichte bereitet das Fürstentum bis hin zu der Gestalt Kurfürst Friedrichs des Weisen der Reformation die Wege – eine sozusagen fürstenreformatorische Einschätzung der Reichsverfassung, die die Rolle der Städte wie auch die Chancen des Kaisers nicht hinreichend berücksichtigt.

Melanchthon und Peucer sehen Gott sehr unmittelbar in der Geschichte am Werk. Gott, nicht der Papst, habe Karl dem Großen die Kaiserwürde übertragen.[75] Doch auch der Kaiser repräsentiere nicht Gottes Macht auf Erden, sondern Gott sei selber in der politischen Ordnung präsent.[76] „Gesetze, Ehen, Verschiedenheit der Herrschaften, Verträge, Obrigkeiten, Gerichtsurteile, Strafen sind Zeugnisse von der Weisheit, Güte und Gerechtigkeit Gottes und seiner Gegenwart im Menschengeschlecht; denn Gott ist selber der Hüter seiner Ordnung."[77] In dieser Konzeption von einem sehr konkreten Wirken und Herrschen Gottes in der Geschichte, die es versteht, jeweils stattgehabter politischer Entwicklung Sinn und Segen zu geben, hatten das Kurfürstenkolleg und die Reichsverfassung ebenso ihren festen Platz wie der Landesstaat der Reichsstände des 16. Jahrhunderts. Indem Peucer auch den Landesherren des 14. und 15. Jahrhunderts etliche Aufmerksamkeit zuteil werden läßt, erhält die deutsche Geschichte unseres heutigen Spätmittelalters einige charakteristische Züge, wie andererseits die Jahrhunderte der Kaiser von Karl d. Gr. bis zu Friedrich II. die Farben einer glanzvolleren „deutschen Kaiserzeit" gewinnen.[78]

V

Je größer der zeitliche Abstand zur Reformation wurde, um so deutlicher konnte sie als der Anfang eines neuen Zeitalters begriffen werden. Dies ist wesentlich eine Leistung der Jubiläumsfeiern des 17. und 18. Jahrhunderts. Die Reformationsjubiläen 1617 und 1717 maßen die seither zurückgelegte Strecke nachlutherischer Zeit aus, so insbesondere das große Jubiläumswerk von 1717 des Spener-Schülers Hermann v. d. Hardt.[79] Den Reformationsjubiläen sekundierten die Buchdruck-Jubiläen 1640, 1740 – der Buchdruck wurde gefeiert als Medium zur Verbreitung des Lichts des reinen Gotteswortes.[80] Ebenfalls im reformatorischen Sinn begannen die Universitäten Tübingen, Wittenberg, Frankfurt an der Oder und Rostock, Jubiläen zu feiern und sich als die führenden Kräfte einer neuen Zeit der reinen Lehre darzustellen.[81] Die 1477 gegründete Universität Tübingen, vier Jahrzehnte vor dem Jahr gegründet, auf das sich die Reformationsjubiläen bezogen, schlug dabei gleich ihre gesamte Geschichte seit 1477 der Reformationszeit zu, und 1777 behauptete man, der Universitätsgründer Graf Eberhard im Bart, der doch, als Luther auftrat, schon längst gestorben war, sei *lutherisch vor Luthero*[82] gewesen.

Während so auf protestantischer Seite allmählich die Reformation als der Beginn einer neuen Periode zumindest der Kirchengeschichte und der Bildungsgeschichte herausgearbeitet wurde, setzten alte süddeutsche Benediktinerklöster wie z. B. Zwiefalten im 17. und 18. Jahrhundert ihre eigenen katholischen Jubiläen und Bestehensfeiern dagegen; in ihnen sollte die Reformation gerade keine Rolle spielen, sie sollten vielmehr ungebrochene monastische Kontinuität trotz der Reformation erweisen.[83]

Um ein Mittelalter zu konstituieren, das eine Periode der allgemeinen Geschichte sein sollte, war es jedoch entscheidend wichtig, eine Zäsur am Beginn des 16. Jahrhunderts in den Bereichen der Kirchen- und der Bildungsgeschichte *(historia ecclesiastica, historia literaria)* ebenso wie im Bereich der politischen Geschichte *(res politicae* bzw. *historia civilis)* aufzuzeigen[84] und dies in möglichst großer Breite. Denn von der politischen Geschichte der führenden Reiche war – durch Melanchthons Übernahme der Vier-Monarchien-Lehre sanktioniert – die Periodisierung des Gesamtverlaufs der Geschichte abgeleitet. Diesen Schritt vollzog Christoph Cellarius (1638–1707), der der erste Professor für Geschichte an der Universität Halle wurde, in derjenigen Fassung seines Abrisses der Universalgeschichte, der sukzessive 1685, 1688 und 1696 erschien, „eingeteilt in alte, mittlere und neue Geschichte".[85] Cellarius achtete, nachdem die von Gott bewirkten Translationen der führenden Weltreiche ja längst geschehen waren und neue Übertragungen nicht mehr stattfanden, nunmehr auf die *nova facies regnantis orbis*, auf den politischen Gestaltwandel der einzelnen Königreiche, die Erneuerung und Festigung, d. h. die „Reformation" der Staaten *(rerum publicarum reformatio)*.[86] Er hob hervor, daß die Gestalt dieser Reiche, so wie sie seine Gegenwart 1685 zeige, um 1500 entstanden sei. Um 1500 sei Spanien aus der Vereinigung von Kastilien und Aragon erwachsen, seien die Mauren vertrieben und die Neue Welt, beide Sizilien und bald auch Mailand hinzugekommen; Portugal habe die afrikanischen und indischen Besitzungen erworben, Frankreich habe Italien verloren, aber die Bretagne gewonnen; in England sei auf die Thronwirren die Tudor-Zeit gefolgt; Schweden hätte sich von Dänemark getrennt; das Haus Österreich sei durch die burgundische, spanische und ungarische Heirat gewachsen und das Haus Osman durch ungerechte Kriege; in Persien sei die noch regierende Safawiden-Dynastie auf den Thron gelangt.[87] Das alles soll in der Summe periodenbildend sein. Die Energie, mit der Cellarius die Argumente aus der politischen Geschichte sammelt, ist bemerkenswert. Die Entdeckung Amerikas nennt er wohl, aber ihre Bedeutung spielt er ausdrücklich herunter. Viel nützlicher als die Erforschung der neuen Welt durch *Columbus* und *Americus* (Amerigo Vespucci) sei die Erfindung des Buchdrucks. Im synchronen Zusammenhang mit den Argumenten aus der politischen Geschichte gewinnen bei Cellarius die humanistisch-bildungsgeschichtlichen Argumente neues Gewicht. Neben dem Buchdruck habe die Flucht der griechischen Gelehrten aus dem gefallenen Byzanz nach Italien die Bildung im Westen wieder aufleben lassen; neue Universitäten seien regelrecht um die Wette gegründet worden: Würzburg, Leipzig, Caen, St. Andrews, Löwen, Freiburg, Greifswald, Basel, Cambridge, Tübingen, Kopenhagen, Ingolstadt, Mainz; Uppsala hat er zu nennen vergessen. Doch epochale Bedeutung und periodenbildende Kraft gewinnt der Bildungsaufschwung erst durch seine Funktion für die Reformation: „So sollte", sagt Cellarius im Schlußsatz seiner ›Historia medii aevi‹, „der Weg bereitet werden der göttlichen und himmlischen Lehre, die im folgenden ⟨16.⟩ Jahrhundert die Finsternis vertreiben und Europa erleuchten würde und zu der ... ⟨im 15. Jahrhundert⟩ Johannes Gerson und Thomas von Kempen in Wort und Schrift ein Vorspiel boten."[88] In der ›Historia nova‹ stellt er sodann eingangs fest: „In erster Linie ist es die Kirchenreformation, um deretwillen wir eine neue Geschichte, unterschieden von der des mittleren Zeitalters, mit dem 16. Jahrhundert, d. h. ungefähr mit dessen Anfang, beginnen."[89]

Durch die Darstellung des Verbundes dieser teils nur gleichzeitigen und teils ursächlich verknüpften Vorgänge aus der Politik-, der Bildungs- und der Kirchengeschichte schafft Cellarius historiographisch eine Periodengrenze und damit ein Mittelalter, indem es also ein Ende erhält. Cellarius hat ihm auch einen Anfang gegeben: die Zeit Konstantins des Großen. Das bedeutet immerhin, daß die Zeit des Augustus und der Geburt Christi keine Großperiode mehr eröffnen.[90] Für diese Verschiebung führt Cellarius bildungsgeschichtliche, politische und staatskirchenrechtliche Gründe an. Bemerkenswerterweise benötigt er kein Argument aus der Geschichte der kirchlichen Lehre, die ihm doch für die Bestimmung des Beginns der Neuen Geschichte so wichtig ist. Er möchte einerseits Cicero und Vergil nicht von Tacitus und Plinius abtrennen und die Anfänge des römischen Kaiserreichs nicht von der Zeit seiner größten Ausdehnung unter Trajan; sie sollen vielmehr zusammen der alten Geschichte angehören. Andererseits dient ihm die staatliche Anerkennung des Christentums durch Konstantin als Argument, zu diesem Zeitpunkt die mittelalterliche Geschichte beginnen zu lassen.

Obwohl Cellarius bei seiner Abgrenzung eines Mittel-Alters weitgehend inhaltlich argumentiert, hat er die triadische Gliederung der allgemeinen Geschichte in recht formalistischer Weise ausgefüllt. Die Darbietung der Fakten, die er, nach Jahrhunderten abgepackt,[91] zwischen die Grenzen der großen Zeitalter pfercht, dabei zwischen byzantinischer und westlicher Geschichte hin- und herspringend, läßt keine Leitlinien und keine Gestaltung nach durchgehenden Gesichtspunkten erkennen. Da war die Carion-Chronik Melanchthons und Peucers viel mitteilsamer, beredter und gestaltungskräftiger gewesen. Doch des Cellarius griffiger 'Ploetz' kam dem Bedürfnis nach einer übersichtlichen Einteilung der Gesamtgeschichte und einer Darbietung der neuen Geschichte entgegen – dem 16. und 17. Jahrhundert gibt Cellarius zweieinhalbmal soviel Raum wie dem Mittelalter. Cellarius' handliches Kompendium verdrängte die Carion-Chronik nahezu völlig. Sie wurde auch nicht durch eine vergleichbare zusammenhängende Darstellung ersetzt. Ganz andere Gattungen traten neben die Abrisse der Universalgeschichte. Entsprechend der Differenzierung in der Geschichtsforschung und im akademischen Unterricht waren dies vorwiegend am Staatsrecht orientierte Kompendien sowie eine außerordentliche Fülle von Spezialuntersuchungen und Quelleneditionen zur Rechtsgeschichte des Reiches und der Territorialstaaten, zur Geschichte der Dynastien, zur Urkundenkritik, zur Numismatik, zur Philologie und Geographie.

Viele gerade der hilfswissenschaftlichen Spezialwerke trugen das Wort „Mittelalter" im Titel, insbesondere wenn sie ungedruckte Quellen traktierten oder edierten; so verbreiteten und festigten gerade sie den Mittelalter-Begriff.[92] Aber das Mittelalter zerfiel dabei in lauter wissenschaftliche Spezialsparten. Der „gemeine Geschichtsschreiber", der wie die Carion-Chronik Geschichte mit Moral und Religion verbindet und rhetorisch darstellt, der aber nicht etwa Urkundenreferate reiht und diskutiert und auch keine gelehrten Anmerkungen und urkundlichen Beilagen bietet, womit ʻJus und Historie' sich wechselseitig erläutern[93] – der „gemeine Geschichtsschreiber" war nicht mehr gefragt. Es erschien als ein Gebot empirisch auszurichtender Wissenschaft, „daß wir den gemeinen Geschichtsschreibern nicht mehr trauen ..., als bis wir eine Reichshistorie aus untrüglichen Urkunden, ein jus publicum diplomaticum, ein jus feudale diplomaticum, ein jus ecclesiasticum diplomaticum, ja ein ⟨jus⟩ diplomaticum civile haben"; so Johann Peter von Ludewig (1668–1743) in Halle 1743.[94]

Nur Lehrbücher für den Gymnasialunterricht durften den Stoff noch wie ein „gemeiner Geschichtsschreiber" ohne Urkunden und Nachweise darbieten. Aber sie hatten den Stoff klar nach Sachgebieten zu klassifizieren, ihn geographisch, politisch-herrschaftlich und chronologisch vielmals zu unterteilen. So bieten die um die Wende zum 18. Jahrhundert von dem Merseburger, seit 1711 Hamburger Gymnasialdirektor Johann Hübner (1668–1731) verfaßten und im weiteren 18. Jahrhundert recht erfolgreichen Lehrbücher, die in neun jeweils rund 1000seitigen kleinformatigen Bändchen ›Kurtze Fragen aus der Politischen Historia‹[95] nach der Art eines Katechismus in deutscher Sprache stellen und beantworten, Fragen eben nur aus der politischen Geschichte. Diese wird isoliert und von fünf anderen „Gattungen, Sorten" oder „Classen" von Geschichte unterschieden: von der Geschichte der Kirchen, der Gelehrten, des Laufs der Natur, der Künstler und der merkwürdigen Begebenheiten des gemeinen Lebens. Politische Historie – so Hübner – muß am Anfang stehen: „Denn ohne dieselbe kan man die andern Sorten nicht einmahl verstehen."[96] Die politische Historie besteht aus der „Universal-" oder „Fundamental-Historie" und den vielfältigen „Particular-Historien" der einzelnen Regierungen – „so viel Politische Regierungen in der Welt sind, so viel giebts auch politische Historien"[97], was in die anderen historiographischen „Classen" und was in das *jus publicum* gehört, also z. B. Fragen der Reichsverfassung, wird ausdrücklich ausgeklammert.[98] Doch die sachliche Abtrennung kann nicht immer gelingen. Denn die Reformation, die der Sache nach „eigentlich in die Kirchen-Historie" gehört, kann „in der Politischen Historie nicht vorbey gelassen werden".[99] Deutlich ist das Zurücktreten der Universalgeschichte; sie macht nur einen von neun Teilen aus, der übrigens der Gliederung nach den vier Weltreichen noch folgt. Die „Particular-Historien" sprengen die Universalgeschichte.

Drei Bände betreffen die deutsche Geschichte: der erste, weltgeschichtliche Teil, insofern er auch die aller „Particularia" beraubte Geschichte der abendländischen Kaiser von Karl d. Gr. an umfaßt, und der fünfte und der sechste Teil, die beide der deutschen Geschichte gewidmet sind. Von ganz wenigen dürftigen Bemerkungen zur gemein-deutschen Geschichte eingeleitet, bieten sie auf etwa 2000 Seiten Spezialgeschichten. Jede Spezialgeschichte ist wiederum unterteilt in möglichst leicht memorierbare Zeitabschnitte, öfters in drei Perioden, die dann alte, mittlere und neue heißen können, aber mit des Cellarius Universalgeschichtsperioden keineswegs gleichlaufen; ein andermal in vier Perioden, wenn es etwa deutliche dynastische Einschnitte gibt. Die „mittlere Historie" Sachsens z. B. reicht von der Taufe Widukinds 785 bis zum Übergang der sächsischen Kurwürde auf die Markgrafen von Meißen 1422, die „alte Historie" beginnt mit dem „Ursprunge der Sächsischen Nation".[100]

Greift man z. B. den Beginn dieses sächsischen „Mittelalters", Widukinds Taufe heraus, so kann man erstens feststellen, daß der Merseburger Schulrektor nicht nur kurze Fragen und Antworten katechismusartig zusammenstellt, sondern daß er gleichwohl, wenn ihm daran liegt, auch zum Erzählen neigt. Zweitens läßt seine Erzählung recht deutlich die Kenntnis der fränkischen Reichsannalen, also der auch für den heutigen Historiker hervorragendsten Quelle, durchscheinen. Drittens fällt auf, daß Hübner alle Hinweise der Reichsannalen auf das Wirken göttlicher Fügung und göttlicher Gnade unterdrückt. Andererseits reichert er seine Erzählung an, und zwar mit Hinweisen auf noch anschaubare Überreste, die vermeintlich aus der Berichtszeit, hier der Karolingerzeit, stammen – so sei die Irminsul in einem Hildesheimer Leuchter erhalten[101] –, auch wagt Hübner tollkühne Namenserklärungen und Ortsidentifizierungen. Unverkennbar ist die Absicht, die Geschichte in der Gegenwart, sächsisches Mittelalter in sächsischer Gegenwart wiederzuerkennen. Damit fällt er geradezu zwangsläufig auf lokale Traditionsbildungen herein. Daß er darüber hinaus von der unkritischen Literatur seiner Zeit abhängig ist, Widukind vor der Taufe zum heidnischen Sachsenkönig und nach der Taufe zum christlich-karolingischen Sachsenherzog macht und sein Todesdatum kennt, ist nicht verwunderlich.

Hübner handelt vom deutschen Mittelalter dreifach: wenn er die „Carolingischen, sächsischen, fränckischen und schwäbischen Kayser", danach

die „aus unterschiedenen Häusern" und die aus dem Hause Österreich im
Rahmen der römischen Monarchie darstellt, wenn er sodann vor den Spezialgeschichten die deutsche Geschichte gliedert, und wenn er schließlich in
langen Kapiteln die Spezialgeschichten abfragt und abhandelt. Eine deutsche Nationalgeschichte kommt so natürlich nicht zustande. Die deutsche
Geschichte erscheint fragmentiert, in die Bruchstücke unverbundener geo-
graphisch-politischer und sachlicher Bereiche und Spezialgeschichten zer-
legt. Dieses Verfahren trifft nicht allein die deutsche Geschichte, aber wegen
der Vielzahl ihrer Staaten sie am deutlichsten. Die Verwissenschaftlichung
des Umgangs mit Geschichte im 16. und 17. Jahrhundert, die Entstehung
historischer Forschung und insbesondere die Ausbildung der Hilfswissen-
schaften hatte zur Spezialisierung geführt, und diese mündete in einer Fragmentierung der Geschichte. Sie ist aber nicht etwa das absichtslose Ergebnis
der Spezialisierung, sondern hatte durchaus Methode. Die Spezialisierung
der Forschung und die Fragmentierung der Geschichte dienten im 17. und
18. Jahrhundert geradezu als Selektionsprinzip und Nutzungsmethode beim
Umgang mit der Geschichte und folglich auch mit dem Mittelalter. Die Fragmentierung machte es möglich, speziell diejenigen Teilbereiche der mittelalterlichen Geschichte aufzubereiten und zu nutzen, die man brauchte, in
erster Linie die Teilbereiche des Rechts, des Reichsstaatsrechts und des Le-
henrechts voran,[102] seit Johann Jakob Moser (1701–1785) auch des Territo-
rialstaatsrechts.[103] Denn die meisten aktuellen Herrschaftsverhältnisse und
unzählige Rechtsbeziehungen basierten auf dem „Mittelalter" oder waren
– z.B. mit Hilfe des Rüxner, dessen Glaubwürdigkeit im 18. Jahrhundert
freilich zu Ende ging[104] – in dieses hineinprojiziert worden. Mittelalterliche
Urkunden wurden nicht nur nach den neu erarbeiteten Regeln hilfswissen-
schaftlicher Kritik untersucht, ihre Texte nicht nur herrschafts- und rechtsge-
schichtlichen Darstellungen, der juristischen Reichspublizistik und dyna-
stisch orientierten Landesgeschichten beigegeben, sondern sie waren vielfach auch Bestandteile aktuell geführter Prozesse.

Die Fragmentierung der Geschichte erleichterte es anderseits, diejenigen
Teilbereiche, die man nicht mehr nutzen wollte oder mit denen man nichts
mehr anfangen konnte, beiseite zu rücken oder einfach zu übergehen. Den
Juristen war weniger an der *historia ecclesiastica* und der *historia litteraria*
gelegen, und diese traten daher zeitweilig sehr zurück, bis die Kirchengeschichte als erste historische Fachdisziplin – jedoch auch jetzt noch nur als
ein propädeutisches Fach – seit der zweiten Hälfte des 17. Jahrhunderts in
die protestantischen theologischen Fakultäten Eingang fand.[105] Das Mittelalter gehörte hier freilich nicht zu den favorisierten Perioden.[106]

Somit kommt es im 18. Jahrhundert im Umgang mit dem Mittelalter zu
einer paradoxen Situation: Eben zu der Zeit, als sich der formale, zusammenfassende Begriff des Mittelalters als Einteilungsprinzip der Geschichte

durchsetzte, erscheint die Geschichte des Mittelalters, wenn sie nicht bloß abgeteilt, sondern behandelt werden soll, zerteilt in nutzbare und weniger nützliche Sachgebiete und in vielerlei Spezialgeschichten. Die Überwindung solcher Fragmentierung war das Ziel der neuen Aufklärungshistorie eines Voltaire (1694–1778) – nicht eines professionellen Forschers also, sondern eines „Philosophen der Geschichte".[107] Seine Reichsannalen, die auf Bitten der Luise Dorothee von Sachsen-Meiningen verfaßten, 1753/54 erschienenen ›Annales de l'Empire depuis Charlemagne‹[108], wollten die Forschungen der deutschen Geschichtswissenschaft, der Staatsrechtler und Antiquare seiner Zeit zusammenfassen und «dans une langue que parlent toutes les nations» eine allgemeine Vorstellung vom Reich geben – mit Geschmack, Interessantheit und in amüsanter Lesbarkeit. Doch die ›Annales‹ haben ihrem Autor bis heute wenig Anerkennung eingetragen: Um einen eher langweiligen chronologischen Abriß mit einigen eingestreuten Bosheiten handle es sich.[109]

Bei der Abfassung des berühmt gewordenen, immer wieder ergänzten universalgeschichtlichen ›Essai sur les moeurs et l'esprit des nations et sur les principaux faits de l'histoire depuis Charlemagne jusqu'à Louis XIII‹ (1753/54, 1756, 1769, 1775)[110] hat es Voltaire dann nicht mehr versucht, die Spezialforschungen heranzuziehen. Sie waren unergiebig für das nunmehrige Hauptziel, als Lehrer und Philosoph («instruisant en philosophe») anhand allein des Wissenswerten den Fortschritt von Vernunft und Gesittung in der Geschichte darzustellen. Hatten die Juristen noch den sie interessierenden Teilbereich des Mittelalters brauchen können und die Kultur- und Kirchengeschichte nur beiseite gelassen, so wurde für den Voltaire des kulturgeschichtlich urteilenden ›Essai sur les mœurs‹ das Mittelalter als Ganzes zum Gegenbild der Aufklärung, keine Vorstufe der eigenen Zeit, sondern eine Un-Zeit, deren Kennzeichen ihr Mangel an Aufklärung ist, ihre «ignorance – ignorance sauvage» bis zum 13. Jahrhundert und «ignorance scolastique» danach –, ihr barbarischer Kulturzustand; «l'histoire du moyen age: histoire barbare des peuples barbares», sagt Voltaire im Artikel 'Histoire' der ›Encyclopédie‹.[111] Mit dem Ende des Römischen Reiches sei, so heißt es im ›Essai‹, auch der menschliche Verstand vertiert im unsinnigsten Aberglauben, ganz Europa sei in solcher Verächtlichkeit verkommen bis zum 16. Jahrhundert.[112] Voltaire versteht sich auf die Rhetorik der Verachtung: «un mélange bizarre de politique et de simplicité, de grossièreté et d'artifice, ... la décadence générale ...; des temps d'une ignorance générale ...; des États bien malheureux et bien mal gouvernés ...; ce mélange de religion, de superstition, de faiblesse, de méchanceté dans toutes les cours ...; leur [Saint Bernard, Abélard] langue était und jargon barbare ..., la théologie scolastique ... fit plus de tort à la raison et aux bonnes études que n'en avaient fait les Huns et les Vandales.»[113]

Er bedient sich solcher Rhetorik gerne in kulturgeschichtlichen Rückblicken, aber insgesamt doch weniger oft, als man meinen könnte; er zeichnet das Mittelalter nicht nur schwarz in schwarz, zumal er sich überhaupt der Mühe ziemlich eingehender Schilderungen unterzieht, etwa wenn er der Kulturgeschichte der Zeit Karls d. Gr. sechs Kapitel widmet und dabei Bezug nimmt auf Leges, Capitularien, Marculfs Formeln, Ps. Isidors «Fausses Décrétales».[114] Karl d. Gr. habe «par la force de son génie» die Notwendigkeit der schönen Künste erkannt – immerhin.[115] Wenn in dem kulturgeschichtlichen Kapitel über das Turnier Heinrich I. wieder eine Rolle spielt – diesmal soll er das Turnier anläßlich seiner Krönung (die bekanntlich nie stattgefunden hat) abgehalten haben[116] –, wirkt das wie ein Nachhall der mitsamt dem Rüxner verabschiedeten Tradition. Das Schicksal Kaiser Heinrichs IV., «plus malheureux que notre Henri IV, roi de France», läßt Voltaire keineswegs unberührt, sondern veranlaßt ihn, „neben der exhumierten Leiche" Kaiser Heinrichs, ehe er ihre Wiederbestattung in Speyer berichtet, „einen Augenblick inne zu halten", um eine allgemeine, politisch-sozialanthropologische Lehre zu ziehen auf Kosten des «commun peuple, esclave de la superstition, qui veut que ses maitres en soient les esclaves».[117] Für den mächtigen Friedrich Barbarossa, den er nur indirekt zu den Großen zählt – er sei mit Otto und Karl d. Gr. vergleichbar –, kann er sich nicht erwärmen, für Barbarossas mächtigeren Nachfolger Heinrich VI. noch weniger. Aber Friedrichs II. „Kreuzzug" ohne Blutvergießen findet Anerkennung als «un modèle de saine politique».[118] An den späteren deutschen Herrschern bemerkt Voltaire dann kaum noch etwas besonders Lobenswertes. Doch auch in groben Zeiten, in denen sonst nur einige wenige Italiener – Dante, Petrarca, Boccaccio – „aus dem Dunkel herauszutreten beginnen"[119], bleiben dem vom traurigen Zustand der Philosophie unabhängigen «génie de mécanique que la nature donne à certains hommes» die Früchte in Gestalt nützlicher Erfindungen nicht versagt: Am Ende des 13. Jahrhunderts sei die im Alter so hilfreiche Brille erfunden worden, zur selben Zeit die Windmühle, am Beginn des 14. Jahrhunderts das Papier, und all das, was sonst in dem von Voltaire herangezogenen Band der ›Antiquitates Italicae medii aevi‹ Ludovico Muratoris aufgezählt wird.[120] Insgesamt gilt freilich: «Tout homme est formé par son siècle», nur wenige erheben sich über ihre Zeit, können sie aber dadurch nicht auch verändern, erst recht nicht, wenn sie nördlich der Alpen beheimatet sind.[121] Daß der «fanatisme» eines Savonarola und die «science» eines Pico della Mirandola gleichzeitig und gleichermaßen beim intelligentesten Volk auf Erden, den Italienern, möglich waren – so Voltaire –, lasse auf die Finsternisse andernorts schließen: «quelles ténèbres étaient répandues ailleurs, et avec quelle lenteur la raison humaine se forme.»[122] Auch die für die Ausbreitung des Wissens an sich so wichtige Erfindung des Buchdrucks, derer sich die Deutschen rühmen dürften, habe lange Zeit die «ignorance» nicht vertreiben können.[123]

VI

Eine „Einladung ins Mittelalter" hat Voltaire damit gewiß nicht geschrieben. Doch er hat das Mittelalter, das er wie Petrarca wesentlich durch Ignoranz bestimmt sah, selber offenkundig nicht ignoriert – wohingegen Petrarca es zu ignorieren vorgab. Voltaires gewiß nicht gering zu schätzende Beschäftigung mit dem Mittelalter in den ›Annales de l'Empire‹ und im ›Essai‹ steht in offenkundigem Kontrast zu seinem geringschätzigen Urteil. Man könnte fragen, wodurch er auf das Mittelalterbild der Deutschen stärker eingewirkt hat: durch das Vorbild seiner Darstellung nach den kulturgeschichtlichen Kategorien «l'esprit, les moeurs, les usages des nations» oder durch sein Urteil – oder auch, wenn man bedenkt, wie Justus Möser (1720–1796) sich an ihm gerieben hat, durch das Provozieren fruchtbaren Widerspruchs. Voltaires Forderung angesichts der «immensité» des historischen Stoffes: «il faut se borner et choisir»[124], sein Zurückdrängen der «faits und actions» zugunsten von «l'esprit» und «les moeurs» machte auch Möser sich zu eigen, „indem er vorzüglich die Geschichte unserer Rechte, Sitten und Gewohnheiten zu entwickeln" sich „bemühet, und die Begebenheiten ziemlich nach dieser Absicht geordnet" hat.[125] Doch während Voltaire sich von den für Ballast erklärten Geschichten der kleinen, in den größeren Königreichen aufgegangenen Herrschafts- und Sozialgebilde regelrecht belästigt fühlte, sah Möser vielmehr, daß der geschichtliche Prozeß, in dem „der mächtige und reißende Hang großer Völkervereinigungen zur Monarchie und die unsägliche Arbeit … der Freiheit, womit sie jenem Hang begegnen", gegeneinanderstehen,[126] in Deutschland zugunsten nicht des Königs, sondern der Landesherren verlaufen war und daß darum eine deutsche Geschichte von der Landesgeschichte her aufgebaut werden müsse, vornehmlich von der des Mittelalters. Denn er erblickte in der bis hin zur Karl d. Gr. intakt gebliebenen Schicht der freien, grundbesitzenden und wehrhaften Bauern „die wahren Bestandteile der Nation"; wie sie seit „Ludewig dem Frommen und Schwachen" erst dem Königtum und dann der „Territorialhoheit" und dem „Despotismus" geopfert worden waren, das mache den eigentlichen Gegenstand der deutschen Geschichte aus und lasse sich aufweisen in der sächsisch-osnabrückischen Geschichte.[127]

Ein Vergleich von Mösers ›Osnabrückischer Geschichte‹ mit den Abschnitten zur sächsischen Geschichte in Hübners Lehrbuch läßt die oben beschriebene Fragmentierung der allgemeinen Geschichte überdeutlich werden, ebenso das Fehlen jeden genetischen Zusammenhangs und jeglicher Leitidee innerhalb Hübners abgeteilter „Particular-Historien". Möser hatte mit dem Prozeß der Auflösung des Korpus der freien Landeigentümer seit dem 9. Jahrhundert einen „mächtigen und für eine kleine Landesgeschichte nur gar zu mächtigen Faden" gefunden[128] – eine Leitidee, von der

nach Mösers Ansicht nicht nur die osnabrückische und sächsische Geschichte, sondern „die Geschichte von Deutschland . . . eine ganz neue Wendung zu hoffen" hatte.[129] Mösers Leitfrage war eine sozial- und verfassungsgeschichtliche, im Zentrum seines Mittelalterbildes steht der dritte Stand in Gestalt eines gestandenen Bauerntums, dessen Freiheit eben jenem Fürstenstaat zum Opfer fiel,
den die Carion-Chronik zum Garanten der Freiheit von der Tyrannis des
Papsttums und eines vom Papste abhängigen Kaisertums erklärte; sie meinte
die Freiheit des Fürstenstaats, der der reinen Lehre und der *renascens ecclesia*
seinen Schutz zuwenden würde. Die Carion-Chronik schrieb dem deutschen
Fürstenstaat in Gestalt der Kurfürstentümer wegen der Funktion für die reformatorisch verstandene Kirchengeschichte eine Dignität zu, die ihm nach dem
herkömmlichen Vier-Reiche-Schema nicht zukam und die ihm auch von
einem vor der Reformation schreibenden Humanisten wie Wimpfeling bei all
seiner Wertschätzung der Fürsten wegen ihrer Rolle für die humanistische Bildungsbewegung und ihrer Unentbehrlichkeit für den künftigen Türkenzug
nicht zugesprochen wurde. Die Verbindung von Kaisertum und Kultur, worin
deutsche Humanisten ein Kennzeichen unseres heutigen Mittelalters erblickten, erschien sozial als das Nebeneinander nichtadliger Gelehrter und
Erfinder und der Monarchen. Ideelle Gemeinsamkeit sollte die Leitvorstellung von der deutschen Nation stiften, die literarisch-historiographisch aus
der Lob-Gattung entwickelt wird. In der Carion-Chronik erscheint diese Leitvorstellung aufgehoben in dem bekannten mehrfachen Sinne. Die neue Leitidee von der Herrschaft Gottes über die Geschichte der politischen Ordnungen wie der Kirche relativiert die Rolle der deutschen Nation im Rahmen
der Universalgeschichte, steigert aber ihre Bedeutung durch die Retheologisierung der Lehre von den vier Monarchien, deren vierte die Deutschen ja
innehaben, und die Theologisierung der spätmittelalterlichen und frühneuzeitlichen Reichsverfassung; die Reformation erscheint geradezu selbstverständlich, wie wenn es weder der Hervorhebung noch der Explication bedürfte, als ein deutsches Ereignis. Cellarius und Hübner haben sich hingegen
auf die politische Geschichte beschränkt. Sie haben damit nicht bloß die Kirchengeschichte abgetrennt, sondern der politischen Geschichte das Bezugssystem genommen. Sie haben die Geschichte enttheologisiert. Eine neue Leitidee vermochten sie noch nicht an die Stelle zu setzen, doch sie haben einen
grundlegenden Perspektivenwechsel befördert. Sie haben die tradierten Einteilungen der Geschichte, die der Kenntnis der Ereignisse vorgegeben – der
Bibelexegese oder traditionellen Zahlenspekulationen abgewonnen – waren,
nicht weiter vertieft, sondern sich statt dessen um Periodisierungen bemüht,
die sich auf die Geschichte selbst berufen. Durch solchen Perspektivenwechsel wurde erst die Selbstdefinition der Neuzeit möglich mitsamt ihrer
Kehrseite, der „Erfindung des Mittelalters".[130]

Bodmer und die Folgen

Von VOLKER MERTENS

> *That old and antique song we heard last night;*
> *Methought it did relieve my passion much,*
> *More than light airs and recollected terms*
> *Of these most brisk and giddy-paced times.*
> *Come, but one verse.*
>
> Shakespeare, Twelfth Night, II, 4

In einem helvetischen Opferhain hört man des Nachts alte Lieder. Der Erzähler, der davon erfährt, geht hin und singt seinerseits die lieblichsten Lieder der neuen Dichter, ein Erdmännchen antwortet mit altdeutschem Minnesang, kommt aus dem Gestein hervor und führt den Sänger in seine Behausung: dort vertraut es ihm – die Manessische Liederhandschrift an. Weil die Kunst wieder neu geworden ist, kann der Schatz des alten Sanges wieder ans Licht gebracht werden. Diese Geschichte erzählt Johann Jakob Bodmer im 74. seiner ›Neuen Critischen Briefe‹.[1] Die zeitgenössische anakreontische Lyrik ist Zeichen der Gleichgestimmtheit mit den „poetischen Freunden" vor 500 Jahren: In diesen poetologischen Vorgaben kann Bodmer sie erfahren, und so wird er sie verstehen und weitergeben.

Bodmer als Vaterfigur anzusprechen, ist ein Gemeinplatz – schon Wieland nannte ihn „Ältervater" (er hatte ihn selbst 1752/54 in Zürich erlebt), und seine Schüler Lavater (in der ›Ode an Bodmer‹) und Pestalozzi sprechen mit diesem Namen von ihm.[2] Auch die Forschung kennzeichnet ihn so: „Vater der Jünglinge" heißt er in der Denkschrift zum 200. Geburtstag (Zürich 1900), „Vater der Minnesangforschung" nennt ihn Konrad Burdach.[3] Vater meint den Erzeuger, den Begründer: Typologisch gesprochen gehört er zur „Zeit der Verheißung", die nachfolgenden Söhne dann zur „Zeit der Erfüllung", die noch andauert, an der wir also teilhaben. Diese Studie soll, von Bodmers Leistungen ausgehend, zeigen, was die nachfolgende Generation damit und daraus gemacht hat, soll auch auf andere Traditionen hinweisen und den Neuansatz der Romantik, vor allem in Gestalt der Mittelalter-Aneignung Tiecks, charakterisieren – die Neubegründung, die dann durch die Grimms im Sinne einer umfassenden Wissenschaft vom deutschen Altertum auf der Basis des romantischen Poesiebegriffs und durch Karl Lachmann als idealistische Philologie erfolgt.[4] Beide hätten sich allerdings kaum als „Söhne" oder „Enkel" Bodmers verstanden, eher schon Ludwig Tieck mit seinen ›Minneliedern‹ von 1803, die auf Bodmers Ausgabe der „Manessi-schen" Handschrift fußen, oder August Wilhelm Schlegel, der Bodmer über Klopstock stellte, weil „ohne so viel Aufheben von Patriotismus aber mit ächtdeutscher Schlichtheit … sich dieser ehrwürdige Mann das unsterbliche Verdienst gemacht [hat], die Lieder der Minnesinger durch den Druck vor dem Untergange zu sichern, und das ganz in Vergessenheit gerathene Lied der Nibelungen wieder zu entdecken"[5].

„Von der pforte des töthlichen Vergessens, wie Herkules die Alkeste auf die Erde zurückgebracht habe"[6], wollte Bodmer die alten Texte holen, nicht aber nur die der mittelalterlichen Literatur, auch die von Opitz, den er 1745 und 1755 ediert hatte. Daß ihm das gelang, ist wohl sein Verdienst, mindestens aber so sehr das der Nachfolgenden: „Ohngeachtet dieser Bemühungen [sc. der Gelehrten] ist das größere Publikum immer noch mit der älteren deutschen Zeit unbekannt geblieben, es sind dadurch nur immer wieder Gelehrte veranlaßt worden, Untersuchungen anzustellen, und die Wirkung, welche sie beabsichtigten, ist noch auf keine Weise erreicht worden", stellt Tieck in der ›Vorrede‹ seiner ›Minnelieder‹ von 1803 fest, und er sieht die Ursache darin, „daß das Studium der Gedichte, welche im Druck erschienen sind, mit Mühe verbunden und das völlige Verständniß dem Ungelehrten fast unmöglich ist" (S. V). Aber auch Tieck erreichte das „größere Publikum" nicht, seine „Umsetzung"[7] blieb, wie alle anderen Versuche, eine breite Schicht der Gebildeten daran teilhaben zu lassen, relativ wirkungslos, eigentlich populär machte mittelalterliche Literatur erst – Richard Wagner.

Die Beschäftigung mit den Texten der Vergangenheit war in Deutschland vor Bodmer nie gänzlich abgerissen – sie war aktuell vor allem von religionsgeschichtlichen (z. B. Flacius Illyricus: ›Otfried‹, 1571), pädagogisch-didaktischen, rechts- und sprachgeschichtlichen Interessen motiviert gewesen. Bodmer kannte von seinen Vorgänger-Arbeiten besonders gut die ›Anno‹-Edition von Martin Opitz: Er hatte sie in seine und Breitingers Ausgabe ›Martin Opitzens Von Boberfeld Gedichte‹ von 1745 (2. Auflage 1755) aufgenommen[8] (S. 179–272) und den mittelhochdeutschen Text auch übersetzt (S. 319–350): ein Erschließungsvorgang, den die Schweizer sonst nicht durchführten. Eher in der älteren Tradition steht auch die Gesamtedition der ›Fabeln aus den Zeiten der Minnesinger‹ (womit sie sich zeitlich geirrt hatten – sie sind von ca. 1350) des Ulrich Boner (›Edelstein‹) aus dem Jahre 1757, nachdem sie schon im Jahre 1743 zwei Fabeln publiziert hatten – motiviert wahrscheinlich durch die Ausgabe von Johann Georg Scherz, Straßburg 1704/1710, die schon im Titel das Rezeptionsinteresse deutlich kundtut: ›Specimen philosophiae moralis Germanorum medii aevi specimina è Msc. nunc primum in lucem publicam producta‹.

Etwas von einem solchen moralisch-didaktischen Impuls steht auch hinter der Publikation, auf der Bodmers Ruhm in erster Linie beruht: der ›Sammlung von Minnesingern‹ von 1758/59, denen 1748 ›Proben der alten schwäbischen Poesie des Dreyzehnten Jahrhunderts. Aus der Maneßischen Sammlung‹ vorausgegangen waren. In den ›Neuen Critischen Briefen‹ von 1749 hatte er dem gegenwärtigen Zeitalter mit seiner Sittenverderbnis die „Artigkeit in den Manieren der Mädchen, die von den schwäbischen alten Poeten besungen worden", vorgehalten, die Schamhaftigkeit gelobt, die „die jungen Leute von verschiedenem Geschlechte noch in einer anständigen Entfernung von einander" hielt (S. 346). Und moralische Bedenken gegen einzelne Lieder führten dazu, daß er sie nicht in seine Ausgabe aufnahm.[9] Der didaktische Impuls erstreckte sich aber nicht nur auf die Sitten, sondern auch auf die Dichter seiner Zeit, denen er im 13. der ›Critischen Briefe‹ von 1746, ›Von der Artigkeit in den Gedanken und Vorstellungen der Minnesinger‹, eben diese und die „Zärtlichkeit in dem Herzen" (S. 209) als Beispiel vorgehalten hatte. Mit „Zärtlichkeit" nennt er eines der Modewörter der vierziger und fünfziger Jahre – 1753 publizierte Christian Nikolaus Naumann einen Traktat ›Von der Zärtlichkeit‹ –, das beispielhaft für die Veränderung des Liebes-Codes steht[10]: Emotionalisierung der persönlichen Beziehungen, Ablehnung der konventionellen Galanterie und Frivolität zugunsten einer „natürlichen", schlichten Sprache, die für das „wahre" Gefühl und damit eine nicht nur erotische Wertzusprache an die Partnerin, den Partner steht. Bodmer integriert die Minnelieder in den ästhetisch-moralischen Kanon der Zeit und macht sie poetisch rezipierbar – an wen er dabei dachte, zeigt die Tatsache, daß er sich der Hilfe Gleims und Hagedorns bei der Publikation der ›Minnesinger‹ versichern wollte,[11] ersterer auch seine Hilfe bei der Besorgung der in Paris liegenden Handschrift vermöge seiner Beziehungen zum preußischen Königshof anbot[12] und Hagedorn zu den wenigen deutschen Subskribenten gehörte[13]. Diese Dichter unter den „itztlebenden" sind es auch, die Bodmer ausnimmt, wenn er wiederholt behauptet, die „Artigkeit in den Gedanken" und „Zärtlichkeit in den Empfindungen" seien bis „nahe an gegenwärtige Zeiten schier vergeblich" – also in der Gegenwart nicht völlig vergeblich zu suchen.[14]

Ein weiteres wichtiges Moment für die Beschäftigung mit der Literatur des „schwäbischen Zeitpunctes" ist der Lokalpatriotismus Bodmers – wie man immer wieder gesehen hat. Seine vaterländisch-geschichtlichen Studien und Quelleneditionen stehen am Anfang seiner wissenschaftlichen Laufbahn, und das patriotische Motiv kommt unverhüllt zur Geltung, als er erkennt, daß die „Manessische" Handschrift[15] in Zürich entstand und somit einen Beweis für die kulturelle Blüte seiner Heimatstadt im Mittelalter liefert. Das rechtfertigt für ihn auch eine Aufwertung seiner eigenen schweizerdeutschen Mundart bis hin zur Möglichkeit einer eigenen Literatursprache der Schweiz[16] in Abgrenzung zur „meißnischen" mitteldeutschen

Schriftsprache, in der Bodmer zeitlebens leichte Unsicherheiten zeigt. Aus
Patriotismus hält er auch Walther von der Vogelweide und Wolfram von
Eschenbach für Schweizer,[17] so daß er Klopstock nach Zürich einlädt
mit den Versen[18]:

> Komm denn die Sprache zu hören die ehemals Thüringens Hermann
> Mit dem von Veldek und Eschilbach redte,
> ...
> Komm, und höre, wie sie nach manchem Fluge der Jahre
> Zwischen dem Rhein und der Limmat noch lebet.

Die Vorstellung von der Kontinuität des Mittelhochdeutschen (und zwar der
mittelhochdeutschen Literatursprache!) wird hier das erste Mal deutlich
ausgesprochen und, vor allem in der Vorstellung, in Reliktgebieten wie ab-
gelegenen Alpentälern sei es noch heute lebendig, zum wiederholt zitierten
Topos bei Myller und Michaeler[19], konkretisiert in der legendären Magd
aus Graubünden, die sich Bodmer und später Benecke holen wollten, um
authentisches Mittelhochdeutsch zu hören.[20]

   Bodmers betontes Schweizertum ist als eine Identitäts-Strategie des aufgeklärten, gebildeten Bürgertums im 18. Jahrhundert zu verstehen: Gegen
die als äußerlich und statisch verstandene antikisierende Hofkultur, die
hauptsächlich an Frankreich orientiert ist, greift Bodmer schon früh auf das
englische Modell mit seiner Aufwertung der Natur, des Archaisch-Ein-
fachen und der eigenen Vergangenheit zurück – diese neue Ästhetik wird in
England vom Handelsbürgertum und vom Landadel getragen. Der von
Bodmer 1732 übersetzte Milton kannte bereits altenglische Texte: Die Anfänge des patriotisch-historischen Literaturbetriebs sind in England zu
suchen und beeinflussen von dort den Kontinent. Mit dem Einbringen der
eigenen Vergangenheit übernimmt Bodmer ein neues Bestätigungsmuster,
das die Vergewisserung einer bürgerlichen Identität im Rahmen der tradi-
tionsstiftenden Beschäftigung mit der Regionalgeschichte leisten soll. Daß
mit Minnesang und Epos Zeugnisse einer ausgesprochen höfischen Kultur
diesem bürgerlichen Verständnis dienten, störte nicht weiter und wurde von
der Projektion, im Mittelalter habe es eine die Stände umschließende ideale
Einheit im Zeichen der Kunst gegeben, überlagert: Die nichtadligen Berufs-
dichter seien vom Adel nicht nur unterstützt worden, sondern die Fürsten
seien selber als Dichter aufgetreten,[21] zudem galt das alte deutsche Königtum als Gegenbild zur absolutistischen Herrschaft der Gegenwart. So hat
Bodmer auch kein Bedürfnis nach der „Volksdichtung" des 16. Jahrhunderts, wie sie im Sturm und Drang aktualisiert wird, die Glorifizierung des
Hans Sachs durch Goethe von 1776 deklariert er als „Unverschämtheit"[22].

   Die patriotische Motivation der mittelalterlichen Studien Bodmers behin-
derte die Rezeption seiner Veröffentlichungen außerhalb der helvetischen

Region nicht: Das schweizerisch funktionalisierte „englische" Verständigungsmuster war mittlerweile überall aufgegriffen worden, und in diesem Rahmen ließen sich die mittelalterlichen Texte universell als „einfach" und „ursprünglich" verstehen.[23] Bodmer wollte auch die Lieder „wieder" im ganzen Deutschland verbreiten und verstand sich sozusagen als reziproker Manesse bzw. Hadloub, die die Lieder aus dem ganzen deutschsprachigen Bereich gesammelt hatten.[24] Allenfalls in der Ablehnung von Übersetzungen, die er als Trivialisierungen ansieht, da die Wörter abgesunken und in ihrer Bedeutung verdunkelt seien, wirkt sein Regionalismus im weiteren deutschsprachigen Raum rezeptionshemmend, denn die Schweizer hatten ja tatsächlich einen unmittelbareren Zugang zur alten Sprache – kein Zufall, daß Schöpflin und Scherz zufrieden waren mit den ›Proben‹, Wieland aber und Herder für Übersetzungen plädierten[25] und auch Goethe die ›Minnesinger‹ nicht rezipierte, weil man ihre Sprache erst hätte lernen müssen.[26] Der Übersetzungsversuch, den Bodmer am ersten Lied des Manesse-Codex, Kaiser Heinrichs ›Ich grüeze mit gesange die süezen‹, unternahm, wurde 1745 publiziert,[27] er verwendet mit dreihebigen, reimlosen, weiblich kadenzierenden Zeilenhebern, einem der Lieblingsmetren der Anakreontiker (z. B. Johann Wilhelm Ludwig Gleim, ›Versuch in scherzhaften Liedern‹, II, Berlin 1745), auch das Vokabular der Gleim und Hagedorn, wenn er schreibt „wer dies Liedgen Vor meinem Mädchen singet ..." (mhd.: „Swer nu disiu liet singe vor ir"), und anakreontische Reminiszenzen bestimmen das Mißverständnis von „Waz gît mir darumbe diu liebe zu lône?" („Was gibt mir die Geliebte dafür [Intensität, Beständigkeit der Liebe, Ertragen des Leides] zum Lohn?"): „Was giebt die Liebes-Göttin zum Lohn für meine Treue?" Eine solche leicht poetisierte Übertragung wäre bestimmt eine Verständigungshilfe gewesen, hätte sich aber doch an die Stelle des Originals gesetzt, ohne es (wie er es mit seinen epischen Nachschöpfungen wollte) ersetzen zu können – daher unterließ er wohl weitere Versuche.

Bodmer beschäftigte sich ja keineswegs kontinuierlich mit mittelalterlicher Literatur, er verstand sich mindestens so sehr als Dichter des Neuen wie als Herausgeber und Bewahrer des Alten. In seine intensive Beschäftigung mit Homer, die Anfang der fünfziger Jahre begann (›Fragmente in der erzaehlenden Dichtart‹, 1755) und eine Konsequenz seiner Milton-Übersetzung und der eigenen „Miltoniade" (›Noah‹, 1750/52) war, kam 1755 ein Brief von Jakob Hermann Obereit, der ihm den Fund einer altdeutschen Epenhandschrift ankündigte und gleich eine Parallele zwischen „den alten poetischen Griechen und Schwaben" herstellte.[28] Als Bodmer die Handschrift studiert hatte, zog er den entsprechenden Vergleich und sprach brieflich von einer „Art von Ilias" – eine poetologische Einordnung, die oft nachgesprochen und später, als Homer (und nicht mehr Vergil) als größter Epiker galt, im national-literarischen Sinne idealisierend interpretiert wurde.

Bodmer hat ihn selbst immer wieder bemüht als Beweis der «naiveté», der „Einfalt" des Sprechens „mehr aus dem herzen als aus dem witze" – kurz des Gegenübers von Natur der Alten und Künstlichkeit der Modernen, die „rohe [d. h. ursprüngliche], obgleich einfältige, unschuldige sitten und Erzählungsarten" nicht mehr schätzen.[29] Deshalb bedeutet der Ilias-Vergleich bei ihm auch keine absolute Aufwertung des ›Nibelungenlieds‹, sondern nur eine relative: Als klassisches Muster der Gattung Epos galt Vergils ›Aeneis‹, Homer war erst von den Engländern im Rahmen der Programmatik von Natur und Kunst, auf die sich Bodmer ja *expressis verbis* bezieht, als alternatives Vorbild eingebracht worden. Insgesamt beurteilt er nicht nur den Darstellungsmodus, sondern auch die Charaktere im ›Nibelungenlied‹ positiv, ja stellt sie sogar über Homer und findet hier „Empfindungen von Ehre, Großmuth, und Redlichkeit, die wir bey Homers Helden nicht in demselben offenbaren Lichte antreffen"[30]. Vor allem aber modifizierte er seine Textausgaben im Sinne der homerischen Poetik: Er verzichtete auf den ersten Teil, der zu viel Wunderbares enthielt und zu wenig stringent erzählt war (Beginn im zweiten Teil mit der Ankunft in Bechelâren), und konnte das so gewonnene homerische Epos ›Chriemhilden Rache‹ betiteln (1757) – schließlich hatte auch Homer seinen Stoff entsprechend konzentriert.[31] So bekam er eine Folge von sich steigernden Kämpfen, die allerdings immer noch Züge „der kindischen Neigung zu dem Uebersteigenden und dem falschen Wunderbaren"[32] aufwies. Deshalb schuf er 1767 eine Hexameterbearbeitung ›Die Rache der Schwester‹, die im Sinne des antiken Epos modifiziert war und auch moralisch-ethische Retuschen enthielt.[33] Vierzehn Jahre später bearbeitete er drei Episoden aus dem fehlenden Teil in Balladenform: ›Sivrids mordlicher Tod‹, ›Die wahrsagenden Meerweiber‹ und ›Der Königinnen Zank‹[34], und das „Wunderbare" der Meerweiber war unter Hinweis auf Shakespeare (Hexen im Macbeth!), der ihm als einer der Kronzeugen der „neuen" Ästhetik galt, gerechtfertigt worden: Für die Neugestaltung hatten Bishop Percys ›Reliques of Ancient English Poetry‹ von 1765 Pate gestanden – er hatte in den Jahren 1777 und 1784 fünfundzwanzig bzw. dreizehn Texte aus dem 1. und 2. Band der ›Reliques‹ übersetzt.[35] Auch die Ossian-Balladen dürften anregend gewirkt haben, denen Bodmer sonst skeptisch gegenüberstand: Doch hatte 1781 für ihn, wie für Werther, im Prinzip der „Ossian … den Homer verdrängt".

Es zeigt sich, daß das mittelhochdeutsche Epos schlechter in die Poetik der Zeit zu integrieren war als die Lyrik – es verwendete das „Abenteuerliche und Unglaubliche", also das „Wunderbare", nicht nur im Rahmen des Wahrscheinlichen, sondern im Übermaß, so daß Bodmer in der Einleitung zu seiner Teilausgabe des ›Nibelungenliedes‹ feststellte, man könne nicht alles veröffentlichen, sondern müsse, um „für den Ruhm des schwäbischen Zeitpunktes" zu sorgen, „eine reife und einsichtsvolle Wahl" beachten:

„Das Ausnehmende in dieser alten Literatur ist eben nicht im Ueberflusse übrig."[36] Wolframs von Eschenbach ›Parzival‹ und ›Willehalm‹ wurden daher gar nicht erst ediert, sondern gleich in „homerisierten" Hexameter-Umschöpfungen veröffentlicht (1753 und 1774), und Hartmanns von Aue ›Iwein‹ in Balladenform umgegossen (›Fabel von Laudine‹, 1780). Für sich jedoch sammelte er ohne diese Skrupel mittelalterliche Epen in Handschriften: Hartmanns ›Armen Heinrich‹ in Breitingers Kopie nach der (1870 verbrannten) Straßburger Handschrift, Gottfrieds von Straßburg ›Tristan‹ mit der Fortsetzung Heinrichs von Freiberg, auch Hartmanns ›Iwein‹ (bei ihm noch ›Twein‹) nach der Florentiner Handschrift, Heinrichs von Veldeke ›Eneit‹ nach dem Gothaer Codex, die Goethe ihm zukommen ließ, den ersten Teil des ›Nibelungenliedes‹ nach der Handschrift A, die er statt der im Schloß Hohenems erbetenen Handschrift C erhalten hatte (die Grundlage seiner Edition gewesen war).[37] Anscheinend besaß er auch Strickers ›Karl‹ (Brief vom 8. November 1780). Die Abschriften überließ er seinem Schüler Myller zur Publikation und erlebte die Genugtuung, kurz vor seinem Tod den ersten Band von dessen ›Samlung deutscher Gedichte aus dem XII., XIII. und XIV. Jahrhundert‹ in Händen zu halten.

In seinen Studien zur altdeutschen Literatur beschäftigt sich Bodmer vorwiegend mit zwei Aspekten: den allgemeinen Entstehungsumständen und dem Nutzen der Texte für die Gegenwart. Bei den „Moralische[n] und physicalische[n] Ursachen des schnellen Wachsthums der Poesie im dreyzehnten Jahrhundert" (›Neue Critische Briefe‹, X, XI, 1749) appliziert er Blackwells Thesen zu Homer von 1735 auf die mittelalterliche Literatur und kommt daher zu wichtigen Einsichten: daß der Minnesang eine höfische Gesellschaftsdichtung war, die von nicht-seßhaften Berufsdichtern (aber auch von Adligen selbst) mündlich vorgetragen wurde.[38] Die Abhängigkeit der mittelhochdeutschen Lyrik von der provençalischen Dichtung erkennt er aufgrund des Vergleichs mit ins Italienische übersetzten Trobador-Liedern in der Ausgabe von Mario Crescimbeni, ›Storia della vulgar poesia‹, von 1710 und stellt sogar die Vermutung der bis in die Gegenwart diskutierten „arabischen These" auf (›Neue Critische Briefe‹, X, S. 61). Auch daß die Artusepen auf romanische Vorbilder zurückgehen, erkennt er, sucht diese aber fälschlich ebenfalls in Okzitanien. Eine Kuriosität bleibt demgegenüber die Anwendung der schon aus der italienischen Renaissance bekannten „Klimatheorie" (eine Art früher Milieutheorie) auf das 13. Jahrhundert.[39] Sein didaktisch-pädagogisches Interesse ist oben schon besprochen, hinzu kommt eine sprachpflegerische und -bildnerische Intention. Die Lieder der alten Sänger könnten ein „Heil- und Erfrischungsbad" für die Dichtersprache sein (Vorrede, ebd., S. 16). In der alten Sprache erkennt er, wie in der alten Dichtung überhaupt, Einfachheit, Freiheit und Kraft, also das Poetische, das die neue Sprache verloren hat: „Was uns izo undeutlich, zweydeutig und verworren scheint, das war damals klar, begreiflich und leicht."[40] Bodmer versuchte sich deshalb selbst im Mittelhochdeutschen,[41] schrieb zwei Lieder und siebzehneinhalb Verse als Einleitung seines ›Nibelungen‹-Torsos und setzte mittelhochdeutsche Wörter in seinen Umschöpfungen zunehmend ein.[42] Ob aber schon durch Bodmer mittelalterliches Wortgut der Dichtersprache zugeführt wurde, wird man bezweifeln: Gleim und die Hainbunddichter waren erfolgreicher. Wichtiger als die Vitalisierung der zeitgenössischen Sprache war ihm das sittlich und poetisch Vorbildliche: „Ich suche bei Eschilbach nicht Wurzelwörter ... ich suche Sitten, petits soins der Ritter für die Damen, Keuschheit der Damen, Zärtlichkeit, Treue, sanfte Neigungen, den Heldenmut zu belohnen; ich suche veras voces ab imo pectore eiectus, Empfindungen, die nicht marquiert, nicht Wortergießungen sind"[43] – den Gegenbegriff der „Herzensergießungen" setzten sechzehn Jahre später Wilhelm Heinrich Wackenroder und Ludwig Tieck programmatisch als Titel: ›Herzensergießungen eines kunstliebenden Klosterbruders‹ (1796/97).

Ein Interesse tritt bei Bodmer stark zurück: das an den Quellen und den mythischen Grundlagen der Epen, vor allem des Nibelungenliedes – eine Fragestellung, die später die Beschäftigung mit diesem Text dominieren sollte. 1779 nimmt er einen Hinweis auf „norwegische Sagen" aus seiner Ausgabe von 1757 unter dem Eindruck der altnordischen Renaissance wieder auf, ohne ihm jedoch nachzugehen,[44] denn die „runische literatur", die „irokesische(n) Poesie der Skalden", wie sie von den „Klopstockianern" geschätzt wird, wertet er mit Blick auf seine „altschwaben" polemisch ab.[45] Hierfür ist eine andere geistesgeschichtliche Tradition wichtig, die sich vor und neben Bodmers Beschäftigung mit dem Mittelalter entfaltete.

In Skandinavien hatte die kontinuierliche Beschäftigung mit der eigenen alten Literatur eine hundert Jahre längere Tradition: 1643 war die Handschrift der Lieder-Edda entdeckt worden, 1665 Teile daraus zusammen mit der Prosa-Edda gedruckt, 1737 wichtige Sagas in den ›Nordiska Kämpadater‹ von Björner veröffentlicht worden. Als gemeinsames Kulturerbe der „alten nordischen und Deutschen Völker" betrachtet der Altonaer Lehrer und Gottsched-Schüler Gottfried Schütze die alten Texte und versucht u. a. zu beweisen, daß „die alten Teutschen und nordischen Völker weit vernünftigere Grundsätze in der Religion gehabt haben, als Griechen und Römer" (1751).[46] Im Sinn der „englischen" Ästhetik sieht er bei den germanischen Barden Sittlichkeit, Ernst und Natürlichkeit – als Gottsched-Schüler ist er allerdings wenigstens ebenso kritisch, was die „romanenmäßige Wunderbarkeit", die „allzu hitzige Einbildungskraft" und die „ausschweifend malerischen Züge" der alten Dichter angeht.[47] Schützes altnordische Studien finden eine breite Resonanz in der Öffentlichkeit, er wird zum Mitglied der Akademien in Berlin, Paris und Kopenhagen ernannt – in letzterer Akademie sind auch Klopstock und Paul Henri Mallet, dessen ›Monuments de la

mythologie et de la poésie des Celtes particulierements des Anciens Scandi-
naves‹ von 1756 Schütze neun Jahre später ins Deutsche übersetzt und damit
altnordische Texte erstmals für die deutschen Interessenten zugänglich
macht.[48] Etwa gleichzeitig (1764) erscheint die erste deutsche ›Ossian‹-
Übersetzung, mit der die bisher angenommene Existenz einer bardischen
Literatur (nach Tacitus, ›Germania‹) ihre textliche Grundlage erhielt. Schon
1766 ahmt Schützes Schüler Wilhelm von Gerstenberg in ›Gedichte eines
Skalden‹ die Ossianischen Werke nach, und Klopstock ersetzt seit 1767 in
seinen Oden die antike durch die germanische Mythologie, seine ›Her-
manns Schlacht‹ von 1769 nennt er dann programmatisch „Bardiet". Aus
dem Jahre 1767 stammt sein Gedicht ›Der Hügel und der Hain‹, von dem der
Göttinger Hain-Bund den Namen nahm, weil in ihm der teutonische Eich-
wald („Hain") über den klassischen Olymp („Hügel") gestellt wird:

> Weck ich aus dem alten Untergange Götter
> Zu den Gemälden des fabelhaften Liedes auf:
> So haben die in Teutoniens Hain
> Edlere Züge für mich;
> Mich weilet dann der Achäer Hügel nicht,
> Ich geh' zu dem Quell des Hains.[49]

Kennzeichnend für die Barden-Begeisterung (die von Bodmer ja nicht ge-
teilt wurde) ist die „Grenzverwischung"[50] zwischen altnordischer, altengli-
scher, keltischer und deutscher Literatur: Alles Nicht-Antike und Nicht-
Romanische gehörte nach diesem Verständnis zur gleichen anti-klassischen
Tradition. Klopstock konnte deshalb 1771 so dichten:

> Sie deren Enkel jetzt auf Schottlands Bergen wohnen,
> Die von den Römern nicht provinzten Kaledonen
> Sind deutschen Stamms. Daher gehört auch uns mit an
> Der Bard' und Krieger Ossian,
> Und mehr noch, als den Engelländern an,
> Weil ihn, da er
> Aus seiner Hall' ins Freye kam,
> Deutschland mit mehr
> Verehrung, und mit wärmerem Gefühl aufnahm.[51]

Deutschland konnte ihn als nicht romanisiertes Land eher aufnehmen als die
englische Nation, die von den Römern „provinzt" und deren Sprache später
stark französisch überformt war.

Um die altdeutsche Dichtung allerdings hat sich Klopstock kaum gekümmert, Bodmer nur kurz für die ›Proben der altschwäbischen Poesie‹ ge-
dankt, anscheinend (nur?) das erste Lied gelesen und sich zur ›Ode an
Kaiser Heinrich‹ (1764) von einigen Gedanken inspirieren lassen,[52] vom
›Nibelungenlied‹ sogar überhaupt keine Notiz genommen, weswegen er von

August Wilhelm Schlegel gerügt wurde.[53] Das literarisch-wissenschaftliche
Organ dieser frühen Nordistik wurde seit 1791 die Zeitschrift ›Bragur. Ein
litterarisches Magazin der Deutschen und Nordischen Vorzeit‹ – hier veröf-
fentlichten u. a. Klopstock und Herder, Wieland (!) und Gleim, die Wiener
Denis und Michaeler, der Elsässer Oberlin und viele andere. Der Herausgeber Friedrich David Gräter verzeichnete im 2. Band alle Erscheinungen
zur nordischen Literatur bis 1788, da er aber am „Alterthum des ganzen vaterländischen Stammes" (I, Vorbericht, S. 2) interessiert war, publizierte er
auch Minnesang-Nachdichtungen und Handschriftenfunde (Kleine Heidel-
berger, Kolmarer Handschrift) – ein ähnliches Spektrum, wie es die späteren
germanistischen „Fachzeitschriften", die ›Altdeutschen Wälder‹ und dann
noch die ›Zeitschrift für deutsches Alterthum‹ von Moriz Haupt umfaßte.[54]
In der Tradition der „germanischen" Dichtung wurde die literarische Rezeption der ›Nibelungen‹ in der Folge stark von dem Bezug auf die nordischen
Quellen und ihre Mythen geprägt: über Friedrich de La Motte-Fouqués Tri-
logie ›Der Held des Nordens‹ zu Wagners ›Ring des Nibelungen‹[55], die mehr
auf den Edda-Quellen als auf dem deutschen ›Nibelungenlied‹ basieren,
weil die altnordischen als der mythischen Urgestalt näher betrachtet
wurden.
    Die Ausgabe, die der Bodmer-Schüler Christoph Heinrich Myller (die
y-Schreibung geht auf eine Anregung Bodmers zurück) 1782 vom ›Nibelungenlied‹ veranstaltete, war zwar von seiner eingestandenen geringen Erfahrung im Mittelhochdeutschen einerseits und seiner mangelnden editori-
schen Kompetenz andererseits beeinträchtigt,[56] bildete aber die Grundlage
für die Kenntnis des Liedes über Friedrich Heinrich von der Hagens „Erneuerung" von 1807 hinweg, die auf der Basis eben dieses Textes erfolgte,
mit Korrekturen aus der Münchner Nibelungen-Handschrift, die ihm immerhin die richtige Einteilung in Langzeilen-Strophen vermittelte;[57] auch
seine mittelhochdeutsche Ausgabe von 1810 blieb noch bei der gleichen Text-
grundlage – erst 1816 löste er sich von ihr mit seiner Edition der Handschrift
B: ›Das Nibelungen Lied zum ersten mal in der ältesten Gestalt aus der St.
Galler Handschrift‹. Myllers Erstedition hatte aus zwei Gründen Erfolg gehabt: Sein Subskriptionsverfahren bringt das Buch in fürstliche und gelehrte
bürgerliche Büchersammlungen und Universitätsbibliotheken,[58] und mit
Johannes von Müller findet er in den ›Göttingischen Anzeigen von gelehrten
Sachen‹ von 1783 einen Rezensenten, der bei aller Kritik am Herausgeber
für das Werk das Gleiche leistet „wie Lessings 17. Literaturbrief für die Erkenntnis Shakespeares"[59]. Der Kasseler Bibliothekar sprach später von der
„Teutschen Ilias" (S. 14), die das ›Nibelungenlied‹ durch eine geeignete Bearbeitung („seiner antiken Gestalt ohne Schaden", Rezension) werden
könnte: Der Ilias-Vergleich, der von Bodmer zur poetologischen Charakterisierung gebraucht worden war, bekommt hier erstmals seinen national-

literarischen Gehalt, mit dem – im Sinn von Herders Vorstellung der relativen Gleichrangigkeit aller Literaturen – auch der deutschen ein Gründungs-Epos wie der griechischen (und lateinischen) zugesprochen werden sollte.[60] Wenn August Wilhelm Schlegel dann von der „Ilias des Nordens" spricht, tut er es im Sinn der Zusammengehörigkeit der germanischen Literaturen, in Absetzung von den antiken und romanischen.

Die weiteren mittelhochdeutschen Texte, die Myller abdruckte, riefen, weil sie als bloße Textwiedergaben ohne Erläuterungen und Glossar unzureichend erschlossen waren, anders als die Nibelungenlied-Edition keine Vorgänger hatten (außer Bodmers wirkungslos gebliebenen Wolfram-Umschöpfungen von 1753 und 1774 und der ›Fabel von Laudine‹ von 1780) und keinen Rezensenten vom Rang Johannes von Müllers fanden, weniger Resonanz hervor. Es waren außer dem ›Nibelungenlied‹ die ›Eneit‹ Heinrichs von Veldeke, Johannes' von Konstanz ›Minnelehre‹ (›Got Amur‹), Wolframs ›Parzival‹, Hartmanns ›Armer Heinrich‹, Konrads von Würzburg ›Herzmaere‹ (›Von der minnen‹) und zwei weitere Mären aus der Straßburger Märenhandschrift im ersten Band, der zweite enthielt Gottfrieds ›Tristan‹ mit der Fortsetzung Heinrichs von Freiberg, Konrad Flecks ›Flore und Blanscheflur‹, Hartmanns ›Iwein‹ und Freidank sowie Lieder aus der Jenaer und der Weingartner Liederhandschrift. Der dritte Band blieb unvollständig und brach nach der ersten Lieferung in Konrads von Würzburg ›Trojanerkrieg‹ (V. 25245) ab; Erduin Julius Koch sollte das Weitere zum Druck bringen, gelangte jedoch nie dazu. Gottfrieds ›Tristan‹ las man bis zur Ausgabe Eberhards von Groote (1821, mit der Fortsetzung Ulrichs von Türheim) in Myllers Edition – so auch August Wilhelm Schlegel für seine Berliner Vorlesungen 1803/1804), fast ebenso lange den ›Parzival‹ (Lachmann 1820), dem der ›Iwein‹ 1827 in kritischer Ausgabe folgte (Benecke/Lachmann) – vorausgegangen war der ›Arme Heinrich‹ der Brüder Grimm (1815). Über sechzig Jahre mußte man auf einen neuen Konrad Fleck (1846) und die ›Eneit‹ (Ettmüller 1852) warten, und erst 1858 war Konrads von Würzburg ›Trojanerkrieg‹ in der Ausgabe Adalbert von Kellers greifbar. Allerdings darf man nicht vergessen, daß die Edition mittelalterlicher Texte ein großes verlegerisches Risiko war – selbst der mit einer textnahen Nacherzählung von Wilhelm Grimm versehene ›Arme Heinrich‹ verkaufte sich schlecht,[61] und die weiteren genannten Editionen wandten sich an den kleinen Kreis der Spezialisten oder ganz speziell Interessierten: Richard Wagner hatte in seiner Dresdner Bibliothek die Grimmsche Ausgabe des ›Armen Heinrich‹, Benecke/Lachmanns ›Iwein‹ und Lachmanns Wolfram-Ausgabe von 1833 – dazu eine Fülle von Texteditionen der dreißiger und vierziger Jahre, dazu auch die ›Zeitschrift für deutsches Alterthum‹ seit ihrem ersten Jahrgang.[62] Vor und über allen Gelehrten wurde Wagner ja auch zum wirkmächtigsten „Mittler des Mittelalters"[63].

Aus der Generation von Bodmers Schülern sind noch zwei Editoren zu nennen: Wilhelm Johann Christian Casparson in Kassel, der Herausgeber von Wolframs ›Willehalm‹ (1781/84), und Karl (Josef) Michaeler in Wien, der 1786 Hartmanns ›Iwein‹ ediert und übersetzt hat. Casparson lehrte am Carolinum und Fridericianum in Kassel und war Mitglied der „Gesellschaft der Alterthümer", in der Martin Ernst von Schlieffen, einflußreicher Staatsminister, besonders anregend wirkte. Er hatte Bodmers ›Nibelungen‹-Torso studiert und das Deutsche in der Erzählung und der Sprache gerühmt.[64] Johannes von Müller wurde auf seine Initiative hin nach Kassel geholt.[65] Er veranlaßte den Landgrafen Friedrich II. zur Übernahme der Kosten der ›Willehalm‹-Publikation – in der Ankündigung der Ausgabe wird der regierende Fürst als „Enkel" von Wolframs Mäzen Hermann von Thüringen apostrophiert und der Auftraggeber der abgedruckten Kasseler Handschrift, Heinrich der Eiserne von Hessen, entsprechend als „Anherr"[66]. Die Beschäftigung mit altdeutscher Literatur wird also einem neuen feudalen Repräsentationsanspruch dienstbar gemacht, der sich in der Pflege der „Alterthümer" äußert[67] (der Landgraf erließ 1780 ein Gesetz, das Vernichtung oder Ausfuhr von „Alterthümern" verbietet), in der Einrichtung einer Akademie der Bildenden Künste, wo u. a. Johann Heinrich Tischbein wirkt, der eines der ersten „historischen" Mittelalterbilder gemalt hat,[68] und der Einrichtung des ersten öffentlichen Museums auf dem Kontinent, in dem die Kunstschätze der landgräflichen Sammlung, noch vermehrt, zugänglich gemacht werden. Diese Maßnahmen, zu denen auch die Verbesserung der Schulverhältnisse mit dem Ausbau des Carolinums zu einer Art Universität gehört, sollen in der Aufnahme „civiler" Selbstvergewisserungsmuster integrierend auf die absolutistische Ständegesellschaft wirken – welche Rolle für ein bürgerlich-republikanisches Selbstverständnis die Ablehnung der latinisierenden französischen Hof-Ästhetik und -Poetologie spielt, hatten wir bei Bodmer gesehen.[69] So ist auch die aristokratisch-repräsentativ funktionalisierte Mittelalterbeschäftigung, die bei Casparson noch klopstockisierende Barden-Dramen hervorbrachte, in der Aufnahme mittelalterlicher Texte im Grunde von Bodmers Konzeption abhängig – Casparson korrespondierte für seine Ausgabe auch mit ihm[70] und bemühte entsprechend für den ›Willehalm‹ die seit der ›Nibelungen‹-Edition topische Homeranalogie[71].

Diese wendet der Kustos der Wiener Universitätsbibliothek, Karl Michaeler, auch auf Hartmanns ›Iwein‹ an, den er 1786/87, nach der Ambraser Handschrift vom Beginn des 16. Jahrhunderts, in einer zweisprachigen Edition publizierte. Michaeler kam von der damaligen Nordistik. Er steht in der speziellen österreichischen Tradition der Erforschung des Mittelalters und ist Zeitgenosse und Freimaurer-Logenbruder („Zur wahren Eintracht") des „Barden" Michael Denis, der Ossian übersetzte, Liebeslieder im Stile

Gleims schrieb (Mozart sollte 1782 eine seiner bardischen Oden vertonen [K. 386 d], aber das war „zu übertrieben schwulstig" für seine „feinen Ohren") und einen Katalog der religiösen Handschriften der Wiener Hofbibliothek erstellte.[72] Michaeler hatte seit 1777 als Professor für allgemeine Weltgeschichte in Innsbruck gewirkt und nach einer Schrift ›Welches sind die Grenzen des alten Scandinaviens?‹ (1774) eine Art vergleichender Grammatik der germanischen Sprachen mit Textbeispielen veröffentlicht: ›Tabulae parallelae antiquissimarum teutonicae linguae dialectorum, Moeso-Gothicae, Franco-Theotiscae, Anglo-Saxonicae, Runicae et Islandicae ...‹ (1776) und für die mittelhochdeutschen Belege Auszüge aus Bodmers ›Minnesinger‹-Edition und aus der Ambraser Handschrift mit dem ›Iwein‹-Anfang abgedruckt. Darauf drängten ihn verschiedene Persönlichkeiten, darunter Adelung und Wieland, zur Edition des gesamten Werkes.[73] Da Probelesungen mit gemeinsamen Freunden Schwierigkeiten beim Verständnis des Textes ergaben, denkt Michaeler zuerst an erklärende Anmerkungen, entschließt sich aber dann zu einer Parallelübersetzung, da sie den Lektürebeginn an jeder Stelle ermöglicht, den Unterhaltungswert steigert und eine allmähliche Vertrautheit mit dem mittelhochdeutschen Text ermöglicht: „so schicket man sich doch bey einer anhaltenden Erklärung eines größren Stückes, das man mit Vergnügen liest, allmählig überhaupt in die damahlige Constructions- und Redensart; man ... lernet, wie man mit anderswo neu vorkommenden Ausdrücken zu Werke gehen müsse, wenn man auf den Grundverstand derselben richtig dringen will" (Ausgabe I, S. 70 f.). Michaeler versteht seine Übersetzung also als „Erklärung", er will im Zweifelsfall das weniger „Erkünstelte" wählen und einer Verdeutlichung den Vorrang vor einer „Verschönerung" einräumen (S. 73). Das sind Grundsätze, die noch für die heutigen zweisprachigen Ausgaben (etwa des Reclam-Verlages) gelten. Bei Michaeler leiden seine Bemühungen, die er durch Anmerkungen und Erklärungen, vor allem unter Heranziehung von J. J. Oberlins ›Glossarium Germanicum Medii Aevi‹ (1781/84), unterstützt, sehr unter der Textbasis: Die späte Handschrift hat viele Textverderbnisse, die durch Heranziehung des zwei Jahre vorher erschienenen Myllerschen Drucks des ›Iwein‹ hätten gebessert werden können. Aber Michaeler kannte ihn nicht und hatte auch keinen Kontakt mit Bodmer aufgenommen – das Prinzip des unkritischen Handschriftenabdrucks stößt hier auf deutliche Grenzen. Michaeler vollzieht nun nicht nur eine Einordnung in die „homerische" Poetologie im Homervergleich und der Einteilung in zwölf Gesänge, sondern er sieht geradezu eine Vereinigung der Gegensätze, wenn er die Ansprüche der aristotelischen Regelpoetik, der Grundsätze des Horaz und die Vorschriften Boileaus gleichermaßen als erfüllt ansieht (S. 61, 63). Das Wunderbare (Brunnen, Zauberring, Löwe) integriert er mit Hilfe von Herders Konzeption der historischen Relativität, es sei „der Leichtgläubigkeit selbes Zeitalters ganz angemessen" (S. 54). In diesem poetologischen Synkretismus zeigt sich wohl nicht nur die Hilflosigkeit im undifferenzierten Umgang mit dem zeitgenössischen poetologischen Ideenvorrat, um die Beschäftigung mit den alten Texten zu legitimieren, sondern auch eine Pluralität, die mit der Vereinnahmung der mittelalterlichen Literatur in die poetologische und nationale Programmatik in der Romantik verlorengeht. Eine modellbildende Wirkung ist weder von Michaelers Edition und Texterschließung noch von seinem pluralistischen Verständniskonzept ausgegangen, ebensowenig hat seine Veröffentlichung eine poetische Aneignung provoziert.[74] Das lag gewiß einerseits an der Eigenart des Textes, die eine Integration in die zeitgenössische Dichtung kaum möglich machte – erinnert sei an Michaelers Interpretationsprobleme und Bodmers Mißerfolg mit seinen Umschöpfungen –, und andererseits an der umfangreichen Aufbereitung, die eine zusätzliche Form der Aneignung nicht unbedingt provozierte.

Das war anders mit Bodmers ›Minnesinger‹-Editionen, die einerseits bereits auf die anakreontische Poetik zielten, andererseits die Texte völlig unerschlossen ließen – Bodmer hatte es ja bei einem Übersetzungsversuch bewenden lassen. Daß der Minnesang *poésie formelle* ist, blieb Bodmer und den Anakreontikern anscheinend weitgehend verborgen – und zwar weil er formalisierte Situationen und ein Vokabular benutzte, das wohl der klassizistischen und auch der galanten Schreibart nicht entsprach, hingegen viel größere Übereinstimmung mit dem gängigen poetischen Code der „neuen" Liebesdichtung zeigte. Die Rationalisten sahen den formalen Charakter genau und kritisierten den Minnesang entsprechend – so vor allem Johann Christoph Adelung, der das „Ewige Einerley" und eine „Armuth des Geistes" kritisierte,[75] und von der Genie-Ästhetik her gab es ebenfalls entsprechende Einwände: Schiller sprach vom „Almanach der Sperlinge"[76]. Goethe und Herder fanden die Aneignung, die ein Erlernen der alten Sprache voraussetzte, zu mühsam – Herder lobt Bodmer in einem Atemzug für den „Schaz von deutscher Sprache, Dichtung, Liebe und Freude", den er „der Nazion" mit der Publikation der ›Minnesinger‹ gegeben habe, und meint dann, „wir ... sollen noch ein ander Deutsch lernen, um einige Liebesdichter zu lesen – das ist zu viel!"[77]

Nicht zu viel war es vor allem Johann Wilhelm Ludwig Gleim, aber auch den Dichtern des Göttinger Hainbundes gewesen. Der 1772 gegründete Dichterkreis hatte sich Klopstock zum Schutzheiligen erwählt, und von der Bardenschwärmerei fand er auch zu den Minnesängern, weil man bei ihnen ähnliche Ursprünglichkeit der Empfindungen, den Ausdruck von Gefühlserfahrungen, die den eigenen entsprachen, zu entdecken meinte.[78] Wielands Dichtung galt den Hainbündlern als Gegenbild: eine unaufrichtige Galanterie, gegen die sie, in der Nachfolge Klopstocks, die wahre Äußerung des individuellen Fühlens setzen wollten. Dem entsprach der Hohe Minne-

sang mit seinen Aufrichtigkeitsversicherungen, seinen Exklusivitätsbe-
schwörungen, dem „Hohen Lied von der Einzigen", wie G. A. Bürger eine
Liedüberschrift 1788 formuliert; wenn er jedoch fortfährt: „in Geist und
Herz empfangen am Altare der Vermählung"[79], so zeigt er damit die Um-
deutung höfischer Gesellschaftskunst zur Verherrlichung eines neuen bürgerlichen Ideals: der Integration von Gefühlsintensität und Liebe.[80] Bürger
kam durch Gleim zur Beschäftigung mit den Minneliedern und experimen-
tierte, wie er ihm schrieb, mit eigenen Adaptionen.[81] Was er dann veröffentlichte, sind Lieder, in denen lediglich die Erinnerung an das „vor Jahren"
gelesene Gedicht nachklingt (Vorwort zur Ausgabe von 1778). Bürger para-
phrasiert in dem genannten Lied eine Strophe Walthers von der Vogelweide:

> gern ich in allen dienen sol:
> doch hân ich mir dise ûz erkorn.
> ein ander weiz die sînen wol:
> die lob er âne mînen zorn;
> hab ime wîs unde wort
> mit mir gemeine: lob ich hie, sô lob er dort.[82]

Walther greift hier vermutlich einen Konkurrenten (Reinmar) an – aber mit
allgemeiner Programmatik: Minnesang ist Frauenpreis schlechthin, der aber
im Lob „der" Dame des Sängers gefaßt wird, weil nur die Projektion der
Frauenverehrung auf die eine (Kunst)-Figur die Äußerung von Beständigkeit und Exklusivität ermöglicht. Diese entscheidenden Qualitäten sind mit
der Formel „ich – dise – hie" und „ein ander – sîne – dort" gefaßt. Bei Bürger
heißt es 1774 noch unter dem unmittelbaren Eindruck der Walther-Lektüre:

> Jeder Minner hat die Seine
> Und die Seine lobe, wer da will!
> Mag er doch in gleichen Weisen
> Seines Herzens Holdin preisen!
> Nur die Meine laß' er mir!
> Lob er dort so lob ich hier (nach Porsch, S. 78).

Bei Bewahrung des Grundgedankens fehlt die Voraussetzung: die Verpflich-
tung zum allgemeinen Preis der Frau, also die Basis der mittelalterlichen
Gesellschaftskunst. In dem genannten Lied hat Bürger die Vorstellung „ich
– die Meine, er – die Seine" weiterentwickelt[83]:

> Singt mir nicht das Lied von andern!
> Andre sind nicht für mich da:
> Sollt ich auch, gleich Alexandern,
> Durch die Welt erobernd wandern,
> West- und osthin, fern und nah.
>
> Andre füllen andrer Herzen
> Andre reizen andrer Sinn.

> Wann ich erst ein andrer bin,
> Dann sind andrer Lust und Schmerzen
> Mir Verlust auch und Gewinn.

Hier erscheint der Gedanke „ich – die Minne" in der Vorstellung vom Iden-
titätsverlust („Wann ich erst ein andrer bin"), der als Auseinandersetzung
mit dem anakreontischen Konzept des Liebeständelns unter dem Gebot des
Immer-verliebt-sein-Müssens zu verstehen ist. Der Liebeswechsel scheint
vorstellbar, wird aber abgewiesen. Bürger behält von Walther nur den allgemeinen Gegensatz „die Eine – die Andre", der in so ziemlich allen Liebes-
liedern existiert. Andere Dichter des Hains bleiben näher an ihren Inspira-
tionsquellen – so Hölty in seinen beiden Nachdichtungen, darunter der von
Walthers ›Sô die bluomen ûz dem grase dringent‹ (L. 45, 37; das zweite ist
das patriotisch rezipierte ›Ir sult sprechen willekomen‹, L. 56, 14).

> Es ist ein halbes Himmelreich,
> Wenn Paradiesesblumen gleich,
> Aus Klee die Blumen dringen,
> Und wenn die kleinen Vögellein,
> Im Garten hier, und dort im Hayn,
> Auf grünen Bäumen singen.
>
> Doch bas ist noch ein reines Weib,
> Von Seele gut, und schön von Leib,
> In ihrer Jugendblüthe.
> Wir laßen alle Blumen stehn,
> Das liebe Weibchen anzusehn,
> Und freun uns ihrer Güte.

Neben der Bundessignatur „Hayn" (Z. 5) fallen im Vergleich zu Walther auf:
der Verzicht auf die ständische Komponente (aus der adligen Dame, „adeliu
frouwe", wird ein „Weib"), die Einführung der Leib-Seele-Formel (während
dem mittelalterlichen Dichter das ausführlich vorgestellte Äußere einschließlich der ständischen Kleidung das Innere programmatisch mitum-
schließt) und die Gefühlsintensivierung durch das Hypokoristikon „Weib-
chen" und „(wir) freun uns ihrer Güte"[84], während bei Walther die edle Frau
nur staunend angeschaut wird – als gesellschaftlich akzeptierte Huldigung.
Die Herstellung des Gefühlsaspekts, der bei Walther gegenüber dem Formalen (Wettstreit zwischen Mai und Dame, der Dichter als Parteigänger)
eine geringe Rolle spielt, ist typisch für die Minnesang-Rezeption des
„Hains", der ja gerade die Echtheit des Gefühls in den alten Liedern gesucht
hat. Begreiflich, daß die Lieder, die die Suggestion „erlebten" Gefühls am
stärksten vermitteln (und auch heute noch gegen diese Rezeption nicht ge-
feit sind[85]) besonders rezipiert werden: Walthers ›Mädchenlieder‹, darunter
das ›Lindenlied‹ L. 39, 11.[86] Johann Martin Miller hat es 1772 als Vorlage für

sein ›Lied‹ bemüht. Walthers Lied ist ein Frauenmonolog, der Elemente der
Pastourelle benutzt, aber gerade die gattungstypische Situation des ver-
führten Mädchens meidet, vielmehr durch den Mund der Sprecherin eine Vision von einer von ständischen Ungleichheiten und anderen gesellschaftlichen Zwängen freien Liebesbegegnung entwirft.[87] Anders Miller:

> Ein schöner, junger Rittersmann
> Schleicht mir den ganzen Tag,
> Vom allerersten Morgen an
> Bis an den Abend, nach.

Miller inszeniert den Rahmen der Pastourelle, den Walther voraussetzt,
aber nicht ausdrücklich thematisiert. Daher wird bei ihm das Moment der
Verführung wieder deutlich:

> Ich aber meid' ihn für und für
> Und flieh' ihn überall,
> Weil es mit vielem Ernste mir
> Die Mutter anbefahl.

Die Liebe wird in Auseinandersetzung mit der Sitte gezeigt (Figur der
Mutter), aber sie überwindet dieses Hemmnis. Dazu muß der „Ritters-
mann" erst zeigen, daß es ihm wirklich ernst ist, seine Gefühle durch
äußerste Liebesqual beglaubigt sind:

> Heut sprach er viel von Angst und Not,
> Zuletzt vom Sterben gar.

Zwar verbietet ihm das Mädchen seine weitergehenden Annäherungen:

> Den Mund, so sehr ich's ihm verbot,
> Hat er mir so geküßt ...

und auch das offene Bekenntnis von Walthers Sprecherin

> Daz er bî mir læge ...

vermeidet Miller, er nimmt die erotische Deutlichkeit zurück, läßt von der
„Stätte, wo ich saß", dann auch von „unserer Lagerstatt" sprechen und läßt
scheinbar offen, was geschah im dunklen „Hain" (dem unvermeidlichen).
Aus Walthers Utopie einer Liebe im gesellschaftsfreien Raum ist die Verführung eines Mädchens geworden, das nein sagt, aber Ja meint und dabei ganz
den Wunschbildern (nicht nur) dieser Zeit entspricht: eine Konventionalisie-
rung durch Eingliederung in die poetischen und sexualpsychologischen
Rollen-Traditionen.
  Bodmer war nicht gut zu sprechen auf die Göttinger, deren Minnesang-
Rezeption auch auf die erwähnten Texte beschränkt blieb und das „zufällige
spiel einiger freunde [war], die, indem sie die alten, freylich nicht genutzten

überbleibsel des schwäbischen zeitpunkts miteinander lasen, versuchen wollten, ob man auch nicht einmal ganz in dem geiste der minnesinger dichten, und bei der gelegenheit einige alte wörter retten könnte, die nicht hätten untergehen sollen"[88]. Daß es nicht der Geist der Minnesänger war, in dem sie dichteten, sondern „der Herren eigner Geist", versteht sich. Bodmer hatte also keinen besonderen Grund zur Dankbarkeit angesichts der eher beiläufigen Beschäftigung mit seinem Lieblingsgegenstand, denn zu recht sah er die Dominanz der klopstockschen Tradition. In den siebziger Jahren häufen sich darum die „ausfälle auf die Enthusiasten der runischen literatur, die nicht die deutsche ist", namentlich gegen Klopstock,[89] wegen der Orientierung an der Barden- und Skaldendichtung, die er in eins setzt – von den Anregungen, die sie durch „seine Minnesänger" empfangen haben, nahm er anscheinend keine Notiz –, er sah sie völlig unter dem Vorzeichen ihrer „nordischen" (und norddeutschen) Germanenverehrung, die allerdings in ihren Liedern kaum stärker ist als die Beziehung auf die altdeutsche Literatur und sich am ehesten in „ossianischer" Naturschwärmerei äußert.

Anders war es mit Johann Wilhelm Ludwig Gleim, an dessen Hilfe Bodmer bei der Publikation der ›Minnesinger‹ gedacht hatte und mit dem er in Korrespondenz stand. Es war wohl seine moralisch-didaktische Tendenz, die ihn dem Zürcher angenehmer machte als die „schöngeisterlichen Wildfänge" (Chr. G. Heyme) aus Göttingen. Im Jahre 1773 veröffentlichte Gleim 46 ›Gedichte nach den Minnesingern‹ und 1779 31 ›Gedichte nach Walter von der Vogelweide‹, denen er im ersten Fall die mittelhochdeutschen Texte jeweils auf der unteren Hälfte der Seite beigab, um damit zu verdeutlichen, daß er seine Texte als Umschöpfungen ansah, beim ›Walter‹ begnügte er sich mit der Angabe der Stellen in den ›Minnesingern‹. In einem Brief an Bodmer hatte er sich schon 1747 über die Aufgaben des Anakreon-Übersetzers geäußert und „Richtigkeit, aber keine Knechtschaft" gefordert. „Der leichte naive Ton verlangt bisweilen kleine Zusätze, bisweilen eine andere Stellung der Ideen, nachdem die Sprache sich bequemt."[90] Die Verwandtschaft der Minnesänger mit Anakreon hat er in der Vorrede zu seinen Minnesinger-Gedichten herausgestellt: „daß die Zeiten der sogenannten Minnesinger einen Anakreon, und einen bessren" aufzuweisen hatten, ist für ihn nur eine rhetorische Frage, und wenn er das 13. Jahrhundert „eine Periode für Geist und Herz, dergleichen wohl nicht leicht in irgendeinem Lande zu finden ist", nennt, Akademien fordert, die „den Geist, die Sprache, die Sitten ihres Volkes in den ältesten Zeiten, den ihrigen zur Warnung oder zum Muster vorstelleten" (S. 3–5), so erfüllt er ganz die von Bodmer gesetzten Vorgaben. So hat er auch das Gedicht von König Wenzel von Böhmen nachgedichtet, in dem es heißt: „Ich brach der rosen niht und hat ir doh gewalt", ein Bild, das Bodmer schon fasziniert hatte als Äußerung einer vermeintlichen Souveränität des begehrten, aber selbstbeherrschten Mannes: Die

Zeitgenossen sollten sich an der „fanatischen Liebesprobe" ein Beispiel nehmen, bei der sie „eine Nacht in dem Bette der Geliebten und zunächst an dem Schoosse der Wollust zubrachten, ohne daß sie die Blumen gebrochen hätten, die sie in ihrer Gewalt hatten"[91]. Gleim geht hier mit dem mittelalterlichen Gedicht sehr frei um und übernimmt nur den Gedanken des freiwilligen erotischen Verzichts, der dort theoretisch abgehandelt wird („Diu ganze liebe das besneit / Und ouch ir kiuschiu werdekeit" – „Die vollkommene Liebe verhindert dies und daneben die Würde ihrer Keuschheit"). Er macht eine Schäferszene daraus, und aus dem Motiv des keuschen Beilagers (das trobadoreske und minnesängerische Tradition hat) wird der anakreontische Kußraub:

> Unter ihren lieben Schafen,
> Fand ich eine Hirtin schlafen,
> Zucht und Unschuld im Gesicht,
> Ihre rothen, zarten, süssen
> Losen, lieben Lippen küssen
> Konnt ich nicht (S. 21).

Die entsprechende Integration in die Vorgaben der zeitgenössischen Liebesdichtung (und dazu gehören die Anrufungen der Genien, der Musen, der Liebesgötter) finden wir auch bei Liedern, die näher am mittelhochdeutschen Text bleiben. Gleim hat wie Hölty Walthers ›Sô die bluomen ûz dem grase dringent‹ zweimal als dichterischen Vorwurf genommen. Beim ersten Lied ›An die Schönen‹ (Nr. 25) überträgt er die ersten sieben Walther-Verse, den Natureingang, recht sinngetreu. Wenn aber Walther das Wettstreitmotiv (Natur gegen Frauenschönheit) einführt, macht Gleim eine konventionelle Verlassenheitsklage daraus:

> Und von euch, ihr Schönen, keine
> Hin mich winkt, in ihren Hayn [!],
> Wenn ich dann, so ganz allein,
> Auf dem Anger sitz' und weine,
> Kan's denn, kan's denn anders seyn? (S. 48)

Im zweiten Lied, ›Das schöne Weib‹ (Nr. 26), wird dann das Wettstreitmotiv mit sprachlichen Anklängen an Walthers Strophen 2 und 3 exponiert (die beiden letzten Zeilen übertragen die entsprechenden von Walthers Strophe 2):

> Den May, so schön, so prächtig, wie itzunder,
> Sah ich, in meinem Leben nicht,
> Er bringt uns alle seine Wunder
> Der Schönheit, vor's Gesicht!
> Und doch, was ist so schön,
> Als unsrer Winli schlanker Leib?
> Wir lassen alle Blumen stehn,
> Und gaffen an, das schöne Weib! (S. 49)

„Unsere Winli", das ist Anna Luise Karsch, die er unter diesem Decknamen
(aus mhd. wine = Geliebte[r]) häufig bedichtet. Das Lied enthält dadurch
eine gemeinschaftsstiftende Komponente in Gleims weitem Freundes- und
Dichterkreis. Der Kult des sozialisierenden Gefühls in der Intensivierung
der persönlichen Beziehungen, wie er für die Dichtung der zweiten Hälfte
des 18. Jahrhunderts charakteristisch ist, äußert sich in Zueignungen ein-
zelner Gedichte: ›An seine Freunde‹, ›An Hillmar‹ (topischer nordischer
Name), ›An seine Gemahlinn‹ (die „für Tisch und Küche" – Mißverständnis
von mhd. *kiusche* – zuständig ist), ›An das Fräulein Sunnemann‹[92]. Die Vereinnahmung der Gedichte, die „zum Besten zweyer armen Mägdchen"
verkauft werden, in den sentimentalen Kult eines empfindsamen Zirkels erreicht damit ihren Höhepunkt. Zu diesen Vertrautheiten stiftenden und Iso-
lation überwindenden Strategien gehört auch die spezifische Religiosität
dieses pietistisch bestimmten Kreises. Sie findet ihren Ausdruck ebenfalls in
einer Minnesinger-Adaption: dem ›Morgengesang‹ (S. 24 f.) nach dem weltlichen Tagelied König Wenzels von Böhmen. Es ist ein Morgenchoral geworden in der sechszeiligen Strophe des Nicolaischen Liedes „Wie schön
leucht't uns der Morgenstern" und nimmt die Situation zum Anlaß eines Mor-
gengebets mit biblischen Anklängen:

> Wohlauf, zu fröhlichem Gesang!
> Aus einem Munde: Gott sey Dank,
> Er hat uns Seyn gebothen!
> Und alles war auf sein Gebot:
> Er ist, er ist, er ist der Gott
> Der Lebenden und Todten.

Während der mittelalterliche Autor die Liebenden zum Abschied nach der
Liebesnacht aufruft, schickt der pietistische Lutheraner den „träge(n)
Schläfer" zur Arbeit, er muß „sein Brod ..." (S. 25) verdienen. Arbeitsam-
keit der Arbeitsfähigen wird eingefordert. So wird das fremde Genre des erotischen Tagelieds ungeniert in ein vertrautes – und gemeinschaftsstiftendes –
Genre, den lutherischen Choral, umgeschrieben. Dreißig Jahre später[93] versucht Ludwig Tieck gerade das Gegenteil: die Gedichte in einem Schwebezu-
stand zwischen Fremdheit und Vertrautheit zu halten: 1803 veröffentlichte
er seine ›Minnelieder aus dem Schwäbischen Zeitalter‹.

Schon um 1795 hatte er sich alten Texten, den deutschen „Volksbüchern"
des späten 15. und 16. Jahrhunderts zugewandt (s. u.), seit 1801 beschäftigte
er sich mit der Literatur des 12. und 13. Jahrhunderts, arbeitete an einer Umschöpfung des Nibelungenlieds, wollte sich ›Parzival‹ und ›Titurel‹ und das
›Heldenbuch‹ vornehmen.[94] Aus diesen Vorhaben wurde wenig, hingegen
trug die Beschäftigung mit Bodmers ›Minnesingern‹ Früchte. In der programmatischen Vorrede wird der völlig neue Rezeptionskontext deutlich.

Statt, wie bisher, zu behaupten, „dasz geschicht-, sprach- und sittenforscher mannichfaches daraus ziehen könnten" (und, zu ergänzen: der Mitwelt zum Muster geben), will er „dafür desto fester an ihrer seele und herzlichen süsze ... hangen" – so Jacob Grimm über Tiecks Ansatz.[95] Die „seele" der Lieder, das ist nichts Anderes als ihre Teilhabe an der „Eine[n] Poesie, Eine[n] Kunst", ihre Zugehörigkeit zu dem „heilige[n], unbekannte[n] Land" (S. I): „es giebt doch nur Eine Poesie, die in sich selbst von den frühesten Zeiten bis in die fernste Zukunft ... ein unzertrennliches Ganze ausmacht" (S. II). So kann jeder Freund der Poesie sie aus dem „Gemüth selbst in allen seinen Tiefen" verstehen, denn ihre Geschichte ist die der menschlichen Seele selbst. Tieck steht mit diesem romantischen Poesiebegriff in engster Verbindung mit den Vorstellungen von Novalis und Friedrich Schlegel, mit denen er seit 1799 in Jena intensiven Kontakt hatte. Die zeitliche Distanz zu den alten Texten ist also aufgehoben für den, der sich durch die „Kenntniß der Italiänischen, Spanischen, Deutschen, Englischen und Nordischen Poesie", ja durch „die Lieder des Orients" mit der „Einen Poesie" vertraut gemacht hat (S. III). Der Primat des Poetischen führt dazu, daß die Lieder möglichst wenig verändert werden, die Form, die Reime als das Musikalische müssen erhalten bleiben: Im „Gefühl des Ganzen" ist ein intuitives Verstehen möglich, ja gerade die Scheu, die ästhetische Eigenart zu verändern, sie durch Veränderungen und Umschöpfungen zu beschädigen, setzt eine „innigere", d. h. aus dem „gemüth" entspringende Verständnismöglichkeit frei: „Ich habe immer die Melodie der Lieder deutlich zu machen gesucht", sagt Tieck (S. XXVI), und im Schlußgedicht heißt es:

> Also muß ein liebes Singen
> Innig
> Wie es flüchtig geistig schwebet,
> Kaum bewußt sich daß es lebet,
> Das geliebte Herz durchdringen (S. 283).

Gegenüber dieser Erfahrung sind die Forderungen nach grammatischer Richtigkeit und Wortverständlichkeit zweitrangig: Wörter, „die wir noch, nur in einem etwas veränderten Sinne gebrauchen, oder deren Bedeutung sich leicht aus der Analogie errathen läßt" (S. XXVII), hat Tieck daher beibehalten, nur in neuhochdeutsche Lautformen umgesetzt. So meint er, „daß ihm die Leser auf halbem Wege entgegen kommen sollen, so wie er ihnen halb entgegen geht" (ebd.).

Die Auswahl umfaßt 220 Lieder – es sind ausschließlich Liebeslieder –, die Sangspruchdichtung, die „moralischen Gedichte" mit ihrem Bezug auf „Sitten, Gewohnheiten, Anspielungen auf die damalige Geschichte, Nachrichten von politischen Vorfällen" (S. V), die man bisher betrachtet habe, schied Tieck als unpoetisch, weil nicht intuitiv zu verstehen, aus.

Die Minnelieder mit ihren Vignetten von Philipp Otto Runge, auf denen die typischen Runge-Kinder die vorbewußte Einheit mit der Poesie verkörpern, waren verlegerisch ein geringer Erfolg, das breite Publikum erreichte Tieck nicht.[96] Die romantische Vorstellung, daß große Dichtung intuitiv zu verstehen sei, der Übersetzung, der Umschöpfung oder des Kommentars nicht bedürfe (wie sie im 18. Jahrhundert Michaeler aus dem Geist der Aufklärung geliefert hatte), steht dann auch hinter dem „wissenschaftlichen" Umgang mit den Texten seit Karl Lachmanns ›Parzival‹ von 1820: die Präsentation des mit Hilfe der Textkritik in den „ursprünglichen" idealen Zustand überführten Gedichts ohne jegliche Hilfe zur Überbrückung des Abstands. So wurde die altdeutsche Literatur zur Angelegenheit der Spezialisten, die intuitiv verstehenden (und mißverstandenen) Leser wie Richard Wagner blieben selten. Große Öffentlichkeitswirkung hatten dagegen die Nachdichtungen Karl Simrocks,[97] vor allem sein ›Nibelungenlied‹ (1827) und die ›Gudrun‹ in der alten Strophenform und mit teils neuen, teils den alten Reimen, aber nach den Regeln der Grammatik und unter Verwendung nur derjenigen unter den alten Wörtern, die als verständlich und mittlerweile eingebürgert galten. Simrock wollte „die Anforderung allgemeiner Verständlichkeit nie unberücksichtigt ... lassen" (Ausgabe, S. X). Öffentlichkeitswirkung hatten seine Nachdichtungen nicht als Teil der „Einen Poesie", sondern als Teilhaber am bildungsbürgerlichen Kanon vorbildlicher oder nationaltypischer Gestalten und Verhaltensweisen – noch heute heißen Waschsalons „Gudrun" ...

Erfolgreich waren und sind aber auch Tiecks Adaptionen der spätmittelalterlichen Volksbücher – ein Textkorpus, mit dem Bodmer, der nur die „hohen" oder lehrhaften Gattungen akzeptierte, nichts hätte anfangen können. Dazu brauchte es die Entdeckung der Volkspoesie durch Herder und die des Sachs durch Goethe – das Spätmittelalter hatte Tieck zudem auf der Reise in Franken mit Wackenroder 1793 in Nürnberg lebendig werden können. Damals hatte er die Poesie des Hochmittelalters noch abgelehnt – das Spätmittelalter war deutscher, origineller und bürgerlich-volkhafter. Dazu gehörten die ›Volksbücher‹ – in Verkennung ihrer oft französisch-höfischen Textvorlagen: Als „Märchen" wurden sie integriert in die Erscheinungsformen romantischer Dichtung.[98] Schon in seinem autobiographischen Roman ›Peter Leberecht‹ von 1796 hatte Tieck die Dichotomie von wahrer Empfindung und leerer Phantastik im Hinblick auf ältere und neuere Literatur benutzt, aber nicht, wie üblich, auf „hochliterarische" Erzeugnisse, sondern auf die ›Volksbücher‹ (Haimonskinder, Genoveva u.a.) einerseits und die Ritter- und Räuberromane andererseits[99] angewendet. Unterschiedslos aber standen beide Gattungen nebeneinander in Heinrich August Ottokar Reichards ›Bibliothek der Romane‹: Band 14 enthielt nach der Abteilung I ›Ritterromane‹ in der II. unter ›Volksromane‹ die dann auch von Tieck nachgeschaffene ›Geschichte der schönen Magelone und ihres Peters‹ (S. 75–94), in einer Nacherzählung des alten ›Volksbuchs‹ mit wörtlichen Zitaten daraus – von niemand anders als Goethes Schwager Christian August Vulpius, der sich schon als Verfasser von trivialen Ritterromanen hervorgetan hatte und mit ›Rinaldo Rinaldini, der Räuberhauptmann‹ (1798) die *pièce de résistance* dieses Genres schreiben sollte. Für die Zeitgenossen war also kein Unterschied zwischen den älteren und den neueren Rittergeschichten – Tieck aber spürte gerade in der ›Magelone‹ poetische Potenzen auf, die die Aufnahme in die „Eine Poesie" ermöglichten. Zuerst wandte er sich drei sehr unterschiedlichen Texten zu: den ›Schildbürgern‹, den ›Haimonskindern‹ (einer über das Niederländische ins Deutsche gelangten französischen Chanson de geste) und der ›Schönen Magelone‹: einem Liebesroman wiederum französischer Provenienz, der 1527 als Fürstenspiegel durch den damaligen kurfürstlich-sächsischen Sekretär und Hofmeister Veit Warbeck ins Deutsche übertragen worden war. Der Erfolg dieses Werkes war groß gewesen; aus dem 16. Jahrhundert sind siebzehn Druckauflagen bekannt, aus dem 18. noch zwölf. Tieck benutzte seinen Druck aus dem Jahre 1784. Später (1800) kam noch die ›Melusine‹ hinzu, aber schon mit ›Leben und Tod der heiligen Genoveva‹ (1799) hatte er im Drama eine Bearbeitungsform gefunden, die er dann für ›Oktavian‹ (1802) und ›Fortunat‹ (1816) beibehielt. Von den novellistisch-erzählerischen ›Volksbuch‹-Bearbeitungen schätzte er die ›Magelone‹ am höchsten: Er nahm sie in die 1812–16 erschienene Sammlung seiner früheren Dichtungen, den ›Phantasus‹, auf – in leicht redigierter Form.

Die Geschichte vom Grafen Peter und der schönen Magelone ist ursprünglich ein didaktischer Liebesroman nach dem Muster der spätantiken Reiseerzählungen: die vorbildliche Werbung Peters um Magelone, die Tochter des Königs von Neapel, ihr Verstoß gegen das 4. Gebot durch die Entführung, die Trennung, eine Folge von Peters Verstoß gegen das Keuschheitsgebot (er betrachtet die Brüste der Schlafenden), das Wiederfinden im Spital, das Magelone gegründet hat und wo sie als Pflegerin wirkt.

Die didaktischen Züge waren für Tieck überflüssige Zutaten, so die Ermahnungen Magelones durch die Amme vor unrechtem Verhalten gegen Vater und Mutter und besonders das „Christliche", also die Pilgerfahrt Magelones nach Rom, ihre Gebete und besonders ihre caritativen Aktivitäten: die Gründung des Spitals und die Pflege der Kranken. Auch die Reduktion des erotischen Moments in der Trennungssituation bei der Entführung gehört in diesen Kontext: Peter will nicht etwa Magelones Brüste betrachten, sondern er schnürt sie nur auf, weil sie „mit Bangigkeit Atem holte", und die Enthüllung geschieht sozusagen unbeabsichtigt. Wenn A. W. Schlegel hier „verstohlene Lüsternheit" wahrnimmt,[100] so ist dieser Eindruck gerade durch die Änderung der ursprünglich klaren Motivation bedingt. Stärker wirkt die Änderung der Wiederfindens-Begründung: Magelone pilgert nicht nach Rom, sie wandert ohne Ziel, bis sie zu einer Hütte mit einem alten Schäferpaar kommt, wo sie bleiben darf (ihre Helferrolle darf sie nur „manchmal" ausüben, wenn sie einem Schiffbrüchigen „beistehn konnte"). Peter wird, nachdem er bei der Heimreise auf einer Insel zurückgeblieben war, von Fischern zu der Hütte der Schäfer geschickt, wo man „sein pflegen würde" – dort findet er vor der Tür „ein schlankes schönes Mägdlein, zu deren Füßen ein Lamm im Grase spielte" – seine Magelone. Statt des Wiederfindens im konkreten sozialen Raum hier das Einschwingen in die Idylle, die einfache Welt, die nicht gesellschaftlich determiniert scheint.[101] Der Verlust an sozialer Kommunikation wird durch die Einheit Magelones und Peters in Natur und Liebe aufgehoben. Statt der didaktisch-metaphysischen Einbindung der Liebesgeschichte im alten Roman ist hier alles eins im Reich der Poesie und Liebe:

> Hier sind wir all befreundet,
> Mensch, Tier und Blumenreich,
> Von keinem angefeindet
> Macht uns die Liebe gleich

singt Magelone, als Peter sie wiederfindet. Entsprechend ist der ritterliche Auszug Peters, der ursprünglich eine Bewährungsfahrt ist, ein Aufbruch ins Unbestimmte, „der junge Graf Peter kannte seine eigenen Wünsche nicht; es war ihm, als wenn ferne Stimmen unvernehmlich durch einen Wald riefen". Die Liebe selbst wird von dieser Unbestimmtheit nicht ausgenommen: Ihre Liebesregung vertraut Magelone sich selber kaum an, „denn die erste Liebe ist zaghaft und hält sich selbst für einen Verräter". Und mit der Einführung des Motivs von der Sultanstochter, die sich in Peter verliebt und mit ihm fliehen möchte, wird ihm seine Liebe zu Magelone und die Verlockung der Untreue eins mit dem unbestimmten kosmischen Gefühl der Liebe. Er hört Sulima singen. „Der Geist der Liebe schwang sich durch den goldenen Himmel; Liebe wollte ihn rückwärts ziehen, Liebe trieb ihn vorwärts, die Wellen murmelten melodisch dazwischen, und klangen wie ein Lied in fremder Sprache, dessen Sinn man aber dennoch errät." Die Poetisierung, die mit dem Zurücktreten von Motivation und Kausalität in der Erzählung verbunden ist und eine starke Betonung der Naturphänomene in synästhetischer Wahrnehmung einschließt, erreicht ihren Höhepunkt in den lyrischen Einlagen. Schon in den ›William Lovell‹ hat Tieck Lieder eingeführt – ob er die möglichen mittelalterlichen Vorbilder[102] vom Hörensagen (etwa über die Schlegels) kannte, muß offen bleiben. Die Lieder wurden berühmt durch die Vertonung von Johannes Brahms, der zwischen 1861 fünfzehn der achtzehn lyrischen Texte in Musik setzte – nicht am Volkslied orientiert, sondern an Solokantate und opernhafter Gesangszene, meist in variierter Strophenform, wie es dem unregelmäßigen Bau entspricht. Da die

›Romanzen op. 33‹ keine Geschichte in Liedern erzählen (wie die Schubert-Zyklen), führt man sie gelegentlich mit Rezitation des Tieckschen Textes auf.

Damit erhält das ›Märchen‹ eine Existenzform, die in ihm angelegt ist: Dramatische Momente sind nicht selten. Abgesehen von den Liedern finden sich viele Monologe und Dialoge, Szenen, in denen Musik quasi hinter der Szene ertönt, und der Schluß mit dem Lied, das Magelone und Peter singen, erinnert an das Schlußrondo der Opéra comique bzw. des deutschen Singspiels, etwa der ›Entführung aus dem Serail‹. Tieck hatte auch vor, die Magelone zu dramatisieren, sie sollte zwischen dem „Trauerspiel" ›Genoveva‹ und dem „Lustspiel" ›Oktavian‹ stehen, und die „erzählende und lyrische Poesie konnten hier eben so ihr Recht erhalten"[103]. Was Tieck hier anvisiert, ist ein Drama für die imaginäre Bühne – oder eine Oper. Dies war der zukunftsweisende Weg, der nicht darauf vertraute, die alten Texte könnten sich intuitiv erschließen, wenn es sich (anders als bei den künstlerisch unvollkommenen Volksbüchern) um große Dichtung (wie Minnelieder, das ›Nibelungenlied‹ und den ›Parzival‹) handelte, die in ihrer ästhetischen Eigenart belassen werden mußten. Erst Richard Wagner hat dann die Form gefunden, in die epische, dramatische und lyrische Elemente integriert werden[104] und in der die alten Mythen ganz neu erstehen konnten, und seine Musik dient nun als Möglichkeit der romantisch-intuitiven Vermittlung, sie hat den „Klang für jene heimlich-unheimlichen Mitternächte der Seele, wo Ursache und Wirkung aus den Fugen gekommen zu sein scheinen und jeden Augenblick etwas 'aus dem Nichts' entstehen kann", wie Friedrich Nietzsche sagte.[105] In Wagner ist die romantische Wiederbelebung des Mittelalters zu sich selber gekommen und damit etwas Neues geworden.

Blicken wir auf die Gegenwart, so finden wir vieles, was mit Bodmer begonnen hat, wieder. Sein Prinzip des Textabdrucks einer Handschrift ist unter den Editoren das Übliche, nachdem der romantische Traum vom idealen „kritischen" Text fast nur noch in der Marburger ›Willehalm‹-Arbeitsstelle geträumt wird. Die Präsentation, die die Salzburger Neidhart-Forscher geben, ist (nahezu) identisch mit Bodmers ›Minnesingern‹: der Text und nichts als der Text. Und wenn er „beschädigt" ist, so gehört das zu seiner Geschichte, die der Leser mit aufzunehmen und nachzuvollziehen hat. Statt eines Gleim liest ihn dann Dieter Kühn und schreibt seine journalistischen Mittelalterbilder um von ihm markig übersetzte Texte in reimlosen Versen (wie weiland Bodmer bei Kaiser Heinrich) herum, die das alte Klischee vom Mittelalter als einer Zeit, wo alles noch ursprünglich war, reproduzieren. Tankred Dorst hingegen bringt in seinem ›Merlin‹ eine Mythen-Collage Wagnerscher Machart auf die Bühne: eine fatalistische Mittelalter-Oper ohne Musik.[106] Als nationales Identifikationsmuster hat das deutsche Mittelalter ausgespielt – die Dichtung ist zum Feld der Spezialisten

geworden. Er habe immer „die Melodie der Lieder deutlich zu machen gesucht", hatte Tieck gemeint: Er dachte an die in der Sprache lebende „Melodie", die er sich gewiß ähnlich in tatsächliches Singen umsetzbar dachte,
wie es Brentano mit seinen Gedichten machte, die er zur Laute sang. Die
Wiederentdeckung der mittelalterlichen weltlichen Musik lag noch fern – sie
begann zögernd zu Beginn unseres Jahrhunderts. Mittelalterliche Texte
wurden vorher neu vertont – im spätromantischen Sinn von Pfitzner (Walthers ›Unter den Linden‹), expressionistisch von Kurt Weill (›Frauentanz‹
von 1923[107]) und Carl Orff (›Du bist mîn‹), dessen ›Carmina burana‹ das
Bild von mittelalterlicher Musik – vital-rhythmisch, expressiv und monoton
zugleich – bis in die Gegenwart prägten: Sie sind wohl verantwortlich für die
Perkussions-Manie so mancher Mittelalter-Ensembles von „Ougenweide"
bis zum (frühen) „Studio für frühe Musik".[108] Die wiederentdeckte welt-
liche Kunstmusik erreicht seit etwa zwanzig Jahren eine breitere Schicht als
wohl je in der Neuzeit die Texte. Sie wird aufgeführt, auf Platten und Discs
aufgenommen und gehört – in einer romantisch-einfühlenden Weise, nicht
intellektuell, sondern aus „dem gemüth selbst" – als Mittel der Kontempla-
tion, als Antidotum gegen "these most brisk and giddy-paced times. Come,
but one verse."

Mittelalterliche Stadt
und bürgerliches Geschichtsbild im 19. Jahrhundert

Von Peter Johanek

Am Sonntag, dem 24. September 1826, schreibt ein junger Maler aus Dresden an seine Braut in Bremen. Die Verlobung ist gerade zustande gekommen, nach langem Widerstand des Brautvaters und jahrelanger Trennung der Liebenden. Auf die Zustimmung des Brautvaters hin war der junge Mann von Rom nach Bremen geeilt, hatte im August 1826 einige Wochen im Elternhaus der Braut, im Pfarrhaus von St. Anschari in Bremen, zugebracht. Nun ist er bereits wieder vier Wochen von ihr getrennt, sinnt über die Gespräche nach, die sie in Bremen über ihre zukünftige Verbindung geführt haben und beantwortet so den ersten Brief, den er von seiner Braut erhalten hat. Wilhelm von Kügelgen schreibt an Julie Krummacher.

„Dann schriebst Du", so setzt er hin, „ich solle doch die Bremer nicht so gar verachten. Mein liebes Herz, wenn ich das täte, so verdiente ich allerdings Streiche, und wenn ich mich manchmal unverständig ausdrücke, so schreibe das doch ja nicht auf Rechnung meines Herzens. Kaufleute waren mir allerdings früher unter allem Volk diejenigen, mit denen ich am wenigsten gern umging. Du weißt, daß ich dem Adel angehöre, dessen eigentümlicher Charakter von alters her dem der Kaufleute entgegengesetzt war, daher sie denn auch in beständiger Fehde miteinander gelegen haben, solange man in Deutschland noch einen Arm frei rühren konnte. Was dem einen Teil groß erschien, erschien dem anderen dumm, was der eine für die höchste männliche Tugend hielt, der persönliche Mut, war dem anderen etwas Unnützes und wurde verlacht. So waren und sind sie in ihrem Grundcharakter sehr verschieden, und noch jetzt betrachtet der eine Stand den anderen mit Vorurteilen. Unter solchen bin ich aufgewachsen und habe oft Widerwillen gegen Kaufleute gefühlt, wo ich mir selbst keinen anderen Grund angeben konnte, als daß sie eben Kaufleute waren; nur soviel fühlte ich immer, daß sie von meiner gewohnten Umgebung ganz verschieden waren und mich fremdartig ansprachen. Jedoch bemühe ich mich ernstlich, solche Vorurteile in mir auszurotten, so schwer dies auch ist. Etwas ganz anderes aber ist es mit den Bremern, für die ich nur die größte Achtung haben kann. Der Kaufmannsgeist wird bei ihnen überwogen durch das freireichsstädtische Wesen, das in gewisser Hinsicht, weil es aus offener Opposition gegen den Adel entstanden ist und sich gehalten hat, einen dem Adel gleichen, nach

Unabhängigkeit und Selbständigkeit durch eigene Kraft strebenden Sinn ausspricht."[1]

Der als tiefe Dichotomie empfundene Gegensatz zwischen Adel und Bürgertum, den Wilhelm von Kügelgen hier gleichsam als soziale Grundkategorie formulierte, hatte schon im Vorfeld der Verlobung eine Rolle gespielt. Friedrich Adolph Krummacher, der Vater der Braut, der bekannte religiöse Schriftsteller und frühere Superintendent des Fürstentums Anhalt-Bernburg, der den Hofdienst kannte und die Adelswelt dieser kleinen deutschen Höfe, widersetzte sich aus ganz verschiedenen Gründen der Verbindung seiner Tochter mit dem jungen Maler, der einst längere Zeit in seinem Haus erzogen worden war. Der Mutter Kügelgens jedoch schrieb er mit einem gewissen Stolz als Hauptgrund seines Widerstandes: „Wilhelm ist ein Edelmann und ich nicht."[2] Helene von Kügelgen, eine geborene Zoege von Manteuffel, hatte dem von ihr bewunderten, ja tief verehrten Kirchenmann daraufhin entgegengehalten, daß dieses „von" ihren Kindern „weder Rittergüter noch Wohlhabenheit" gegeben habe. „Sie müssen alle gottlob arbeiten, wenn sie leben wollen", meinte sie und auch die Malerei Wilhelms sei „ein bürgerliches Gewerbe"[3].

In der Tat ist in der sozialen Wirklichkeit, in die die beiden Familien sich eingebettet und in ihrer beruflichen Tätigkeit eingebunden fanden, der von Kügelgen und Krummacher beschworene Gegensatz kaum zu entdecken. Das gilt auch für die rein genealogischen Argumente, die von beiden Seiten hätten geltend gemacht werden können, jedenfalls was die jeweils väterliche Linie angeht. Die Kügelgen wie die Krummacher stammten von einer langen Linie landesherrlicher Beamter her: Rentmeister und Saalschultheißen im rheinischen Linz und Bacharach die einen, Schloßwachtmeister im westfälischen Tecklenburg die anderen. Das kaiserliche Patent, das den Vater Wilhelm Kügelgens in den erblichen Adelsstand erhoben hatte, war überdies nur wenige Jahre vor dem Ende des Alten Reichs von Franz II. unterzeichnet worden.[4]

Der Eindruck, den die Beschreibung der sozialen Befindlichkeit der Familien Kügelgen und Krummacher vermittelt, wird durch die moderne sozialgeschichtliche Forschung über das ausgehende 18. und das 19. Jahrhundert auch für die größeren Zusammenhänge bestätigt. Ganz offenbar gehören beide Familien jener „privilegierten, staatsnahen und staatsbewußten Führungsschicht" an, die besonders in Preußen, aber auch anderwärts aus einer Verschmelzung der besitzenden, wirtschaftlich Tätigen und gebildeten Bürgerschichten und Teilen des Adels sich bildete.[5] Es ist dieser Prozeß, der in den Jahren um 1800 den herkömmlichen Stand des alten Stadtbürgertums erheblich erweiterte, mit dem Ergebnis, daß das Bürgertum, wenn man es als „die Summe der nichtadeligen, nichtbäuerlichen und nichtunterständischen Kräfte" faßt, als eine so heterogen zusammengesetzte Schicht der Gesellschaft erscheint, daß „von einer Einheit nichts zu erkennen ist"[6].

Bürger und bürgerlich bezog sich demnach um 1800 auf ein sehr hetero-genes Konglomerat sozialer Kategorien.[7] Unter ihnen war jene, der die Kü-gelgen und die Krummacher ganz offensichtlich angehörten – das Bildungs-bürgertum – relativ homogen.[8] Dennoch sahen sich auch deren Angehörige genötigt, sich ihrer selbst durch Chiffren wie „adelig" oder „kaufmännisch/bürgerlich" in ihrer gesellschaftlichen Existenz zu versichern. Es unterliegt keinem Zweifel, daß es sich um Chriffren handelt, die auf Geschichte und historisches Herkommen von Individuen und Gruppen verweisen. Auch werden diese Chiffren von Wilhelm von Kügelgen so gebraucht, daß der durch sie gekennzeichnete Antagonismus dennoch als überwindbar er-scheint. Er selbst hat in jenem Brief[9] vom „freireichsstädtischen Wesen" ge-sprochen, das dem Adel gleich oder doch ebenbürtig erscheine. Nur wenige Monate zuvor hatte er in ganz ähnlicher Weise aus Venedig geschrieben, ganz überwältigt von dem Eindruck, den diese Stadt auf ihn machte: „Ich versetzte mich im Geiste in die blühenden Zeiten der Republik, es war mir, als sähe ich um mich herum das lebendige Treiben der reichen, mächtigen Stadt, als sähe ich die Edelleute in ihrem schwarzen Staatskleide, wie sie Hand in Hand mit den alten ehrwürdigen Kaufherren unter den Hallen einhergingen und sich über das Wohl des Staates besprachen."[10]

Es mag sein, daß die Grundworte nicht unabsichtlich vertauscht sind: Edel*leute* und Kauf*herren*. Da ist sie wieder, die Ebenbürtigkeit der beiden Stände. Sie scheinen vereint, um den Staat zu regieren; vereint trotz des scheinbar so tiefen Gegensatzes. Fast zur gleichen Zeit hat der ganz anders geartete Charles Sealsfield, der aus Metternichs Österreich nach Amerika geflohen war, den britischen Nationalcharakter als „Kaufmanns- und Aristo-kraten-Zwittersinn" gekennzeichnet, und ihm positive Züge zuerkannt.[11] Die Szene, die Kügelgen hier malt, verweist dagegen nachdrücklich auf ferne Vergangenheit, auf das Mittelalter. Sie beschwört eine *Stadt* des Mittel-alters und ihren vorbildlichen Charakter, die vergangene Existenz einer blühenden Zeit. Kügelgen schlägt damit eins der Leitmotive bürgerlichen Selbstverständnisses im 19. Jahrhundert an.

Es ist jedoch notwendig, noch einen Augenblick bei jenen beiden Chiffren „adelig" und „kaufmännisch/bürgerlich" zu verweilen, mit denen Kügelgen, Krummacher und ihresgleichen ihre gesellschaftliche Welt überschaubar zu machen suchten, auch wenn sie die soziale Wirklichkeit mit solchen Unter-scheidungen nicht recht trafen. Der Gebrauch dieser Chiffren in vergleich-barer Funktion reicht über jene Führungsschicht des Bildungsbürgertums hinaus, und sie haben im dritten Jahrzehnt des 19. Jahrhunderts bereits eine längere Geschichte in der intellektuellen und publizistischen Auseinander-setzung der vorangegangenen Jahrzehnte. Sie läßt sich in den deutschen Zeitschriften bis in die siebziger und sechziger Jahre des 18. Jahrhunderts zu-rückverfolgen.[12] Es ist fast überflüssig anzumerken, daß die Französische

Revolution und ihre Auswirkungen auf Deutschland diese Diskussion be-
feuert haben. Doch wenn sich diese Diskussion um Adel und Bürgertum
auch sehr differenziert und nicht selten auf hohem Niveau vollzog, so er-
starrten die Begriffe im Gebrauch doch im Grunde zu Stereotypen, die auto-
matische Wertungen evozierten. Es sind Wertungen von holzschnittartigem
Charakter, und sie schwingen auch in den Äußerungen Kügelgens und
Krummachers mit. Selbstverständlich war die große Umwälzung in Frankreich nicht schlechthin eine bürgerliche Revolution.[13] Doch im Verständnis
vieler Zeitgenossen war sie eben dies und im Gebrauch der zitierten
Chiffren hat sie die vulgär- oder populärbegriffliche Dichotomie sicherlich
verschärft.

Das läßt sich auch an der Beurteilung beobachten, die Städte in jener Zeit
erfahren. Fast regelmäßig fließen den von der Aufklärung und den Traditionen der Französischen Revolution geprägten Intellektuellen des Bieder-
meier und Vormärz die Wertungen adelig = feudal, schlecht und bürgerlich
= fortschrittlich, gut in die Feder, vor allem, wenn es um Hof- und Residenz-
städte geht. So wettert Carl Julius Weber, der Verfasser der ›Briefe eines in
Deutschland reisenden Deutschen‹, gegen Mannheim, die prächtige frühere
Residenzstadt der pfälzischen Wittelsbacher, und ihre Elitenkultur: „Die
Pfalz" – so schreibt er im gleichen Jahr 1826 wie Kügelgen – „bleibt ein
ewiges lebendiges Beispiel, wohin Intoleranz und Beamtendruck führen.
Das Eden Deutschlands war für Tausende von genügsamen und fleißigen
Deutschen eine Hölle durch Pfaffen und Beamte, während Carl Theodor bis
in den Himmel erhoben wurde" – gemeint sind die kulturellen Leistungen
des Mannheimer Hofes –, „denn sein Hof war glänzend, er that alles für
Kunst; fremde Schauspieler, Tänzer, Sänger und Pfeiffer schwammen im
Fett, und nützliche Pfälzer hatten kaum Kartoffeln!"[14]

Adel, Hof, glänzend, Fremde – bürgerlich, fleißig, nützlich, vaterlän-
disch: Das sind hier die pointiert nebeneinander gesetzten Stereotypen, mit
denen eine Residenzstadt, die fürstliche Stadt, herabgesetzt und karikiert
wird. Ebenso deutlich wird diese Tendenz in der Beschreibung, die Levin
Schücking im ›Malerischen und romantischen Westphalen‹ von der Stadt
Barmen gab: „Noch im ersten Dezennium des vorigen Jahrhunderts bestand
Barmen bloß aus 36 'Höfen' und etwa 200 ebenfalls zerstreut stehenden und
meist kleinen anderen Häusern, was noch nicht wohl der Anfang einer Stadt
genannt werden kann. Von da an aber entwickelte es eine solche Regsamkeit
und selbstschöpferische Kraft, daß es schon bald nachher aus mehreren ansehnlichen Flecken … bestand, und jetzt zu einer Fabrik- und Handelsstadt
fast ersten Ranges herangewachsen ist und dreißigtausend Einwohner zählt,
– ein Wachsthum, der jedenfalls bewundernswürdiger ist, als der des gleich
jungen Petersburg, denn dieses wuchs durch die Macht der Czaren, Barmen
einzig und allein durch seinen Gewerbefleiss!"[15]

Gewerbefleiß – das ist eines der wichtigen Schlüsselwörter, die die erste Hälfte des 19. Jahrhunderts mit Stadt und Bürgerlichkeit verbindet, mit bürgerlichem Charakter und der ihm innewohnenden Kraft, mit bürgerlicher Mentalität. Es verschlägt dabei nichts, daß wirtschaftliche und technische Impulse im vorangegangenen Jahrhundert in der Realität eher von den geschmähten Residenzstädten ausgegangen waren als von den politisch zwar weiterhin selbständigen Reichsstädten, deren Wirtschaft jedoch, von wenigen Ausnahmen abgesehen, stagnierte und deren gesellschaftliches Gefüge weitgehend erstarrt war. Dennoch sah man den Gewerbefleiß als spezifisch bürgerliche Tugend an. Bürgerliche Mentalität, geprägt durch diese Tugend, erschien als die Kraft, die nach Ansicht vieler, und zwar sehr verschiedenartiger gesellschaftlicher Kräfte das neue Zeitalter gestalten sollte. So sah es etwa auch Franz Grillparzer in seinem Drama vom Aufstieg des Hauses Habsburg, in ›König Ottokars Glück und Ende‹, das am 18. Februar 1825 – über ein Jahr vor Kügelgens Brief – zum ersten Male über die Bühne ging. Der Österreicher greift die beiden Chiffren „Adel" und „Bürgertum" ebenfalls auf und wandelt sie zu Epochenbegriffen. Gemeint ist der Monolog König Rudolfs im 3. Akt. Man schreibt das Jahr 1275, König Ottokar ist politisch und militärisch ausmanövriert. Zwar darf er Böhmen und Mähren als Lehen des Reichs aus König Rudolfs Hand entgegennehmen, doch auf Österreich und Steier, auf Kärnten und die Windische Mark soll er verzichten. Ottokar sträubt sich, und Rudolf von Habsburg, der soeben die transpersonale Natur des Kaisertums erläutert hat, sucht ihn von dieser Position aus zur Einsicht zu bewegen. Er verweist Ottokar seinen „eitlen Drang nach Ehre", seinen Ehrgeiz, seine Streitlust – alles adelige, fürstliche Tugenden – und mahnt ihn:

> Die Welt ist da, damit wir alle leben,
> Und groß ist nur der ein'allein'ge Gott!
> Der Jugendtraum der Erde ist geträumt,
> Und mit den Riesen, mit den Drachen ist
> Der Helden, der Gewalt'gen Zeit dahin.
> Nicht Völker stürzen sich wie Berglawinen
> Auf Völker mehr, die Gärung scheidet sich,
> Und nach den Zeichen sollt' es fast mich dünken,
> Wir stehen am Eingang einer neuen Zeit.
> Der Bauer folgt in Frieden seinem Pflug,
> Es rührt sich in der Stadt der fleiß'ge Bürger,
> Gewerb und Innung hebt das Haupt empor,
> In Schwaben, in der Schweiz denkt man auf Bünde,
> Und raschen Schiffes strebt die muntre Hansa
> Nach Nord und Ost um Handel und Gewinn.
> Ihr habt der Euren Vorteil stets gewollt;
> Gönnt ihnen Ruh, Ihr könnt nichts Besseres geben![16]

In diesem Monolog hat Grillparzer eine Analogie von mittelalterlichem Geschehen und der eigenen Zeit aufgestellt, und die Gleichung ist perfekt konstruiert, geht auf ohne Rest. Man weiß, daß Grillparzer in Ottokars Hybris und Sturz das Schicksal Napoleons präfiguriert sehen wollte und es nachzuzeichnen suchte.[17] Hier jedoch ist wichtiger, daß er mit Ottokar-Napoleon, in dem er nicht den Vollstrecker einer bürgerlichen Revolution erblickte, auch die archaische Welt der adeligen Feudalordnungen stürzen sah und als Ergebnis ein bürgerliches, ein städtisches Zeitalter gewerblichen und kaufmännischen Wettbewerbs, eine neue Zeit der bürgerlichen Tugenden heraufziehen wähnte oder doch wünschte, es möchte so sein. Ähnliches oder wenigstens Vergleichbares meinte er im 13. Jahrhundert, in jener Zeit beobachten zu können, in der König Rudolf die Grundlagen für die Herrschaft des Hauses Habsburg legte. In der Tat erkennt ja auch die historische Forschung gerade in diesem Jahrhundert, leicht über 1300 hinaus verschoben, die entscheidende Periode der mittelalterlichen Urbanisierung.[18] In keinem anderen Jahrhundert der europäischen Geschichte davor oder danach ist die Zahl der Städte so stark und schnell angestiegen wie eben damals. Erst das 19. Jahrhundert sah eine vergleichbare Entwicklung mit allerdings ganz anders strukturierten Formen von Verstädterung und städtischem Wachstum, die freilich noch nicht absehbar waren, als Grillparzer sein Drama niederschrieb.

Dort aber ist König Rudolf der Prophet dieses Umbruchs der Zeiten, und Grillparzer fand diese Rolle vorgegeben im Quellenstoff, in zahlreichen Anekdoten der mittelalterlichen Chroniken.[19] So stilisierte er Rudolf zum Bürgerkönig, dessen Bild er seinem Monarchen Franz II., dem letzten Kaiser des Alten Reichs und dem ersten Kaiser Österreichs, gleichsam als Spiegel vorzuhalten suchte, auch wenn er wenig von ihm erhoffte.[20] Grillparzers König Rudolf jedenfalls ist ein König mit Bürgertugenden, jeder Zoll ein König, und zwar ein starker König. Das heißt auch: Ein König, ein Monarch erscheint als Garant des neuen bürgerlichen Zeitalters; ein Monarch ist es, der dessen Anbruch verkündet. Das gilt es im Gedächtnis zu behalten.

Franz Grillparzer griff, um Entwicklungen seiner Gegenwart zu interpretieren, um seine politischen und sozialen Anschauungen zu verdeutlichen, ebenso aufs Mittelalter zurück wie Wilhelm von Kügelgen, wenn dieser das alte Venedig und seine vermeintliche Harmonie von Adel und Kaufmannschaft beschwor oder in seine Jugendentwürfe zur Illustration von de la Motte Fouqués Roman ›Der Zauberring‹ Reminiszenzen an die eigene Familientradition einflocht, an jenen sagenhaften ersten Ritter Kügelgen, der in der Münsterschen Stiftsfehde sein Leben verloren haben soll.[21] Grillparzer und Kügelgen standen damit nicht allein, sondern bekanntlich vollzieht ja die Zeit um 1800 eine lang anhaltende, gelegentlich vehement ver-

laufende, oft emotional getönte Aneignung des Mittelalters.[22] Sie hat ihre
wissenschaftliche Seite, auf die noch einzugehen sein wird; hier kann es mit
dem Hinweis auf die Begründung des großen Quellenwerks der ›Monumenta Germaniae Historica‹ durch den Freiherrn vom Stein und andere
Gleichgesinnte im Jahre 1819 sein Bewenden haben.[23] Diese Aneignung
vollzieht sich in der Entdeckung der konkreten mittelalterlichen Überreste,
der poetischen, der bildlichen, vor allem aber der aus dem Mittelalter überkommenen Bausubstanz der Burgen, Kirchen und Städte. Diese geschichtliche Erinnerung, aufgesucht in Legenden, Sagen, Anekdoten und Epen,
evoziert durch die dingliche Überlieferung, die gesammelt und betrachtet
wird, hat selbstverständlich auch politische Implikationen. Heinz Gollwitzer hat vor über einem Jahrzehnt in einem wegweisenden Vortrag konstatiert: „Liberalismus und Konservativismus, politischer Katholizismus und
Sozialismus lebten nicht nur von ihren Lehrmeinungen, sondern auch von
der Anschaulichkeit ihres jeweiligen *Geschichtsbildersaales*, ihren historischen Repertoires, ihren im Sinne der diversen Ismen zurechtgelegten historischen Erinnerungen."[24] In das Arsenal der Bilder aus der Geschichte, in-
sonderheit aus dem Mittelalter, griff man zurück und gab damit auch den
Chiffren „Adelig" und „Bürgerlich" ein mit Leben erfülltes Verweisfeld.[25]
Daher kommt – und das ist die Rechtfertigung für die Art der hier bisher und
auch im folgenden zumeist vorgezeigten Quellenstücke – neben der wissenschaftlichen Geschichtsschreibung und den theoretisch-politischen Äußerungen auch und vor allem den literarischen und künstlerischen Zeugnissen
wie den unmittelbaren, oft reflexartigen Äußerungen der alltäglichen Lebenswelt des 19. Jahrhunderts über das Mittelalter ein hoher Quellenwert
zu.

Grillparzer und vielen anderen erschienen Stadt und Bürger des Mittelalters als leuchtendes Vorbild. Selbstverständlich war das keineswegs. Die
Auseinandersetzung mit mittelalterlicher Überlieferung und Überresten
aus dem Mittelalter, wie sie allenthalben sichtbar waren, vollzog sich oft
nicht anders, als es in den Maßnahmen des Hattinger Bürgers Rautert
sichtbar wird, den die Eingliederung der Grafschaft Mark in das Großher-
zogtum Berg 1808 zum Maire, zum Oberhaupt seiner Heimatstadt, empor-
getragen hatte. Vor dem Hintergrund dessen, was sich in Frankreich im Verlauf der Revolution abspielte, erscheint es fast als normaler Vorgang, daß er
die mittelalterliche Georgskirche zu Hattingen unter Mithilfe des Pfarrers
und der Kirchenmeister vollständig ausräumen und den Innenraum im klassizistischen Stil bewußt antimittelalterlich neu gestalten ließ.[26] Doch auch
die Stadtbefestigung rief in ihm nicht die Erinnerung an die Bürger des Mittelalters und ihren Gewerbefleiß wach, sondern er sah in den Mauern und
Türmen nur Verkehrshindernisse und Schlimmeres. Am 28. März 1810
stellte er beim Departements-Präfekten des Arrondissements Hagen Antrag

auf Abbruch des Weiltores und begründete ihn folgendermaßen: „Zum Behuf der Stadtwege könnte der Thurm des Weilthores vorteilhaft genutzt werden, und wozu nützt er? Zu nichts, er macht das erste Entree in die Stadt schmutzig und finster, im Angedenken der Zeiten des Faustrechts macht er nur einen lächerlichen Contrast mit dem Zustand unserer friedlichen Stadt. Auch sein Untergang ist von mir beschlossen, wenn Sie, wie ich hoffe, es bewilligen."[27] Der Maire Rautert stand mit solchen Ansichten nicht allein; die Belege ließen sich häufen.

Faustrecht, Zeitalter des Faustrechts – das ist ein anderes Schlüsselwort des Mittelalterverständnisses, wie es die Journale der Aufklärung gerne gebrauchen und das zu ihren Schuldzuweisungen an diese Geschichtsperiode gehört, ebenso wie der Vorwurf der geistigen Barbarei und der von der Kirche verschuldeten Unwissenheit und Unmündigkeit der Menschen. Von diesem Standpunkt aus bietet das Mittelalter nur „ein trauriges Gemälde der Verwilderung, der steigenden Barbarei, der Zügellosigkeit, des Trotzes auf körperliche Stärke und den Gebrauch der Waffen, der Gewalttätigkeit gegen die Schwächeren, der Verachtung aller Ordnung. So sieht es die ›Allgemeine deutsche Bibliothek‹ im Jahre 1792. Die Aussage bezieht sich auf den Adel des Mittelalters, auf der anderen Seite bemerkt das Journal etwas, was der Maire Rautert von Hattingen beim Anblick von Stadttor und Stadtmauer nicht sehen wollte: „Die Geschichte der Städte dagegen ist das angenehmere und lehrreichere Gemälde des immer emporstrebenden Fleisses, der ihre Rechte stark fühlenden und mit kaltem Mute verfechtenden Menschheit, und der vernünftigen Ordnungsliebe, welche die Notwendigkeit billiger und weiser Gesetze erkennt und sich ihnen bereitwillig unterwirft."[28]

Einer ähnlichen Sicht bereiteten die Romantiker den Weg, als sie neben der modernen Stadt, die ihnen Lebenselixier war,[29] auch die Stadt des Mittelalters entdeckten. Die Stadt der Städte aus dem deutschen Mittelalter wurde für sie Nürnberg, die Stadt Dürers und des Hans Sachs. Sie wurde es nicht zuletzt unter dem Einfluß der Schriften Wilhelm Heinrich Wackenroders, der im Sommer des Jahres 1793 als Erlangener Student das romantische Grunderlebnis im Bamberger Dom erfahren hatte und kurz darauf seinen Eltern in Berlin über einen Besuch in Nürnberg berichtete: „Nürnberg ist eine Stadt, wie ich noch keine gesehen habe und hat ein ganz besonderes Interesse für mich. Man kann sie, ihres Äußeren wegen, in der Art romantisch nennen."[30] Es ist demnach zu allererst das äußere Gehäuse der als mittelalterlich empfundenen Stadt, in der kein neues Gebäude zu stehen scheint, das den jungen Studenten fasziniert. Dadurch wird er in eine Stimmung versetzt, die ihn erwarten läßt, „immer einem Ritter oder einem Mönch, oder einem Bürger in alter Tracht zu begegnen, denn die neue Tracht paßt gar nicht zu dem Kostüm in der Bauart"[31].

Ähnlich empfand drei Jahrzehnte nach Wackenroder der später so einfluß-
reiche Maler Ludwig Richter, als er im Sommer 1826 auf der Heimreise von
Rom – die er übrigens zum Teil gemeinsam mit Wilhelm von Kügelgen absol-
vierte – die Stadt Rothenburg ob der Tauber betrat, deren Namen er aus den
Märchen des Musäus kannte: „Die Geschichte (des Musäus) hatte mir
immer ganz besonders gefallen, und jetzt war ich ganz unverhofft in ihr romantisches Gebiet gekommen. Der Abend dämmerte bereits, als ich in die
engen, holperigen Straßen trat. Die Häuser mit den hohen, spitzen Giebeln,
die Stockwerke immer das darunterliegende überragend, altertümliche
Schilder und Innungszeichen, gotische Kapellen und Kirchen, aber selten
ein paar Menschen in den Gassen, alles so still in dieser Dämmerstunde. Ich
glaubte, plötzlich ins Mittelalter versetzt zu sein, besonders als ich in die
Herberge trat. Eine kleine gotische Türe, zwei Stufen abwärts in den
Hausflur zu steigen, die Gaststube ein niedriger Raum mit kleinen Fenstern
und runden Scheiben. An den Tischen saßen einige Männer in Kleidern, die
auch aus Großvaters Zeiten zu seien schienen, bei ihrem Bier in hohen Zinn-
krügen, wie ich sie nur aus Albrecht Dürer kannte."[32] Die Ingredienzien der
Beschreibung sind die gleichen wie bei Wackenroder, und Nürnberg ist
durch die Nennung Dürers gegenwärtig.

Das von den Romantikern gezeichnete Bild mittelalterlicher Städte wies
jedoch weit hinaus über die von Wackenroder und Richter empfundene, als
erste Reaktion geschilderte, nahezu unverbindliche Rückversetzung in eine
idyllische Vergangenheit. Wackenroder selbst hat die vergleichsweise nüchternen Beobachtungen seines Briefes an die Eltern umgesetzt in eine enthu-
siastische Interpretation, die vor allem zur Programmschrift romantischen
Kunstverständnisses geriet: „Nürnberg! du vormals weltberühmte Stadt!
wie gerne durchwanderte ich deine krummen Gassen; mit welcher kindli-
chen Liebe betrachtete ich deine altväterlichen Häuser und Kirchen, denen
die feste Spur von unserer alten vaterländischen Kunst eingedrückt ist!"[33]
Wackenroders „kunstliebender Klosterbruder", dem er diese Worte als
›Herzensergießungen‹ in den Mund legt, preist hier das beginnende 16. Jahrhundert, das allerdings mit dem Mittelalter untrennbar verbunden erscheint, charakterisiert jene Zeit, „da du, Nürnberg, die lebendig-wimmelnde Schule der vaterländischen Kunst warst, und ein recht fruchtbarer
überfließender Kunstgeist in deinen Mauern lebte und webte"[34].

Es geht um Kunst in Wackenroders Nürnberg-Panegyrik, doch es geht
selbstverständlich um mehr. Kügelgens Mutter zählte, dem Verständnis
ihrer Zeit folgend, die Malkunst, die ihr Sohn ausübte, zu den bürgerlichen
Betätigungen,[35] und auch die Nürnberg-Interpreten und Nürnberg-Enthu-
siasten des 19. Jahrhunderts[36] sahen sie eingebettet in die Tradition des mittelalterlichen Handwerks dieser Stadt. Niemand hat das deutlicher werden
lassen als Richard Wagner in seinen ›Meistersingern‹, in deren drittem Akt,

im Schlußbild der Festwiese, die „heil'ge deutsche Kunst" durch die versammelten Nürnberger Handwerker vollzogen und gepriesen wird.[37] Das Bild Nürnbergs ist das der „treuen *fleißigen* Stadt". So steht es in der Titelkartusche einer von Eduard Ille 1866 für König Ludwig II. von Bayern auf Schloß Berg gemalten Nürnberg-Verherrlichung zu lesen.[38] Der Maler übernahm hier einige Verse aus Max von Schenkendorfs Lied auf die deutschen Städte von 1814 und verband sie mit der bildlichen Darstellung der Meistersingerthematik:

> Wenn einer Deutschland kennen und Deutschland lieben soll,
> Wird man ihm Nürnberg nennen der edlen Künste voll,
> Dich, nimmer noch veraltet, du treue fleißige Stadt,
> Wo Dürers Kraft gewaltet und Sachs gesungen hat.[39]

Im Bild Nürnbergs, wie es Ille dargestellt hat, vereinigt sich für den Betrachter städtische, bürgerliche Kunst mit städtischem Gewerbefleiß. Sie ruht auf ihm auf. Auch der Weg, den die romantische Wertung der mittelalterlichen Stadt mit der Detour einer Betrachtung ihrer Kunst nahm, endete bei diesem Zielpunkt: dem Gewerbefleiß, bei der wirtschaftlichen Betätigung der mittelalterlichen Städte. Sie wiederum wurde als Metapher genommen, die die Notwendigkeiten der eigenen Zeit beschwor und deren Aktivitäten anschaulich werden ließ. Die Charakteristik mittelalterlichen Städtewesens und Bürgertums, wie sie die ›Allgemeine deutsche Bibliothek‹ von 1792 formuliert hatte, findet sich hier Zug für Zug wieder.[40] Dabei ist es frappierend zu sehen, wie Industrie und Technik in den ersten Jahrzehnten des 19. Jahrhunderts, ja bis weit in dieses Jahrhundert hinein, sich für die Zeitgenossen in einer für uns Heutige nur schwer nachzuvollziehenden Weise mit den romantisch überhöhten Überresten des Mittelalters zu einer Einheit zusammenbinden ließen. Man braucht nur an das bekannte Bild der Harkortschen Fabrik in der Ruine der Burg Wetter zu denken, das Alfred Rethel 1834 gemalt hat.[41] Hier baut ein Bürger in die Burg hinein, auf die Trümmer des Feudalschlosses seinen Gewerbebetrieb, so wie ganz analog in Achim von Arnims Roman ›Die Kronenwächter‹ der tätige Berthold seine Tuchmanufaktur auf den Ruinen des Barbarossa-Palastes in der Stadt Waiblingen errichtet.[42] Offenbar mit voller Überlegung, möglicherweise einer persönlichen Anordnung König Friedrich Wilhelms IV. von Preußen folgend, hat man in den fünfziger Jahren des 19. Jahrhunderts die Eisenbahnbrücke über den Rhein unmittelbar auf den gotischen Chor des Kölner Doms als Richtpunkt zugeführt und mit neugotischen Turm- und Portalbauten versehen.[43] Der „Central- und Personenbahnhof" wurde neben den Dom gesetzt, dessen vom preußischen König geförderte Vollendung als Krönung deutscher und städtischer Architektur wie als Symbol der nationalen Einheit empfunden wurde.[44] Mittelalterliche Kunst und moderne

Technik als Symbol von Gewerbe, Verkehr und Handel sollten hier zusammenklingen, oder ihr Nebeneinander wurde doch „als spannungsreiche Konfrontierung von Einst und Jetzt genossen"[45].

Gerade die Bahnhöfe, deren Empfangsgebäude und Hallen nicht selten die Gotik zitierten, wenn sie schon nicht gänzlich in deren Formenschatz oder im Stil der sogenannten „Deutschen Renaissance", die zahlreiche gotische Formenelemente enthielt, gebaut und ausgestattet wurden,[46] konnten das „Lebendig-wimmelnde", durch das Wackenroder die mittelalterliche Stadt gekennzeichnet sah, in die Gegenwart des 19. Jahrhunderts transportieren. Das „Lebendig-wimmelnde" vermochte auch das Markt- und Messegeschehen ins Gedächtnis zu rufen, das für die mittelalterliche Stadt neben Handwerk und Gewerbe als charakteristisch galt, so wie für Wilhelm von Kügelgen der Kaufmann der Bürger *par excellence* gewesen war. Bürgerlicher Handel fehlt denn auch nicht in jenem Bild, das sich das 19. Jahrhundert von der mittelalterlichen Stadt machte. Auch auf diesem Feld fand man die als verpflichtend angesehenen Vorbilder in jener fernen Vergangenheit. Franz Grillparzer sah in König Rudolfs Vision der neuen Zeit die „muntre Hansa" nach Handel und Gewinn streben, und schon der alte Justus Möser hatte noch tief im 18. Jahrhundert in seinen ›Patriotischen Phantasien‹, als er ›Gedanken über den Verfall der Handlung in den Landstädten‹ niederschrieb, unwillig gemeint: „Wir müßen uns schämen, wenn wir an unsere Vorfahren in der deutschen Kompagnie gedenken."[47] Er meinte die Hanse, und zu ihr und ihrem Wettbewerbssystem lenkte er die Blicke zurück. An dieser Vergangenheit sollte sich die Gegenwart orientieren, und es ist sicher kein Zufall, daß eine der ersten großen Gesamtdarstellungen, die die mittelalterbegeisterte Historiographie des 19. Jahrhunderts hervorgebracht hat, eine Geschichte der Hanse gewesen ist.[48]

Es ist die Geschichte des mittelalterlichen Kaufmanns, die in populärer Geschichtsdarstellung wieder und wieder erzählt und veranschaulicht worden ist, so daß sie zum Gemeingut des Bildungsbürgertums werden konnte, das immer stärker auch auf das Besitzbürgertum und Wirtschaftsbürgertum einwirkte. Zu den wirkungsmächtigsten Beispielen dieses Schrifttums gehören Gustav Freytags ›Bilder aus der deutschen Vergangenheit‹, und auch er hat selbstverständlich die deutsche Stadt des Mittelalters zu seinem Thema gemacht. In dem Kapitel „Auf den Straßen einer Stadt" heißt es über den reisenden Kaufmann des 14. Jahrhunderts, über den Hansekaufmann: „Aber derselbe Mann war an Weltklugheit leicht den Fürsten und Bischöfen überlegen, er kannte Sprache, Recht, Sitten der fremden Völker, war an ein hartes Leben in Gefahren und unsicherem Rechtsschutz gewöhnt, zäh, gewandt, unerschrocken. Er wußte in der Fremde mit jedermann zu verkehren, mit dem König und dem wilden Reiter in einsamer Herberge; überlegen wußte er seinen Vorteil zu verfolgen, mit spähem Auge und unablässiger Selbstbeherrschung. Und er brachte heim, was einen Zauber ausübte, wie ihn unsere geldreichere Zeit gar nicht begreift. Die Kostbarkeiten, die er mit sich führte, waren Sehnsucht und Poesie von jedermann, durch ihn kam alles Seltene und ganz Unerhörtes in die Landschaft; er besaß das Geld, womit man die Höchsten der Erde gewinnen konnte, den Papst, daß er Nonnen verheiratete, den Kaiser, daß er ganze Haufen Unedler zu Rittern machte und Pate stand bei den Kindern eines Bürgers. Geld erwarb, wie man klagte, die Liebesgunst edler Frauen und alle denkbare Herrlichkeit der Welt. Der Kaufmann verlieh und verschenkte, er gewann guten Willen, wo er ihn nur brauchte, kaufte Häuser und Güter und machte einen großen Teil der Bürger abhängig von seinem Wohlstand und seinem Geschäft. Seine Erfahrung und seine Geldmittel waren der Stadt in gefährlicher Zeit unentbehrlich, und er wußte wieder zu machen, daß die Stadt ihre ganze Kraft daransetzte seine Geschäfte zu fördern."[49]

Das lange Zitat macht deutlich, worin Gustav Freytag die bewegende Kraft erkannte, über die der mittelalterliche Kaufmann verfügte. Er erkannte sie im Geld. Mit diesem Instrument wurde für ihn der Kaufmann zum entscheidenden Movens der Gesellschaft des Mittelalters und zum Vorbild für die eigene Zeit, der er darüber hinaus den Kaufmannsroman ›Soll und Haben‹ schrieb. Im Gegensatz dazu hat etwa Richard Wagner, zeitlebens mit den antikapitalistischen Affekten des radikalen Demokraten von 1848 behaftet, aus dem Nürnbergbild seiner Meistersinger das Patriziat und die Kaufleute eliminiert, in grobem Widerspruch zur sozialen und verfassungsrechtlichen Wirklichkeit der Stadt um das Jahr 1500. Er verabscheute die Macht des Geldes, die er in Patriziat und Kaufleuten verkörpert sah.

In solchen Nuancen wird sichtbar, daß das Bild der mittelalterlichen Stadt durch die Interpreten des 19. Jahrhunderts vielfältig auszulegen war, die sich aus dem „Geschichtsbilder-Saal", wie ihn Heinz Gollwitzer beschworen hat,[50] auf ganz verschiedenartige Weise zu bedienen verstanden, um neue Geschichtsbilder zusammenzusetzen und als historisch gesättigte Identifikationsmuster anzubieten. Vergleichbares läßt sich auch bei den unterschiedlichen Wegen beobachten, auf denen Richard Wagner und Gustav Freytag eine Lösung des Dilemmas herbeizuführen suchten, das Wilhelm von Kügelgens Brief an Julie Krummacher von 1826 bloßlegte.[51] Es ging dort im Grunde darum, wie eine Versöhnung von Adel und Bürgertum in der deutschen Gesellschaft zu bewerkstelligen sei, und es kann kein Zweifel bestehen, daß diese Frage eine außerordentlich wichtige Rolle spielt, wenn die Mentalitätsgeschichte des 19. Jahrhunderts, zumal die Geschichte seiner Emotionen zur Debatte steht.[52]

E. T. A. Hoffmann, dessen Novelle ›Meister Martin der Küfer und seine Gesellen‹ eines der Vorbilder für Wagners ›Meistersinger‹ und gerade für das Stolzing-Problem abgab, hatte dieses Dilemma offenbar für unauflösbar gehalten und es beim Gegensatz belassen.[53] Bei Richard Wagner ergibt sich die Lösung durch Eingliederung des Adels in das als „Meisters Gild" charakterisierte Bürgertum. Walter von Stolzing muß – wenn auch widerstrebend – als „Meister selig sein" und nicht anders. Er integriert sich in das Bürgertum durch seine Leistung in der Kunst.

Gustav Freytag, der in seinen politischen Aufsätzen nicht gerade zimperlich mit den Privilegien des Adels umging, suchte einen anderen Weg. Er präsentierte in den ›Bildern aus der deutschen Vergangenheit‹ gleichsam eine genetische Lösung, die dem Kaufmann innerhalb der Bürgerschaft, als deren herausragender Repräsentant er erschien, gleichwohl eine Sonderstellung zuwies. Dabei argumentierte Freytag mit den historischen Fakten, wie sie sich ihm darstellten und zog aus der Beschreibung des Kaufmannsstandes als Konsequenz: „Es war also natürlich, daß er (der Kaufmann) mit dem übrigen aristokratischen Teil der Stadtbevölkerung eng verwuchs. Auch die Familien alter Lehnsleute und Burgmannen in der Stadt trieben Kaufmannschaft. Der eine Sohn trug den Schild und besaß Lehngüter, der andere ritt mit den Frachtwagen auf der Straße; wer nicht selbst reisen wollte, legte einen Teil seines Vermögens in Genossenschaft zum Handel an, oder er ließ seine Söhne, Vettern, Diener reisen und saß als großer Herr im Rate."[54] Kurz, und das ist die Quintessenz: „Ritterbürtige der Stadt und Kaufleute sind eng verschwägert"[55], oder man kann sagen: Sie gehen Hand in Hand und besprechen sich über das Wohl im Staat: die Vorstellung Kügelgens über das alte Venedig.[56] Freytags Darlegungen muten überraschend modern an, wenn man sie neben die Forschungen zur stadtgesessenen Ministerialität hält, die die deutsche Mediävistik in den letzten Jahrzehnten vorgelegt hat.[57] Doch diese betreffen die Realität des Mittelalters. Vorstellungen, wie sie Gustav Freytag publikumswirksam formulierte, stellten dem Bürgertum der zweiten Hälfte des 19. Jahrhunderts ein außerordentliches Identifikationspotential bereit, wenn es darum ging, adelige Lebensformen zu rezipieren und dennoch „bürgerliches" Selbstverständnis zu bewahren.[58]

Mit Gustav Freytag und mit Richard Wagners ›Meistersinger‹ ist unversehens bereits die zweite Hälfte des 19. Jahrhunderts in den Blick geraten. Doch das kann deutlich machen, daß die Kraft des Bildes von der mittelalterlichen Stadt, wie es um die Wende vom 18. zum 19. Jahrhundert entdeckt worden war, ungebrochen durch die Turbulenzen der Jahrhundertmitte weiterlebte. Allerdings muß sich der Blick noch einmal auf die Anfänge dieses Rezeptionsvorganges richten, denn das Bild von der mittelalterlichen Stadt während des 19. Jahrhunderts bietet noch einige weitere Facetten über die wirtschaftlichen und sozialen Chiffren hinaus, die bislang ins Auge zu fassen waren.

Es ging bei dieser Rezeption selbstverständlich auch um Politik. Wilhelm von Kügelgen sprach von der reichsstädtischen Freiheit, vom „freireichsstädtischen Wesen", und auch diese Freiheit des Bürgertums ließ sich aus der mittelalterlichen Stadt herleiten. Die Zeitgenossen des Jahres 1826 meinten sie in den mittelalterlichen Zuständen rein und unverfälscht zu erkennen, während sie in den am Ende des Alten Reichs *realiter* existierenden Reichsstädten nur Karikaturen ihrer selbst erblickten. Ähnlich sah man ja auch das Kaisertum vollkommener als in der unmittelbaren Vergangenheit der Jahre vor 1806 in jenem fernen „Schwäbischen Zeitalter" verkörpert, dem auch die Minnelieder und Epen der ritterlichen Kultur entstammten: in der Stauferzeit.[59] Friedrich Rückerts 1816 niedergeschriebene Ballade vom ›Alten Barbarossa‹ machte den Staufenkaiser populär, doch als in der „Stunde der größten Bedrängnis" im Winter 1807/08 Johann Gottlieb Fichte seine ›Reden an die deutsche Nation‹ hielt, da lenkte er den Blick nicht auf die Kaiser, sondern auf die Reichsstädte und die Bürgerfreiheit des Mittelalters.[60]

Wie sehr für jene Zeit das Mittelalter und der Freiheitsdrang der Städte und ihrer Bürger zusammengehörten, läßt sich an einer Baumaßnahme des preußischen Kronprinzen, des späteren Königs Friedrichs Wilhelm IV., ablesen. Bei einem Besuch in Kolberg in Hinterpommern im Jahr 1826 hatten ihn die Stadtverordneten um Unterstützung bei der Neuerrichtung ihres Rathauses gebeten, das bei der Verteidigung der Stadt gegen die Franzosen zerstört worden war. Bekanntlich ist dieser zur Legende gewordene Widerstand Kolbergs von der Bürgerschaft der Stadt getragen worden. Die Unterstützung wurde gewährt, und auf Wunsch des Kronprinzen lieferte Friedrich Schinkel die Pläne für einen gotischen Backsteinbau. Schinkel knüpfte damit keineswegs an eine bestehende Tradition an, auch blieb dieser Bau lange ohne Nachfolge. Die Wahl des Baustils beruht ganz offenbar auf dem Wunsch des Kronprinzen, hier ein Monument der nationalen Freiheit zu schaffen. Schinkel empfand die Gotik als spezifisch deutschen Baustil und hatte ihn bereits 1821 genutzt, um im Berliner Kreuzberg-Denkmal die Idee der Nation auszudrücken. Nun schuf er in Kolberg der durch ihren Widerstand gegen Napoleon zum Symbol gewordenen Bürgerschaft ein gotisches, mittelalterliches Gehäuse städtischer Repräsentation.[61]

Die im Kolberger Rathausbau verkörperte Symbolik, die sich zu ihrer Einkleidung des bürgerlichen Mittelalters bediente, blieb freilich nur eine vereinzelte, noch dazu von Fürstenwillen bestimmte Arabeske. Sie zielte zudem auf eine besondere Art von Freiheit, auf die Freiheit von Fremdherrschaft, wie sie im Kampf gegen das Frankreich Napoleons in den Vordergrund gerückt war. Wenn man aber um 1800 das mittelalterliche Bürgertum neu entdeckte, dann kamen noch ganz andere Zusammenhänge in den Blick. Es ging um die freiheitliche Verfassung des Staates. Bekanntlich neigt die neuere Forschung dazu, in der Französischen Revolution im wesentlichen einen Kampf um eine „neue politische, verfassungsrechtliche Ordnung" zu sehen.[62] Das belegen auch die Aussagen aus jener lebhaften Publizistik um Adel und Bürgertum, und in der ›Deutschen Monatsschrift‹ heißt es 1795: „Unter Revolution verstehe ich weder eine sinnliche (physische) noch eine intellektuelle, sondern eine moralische, und zwar nicht eine moralische (in das Gebiet des Gewissens gehörige), sondern eine politisch rechtliche, unter dem äußeren Rand stehende Umbildung. Ich unterscheide sie von Aufruhr und Aufstand . . . Sie ist eine gewaltsame und gänzliche Umänderung der Grundsätze einer Verfassung."[63]

Das nachrevolutionäre deutsche Bürgertum suchte nun die Freiheit, die die Prinzipien ihres Staates gestalten sollte, in der alten deutschen Städtefreiheit und in den Korporationen, die die mittelalterliche Stadt mit genossenschaftlichem Leben gefüllt hatten: in den Einungen, den Gilden, den Zünften.[64] Karl Friedrich Eichhorn, 1781 geboren, der seine Rechtsstudien in Göttingen noch zu den Füßen von Johann Stephan Pütter und August Ludwig Schloezer absolviert hatte, sah in der mittelalterlichen Stadt das historische Herz der deutschen Gesellschaft. In seiner ›Deutschen Staats- und Rechtsgeschichte‹, die zuerst von 1808–1823 erschien und immer wieder aufgelegt wurde, findet sich im Anschluß an die Darlegung der Rechtsverhältnisse des entstehenden Rittertums der lapidare Satz: „Ein gleichzeitiges günstiges Ereigniß für die Erhaltung der alten anstammten Freiheit war aber die Entstehung der Städte im inneren Deutschland."[65]

Der Begründer der historischen Rechtsschule war überzeugt, daß er bei geduldiger historischer Arbeit die unverfälschten freiheitlichen Prinzipien des Rechts in den mittelalterlichen Zuständen eingeschlossen finden würde wie etwa im Herz einer Blumenzwiebel,[66] ebenso wie Jakob Grimm, der Philologe, sich auf diesem Wege an eine Zeit heranzutasten suchte, in der die reine Sprache der alten Deutschen aufzuspüren war. Den Anhängern der historischen Rechtsschule von Karl Friedrich Eichhorn bis Otto von Gierke erschien die mittelalterliche Stadt als das fruchtbarste Feld für solche Forschungen. Auch Otto von Gierke hat in seinem ›Genossenschaftsrecht‹, das 1868, im Vorfeld der Reichsgründung, erstmals erschienen war, die „altgermanische freie Genossenschaft" als Grundlage der Stadtgemeinde bezeichnet, die sich durch den Gedanken der freien Einung, des gewillkürten Zusammenschlusses von nicht von Geburt aufeinander verwiesenen Individuen zu ihrer spezifisch mittelalterlichen Form ausbildete.[67] Von dieser galt es zu lernen, denn diese freien Einungen, die Gierke in seiner Zeit am schlüssigsten beschrieb, sprengten die fürstliche Feudalordnung, die als Widerpart der germanischen Freiheit angesehen wurde. Die Historiker des Rechts, die hier stellvertretend für alle die vielen stehen müssen, die sich damals mit der Geschichte der deutschen Städte beschäftigten, mochten sich in ihren Ansichten über die Sprengkraft der mittelalterlichen Zusammenschlüsse und Konjurationen bestätigt fühlen, wenn sie in den Quellen zur Londoner Kommunebildung von 1191 Umschreibungen wie „ein Krebsge-

schwür im Volke, ein Schrecknis für das Reich, ein Schauder für die Geistlichkeit"[68] fanden oder wenn Guibert von Nogent im frühen 12. Jahrhundert
von der *communia* als einem *pessimum nomen* sprach.[69]

Das ist der gelehrte Hintergrund, wie er sich aus der Beschäftigung der
Juristen und Rechtshistoriker mit der Stadt des Mittelalters ergab. In dem
damit vorgegebenen Rahmen hat sich auch die Diskussion und das Ringen
um die rechte Ordnung in Staat, Wirtschaftsverfassung und kommunaler
Selbstverwaltung während des 19. Jahrhunderts immer wieder vollzogen.[70]
Dabei handelte es sich keineswegs ausschließlich um eine Diskussion gelehrter Spezialisten, abgehoben von politischer Realität, sondern von den
hier geäußerten Anschauungen und oft nur vermeintlich historisch abgesi-
cherten Grundsätzen floß nicht wenig in Denkschriften, Gremiendebatten,
ja selbst in die Kodifikationen der kommunalen Selbstverwaltung ein.[71] Vor
allem aber: Jene, die die Diskussion oft genug mit politischem Engagement
führten, waren Universitätsprofessoren, juristische Hochschullehrer, die
wiederum die Juristen ausbildeten, die in ihrer beruflichen Zukunft staatliche Administration und städtische Selbstverwaltung trugen. Die Juristen
des 19. Jahrhunderts sind offenbar ungleich stärker durch die historisch begründete Interpretation des Rechts geformt worden als ihre Nachkommen
in unserer Zeit, in deren Studium der Rechtsgeschichte keine zentrale Rolle
mehr zukommt.

Auch außerhalb der Jurisprudenz hat während des 19. Jahrhunderts die
historische Fachliteratur der Gelehrten noch stärker ins Bildungsbürgertum
hineinzuwirken vermocht, bevor die zunehmende Spezialisierung der wissenschaftlichen Forschung seit der Jahrhundertwende dem Laien den Zugang verschloß. Grundlegende Gesamtdarstellungen der mittelalterlichen
Geschichte waren im 19. Jahrhundert durchaus auch für die Lektüre des „allgemein Gebildeten" gedacht,[72] und Johann Friedrich Böhmer hat selbst in
seine Kaiser-Regesten politische Polemik einfließen lassen, die unter Hinweis auf mittelalterliche Geschehnisse die Verhältnisse seiner Gegenwart zu
treffen suchte.[73] Es ist vielleicht bezeichnend, daß gerade aus der ersten
großen Darstellung städtischer Geschichte, die das 19. Jahrhundert vorlegte
– aus der eher ledernen und umständlich erzählten ›Geschichte des hansischen Bundes‹ von Georg Sartorius –, im Jahr 1817 Auszüge in Verse gebracht wurden. Der Hamburger Literat Georg Nikolaus Bärmann hat damals
ein vieraktiges Schauspiel ›Alexander von Soltwedel oder der Hansa Begründung‹ verfaßt und über die Bühne des Hamburger Stadttheaters gehen
lassen.[74]

Gerade dieses letzte, ein wenig abstruse Beispiel vermag die Vielfalt der
Wege anzudeuten, auf denen die Gedanken der Gelehrten – der Historiker,
Altertumsforscher, Philologen und Juristen der historischen Schule – über
die in der städtischen Gemeinde des Mittelalters zugleich bewahrten und

verkörperten Freiheit zum Allgemeingut werden konnten, wenn auch in vergröberter Form oder in Abbreviatur. Literatur, bildende Kunst und auch das Theater[75] haben jeweils das ihrige dazu beigetragen, den „Geschichtsbildersaal" auszustatten, dem die Gesellschaft des 19. Jahrhunderts ihre historischen Vorstellungen entnahm. Es darf als ausgemacht gelten, daß in den Körperschaften der städtischen Selbstverwaltung sich im Laufe des Jahrhunderts die feste Überzeugung herausgebildet hatte, sich auf eine Tradition berufen zu können, die aus der Stadt und der Bürgerschaft des Mittelalters herzuleiten war. Es verschlug dabei wenig, daß dieser Strang in der Realität brüchig war und daß das jeweilige Selbstverständnis der Kommune die einstige Wirklichkeit stark verzeichnen mochte.

Erst von der Jahrhundertmitte an und verstärkt im zweiten Kaiserreich von 1871 haben die deutschen Städte ihrem Selbstverständnis auch in baulicher Repräsentation bei der Errichtung neuer Rathäuser Ausdruck gegeben. Das mag damit zusammenhängen, daß erst in dieser Zeit das Wachstum der Städte und das damit verbundene Anschwellen der Aufgaben in der städtischen Leistungsverwaltung Neubauten nötig machte.[76] Nun aber entdeckten die Städte und ihre politischen Führungsgruppen den Symbolwert des Rathauses neu und spielten Bürgerfreiheit der Gegenwart gegen vergangene Fürstenwillkür aus. So jedenfalls klingt es bei der Einweihung des neuen Kasseler Rathauses 1909: „Stolz blickt das neue Haus herab auf das seiner Rückfront gegenüberliegende alte, nüchterne Ratsgebäude, das in seinem bescheidenen Äußeren nur allzusehr dem Geist der Zeit entspricht, in dem es entstanden ist, dem Geist der von Fürsten abhängigen, nach unten bevormundenden Amtsgewalt. Im Gegensatze dazu erscheint das neue Rathaus als ein Palladium städtischer Freiheit, als ein stattliches Denkmal des wiedererstarkten, kräftigen Bürgertums, als ein würdiges Symbol seiner in der Selbstverwaltung wurzelnden Bedeutung seiner Macht und seiner Rechte."[77] Wann die alte Kraft des Bürgertums geblüht hatte, meinte man ebenfalls zu wissen und brachte es auch in den Städten – wie etwa Papenburg – zum Ausdruck, deren Geschichte nicht in das Mittelalter zurückreichte: „Jedes aufstrebende Gemeinwesen, das aus eigener Kraft eine stufenmäßig von Erfolgen begleitete Entwicklung genommen und mit dem Bewußtsein seiner Stärke den festen Willen zur Erreichung immer günstigerer Lebensbedingungen verbindet, hat von jeher nach einem gewichtigen äußeren Zeichen als dem Denkmal seiner bisherigen Erfolge und einem ragenden Memento für Gegenwart und Zukunft gestrebt. Aus dieser Empfindung heraus sind in den Städten des Mittelalters und der neueren Zeit jene bald herrisch und trotzig anmutenden, bald vom Hauche der Romantik umspielten Rathausbauten entstanden, in denen wir so gern den jeweiligen *genius loci* verkörpert finden."[78] Aus solcher Gesinnung heraus haben die Magistrate der deutschen Städte in faszinierender Vielfalt auf Bauformen des

Mittelalters und der „Deutschen Renaissance" zurückgegriffen, die man als legitime Vollenderin und Krönung des Mittelalters ansah, während genuine mittelalterliche Überreste im Stadtbild oft genug der Modernisierung und Straßenerweiterung zum Opfer fielen, so daß der Hattinger Maire Rautert vom Anfang des Jahrhunderts seine rechte Freude daran gehabt hätte.[79] Die Neubauten und Neuplanungen jedoch ließen die Bürgerwelt des Mittelalters und der beginnenden Neuzeit wieder erstehen, ob man nun erhaltene mittelalterliche Rathäuser neugotisch restaurierte, wie das Alte Rathaus in München,[80] die Yperner Tuchhallen und andere flämische Rathäuser zitierte oder ins Moderne übersetzte wie in Hamburg, Wien und im Münchener Neuen Rathaus[81] oder ob man die Stilformen mischte, wobei bald das eine oder das andere überwog.[82] Selbst als man nach der Jahrhundertwende Formen des Barock und des Klassizismus zu bevorzugen begann,[83] suchte man nicht selten hinter ihnen die vertrauten „altdeutschen" Reminiszenzen. In Papenburg etwa, wo man sich kurz vor dem Ersten Weltkrieg für „Nordisches Barock" entschieden hatte, beurteilte der Realgymnasiallehrer Karl Ahrens die Leistung des Architekten: „Er bringt in die im übrigen machtvoll wirkende Fassade ein stimmungsvolles, durchaus poetisch anmutendes Moment, weckt eine ferne Erinnerung an alte, hohe Renaissancehäuser mit verträumten Erkern und kleinen, halb erblindeten Fensteraugen …"[84] Noch einmal werden hier die Assoziationen heraufbeschworen, wie sie Heinrich Wackenroder und Ludwig Richter beim Anblick Nürnbergs und Rothenburgs empfanden, obwohl die bauliche Realität wenig Anhaltspunkte dafür bot.

Ein letzter und recht bezeichnender Zug bürgerlichen Selbstverständnisses im Kaiserreich, wie es sich in dessen Rathausbauten spiegelt, sei noch hervorgehoben. Bereits Franz Grillparzer hatte König Rudolf als Künder und Garanten bürgerlicher Freiheiten und Tugenden gezeichnet.[85] Die Figur des mittelalterlichen Monarchen verkörpert sich für das populäre Geschichtsverständnis der Deutschen im Kaiser, und es ist bekannt, daß der Kaisermythos, insbesondere das Bild von Kaiser Barbarossa im Kyffhäuser, in der politischen Ideologie der herbeigewünschten und 1870/71 dann vollzogenen Reichseinigung eine Rolle gespielt hat.[86] Wohl gab es schon früh Polemik dagegen, und Heinrich Heine meinte süffisant nach seinem fingierten Besuch im Kyffhäuser:

Bedenk ich die Sache ganz genau,
so brauchen wir gar keinen Kaiser.[87]

Georg Herwegh, der Demokrat im Schweizer Exil, hatte sogar noch im Augenblick der Kaiserausrufung im Spiegelsaal von Versailles gewettert:

Frankreichs gekrönter Possenreißer
wird nach Paris zurückgebracht,
Euch holt man einen Heldenkaiser
aus mittelalterlicher Nacht.[88]

Doch die siegreiche kleindeutsche Einigungspolitik feierte Wilhelm I. enthusiastisch als *Barbablanca triumphator*,[89] und das leitete auch einen Wandel der städtischen Selbstdarstellung ein. In den Bildern von der mittelalterlichen Stadt, wie sie das frühe 19. Jahrhundert zeichnete und in denen das Bürgertum sich in Einungen und Korporationen wiederfand, spielte der Kaiser nur eine periphere Rolle. Noch Eduard Ille hat in seinem, immerhin für einen königlichen Auftraggeber bestimmten Hans-Sachs-Gemälde[90] unter den Huldigenden Kaiser Maximilian I. ganz an den Rand gerückt. Nun, nach der Reichsgründung, wird die Figur des Kaisers in den ikonographischen Programmen der Fassaden und der Innenausstattung der Rathausneubauten deutlich hervorgehoben. Das Hildesheimer Rathaus etwa verzichtete in seinen heute zerstörten Ratsaalgemälden zwar nicht auf die Darstellung der Auflehnung der mittelalterlichen Bürgerschaft gegen den bischöflichen Stadtherrn, doch es fehlt auch nicht die allegorische Huldigung der Stadt an Wilhelm I.[91] In Osnabrück, an dessen Rathausfassade im Mittelalter die Bildnisfiguren der „neun guten Helden" gestanden hatten, wurden nun Plastiken jener Kaisergestalten angebracht, die die Stadt privilegiert hatten oder bei denen man sonst einen Bezug zur Stadtgeschichte vermuten durfte.[92] Auch Wilhelm I. und Barbarossa fehlen nicht. Am Duisburger Rathaus-Neubau erscheint an prominenter Stelle Wilhelm I. in Gesellschaft Karls des Großen.[93] Das mag an Beispielen genügen; sie stehen nicht vereinzelt. In ihnen deutet sich ein Wandel des Bildes von der mittelalterlichen Stadt im bürgerlichen Selbstverständnis an. Der Kaiser erscheint – wie schon bei Grillparzer – als der historische Garant der bürgerlichen Freiheit, ja für die Gegenwart als ihr Vollender, als Überwinder von Kleinstaaterei und Fürstenzwietracht, durch die man die Entfaltung bürgerlicher Tugenden und Wirtschaftskräfte für lange Zeit behindert gesehen hatte.[94]

Wir stehen am Ende, obwohl das Thema nicht erschöpft, noch weniger systematisch durchdrungen ist. Doch eines dürfte deutlich geworden sein: Wie auf anderen politisch-ideologischen Feldern sucht das frühe 19. Jahrhundert auch für die Legitimation seiner für bürgerlich erachteten Werte den Rekurs auf das Mittelalter, auf die Geschichte der mittelalterlichen Stadt. Damals wird ein Grundvorrat von Geschichtsbildern geschaffen, die bei aller Konstanz, die sie das 19. Jahrhundert über behalten, doch verschiedenartig auslegbar und zu neuen Bildern zusammensetzbar sind. Ihre Variabilität macht ihre Stärke aus. Sie tragen auf vielfältige Weise zur Selbstfindung des Bürgertums in seinen gebildeten Schichten, in Auseinandersetzung mit anderen Gruppen der Gesellschaft und zur Legitimation seiner Handlungen bei, auch wenn die geschichtliche Wirklichkeit des Mittelalters dabei häufig verfehlt wird. Auch die Gelehrten blieben in ihren Entwürfen von Verfassung und Sozialordnung der mittelalterlichen Stadt von solchen

Fehlinterpretationen nicht verschont, denn auch ihnen leitete politisches und gesellschaftliches Interesse Auge und Verstand.

Es wäre verkehrt anzunehmen, solches Tun habe sich auf das 19. Jahrhundert beschränkt. Auch unsere eigene Zeit sucht zur Vergewisserung ihres Demokratieverständnisses häufig genug die städtische Geschichte des Mittelalters auf, innerhalb und außerhalb der Gelehrtenzunft, mit oder ohne ihre Hilfe. Ein berühmtes Wort des Bundespräsidenten Gustav Heinemann vor nunmehr nahezu zwei Jahrzehnten[95] hat eine ganze Generation von Stadthistorikern und interessierten Laien dazu angeregt, sich mit den Freiheitsbewegungen, mit den Aufständen und Konflikten der städtischen Welt des Mittelalters und der frühen Neuzeit zu beschäftigen. Es darf angenommen werden, daß auch sie damit einen Bezug zur politischen Kultur ihrer eigenen Zeit herzustellen suchten. Die Sache, die hier betrachtet wurde, geht also weiter, und es wäre spannend, ihren Verlauf zu erzählen und die verschiedenen Ausformungen der Aneignung städtischer Geschichte des Mittelalters weiter zu betrachten. Doch das ist eine Aufgabe, die unsere Kollegen von morgen, die heute noch nicht geboren sind, auf sich nehmen müssen, wenn in hundert Jahren vielleicht wiederum ein solcher Sammelband konzipiert wird.

Geschichte für die Gegenwart? –
Der Streit um die Karlsfresken Alfred Rethels

Von Frank Büttner

I

Historienmalerei, so definierte Max Schasler 1886 in seiner Ästhetik, sei „in ihrer eigentlichen Bedeutung als Darstellung weltgeschichtlicher Charaktere und Begebenheiten zu fassen", und vom Historienmaler forderte er, „daß er solche Vorwürfe wähle, die einerseits einen wahrhaft historischen (nicht bloß 'geschichtlichen' im Sinne des bloßen Geschehenseins) Inhalt besitzen und nach der Seite der Anschaulichkeit einen dramatisch bewegten Moment darzustellen Gelegenheit bieten", wobei sich die Komposition als „historisch-wahrscheinlich" darzustellen habe.[1] In dieser von Schasler apodiktisch vorgetragenen Definition spiegelt sich eine Auffassung dieses Zweiges der Malerei, die sich erst im Laufe des 19. Jahrhunderts herausgebildet hatte und in der der traditionelle Begriff der Historienmalerei in bezeichnender Weise modifiziert wurde, denn seit der Begriff der 'historia' von Leon Battista Alberti in die Kunsttheorie eingeführt worden war, hatte man darunter jede „erzählende" Darstellung handelnder Menschen verstanden, ob sie nun einen Stoff aus der Geschichte, aus der Bibel oder der antiken Mythologie veranschaulichte. Die Frage der Historizität des Darstellungsgegenstandes war dabei irrelevant. Für das Begriffsverständnis des 19. Jahrhunderts war sie jedoch entscheidend. Der Begriffswandel bahnte sich im ersten Viertel des 19. Jahrhunderts an. Heinrich Meyer verwandte den Begriff der „geschichtlichen Darstellungen" in dem von Goethe herausgegebenen Winckelmann-Buch noch im traditionellen Sinne,[2] und Friedrich Schlegel wollte in seinen für die Nazarener so wichtigen „Gemäldebeschreibungen" den Begriff der „historischen" durch den der „symbolischen" Malerei ersetzt sehen.[3] Erst in den zwanziger Jahren füllte sich der Begriff des „Historischen" in diesem Kontext mit der Bedeutung des Geschichtlichen im eigentlichen Sinne. Gleichwohl war es noch eine Ausnahme, wenn Wilhelm von Humboldt in seinem Kunstvereinsbericht von 1828 mit „Geschichtsmalerei" wirklich Darstellung von Geschichte meinte.[4] Fünfzehn Jahre später jedoch wurde dieser Begriff, wie ein früher Aufsatz von Jakob Burckhardt belegt, wie selbstverständlich im neuen Sinne benutzt.[5] Die Bedeutungsverschiebung des kunsttheoretischen Terminus verlief parallel zur Entstehung des modernen Geschichtsbegriffes, freilich mit erheblicher Verspätung, denn wie Reinhart Koselleck gezeigt hat, trat der Kollektivsingular „die Geschichte" bereits in der zweiten Hälfte des 18. Jahrhunderts an die Stelle des alten Plurals „die Geschichten"[6].

Der Wandel der Auffassung der Geschichtsmalerei, der in der Begriffsentwicklung zum Ausdruck kommt, vollzog sich natürlich auf dem Boden der tiefgreifenden Veränderung der Geschichtsauffassung zwischen Aufklärung und Historismus, in der sich die Gegenwart als Resultat des Prozesses der Geschichte zu begreifen lernte und historische Entwicklung zum dominierenden Paradigma des Weltverstehens wurde.[7] Der zweite Faktor, der den Wandel der Geschichtsmalerei ganz wesentlich mitbestimmt hat, waren die in der Ästhetik der Aufklärung entwickelten Vorstellungen von der Funktion der Kunst als einer von der Vernunft gelenkten Erzieherin der Menschen, die gerade dadurch eine besondere Wirkungsmacht hat, daß sie „sinnlich" ist, also unmittelbar auf die Empfindungen des Menschen einwirken kann.[8] Die Schlußfolgerung, daß die Kunst ihr höchstes Ziel vor allem dann erreichen könne, wenn sie Geschichte veranschaulichte, wurde schon sehr früh gezogen, von Rousseau oder Sulzer beispielsweise.[9] Doch ein Blick auf die französische Malerei in der zweiten Hälfte des 18. Jahrhunderts zeigt, daß die Forderungen der Aufklärer an die Kunst keineswegs problemlos in Realität umzusetzen waren.[10] Versuche des königlichen Baudirektors d'Angivillers, mit von ihm in Auftrag gegebenen Darstellungen aus der französischen Geschichte das Nationalgefühl zu stärken, blieben trotz der bemerkenswerten Bilder, die von Künstlern wie Brenet oder Vincent geschaffen wurden, ohne größere Resonanz. Auch in Deutschland sind bei Künstlern wie Tischbein oder Bernhard Rode frühe Beispiele einer patriotisch motivierten Geschichtsdarstellung zu entdecken, die aber ähnlich folgenlos blieben.[11]

Es war in Deutschland vor allem die Ästhetik der Klassik und des Idealismus, die zunächst eine Entfaltung dieser Ansätze verhinderte. Indem sie die Darstellung des idealisch Schönen als höchstes Ziel der Kunst setzte und ihre Autonomie von allen äußeren, also auch allen unmittelbar didaktischen Zwecken forderte, verwies sie die Künstler auf Bahnen, die sie notwendigerweise von der Geschichtsdarstellung fortführten. Carl Ludwig Fernow zum Beispiel stellte fest: „Wenn die Malerei ... ihr Interesse erst von der Geschichte borgen muß, so mag sie zwar den Namen Historienmalerei im eigentlichen Sinne verdienen; aber sie ist dann keine selbständige Kunst mehr."[12] Eine andere Schwierigkeit trat hinzu. Die vom wachsenden Geschichtsbewußtsein geforderte Darstellung der nationalen Vergangenheit war stilistisch nicht ohne weiteres zu bewältigen. Die an der Antike orientierte normative Stilvorstellung des Klassizismus, die ihr Ideal nach wie vor in der klassischen Akt- und Gewandfigur sah, stand bei allen Darstellungen

nachantiker Geschichte in unlösbarem Widerspruch zu der Forderung nach
Angemessenheit des Kostüms, einer Grundvoraussetzung für die historische Genauigkeit, die zunehmend von jeder Geschichtsdarstellung erwartet
wurde. Erst als die Geschichte im Laufe des frühen 19. Jahrhunderts zur Bil-
dungsmacht *per se* wurde und zugleich von den Künstlern der ersten Generation der Romantik das klassizistische Stilideal historistisch relativiert wurde,
konnten die künstlerischen Bedenken gegen die Wahl von Themen aus der
nationalen Geschichte endgültig zurückgedrängt werden.[13]

Die Entwicklung der Auffassung der Geschichtsmalerei konnte auch dann
noch nicht ganz mit der Entwicklung der Geschichtsauffassung im allgemeinen Schritt halten. Vor allem das Denken in historischen Exempeln, das
ja eine ewige Gleichheit der menschlichen Natur und die Wiederholbarkeit
von Geschichte impliziert, lebte in der Geschichtsmalerei noch fort, obwohl
es in der Geschichtsphilosophie schon längst durch die Vorstellung einer
unendlich aufsteigenden Progression des Geschichtsverlaufes und der un-
vergleichlichen Eigenart jeder historischen Epoche abgelöst worden war.[14]
In der künstlerisch führenden französischen Geschichtsmalerei der Revolutionszeit, deren einflußreichster Vertreter Jacques-Louis David war, erlebte
die Darstellung historischer Exempel eine wahre Blüte. Auch Tischbein, der
in Rom mit David verkehrte, faßte seinen ›Konradin‹, mit dem er ein Beispiel für die nationale Geschichtsdarstellung geben wollte, als moralisches
Exemplum auf.[15] Selbst der ›Einzug Rudolfs von Habsburg in Basel‹, das
immer wieder als Paradebeispiel romantischer Geschichtsdarstellung ange-
führte Gemälde des „Lukasbruders" Franz Pforr, ist exemplarisch zu verstehen: So wie der als Bild im Bild dargestellte ägyptische Joseph ist auch
Rudolf von Habsburg Exemplum herrscherlicher Großherzigkeit.[16] Ein
spätes Beispiel für das Fortleben dieses Denkschemas sind die Fresken, die
der Cornelius-Schüler Hermann Stilke im Auftrage Friedrich Wilhelms IV.
1843–46 auf Schloß Stolzenfels bei Koblenz malte.[17]

Die Entwicklung der Geschichtsdarstellung im Sinne einer historischen
Geschichtsauffassung und die Entdeckung der mittelalterlichen Geschichte
als Themenbereich waren aufs engste miteinander verbunden. Die ersten
Schritte auf dem recht langen Weg zur Erneuerung wurden in Deutschland
auf dem Gebiet der Graphik, insbesondere der Illustrationsgraphik, getan,
wo die normativen Stilvorstellungen der klassizistischen Ästhetik am pro-
blemlosesten zu umgehen waren. Das Schaffen der Berliner Künstler Rode
und Chodowiecki bietet eine Fülle von Beispielen dazu.[18] Gemälde entstanden erst nach 1820 in zunehmend größerer Zahl. Höchst bezeichnend
für die neue Auffassung der Geschichtsmalerei sind die Bilder, die Freiherr
vom Stein für den Saal seines Schlosses Cappenberg malen ließ.[19] Nachdem
er zunächst, angeregt durch die Ideen von Peter Cornelius, an einen Freskenzyklus mit Darstellungen aus dem Leben Heinrichs I. gedacht hatte, be-

auftragte er später den Berliner Karl Wilhelm Kolbe mit der Darstellung der
Schlacht auf dem Lechfeld und Julius Schnorr von Carolsfeld mit der Darstellung des Todes Barbarossas. Um sicherzustellen, daß die Künstler seinen
Ansprüchen an die historische Genauigkeit genügten, versorgte er sie mit
ausführlichen Exzerpten aus einschlägigen Quellen. Angeregt durch die
Pläne Steins ließ Franz Graf Spee 1826, also noch vor den Bildern Kolbes
und Schnorrs, in seinem Schloß Heltorf bei Düsseldorf von Cornelius-Schü-
lern einen Zyklus von Fresken mit Szenen aus der Geschichte Barbarossas
beginnen, der freilich erst 1841 vollendet wurde.[20]

Eine neue Qualität erlangte die Geschichtsdarstellung in dem Moment, in
dem die vor allem von den Nazarenern und insbesondere von Cornelius pro-
pagierte Idee der Wiederbelebung öffentlicher Kunst in die Tat umgesetzt
wurde. „Nicht zum bloßen Spielwerk und dem Kitzel für die Sinne soll die
Kunst mehr angewendet werden; nicht bloß zur Ergötzung und Prachtliebe
geehrter Fürsten oder schätzenswerter Privatpersonen: sondern hauptsächlich zur Verherrlichung eines öffentlichen Lebens. Soll dieses würdig geschehen, so muß ein ernster hoher Sinn aus dem Kunstwerke sprechen, auf
daß er den bessern Teil des Volkes ergreife und ihn bestärke in den Gesinnungen, welche, außer dem Kreise des Privatlebens, ein allgemeines volks-
thümliches Interesse erregen."[21] Die Geschichtsdarstellung war in besonderem Maße geeignet, diese Ideen zu verwirklichen. Die ersten Schritte
wurden ungefähr gleichzeitig in Berlin und München getan, nämlich mit den
von Wilhelm Kolbe entworfenen und 1828 ausgeführten Glasfenstern im re-
staurierten Sommer-Remter der Marienburg, die Szenen aus der Geschichte
des Deutschen Ordens zeigten,[22] und mit dem Freskenzyklus in den Ar-
kaden des Münchner Hofgartens, der im Auftrage Ludwigs I. und auf Initiative von Peter Cornelius zwischen 1826 und 1829 von dessen Schülern geschaffen wurde.[23] Die beiden Zyklen lassen grundsätzliche Möglichkeiten
der neuen Geschichtsmalerei erkennen, nämlich die mit einem bestimmten
Ort verbundenen historischen Erinnerungen zu vergegenwärtigen und der
Öffentlichkeit ein bestimmtes Geschichtsbild nahezubringen, im Münchner
Fall die „unauflösbare Verbindung" der Geschichte Bayerns mit dem Herrscherhaus der Wittelsbacher. Zusätzlich gefördert durch die Idee des Natio-
naldenkmals[24] blieb die Geschichtsmalerei bis zum Ende des Jahrhunderts
Schule der Nation, das führende Mittel zur nationalen Selbstdarstellung und
staatlichen Repräsentation.

II

Überzeugt davon, daß Kunst nur dort wahrhaft blühen könne, wo sie dem
religiösen oder öffentlichen Leben diene, sorgten Wilhelm Schadow und der
Düsseldorfer Kunsthistoriker Mosler, ein Jugendfreund von Cornelius,

dafür, daß in die Statuten des von ihnen 1829 gegründeten Kunstvereins für die Rheinlande und Westfalen die Bestimmung aufgenommen wurde, daß ein Teil der Einnahmen dafür verwandt werden sollte, um Gemälde in Auftrag zu geben, die Kirchen und öffentliche Gebäude zieren sollten.[25] Die „Beschenkten" hatten dabei jeweils ein Drittel der Kosten selber zu tragen. Der große Erfolg des Kunstvereins, der 1839 beispielsweise 3595 Anteilsscheine ausgeben und damit Einnahmen von fast 18 000 Thalern verbuchen konnte, gab ihm die Möglichkeit, auch in größeren Dimensionen zu planen. So trat Anfang 1839 der Aachener Ortsvorsitzende des Kunstvereins Gustav Schwenger an Oberbürgermeister Emundts mit dem Vorschlag heran, „die herrlichen Räume unseres großen Rathhaussaales auf eine würdige Weise, durch Fresco-Bilder aus dem Leben Karls des Großen und der so reichen Geschichte der alten Kaiserstadt" schmücken zu lassen.[26] Er dachte dabei an den im Obergeschoß des aus dem 14. Jahrhundert stammenden Rathauses gelegenen Saal, der im 18. Jahrhundert durch Unterteilung des ursprünglich das ganze Geschoß einnehmenden Krönungssaales gewonnen worden war und vier Joche an der Nordseite des Baues umfaßte. Einen Anstoß zu diesem Projekt mag die 1838 vom Frankfurter Stadtrat ergriffene Initiative zur Wiederherstellung des dortigen Kaisersaales gegeben haben. Auch der schon 1835 gefaßte Plan, die Säle des neuerrichteten Festsaalbaues der Münchner Residenz mit einem Zyklus von Darstellungen aus der mittelalterlichen Geschichte zu schmücken und dabei Karl dem Großen, Friedrich Barbarossa und Rudolf von Habsburg je einen Saal zu widmen, kann eine Anregung gegeben haben.[27]

Schwenger hatte mit seinem Vorstoß Erfolg. Sein Vorschlag wurde vom Aachener Bürgermeister und von der zur Prüfung des Projektes eingesetzten Kommission des Stadtrates begeistert aufgegriffen. Am 27. Dezember 1839 ging an die Düsseldorfer Künstler Mücke, Plüddemann, Stilke, Haach und Rethel die Einladung hinaus, Entwürfe einzusenden: „Den Gegenstand der Fresken sollen die bedeutenderen Momente aus dem Leben Kaiser Karl des Großen, in historischer und symbolischer Auffassung bilden, mit möglichster Beziehung sowohl auf ihre allgemeine geschichtliche Bedeutung, als auch auf die Stadt Aachen, als dessen Lieblingsaufenthalt."[28] Genauere Vorschriften für die zu wählenden Themen wurden nicht gegeben. Gefordert waren zunächst Kompositionen für sechs Wandbilder. Noch während die Künstler an ihren Entwürfen arbeiteten, entschloß man sich, auch das fünfte Joch in der nordwestlichen Ecke des Baus einzubeziehen, so daß sich die Zahl der Bilder auf sieben erhöhte.

Zwar wandte man sich nicht an die erste Garde der Düsseldorfer Schule, denn dann hätte man Lessing und Bendemann fragen müssen, die damals auf dem Gipfel ihres Erfolges standen. Doch auch diejenigen, an die man herantrat, waren keine unbeschriebenen Blätter mehr. Mücke und Plüdde-

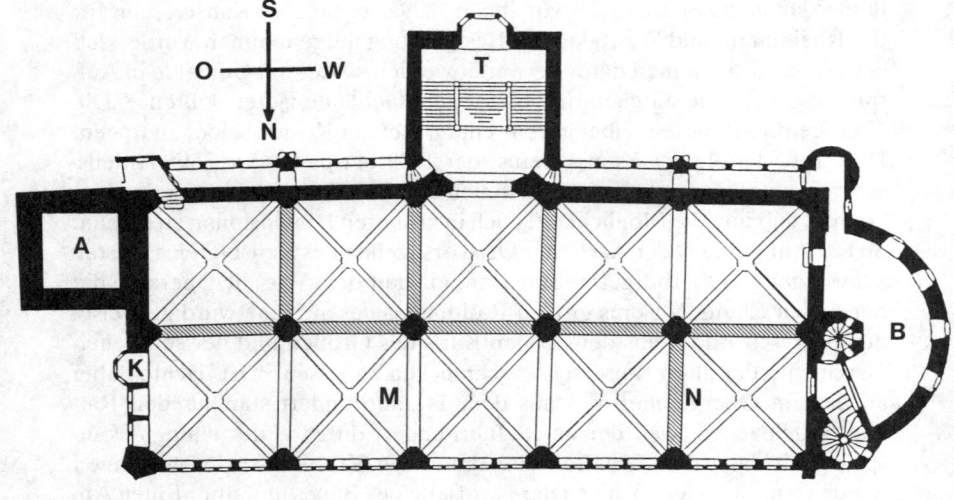

A   Granusturm

B   Westturm

K   Kapellenerker

       Zwischenwände des Barock

M   ursprünglich für die Ausmalung vorgesehener Saal

N   Wand, deren Entfernung 1840 vorgesehen wurde

T   Treppenanbau

Abb. 1: Aachen, Rathaus, Grundriß des Obergeschosses.

mann hatten bei dem erwähnten Geschichtszyklus auf Schloß Heltorf einschlägige Erfahrungen sammeln können. Daß Stilke großes Ansehen genoß, belegen seine ebenfalls schon angeführten Fresken auf Schloß Stolzenfels, für die er wenig später den Auftrag erhalten sollte. Haach und Rethel allerdings hatten erst mit einzelnen gelungenen Bildern auf sich aufmerksam machen können.[29] Wohl für alle Beteiligten unerwartet hat dann der damals 23jährige Rethel in diesem Wettbewerb so dominiert, daß die Entwürfe seiner Mitbewerber völlig in Vergessenheit gerieten und verschollen sind.[30]

Die sieben Zeichnungen, die Rethel Anfang Juli 1840 ablieferte, hatten die folgenden Themen: 1. Der Sturz der Irmensäule (772), 2. Die Schlacht bei Cordova (778), 3. Die Taufe Wittekinds und Alboins (785), 4. Das Frankfurter Konzil (794), 5. Die Kaiserkrönung Karls durch Leo III. in Rom (800), 6. Die Krönung Ludwigs des Frommen (813), und 7. Otto III. in der

Abb. 2: Aachen, Rathaus, Kaisersaal.

Gruft Karls des Großen (1000).[31] Rethel erläuterte sein Programm und die einzelnen Themen in einem ausführlichen Begleitschreiben, das die Quellen, auf die sich seine Darstellungen stützen, angibt und zum Teil sogar lateinisch zitiert.[32] Da Rethel kein Latein konnte, wird vermutet, daß ihn sein Frankfurter Freund, der Lehrer Johann Daniel Hechtel, bei der Abfassung der Erklärung und auch bei der Themenwahl beriet.[33] Wie sehr historisches Denken die Konzeption des Zyklus bestimmte, zeigt dieses Schriftstück allerorten. So werden von vornherein „Szenen, welche der Sage oder einer späteren Erfindung ihren Ursprung verdanken" ausgeschlossen. Wenn er bei der ›Schlacht bei Cordova‹, über die er, wie er schreibt, in den von Pertz herausgegebenen ›Monumenta Germaniae historica‹ nichts hat finden können, eine Ausnahme macht und sie auf der Grundlage der von Friedrich Schlegel übersetzten Reimchronik Turpins darstellt, so rechtfertigt er dies mit ausgreifenden historischen Überlegungen: „Das Historisch-Bedeut-

*Abb. 3: A. Rethel, Sturz der Irmensäule, Bleistiftzeichnung. Dresden, Kupferstich-
kabinett.*

same aber, welches mich bestimmt, gerade diesen Gegenstand unter die
Hauptkompositionen aufzunehmen, liegt für mich darin, daß die Zeit der
Kreuzzüge sowie überhaupt das ganze Mittelalter ... in diesem Heerzug
gegen die Ungläubigen ein großartiges, ihren Glaubenseifer und Heldenmut
mächtig anfeuerndes Beispiel kaiserlicher Ritterlichkeit verehrten." Es ist
also die über das einzelne historische Ereignis hinausweisende Bedeutung,
die dieses zu einem Moment der Geschichte und damit im Grunde erst darstellenswert macht. „In Bezug auf die Wahl der historischen Gegenstände
ließ ich mich durch den Grundgedanken bestimmen, der sich in Karls Leben
ausspricht und in seinen geschichtlichen, folgenreichen Unternehmungen
immer wiederkehrt: Durchdringung des Staates mit christlichen Prinzipien,
Ausrottung und Umgestaltung der heidnischen Natur und Verhältnisse, be-
werkstelligt durch Einführung des Christentums, als dessen Haupt der Papst
gedacht wurde. Karl erscheint wie überall als der christliche Held, der Gegensatz gegen Heidentum und Mohammedanismus."
　　Diese Sätze wurden Rethel nicht von seinem Freund in die Feder diktiert,
sondern geben seine eigene Geschichtsauffassung wieder, die ihn auch deut-

lich sichtbar bei der Erfindung der sieben Entwürfe von 1840 lenkte. Die Komposition ›Sturz der Irmensäule‹ hat Rethel zweipolig angelegt. Auf der linken Seite die Sachsen, zweigeteilt in die Gruppe der sich abwendenden Priester und in die der niederknienden Besiegten. Ihnen steht auf der rechten Seite die Gruppe der fränkischen Krieger gegenüber, geschlossen und aufrecht, beziehungsweise mit dem Zerstörungswerk an dem Götzenbild beschäftigt. Angelpunkt der Komposition ist die Gestalt Karls, von den Unterworfenen, zu denen er sich über die Schulter hinwendet, durch eine deutliche Zäsur getrennt, während die Gruppe der Franken zu ihm aufschließt, wobei die Verbindung durch die Gruppe des Bischofs und seiner Begleiter hergestellt wird, wodurch die Rolle der Kirche betont wird, was jedoch gleich dadurch wieder relativiert wird, daß der Bischof mit zum Gebet gefalteten Händen nach oben blickt, aber nicht zum Himmel, sondern auf die Fahne, die Karl in der Hand hält. Das leichte, fast tänzerische Standmotiv, die herrische Wendung gegen die Sachsen, der Gegensatz des Gestus der Rechten, die auf die gestürzte Säule weist, zur Linken, die mit kraftvoller Faust die Fahne aufpflanzt, lassen Karl als siegreichen Helden erscheinen, der dem Christentum den Weg bahnt.

Als unerschrockener Kämpfer wird Karl in dem Entwurf zur ›Schlacht bei Cordova‹ gezeigt. Die von Rethel benutzte Chronik des Pseudo-Turpin hatte ausführlich geschildert, wie die Mohammedaner bei einem ersten Zusammenstoß die fränkischen Krieger und vor allem deren Pferde durch schauerliche Masken in panischen Schrecken versetzt hatten.[34] Daraufhin ließ Karl den scheuenden Pferden die Augen verbinden und Bischof Turpin ritt mit dem Kreuz in der Hand neben ihm. Kreuz und teuflische Larve rahmen akzentuierend die Mittelgruppe der Komposition, die von dem heransprengenden Frankenkönig und seinen Gegnern, die zu dritt auf einem Streitwagen stehen, gebildet wird. Rethel zeigt in dem dramatischen Kampf den Moment der Peripetie. Die Fahne der Heiden hat Karl schon niedergerissen, und die wilde Flucht des Ochsengespannes ihrer Anführer ist nicht mehr zu bremsen. Vergeblich stemmen sich die drei Gestalten im Vordergrund dagegen. Die Hauptlinie der Figurenkomposition zeichnet diesen Verlauf nach, indem sie bis zur Gestalt Karls von links her ansteigt und dann nach rechts hin abfällt. Auch hier ist Karl mithin wieder der Angelpunkt der Komposition. Für seine Darstellung griff Rethel auf den seit der Antike bekannten Figurentopos des siegreichen Reiters zurück.[35] Dadurch, daß er Karl gegen alle historische Wahrscheinlichkeit des Kampfgeschehens vor die erste Linie seiner Ritter stellte, zeigt er ihn uns als unerschütterlichen, heldenhaften Herrscher, der der Kirche und seiner Gefolgschaft den Weg bahnt. Die Genauigkeit in einzelnen (durchaus nicht allen) historischen Details gibt dieser typisierenden Darstellung Wahrscheinlichkeit.

Am deutlichsten wird die Geschichtsauffassung Rethels in der als Schluß-

Abb. 4: A. Rethel, Schlacht bei Cordova, Bleistiftzeichnung. Dresden, Kupferstich-kabinett.

punkt des Zyklus gedachten Darstellung ›Otto III. in der Gruft Karls des Großen‹. Als Anregung zu diesem ungewöhnlichen und in früherer Zeit nie dargestellten Thema gab Rethel die ›Aachenschen Geschichten‹ von Karl Franz Meyer an.[36] Dort heißt es: „Otto ließ also an einigen Orten vergeblich nachgraben, bis endlich das Gewölbe entdeckt ward; bey dessen Eröffnung fand er den Körper noch in der nämlichen Gestalt, Pracht und Herrlichkeit sitzen", wie er bestattet worden war. Dies war von Meyer so beschrieben worden: Der Leichnam Karls wurde „in die Kron-Kapelle getragen und hier in einer in der Mitte gemachten Gruft auf einen goldenen Stuhl gesetzt; das härene Hemd, was Karl heimlich auf seinem Leib getragen hatte, ward ihm zuerst, und dann die königliche Kleidung nebst der goldenen Reise-Tasche angelegt, die er allemal nach Rom mitzunehmen pflegte; auch setzte man ihm die Krone auf . . .; das Neue Testament, oder das in Gold gefaßte Evangelienbuch ward ihm unter seiner rechten Hand auf die Knie gelegt, und in der linken das Szepter gegeben, auch an dieser Seite das Schwert angehängt, sein Angesicht mit einem Schweißtuch bedeckt; und grad vor ihm der goldene Schild aufgestellt . . .".

Abb. 5: A. Rethel, Otto III. in der Gruft Karls des Großen, Tuschzeichnung.
Dresden, Kupferstichkabinett.

Eine Zeichnung Rethels belegt, daß er nach Stichwiedergaben der Reichs-
kleinodien Studien angefertigt hat, die er auch für die Darstellung der
Krone, des Schwertes und des Szepters verwandte, um seiner Darstellung
den Schein der Authentizität zu geben. Daß er jedoch weit mehr will, als
antiquarische Details abbilden, macht die Komposition des Bildes unverkennbar deutlich. Zu dem einem Denkmal gleich thronenden Leichnam
kommt von rechts oben ein Zug von Gestalten mit Otto III. an der Spitze.
Sie steigen herab und sinken vor dem toten Kaiser in die Knie wie vor einem
Heiligtum. Den Sinn dieser Darstellung hat Rethel selbst erläutert: „Unter
Karls Nachfolgern ist es keinem gelungen, dieses großen Kaisers Herrlichkeit zu erneuern. In dem Drange schwerer Zeiten, welchen das Reich unter
den übrigen Karolingern fast erlag, sucht das niedergebeugte Nationalgefühl sich durch liebevolle Betrachtung seiner großen Vergangenheit für den
Jammer der Gegenwart zu entschädigen und die ehrwürdige Gestalt Karls
bildet sich auf diese Weise in der Volksvorstellung zu einem Ideal aus, dessen
Verwirklichung, Ziel und Streben der kräftigsten Kaiser des Mittelalters
wird. In hoher Begeisterung für die Tugenden seines großen Ahnen pilgert
Otto III. nach Aachen, läßt sich dessen Gruft öffnen und stärkt sich durch in-
brünstiges Gebet vor der mächtigen Leiche, zur kräftigen Nacheiferung in
Gesinnungen und Taten. Diese Darstellung, welche gleichsam als eine geschichtliche Apotheose betrachtet werden kann, nach welcher derselbe der

Nachwelt ein Gegenstand andächtiger Verehrung geworden ist, schließt den Zyklus ..."[37] Stärkung in der schwierigen Gegenwart durch die Betrachtung der großen Vergangenheit will das Fresko vor Augen führen und meint damit nicht nur die Zeit Ottos III., sondern natürlich auch die Gegenwart. Die entscheidende Tendenz kommt in diese Aussage jedoch erst durch die Assoziationen hinein, die sich durch die Verbindung dieser Darstellung mit der Barbarossa-Sage ergeben.[38] Joseph Görres griff als erster die alte Sage vom Kaiser auf, der im Kyffhäuser schläft und einst wiederkehren wird, um „des Reiches Herrlichkeit" zu erneuern, wie Friedrich Rückert es in seinem populären Barbarossa-Gedicht von 1815 formulierte. Diese Vorstellung wurde im frühen 19. Jahrhundert und insbesondere nach den Befreiungskriegen auch auf Karl den Großen übertragen. Hoffmann konnte in diesem Zusammenhang auf mehrere Gedichte in Aachener Liederbüchern hinweisen, die Rethel gekannt haben könnte.[39]

Mit den Sagen von Karl und Barbarossa artikulierten die Zeitgenossen Rethels die politische Hoffnung der Erneuerung des 1806 untergegangenen Kaiserreiches. Trotz des in der Realität erfolgten Bruches hatte für sie die Idee des deutschen Kaisertums ihre Gültigkeit behalten. Indem Rethel seinen Karlszyklus auf die Darstellung hinführt, die diese Idee versinnbildlicht, verschiebt er endgültig den Akzent von der „historischen" Wiedergabe, die die Ereignisse in ihrem tatsächlichen Verlauf abzubilden vorgibt, zu der „symbolischen" Darstellung der überzeitlichen Idee des Kaisertums. Damit wird die bei der Analyse der Bilder des ›Sturzes der Irmensäule‹ und der ›Schlacht bei Cordova‹ erkannte Tendenz, Karl als Inbegriff des christlichen Herrschers herauszustellen, bekräftigt und in ihrem Bezug auf die Gegenwart spezifiziert. Diese leitende Idee hatte für Rethel und seine Förderer größeres Gewicht als die Forderung nach historischer Genauigkeit, die vom historisch gebildeten Publikum vom Maler erwartet wurde, der Rethel zwar grundsätzlich zu folgen behauptete, die er jedoch preisgab, wo sie der Veranschaulichung der leitenden Ideen entgegenstand.

III

Rethels Entwürfe wurden von den Kommissionsmitgliedern des Kunstvereins und des Stadtrates begeistert aufgenommen. Schon im folgenden August wurde ihm mitgeteilt, daß er zur Ausführung der Rathausfresken ausersehen sei.[40] Auch Friedrich Wilhelm IV., dem Oberbürgermeister Emundts die Entwürfe im November 1840 vorlegen konnte, hat sie „sehr beifällig aufgenommen und mit ungetheiltem Interesse, auf das genaueste geprüft und belobt"[41], was sehr wichtig war, da man auf die Zustimmung des Königs angewiesen war, um die Renovierung des Rathauses aus den Ge-

Abb. 6: A. Rethel, Kaiserkrönung Karls des Großen in Rom, Bleistiftzeichnung. Dresden, Kupferstichkabinett.

winnen der Aachener Spielbank finanzieren zu können. An einer Zeichnung jedoch übte er Kritik, nämlich an jener, „welche die Krönung Carls des Großen in der Basilica des h. Petrus durch Papst Leo darstellt". Er fand ihre „Composition in etwa zu einfach" gestaltet und wünschte sich „diesen wichtigen historischen Moment, welchen der Künstler mehr gemüthlich aufgefaßt zu haben scheint, wohl durch ein imposanteres Bild dargestellt" zu sehen. Ganz offensichtlich störte sich Friedrich Wilhelm daran, daß Rethel das in den Quellen überlieferte Motiv der Überraschung Karls durch diese Krönung so deutlich herausgestellt hat. Karl wendet sich um, und die Geste seiner Linken wie auch die ausgestreckte Rechte, in der er den Hut hält, den er zum Beten abgenommen hat, bringen sein Erstaunen zum Ausdruck. Von Rotteck hielt in seiner Weltgeschichte dieses Erstaunen für gespielt, die Krönung für ein abgekartetes Spiel.[42] Der liberale Historiker Luden hingegen sah darin einen geschickten Schachzug des Papstes, der so einer geplanten Kaiserkrönung ohne kirchliche Beteiligung zuvorkam, um den Machtanspruch des päpstlichen Stuhls zu retten.[43] Die Spannungen zwischen Kaiser und Papst hat Rethel in der Zusammenfügung der beiden Figuren recht anschaulich zum Ausdruck gebracht. Es ist bezeichnend, daß Friedrich Wil-

Abb. 7: A. Rethel, Synode zu Frankfurt, Bleistiftzeichnung. Dresden, Kupferstich-kabinett.

helm, in dessen Herrschaftsauffassung die Idee des Bundes von Thron und Altar eine ausschlaggebende Rolle spielte, die Krönungsdarstellung als pompöse Zeremonie gestaltet sehen wollte, in der alle Motive fehlen sollten, die zu Spekulationen über ein schwieriges Verhältnis von kirchlicher und weltlicher Macht Anlaß geben könnten. Daß Rethel dagegen das Ereignis im Sinne Ludens aufgefaßt haben könnte, wird durch das Gegenstück zur Kaiserkrönung, der Darstellung der ›Krönung Ludwigs des Frommen‹, wahrscheinlich gemacht, denn hier ist es wieder Karl, der dominiert, indem sein Sohn Ludwig sich auf sein Geheiß die Krone auf das Haupt setzt, wobei ihm die kirchlichen Würdenträger nur assistieren. Darüber hinaus spielt sich diese Krönung nicht vor einem Altar ab, sondern vor dem Aachener Thron, auf den der Kaiser den Betrachter weist.[44]

Weit heftigere Kritik als die ›Kaiserkrönung‹ mußte sich Rethels Entwurf ›Synode von Frankfurt‹ gefallen lassen. In einem an die Regierung adressierten Bericht über die Beratungen des Stadtrates schrieb der Oberbürgermeister am 20. 2. 1841, daß der Ausführung der Entwürfe Rethels zugestimmt worden sei unter dem Vorbehalt, daß „dem das Concilium zu Frankfurt darstellenden Bilde ein anderes, nämlich die Einweihung der von Kaiser

Karl erbauten Marienkirche durch Papst Leo den Großen substituiret werde, weil diese Darstellung für Aachen von größerem Interesse ist, wogegen das Concilium, welches schon an sich kein so eminentes Interesse darbietet, von den Lehrern des katholischen Kirchenrechtes sehr verdächtigt wird, so daß die Behandlung dieses Gegenstandes bereits in Düsseldorf und hier zu Controversen Anlaß gegeben hat und ferner herbeiführen wird, was man zu vermeiden wünschen muß"[45]. Aus einem Brief Rethels an den Oberbürgermeister vom 28. 4. 1841 geht hervor, daß die katholische Kirche gegen die Darstellung schriftlich protestiert hatte. Rethel resümiert: „Die Bedenken der geistlichen Behörde in Aachen sind wörtlich folgende: erstens bilde diese (die Frankfurter Synode) einen durchaus unwesentlichen Moment in dem thatenreichen Leben Karls. – Zweitens sei sie von jeher schon eine Fundgrube von Scheingedanken zur Anfeindung des Katholizismus für die Protestanten geworden. – Drittens sei sie ohne alle wesentliche Beziehung auf die Geschichte unsrer Stadt, und viertens sei die projectierte Darstellung derselben in ganz protestantischer Weise gehalten."[46] In seiner Erwiderung konzentriert sich Rethel vor allem auf den Vorwurf, ein protestantisch gedachtes Bild geschaffen zu haben. Ganz sicher hat er recht, daß es vor allem das in die Darstellung aufgenommene Zitat aus den ›Libri Carolini‹ war, das Anstoß erregt hatte. Um das Bild für den Zyklus zu retten, erklärte er sich sofort bereit, das anstößige Zitat auszutauschen.[47] Er konnte seinen Vorschlag jedoch nicht durchsetzen. Das Bild wurde am Ende doch aus dem Programm gestrichen. Am Rande erwähnenswert ist, daß Friedrich Wilhelm IV. in seinem Kabinettschreiben, mit dem er dem Vertrag grundsätzlich zustimmt, ausdrücklich zu erfahren wünscht, „aus welchen Gründen vorgedachtes Bild Anstoß bei der katholischen Geistlichkeit gefunden hat"[48]. Auch wenn die in den „Kölner Wirren" zutage getretenen kirchenpolitischen Gegensätze mit dem Kölner Dombaufest von 1842 wenigstens nach außen hin beigelegt waren, mußte er doch ein waches Auge für die Konfessionsgegensätze im Rheinland haben. Für den offiziellen Umgang mit der Geschichtsdarstellung ist der kirchliche Einspruch bezeichnend. Geschichte sollte öffentlich nur soweit dargestellt werden, wie sie mit der Gegenwart nicht in Konflikt stand. Nachdem Calvin die ›Libri Carolini‹ für die reformatorische Ablehnung der Bilderverehrung in Anspruch genommen hatte, war der katholischen Kirche diese Quelle so suspekt, daß sich Jesuiten sogar bemühten nachzuweisen, daß sie eine spätere Fälschung seien.[49] Auch im Zeitalter des Historismus wurde die positive Würdigung der ›Libri Carolini‹ noch als Provokation empfunden, jedenfalls im Rheinland, wo der erbittert geführte Konfessionsstreit noch nicht vergessen war, während die Darstellung der Frankfurter Synode in München unbeanstandet blieb, wo sie sowohl im Karls-Saal der Residenz wie in den Fresken der Bonifazius-Basilika zu finden war.

Der Stadtrat ging, wie erwähnt, sofort auf die Einwände der katholischen Kirche ein. Für ihn war dabei allerdings ein anderes Motiv wichtiger, nämlich der Lokalpatriotismus. Er wollte an Stelle des umstrittenen Bildes die ›Erbauung des Aachener Münsters‹ dargestellt sehen. So sehr ihn die Entwürfe Rethels überzeugten, hatte er doch an dem Programm auszusetzen, daß es zu wenig Bezüge zu Aachen zeige. Die hier artikulierte Auffassung, daß öffentliche Geschichtsmalerei in erster Linie die historischen Erinnerungen veranschaulichen solle, die mit dem jeweiligen Ort verbunden sind, sollte für die weitere Entwicklung dieser Kunstgattung im 19. Jahrhundert entscheidende Bedeutung erlangen. Rethel kam diesem patriotischen Standpunkt in der Folgezeit entgegen, konnte ihm jedoch keine ausschließliche Gültigkeit einräumen. Als im Sommer 1841 der Zyklus abermals erweitert werden sollte und er aufgefordert wurde, zwei weitere Entwürfe einzureichen, stellte er die gewünschte ›Erbauung des Aachener Münsters‹ dar, wählte als zweites Thema jedoch den ›Einzug in Pavia‹, in dem er die Unterwerfung des Langobardenreiches und die Gefangennahme von König Desiderius schilderte, also abermals ein Thema der Reichsgeschichte.

IV

Am 9. 2. 1841 informierte die Stadt-Aachener Zeitung erstmals die Öffentlichkeit von dem großen Projekt und schloß ihren Bericht mit dem Satz: „Wir dürfen uns demnach der Hoffnung hingeben, schon nach einigen Jahren ein Denkmal in unserer Stadt zu besitzen, welches dem Andenken des großen Kaiser Karl, dem Bekehrer der Heiden, dem Begründer deutscher Sitte und Gesetzlichkeit auf keine würdigere Weise, an keinem passenderen Orte errichtet werden könnte."[50] Es sollten jedoch noch viele Jahre ins Land gehen, ehe Rethel beginnen konnte. Für die Initiatoren des Projektes wohl unerwartet, weiteten sich die Auseinandersetzungen um die Freskodekoration schnell zu einer bemerkenswerten Grundsatzdiskussion über den Umgang mit historischen Baudenkmälern aus. Ein Zeitungsartikel vom 24. 2. 1841, ›An die Ehre der alten Kaiserstadt Aachen‹ überschrieben, stellte fest, daß der ehemalige Krönungssaal im 18. Jahrhundert „von seiner Berühmtheit und kolossalen Größe zu einem gewöhnlichen Schloßsaal mit Vorzimmer" herabgesunken, zu einer „verschnürten steifen Zierdame verunstaltet" worden sei, und fragt, ob es nicht ein weit größeres und ruhmreicheres Unternehmen sei, den Saal in seiner ursprünglichen Größe wiederherzustellen.[51] Auf den Einwurf, daß dann doch eigentlich das ganze Rathaus einschließlich der Fassade wiederhergestellt werden müßte, was finanziell unmöglich sei,[52] wurde die Opposition deutlicher. Ein Artikel vom 3. 3. 1841 wirft der Stadt vor, daß ihr der „historische Kunstsinn", der anderwärts schon längst wieder erwacht sei, immer noch fehle. Der Rathaussaal habe in Deutschland kaum seinesgleichen gehabt. „Durch seine historische Bedeutsamkeit nicht weniger, als durch seine imposante Großartigkeit merkwürdig, muß uns dessen Herstellung wünschenswerther erscheinen, als eine noch so schöne Reihe von Fresco-Bildern." Der Autor fragt: „Aber wozu denn historische Malereien, wenn man keine Rücksicht auf die Geschichte nehmen darf, wo man noch nicht alles leisten kann, ein historisches Gebäude ganz herzustellen."[53] Weitere Zeitungsartikel gleichen Tenors folgten.

Der Oberbürgermeister reagierte mit dem Auftrag an den Stadtbaumeister Ark, zu prüfen, ob eine Wiederherstellung des Saales in seiner alten Größe möglich sei und wie der projektierte Freskenzyklus in diesem Saal angebracht werden könne. Zugleich stellte sich damit die Frage des Zugangs zum oberen Saal, weil bei seiner Erweiterung die im 18. Jahrhundert eingebaute Treppe wegfallen mußte. Ark hielt die Wiederherstellung für realisierbar. Sein Projekt sah vor, die unregelmäßigen Fenster an der Südseite zu vermauern, um Fläche für die Fresken zu gewinnen, und an der Mitte dieser Seite ein repräsentatives Treppenhaus anzubauen.[54] In diesem Sinne wurde im Stadtrat am 3. April 1841 die Wiederherstellung beschlossen, doch setzte man sich neuen Angriffen aus, die schließlich am 21. 9. 1842 in einer Eingabe an den König gipfelten, worin festgestellt wurde, daß die Stadt den Saal in seiner alten Größe wiederherstellen wolle, „ohne jedoch den übrigen historischen Rücksichten die gehörige Würdigung angedeihen zu lassen. Dahin gehört namentlich der Anbau eines Treppenhauses an der Südseite, wodurch die ursprüngliche Gestalt verloren geht, während im Gegentheil durch Berücksichtigung der alten, für die Krönungsfeste berechneten Einrichtung in dem Thurme an der Westseite der frühere Zugang zum Saale hergestellt werden könnte . . ." Sie bitten den König zu befehlen, „daß bei Wiederherstellung und Ausschmückung des Saales sowohl im Innern als am Äußern nichts vorgenommen werde, was den historischen Charakter desselben beeinträchtigen könne"[55].

Während der König die Stellungnahme des Stadtrates einforderte, um dann den Kölner Dombaumeister Zwirner und den Koblenzer Architekten Lassaulx mit Gutachten zu beauftragen, wurden weitere Stimmen gegen die Umbauprojekte publiziert. Am gewichtigsten ist die 1843 von C. P. Bock veröffentlichte ›Schutzschrift für die unverletzte Erhaltung des Deutschen Krönungssaales‹, die die bereits vorgebrachten Argumente zusammenfaßt und, gestützt auf historische Forschungen zum Rathausbau, weiterentwickelt. Da in dieser Schrift die Geschichtsauffassung der Opposition besonders deutlich zutage tritt, lohnt es sich, genauer auf sie einzugehen. Die gegensätzlichen Standpunkte werden von Bock auf den ersten Seiten prononciert und selbstbewußt benannt: „Während von der einen Seite, die sich jeder amt-

Abb. 8: Aachen, Rathaus, Südfassade.

lichen Unterstützung erfreuen konnte, eingestandenermaßen, nur die Absicht verfolgt wurde, den Saal zu einem Prunk- und Schaustück zu gestalten,
welches müßige Fremde anlocken, und zu längerem Verweilen veranlassen
sollte: erhob sich zugleich eine, nicht blos von dem intelligentesten Theile,
sondern auch von der überwiegenden Mehrheit der Einwohnerschaft unter-
stützte, entgegentretende Ansicht, welche die geschichtliche Bedeutsamkeit
des Gebäudes vollständig anerkannt, und durch keine anderweitige Neben-
rücksicht in den Schatten gestellt wissen wollte." „Noch ist die Wahl offen
und frei. Entweder überliefern wir, in der reinen einfachen Gestalt, wie der
Meister des Baues sie erdacht, den Nachkommen ein glorreiches Denkmal,
das, sowohl in seiner ganzen Einrichtung, wie in jeder Einzelheit, und durch

die, mit weisem Vorbedacht gewählte, künstlerische Verzierung, den Ruhm, die Sinnesart und die Geschichte des Deutschen Mittelalters vergegenwärtigen, und durch die Pietät, die wir den Leistungen unsrer Vorfahren gezollt, unsren eignen eine verdiente Anerkennung sichern wird, – oder aber wir opfern die stolzesten Erinnerungen den kleinen Interessen der Gegenwart (wenn übrigens solche vorhanden sind) auf, und gestalten, rücksichtslos, den in ernster Absicht, und zu den wichtigsten Zwecken aufgeführten Bau zu einem Monument unsrer Prachtliebe um."[56]

Die kunstgeschichtliche Untersuchung, die den Hauptteil der Schrift von Bock ausmacht, gilt vor allem dem Nachweis, daß der mittelalterliche Rathausbau auf den karolingischen Palast zurückgeht, daß Ritter Chorus, der legendäre Architekt des 14. Jahrhunderts, im Grunde nur einen Umbau der Pfalz Karls des Großen vornahm und „es für Pflicht erachtete, die von entfernter Vorzeit gewählte Anordnung mit Nichten zu verschmähen, sondern, in so weit es die Architekturformen seines Zeitalters vergönnten, sie treu und vollständig der Folgezeit überantwortete". Natürlich drängt sich hier die Frage auf, warum dem Ritter Chorus erlaubt gewesen sein soll, was der Gegenwart verwehrt wurde, nämlich den Bau nach eigenem Stil zu gestalten. Bocks Antwort darauf ist überaus aufschlußreich: „Dem Ritter Chorus nämlich lag es nicht ob, dafür zu sorgen, daß die Erinnerung an die feierlichen Vorgänge der Kaiserkrönungen vollständig und klar dem Bewußtsein seiner Mitbürger erhalten werden möge. Keiner seiner Zeitgenossen ahnte oder befürchtete die Auflösung des Reiches, und die Folgen, welche diese für den Krönungsort herbeiführen mußten. Die hehren Szenen, welchen der von ihm aufzuführende Bau seine Räume leihen sollte, erneuten sich bei jedem Regentenwechsel. Wir aber, die heute Lebenden, haben dafür zu sorgen, daß die Erinnerung an den Glanz einer *unwiederbringlich entschwundenen Zeit*, wie ein geistiger Schatz, treu gepflegt und gehütet werde."[57] Jede Neugestaltung muß dem ursprünglichen und eigentlichen Sinn des Saales Abbruch tun, denn sie muß notwendig andere Interessen haben, als diejenigen, die bei der Entstehung des Saales bestimmend waren. Das Festhalten am ursprünglichen Zustand des Saales ist deshalb gefordert, weil er seiner Bestimmung nach der Vergangenheit angehört. Nüchtern stellt der Autor fest, daß diese Bestimmung genauso unwiederbringlich verloren ist wie das Heilige Römische Reich Deutscher Nation. Zu der Geschichtsauffassung, die aus dem von Rethel entworfenen Zyklus spricht, steht diese Aussage in polarem Gegensatz. Während Rethel vor allem mit dem Schlußbild, aber auch mit der erläuterten Tendenz seiner Darstellungen die unwandelbar gültige Idee des Kaiserreiches feiert, die für die Gegenwart ein Wunschbild sein soll, wird hier der in der Revolutionszeit erfolgte, nicht rückgängig zu machende historische Bruch konstatiert, der die politische Gegenwart von der Vergangenheit

trennt. Dem idealistischen Geschichtsbild wird ein realistisches entgegen-
gestellt.

Wenn Bock die historisch getreue Erhaltung des Zeugnisses einer abge-
schlossenen Vergangenheit fordert, heißt das für ihn nicht, daß die Gegenwart sich verleugnen soll. „Die Stadt Aachen wird nicht allein ein herrliches
Bauwerk zurückgewinnen, das mit Stolz neben allen anderen Anlagen ähnlicher Art wird genannt werden können; sie wird nicht blos den Schauplatz
einer vergangenen Herrlichkeit erneuern, wo die Gebildeten aller Nationen
ehrerbietig die Fußstapfen des deutschen Kaiserthums aufsuchen werden;
sondern sie wird den schönsten und würdevollsten Raum eröffnen, den alle
wichtigen öffentlichen Verhandlungen und Feierlichkeiten der Gegenwart
und Zukunft sich aneignen können. ... An keinem andern Orte wird das
öffentliche Leben der Gemeinde sich würdiger entfalten, wie hier, wo der
geistige Zusammenhang mit einer großen Vorzeit besonders fühlbar ist, wo,
von den durch Meisterhand verzierten Wänden den Berathenden entgegen-
leuchtend, die rühmlichsten, erhebensten Beispiele der vaterländischen Geschichte Ausdauer, Selbstvertrauen und weises Maaß lehren werden."[58] Die
Gegenwart eignet sich diesen Raum an, indem sie ihn mit ihrem öffentlichen
Leben erfüllt. Damit erweist sie sich zugleich als legitimer Erbe dieser
großen Vergangenheit. Selbstbewußtsein und Anspruch des Bürgertums im
Vormärz, die hierin zum Ausdruck kommen, zeigen sich auch in dem Vorschlag des Autors für eine Modifikation des Freskenprogrammes, für das bei
der mit baugeschichtlichen Argumenten geforderten Durchfensterung
beider Langseiten nur die Schmalseiten in Betracht kommen können.
„Wenn aber ein unbestreitbares Recht den an dem Ostende des Saales (dem
althergebrachten Ort des Kaiserthrones, F. B.) sich ausbreitenden Raum mit
Bezug auf die Erinnerungen des Kaiserreiches und die unserem Königthume
zu gebende Ehre hergerichtet und ausgeschmückt wissen will: so darf, der
zweitheiligen Bestimmung gemäß, die das Gebäude erfüllen soll, für das der
westlichen Wand zuzueignende Gemälde die Verherrlichung des städtischen
Ruhmes der künstlerischen Erfindung zur Aufgabe gestellt werden. Dieser
beruht nicht allein auf den Ehren und Auszeichnungen, welche das Andenken an den Stifter des Deutschen Reiches für Aachen begründete, sondern auch auf der aufopfernden Theilnahme der Stadt an den allgemeinen
Schicksalen des Vaterlandes, auf der festen Gesinnung und der Thatkraft,
welche mit Heldenmuth die dem Reiche geschworene Treue verfocht, und
mit beharrlicher Ausdauer die Selbständigkeit der bürgerlichen Verfassung
errang, deren schönstes Ergebniß und sprechendstes Symbol das Rathaus
selbst ist."[59]

Monarch und Bürgertum sollten sich in diesem Programm wie gleichbe-
rechtigt gegenüberstehen. Schon in einem Zeitungsartikel vom März 1841
war die Forderung nach Wiederherstellung des Saales in seiner alten Größe

begründet worden mit der „Hoffnung auf eine neue, wahrhaft Deutsche Städteordnung, der zufolge jeder wirkliche Bürger an den wichtigeren Stadtangelegenheiten und namentlich Wahlen stimmfähigen Antheil zu nehmen, berechtigt werden soll"[60]. Vergangenheitsstolz und Zukunftsorientiertheit waren für die bürgerliche Opposition im Umgang mit historischen Denkmälern durchaus vereinbar. Sie wehrte sich jedoch energisch gegen den Versuch, das Rathaus zu einem Denkmal der Gegenwartskunst umformen zu lassen, das mit dem Blick auf die Vergangenheit eine Idee feiern sollte, die ihrer Überzeugung nach nicht mehr in die Gegenwart paßte. Noch ein weiterer politischer Aspekt ist hier zu bedenken. Die Hoffnung auf eine Erneuerung des Kaiserreiches war im Vormärz aufs Engste an das Haus Hohenzollern geknüpft. Ein Zyklus, der diese Hoffnung zum Ausdruck brachte, war indirekt eine Ergebenheitsadresse an den preußischen König, die, während der Zeit des rheinischen Kirchenkampfes für eine katholische Stadt konzipiert, erhebliches politisches Gewicht hatte. Auch gegen diese Tendenz richtete sich die bürgerliche Opposition.

Die Gründer des Kunstvereins für die Rheinlande und Westfalen hatten die Maxime aufgestellt, daß die Kunst nur dann wahrhaft blühen könne, wenn sie „mit dem öffentlichen Bedürfnisse, mit dem Volksleben befreundet bleibt"[61]. Im Grunde hätten sie sich an diesem Punkt der Auseinandersetzungen sagen müssen, daß das Aachener Projekt gescheitert sei. Die öffentlichen Interessen und Bedürfnisse wurden von oben ganz anders gesehen als von unten.

V

Die bürgerliche Opposition war immerhin stark genug, die Wiederherstellungspläne für das Rathaus jahrelang aufzuhalten. Mit massiver Unterstützung Berlins und dem persönlichen Einsatz des Königs, der in diesen Jahren Aachen wenigstens zweimal besuchte und sich über den Stand der Dinge unterrichten ließ, konnte sich jedoch der konservative Flügel im Stadtrat schließlich durchsetzen. Allerdings sollten für die Planung des Umbaus, die in den Händen des Aachener Stadtbaumeisters Ark lag, und für deren Genehmigung durch die verschiedenen Regierungsstellen noch Jahre ins Land gehen, ehe man im Frühjahr 1846 mit der Umgestaltung ganz im Sinne des fünf Jahre zuvor schon gefaßten Stadtratsbeschlusses beginnen konnte.[62] Als dann im Zuge der Bauarbeiten der barocke Putz von den Wänden geschlagen wurde, entdeckte man in der Mauer Reste, die eindeutig belegten, daß die Südwand des Saales, die jetzt für die Fresken Rethels geschlossen werden sollte, ursprünglich genauso wie die Nordwand durchfenstert war. Damit war das, was die Opposition immer behauptet hatte und was von den Befürwortern des Freskenprojektes stets als bloße Vermutung zurückge-

wiesen worden war, eindeutig belegt. Es konnte nicht ausbleiben, daß sich
die Opposition abermals mit einer Reihe von Zeitungsartikeln zu Wort mel-
dete.[63] Wesentliche neue Argumente konnten jedoch nicht mehr vorge-
bracht werden, und der Stadtrat bekräftigte in seinen Sitzungen vom 21. Dezember 1847 und 4. Januar 1848 seinen Beschluß zur Neugestaltung des
Saales.

Der Vertrag mit Rethel war im Juli 1846, also bald nach dem endgültigen
Baubeschluß, abgeschlossen worden.[64] Natürlich stellte sich auch für ihn
nach den Entscheidungen, die im Zuge der geschilderten Auseinandersetzungen gefallen waren, seine Aufgabe in mancher Hinsicht anders dar als seinerzeit beim Wettbewerb. Einige knappe Hinweise sollen abschließend dazu
gegeben werden. Durch die Erweiterung des Raumes auf seine ursprüngliche Größe standen für den Zyklus neun Wandfelder statt sieben zur Verfügung. Rethel entwarf im Winter 1841/42 zwei zusätzliche Kompositionen,
die im April 1842 in Aachen vorlagen und von Bürgermeister und Rat gebil-
ligt wurden. Es sind die schon erwähnten Darstellungen ›Bau der Münsterkirche in Aachen‹ und ›Einzug in Pavia‹.[65] Die Frage der Anordnung der
Bilderfolge stellte sich dadurch neu, daß der Zugang zum Kaisersaal nicht
mehr über die kleine Wendeltreppe an der westlichen Schmalseite erfolgen
sollte, sondern über das neue Treppenhaus an der Mitte der Südseite. Ursprünglich hatte Rethel den Zyklus von West nach Ost führen wollen, so daß
er mit dem ›Sturz der Irmensäule‹ begonnen und beim ›Besuch Ottos III. in
der Gruft Karls des Großen‹ geendet hätte. Dieses letzte Bild sollte die relativ kleine Fläche über den Fenstern an der nordöstlichen Ecke des Palastes
neben dem Kapellenerker einnehmen. Angesichts der neuen baulichen Situation entschloß er sich, die Folge umzukehren, so daß sich für die Bilder
eine Abfolge von links nach rechts ergab, also diejenige Leserichtung, die
bei Bilderzyklen meistens eingehalten wird. Da aber Rethel die Komposition der ›Gruft Karls des Großen‹ speziell auf das beengte Wandfeld zuge-
schnitten hatte und sie mit Recht für ausgefeilt hielt, wollte er ihren Platz
nicht mehr verändern, so daß die als Schlußbild geplante Komposition zum
Titelbild des Zyklus erhoben wurde. Die erläuterte Bedeutung dieses Bildes
als Veranschaulichung der unverlierbaren Idee des deutschen Kaisertumes
wurde damit nachdrücklich unterstrichen. Daß es bei dem von Anfang an für
dieses Bild vorgesehenen Wandfeld blieb, lag sicher auch darin begründet,
daß es sich an der Stelle befindet, an der der Tradition nach der Königsthron
zu stehen pflegte, und daß es sich unmittelbar neben der kleinen Kapelle be-
fand, die Friedrich Wilhelm IV. auf eigene Kosten wiederherstellen lassen
wollte: sein Beitrag zu dem patriotischen Unternehmen, mit dem er abermals die enge Verbindung von Thron und Altar betonte.

Offen blieb zunächst die Frage, was mit der Darstellung des ›Konzils zu
Frankfurt‹ werden sollte. Bürgermeister Emundts hatte sich schon 1842

Abb. 9: A. Rethel, Otto III. in der Gruft Karls des Großen, Fresko. Aachen, Rathaus.

überlegt, daß die Komposition leicht umzuwandeln wäre in eine Darstellung einer Reichsversammlung zu Aachen, wie sie nach Aussage der Quellen etwa im Jahre 797 stattfand.[66] Eigentlich hätte das Problem mit dem Gutachten des Berliner Hofarchitekten Stüler, der auf Anordnung Friedrich Wilhelms hinzugezogen worden war, als erledigt angesehen werden können. Stüler nämlich schlug vor, das mittlere Joch der Südwand in seiner ganzen Weite zu öffnen, um den Treppenzugang möglichst prächtig zu gestalten. Damit mußte ein für den Zyklus vorgesehenes Feld entfallen, so daß man die ›Synode von Frankfurt‹ übergehen konnte. Emundts aber vermochte im Stadtrat seine Ansicht durchzusetzen, daß auf den ›Bau der Münsterkirche‹ verzichtet werden solle, als derjenigen Komposition, „die immer als die am wenigsten ansprechende hier betrachtet worden sei"[67]. Rethel, der sich zu dieser Zeit in Italien aufhielt, wurde über seinen Freund Springsfeld aufgefordert, die Darstellung der ›Reichsversammlung in Aachen‹ nachzuliefern. Rethel schuf die neue Zeichnung Anfang 1845 in Rom.[68] Die Anregungen von Emundts waren dabei für ihn nur ein Ausgangspunkt. In einem Brief Springsfelds vom 2. April 1842 heißt es: „Dem Wunsche des verehrlichen Stadtrathes entsprechend hat Herr Rethel zum Gegenstand derselben eine im Monat October A° 796 in Aachen gehaltene Reichsversammlung gewählt, auf welcher Karl der Große die Angelegenheiten und Gesetze des Reiches in Beratung zog und zugleich auch, umgeben von den Großen

*Abb. 10: A. Rethel, Karl der Große in der Reichsversammlung zu Aachen, Bleistift-
zeichnung. Dresden, Kupferstichkabinett.*

seines Reiches eine aus Persien zurückkehrende Gesandtschaft empfing.
Das Ganze ist in allen Einzelheiten durchaus historisch begründet und aus
der Chronik des Klosters Moissac (den Monumentis Germaniae von Pertz)
entnommen."[69] Der im Brief erweckte Anschein historischer Genauigkeit
trügt.[70] Rethel schildert kein bestimmtes in den Quellen berichtetes Ereignis, sondern faßt verschiedene zusammen: die Reichsversammlungen
und die Berichte von den Gesandtschaften, die Harun al Raschid zu Karl geschickt haben soll, wobei er wohl insbesondere jene im Auge hatte, die 802
eintraf und einen Elephanten mitbrachte, von dem in mehreren Quellen die
Rede ist. Auch die Genese der Komposition relativiert den Anspruch historischer Genauigkeit, denn die neue Zeichnung ist, wie es Emundts ja auch
gewünscht hatte, unverkennbar eine Überarbeitung des ›Konzils von Frankfurt‹. Die Bildformeln, mit denen der Künstler arbeitet, sind eben aus-
tauschbar und nicht an ein ganz bestimmtes Ereignis gebunden. Auch hier
dominiert wieder die Idee.

    Dieses Urteil gilt auch für die Ausführung, mit der Rethel im Frühsommer
1847 endlich beginnen konnte. Zwar hat er besonders in dem ersten Bild,

der ›Gruft Karls des Großen‹, historische Details hinzugefügt, wie den Proserpina-Sarkophag des Aachener Domschatzes, in dem der Kaiser der Überlieferung nach bestattet worden sein soll. In der Malerei jedoch hat er realistische Detailtreue nicht angestrebt. In der Behandlung des Freskos orientierte er sich an der nazarenischen Auffassung, mit der er durch Philipp Veit in Frankfurt vertraut gemacht worden war und die in einer zeitgenössischen Kritik von Veits Fresko ›Einführung der Künste in Deutschland durch das Christentum‹ im Städelschen Kunstinstitut knapp referiert wird: „Diese Art der Malerei bietet dem Künstler mehr als jede andere ein ausgedehntes Feld zur Darstellung seiner Ideen. Da das Material der Freskomalerei nur einen geringen Grad der Vollendung in der Ausführung zuläßt, so wird der Künstler hauptsächlich darauf angewiesen, die Größe des Gedankens, Poesie, Charakter und Ausdruck in seinen Kompositionen vorwalten zu lassen; hingegen müssen die Schönheiten einer vollendeten Ausführung, wie sie in der Ölmalerei verlangt werden, in Freskobildern als untergeordneter Teil betrachtet werden."[71] Die Genre-Malerei konnte sich um Objektivität der Naturwiedergabe und um den Reiz der Farben bemühen. Der hohe Stil der Historienmalerei durfte nach Ansicht der Nazarener auf keinen Fall mit seiner Machart und seinem Kolorit vom wesentlichen Gehalt des Bildes ablenken. Auch wenn Rethel mit Einzelheiten seiner Bilder Zugeständnisse an die zum Realismus und Historismus tendierenden Kunsterwartungen seiner Zeit machte, blieb er im Grundsätzlichen der Ausführung der durch die Nazarener vorgegebenen Linie treu und unterstrich so den schon in seinen Entwürfen so deutlich herausgestellten ideellen Gehalt.

Leider war es Rethel nicht vergönnt, den ganzen Zyklus in Fresko auszuführen. Nachdem er vier der Bilder, die ›Gruft Karls des Großen‹, den ›Sturz der Irmensäule‹, die ›Schlacht bei Cordova‹, und den ›Einzug in Pavia‹ 1851 vollendet hatte, zeigten sich erste Symptome einer Geisteskrankheit. Eine Reise nach Italien brachte nicht die erhoffte Besserung. Rethel versank in unheilbare geistige Umnachtung. Sein ehemaliger Mitarbeiter Joseph Kehren erhielt den Auftrag, die andere Hälfte des Zyklus auszuführen. Er folgte dabei dem Wunsch des Publikums nach größerem Detailrealismus der Malerei und hatte damit so großen Erfolg, daß man zeitweilig sogar daran dachte, ihn auch die bereits von Rethel ausgeführten Fresken noch einmal überarbeiten zu lassen. Bald aber wurde man sich der Diskrepanz bewußt, die zwischen Kehrens Stil und Rethels Kompositionen bestand. Die Genauigkeit der Wiedergabe des Stofflichen mußte den Betrachter dahin drängen, alles was er im Bilde sah, für Wirklichkeitswiedergabe zu nehmen. Doch diese Wirklichkeit stand der des zeitgenössischen historischen Schauspiels näher als der geschichtlichen Wirklichkeit, wie sie sich jeder einzelne beim Lesen von Quellen und Geschichtsbüchern zurechtlegen konnte. Das immer höher entwickelte historische Bewußtsein war

immer weniger durch bildliche Darstellungen zufriedenzustellen, die, auch
wenn sie sich noch so sehr um historische Treue bemühten, im Stil ihre Ent-
stehungszeit nie verleugnen konnten. Die Reaktion ist an den Illustrationen
der Geschichtsbücher abzulesen. Im letzten Drittel des Jahrhunderts lösen
Abbildungen historischer Monumente die bis dahin übliche Wiedergabe von
Bildern zeitgenössischer Künstler ab. Das Denkmal selbst sollte sprechen.
Die Gruppe Aachener Bürger, die gegen die Neugestaltung des Rathauses
opponierte und für eine getreue Wiederherstellung des ursprünglichen Zu-
standes eintrat, konnte sich im nachhinein bestätigt sehen. Daß sich jedoch
jene durchsetzten, die dem mittelalterlichen Bau den Stempel ihrer Zeit auf-
prägen wollten, lag nicht an speziellen lokalen Konstellationen, sondern entsprach der Regel. Geschichte wurde damals in der Kunst und Literatur
allenthalben dienstbar gemacht, um aktuelle politische Anliegen zu artiku-
lieren. Die Rezeptionsgeschichte hat diese Tendenz bestätigt. Die Nachwelt
hat die Fresken Rethels nicht so sehr betrachtet, um etwas über Karl den
Großen zu erfahren, sondern um das Werk eines herausragenden Künstlers
kennenzulernen und die darin Gestalt gewordenen Leitideen seiner Zeit.

Mediävistik als Krisenerfahrung –
Zur Literaturwissenschaft um 1930

Von Ulrich Wyss

Das Mittelalter als einen selbständigen Bereich philologischer Erkenntnis hat es nicht immer gegeben. Die ersten Germanisten, am Beginn des 19. Jahrhunderts, beschäftigten sich vornehmlich mit „altdeutschen" Studien: den älteren Dialekten aus der germanischen Sprachfamilie, der in diesen Dialekten überlieferten Literatur, gelegentlich auch mit lateinischen Quellen. Was deutsches Altertum hieß, betraf zumeist Gegenstände aus dem Mittelalter, konstituierte aber durchaus nicht eine eigenständige Disziplin literaturwissenschaftlicher Mediävistik. Im Gegenteil: Das Fach Germanistik wurde erst in den Jahren nach 1870 in eine für die ältere und eine für die neuere Literatur und Sprache zuständige Sparte unterteilt;[1] sogar nach 1945 verfügten nicht alle Universitäten über einen Lehrstuhl für die neudeutsche Philologie. Die akademischen Prüfungsordnungen hielten noch länger an der Einheit der Disziplin fest. Es gibt Universitäten, an denen man sich für deutsche Philologie *tout court* habilitieren kann, obgleich nirgendwo eine Professur für dieses Fach zu besetzen ist. Die seit 1840 erscheinende ›Zeitschrift für deutsches Altertum‹ publizierte noch in den fünfziger Jahren unseres Jahrhunderts auch Arbeiten und Rezensionen über Lessing, Goethe, Grimmelshausen. In anderen Fachorganen alternieren erst neuerdings Hefte mediävistischen mit solchen neugermanistischen Schwerpunkts. Die Literatur bis etwa zum Jahr 1500 als eigene Epoche von dem abzuschneiden, was dann kommt, ist im übrigen nur in der Germanistik üblich, jedenfalls in Deutschland. Romanisten und Anglisten sind immer für das ältere wie das neuere Gebiet zuständig.

Wie kommt es zu einer derartigen Differenzierung? Sie hat etwas mit dem Unterschied zwischen der traditionellen Philologie, wie sie seit etwa 1810 sich zu etablieren begann, und der ein wenig neueren Disziplin der Literaturgeschichte zu tun. Emblematische Figur der einen ist, in der ersten Generation, etwa Karl Lachmann (1793–1851); die andere wird durch Autoren wie Karl Rosenkranz (1805–1879) und Gervinus (1805–1871) markiert. Lachmann kam von der klassischen Philologie, Rosenkranz war Philosoph und Gervinus Historiker. Lachmann gab nicht nur antike und mittelalterliche Klassiker heraus; er veranstaltete auch die erste sozusagen neugermanistische Edition, als er, seit 1838, die Werke Lessings textkritisch bearbeitete.[2]

Seine Methode war für ältere wie neuere Texte geeignet. Auch hier ist mittlerweile eine rigide Spezialisierung eingetreten. Des Gervinus ›Geschichte der poetischen Nationalliteratur der Deutschen‹, die 1835 zu erscheinen begann, gliedert ihren Stoff nicht durch eine, wie auch immer angesetzte, Epochengrenze von Mittelalter und Neuzeit, sondern handelt von der Poesie „in den Händen der Geistlichkeit", dann von der ritterlichen, welche ins Volk übergeht, um dann „den Gelehrten" anheimzufallen. Das ist, am Beginn des dritten Bandes, die Zeit von Humanismus und Reformation. Einen Blick auf die mittelalterliche Überlieferung als eine irgendwie homogene Epoche gibt es bei ihm nicht. Noch Wilhelm Scherers (1841–1886) ›Geschichte der deutschen Literatur‹ von 1883 schreckte vor einer scharfen Epochenzäsur zurück: Die Kapitel 8 und 9 behandeln die Zeit von 1348 bis zum Dreißigjährigen Krieg unter den Titeln „Das ausgehende Mittelalter" und „Reform und Renaissance", aber der Humanismus wird dem ersteren subsumiert, so daß Erasmus von Rotterdam in ein anderes Kapitel gerät als Martin Luther. Eine ›Geschichte der deutschen Poesie im Mittelalter‹ dagegen schrieb Karl Rosenkranz, und das schon im Jahr 1830. Aber er war ein Außenseiter, ein Hegelianer, dem es gerade unter den Germanisten nicht gut erging.[3] Karl Lachmann knöpfte ihn sich des öfteren vor,[4] wenn es galt, „Übergriffe der Hegelschen Schule" abzuwehren.[5] Sein Beispiel lehrt, daß das Mittelalter als ein Epochenbegriff der Literaturgeschichte in der ersten Hälfte des 19. Jahrhunderts alles andere als selbstverständlich war. Rosenkranz vermochte ihn zu konstruieren, weil er vom System der Hegelschen Ästhetik aus die Bestimmungen des dort romantisch genannten Zeitalters deduktiv entwickelte und dann am philologischen Material mit Beispielen belegte.

Für die anderen aber, allen voran Gervinus, war die deutsche Literatur des Mittelalters ein Beleg für die nationale Identität der Deutschen. Literatur diente als das privilegierte und beweisende Zeichen dafür, daß es so etwas wie eine deutsche Nation überhaupt gab – als nationaler Super-Signifikant.[6] Da mußte die Unterscheidung von Epochen minder wichtig erscheinen. Dies galt erst recht, nachdem im Jahr 1860 Jacob Burckhardts (1818–1897) ›Kultur der Renaissance in Italien‹ erschienen war. Dieses Buch arbeitete den epochalen Neubeginn mit ungeheurer Deutlichkeit heraus. Es lehrte einen neuen Blick auf die Frührenaissance; zum ersten Mal machte es den Deutschen den Unterschied zwischen Guido Reni und Michelangelo deutlich oder den Abstand von Petrarca zu Ariost. So hatten die Goethezeit und das 19. Jahrhundert das Zeitalter, welches die Antike zu neuem Leben erweckte, nicht gesehen. Es war, auf eine Formel gebracht, die Erlösung der Renaissance von den Seh- und Denkgewohnheiten des Klassizismus.[7] Wenn hier der Ursprung der Neuzeit anzusiedeln war, wo fänden sich die deutschen Äquivalente? Wie war die italienische Renaissance ins Deutsche zu

übersetzen – und wie in deutsche Literatur? Es war immer eine primäre Verlegenheit deutscher Literaturgeschichte, daß irgendwann nach 1200 die
Überlieferung abzureißen scheint. Es gibt keinen deutschen Dante, keinen
Petrarca, keinen Boccaccio; auch die Kontinuität der Entwicklung einer Literatursprache fehlt. Die Germanisten müssen das Mittelhochdeutsch der
Klassiker aus der Zeit um 1200 lernen wie eine tote Sprache. Das erklärt die
seltsamen Wanderungen der poetischen Energie, die Gervinus beschreibt:
von der Geistlichkeit zur *chevalerie*, dann hinab ins Volk, schließlich zurück
zu den gelehrten Ständen. Angesichts der Renaissance in Italien empfahl es
sich erst recht, dem deutschen Trecento und Quattrocento kein allzu
scharfes Profil zu geben; es ließ sich dann wenigstens Luther als epochale
Figur herausstellen. Das war die eine Seite der Verlegenheit, die Burckhardt
den Literarhistorikern bescherte. Die andere lag darin, daß Burckhardt die
Renaissance als einen „allumfassenden, einheitlichen menschlichen Kulturraum" darstellte[8]: Er schuf die synthetische Anschauung einer Epoche, und
das mit einer konstruktiven Energie, wie sie noch nie dagewesen war, im
Methodischen wie im Schriftstellerischen nicht. Das ging weit über die Geschichtsphilosophie Hegels hinaus, ließ aber auch die Epochentableaus
eines Ranke weit hinter sich. Noch heute wird sich kaum ein Leser der sugge-
stiven Kraft von Burckhardts Prosa entziehen können. Sie verbindet die
Strenge geschichtsphilosophischer Konstruktion mit dem Pathos der Anschauung des konkreten Einzelnen. Aller historischen Kulturwissenschaft
war fortan die Aufgabe gestellt, Epochen zu sehen und in Epochen die Zusammenhänge. Mehr oder weniger feuilletonistisch verfahrende Kulturge-
schichten genügen diesem Anspruch nicht; er geht auf die einzelnen Disziplinen der philosophischen Fakultät über und erzeugt dort eine Reihe neuer
Ansätze, die ihr Heil im methodischen Rigorismus suchen: Sozialgeschichte, „strenge Kunstwissenschaft", darwinistische Linguistik, wechsel-
seitige Erhellung der Künste, morphologische Poetik, auch den Versuch
etwa Josef Nadlers (1884–1963), die Literatur strikt aus ihren regionalen und
Volkstums-Substraten zu erklären. Immer handelt es sich darum, über die
Beliebigkeiten und ästhetischen Improvisationen des konventionellen Historismus hinauszukommen. Zugleich aber bildet sich auch das Bedürfnis
heraus, so etwas wie die kulturhistorische Essenz des Mittelalters zu finden.
Dem überscharf konturierten Bild von Burckhardts Renaissance muß eine
kohärente und kontinuierliche Vorstellung mittelalterlicher Kultur entgegengehalten werden. Doch auf seinem eigenen Feld war Burckhardt nicht zu
schlagen, bis heute nicht, was für alle Länder des westlichen Kulturkreises
gilt.

Statt dessen entstanden nach dem ersten Weltkrieg die ersten Projekte
systematischer, arbeitsteilig organisierter Mittelalterforschung. So gibt es
seit 1925 die „Medieval Society of America" und deren Publikationsorgan

›Speculum‹ seit 1926. In Deutschland wurde ein Mediävistenverband erst vor wenigen Jahren gegründet, er verfolgt aber dieselben Ziele: Integration der über vielerlei Universitätsfächer verstreuten Studien zur mittelalterlichen Kultur. Was aber hat ein Historiker dem Philologen oder dem Musikwissenschaftler zu sagen? Warum sollen den Altgermanisten ihre mediävalen Kollegen näherstehen als die Erforscher der neueren Literatur? Gewiß, auf dem ersten Germanistentag, 1846 in Frankfurt, waren auch Juristen und Geschichtsforscher zugegen. Aber eben – sie verband das Interesse an der Frage der Nation, nicht die Solidarität fächerübergreifender Epochenstudien. Das Mittelalter als ein irgendwie einheitlicher Kulturraum wird erst dann interessant, wenn die Literatur ihre Fähigkeit, als Super-Signifikant der Nationalgeschichte zu fungieren, einbüßt. Das ist um das Jahr 1860 noch nicht der Fall, jedenfalls für die Mehrzahl der Deutschen. Jacob Burckhardt selber zweifelte wohl damals schon an der legitimierenden Kraft nationalstaatlicher Paradigmen. Wilhelm Scherer dagegen zögerte 1883 nicht, die Zeit Lessings als das „Zeitalter Friedrichs des Großen" zu definieren. So etwas ist nach 1918 durchaus nicht mehr selbstverständlich. Die nationale Geschichte hat in eine Katastrophe geführt, von welcher auch die Geschichte der Nationalliteratur sich nicht mehr erholen konnte. Der Super-Signifikant ist zerbrochen. Das Diskurssystem Literatur bedarf anderer Referenzen.

Das ist der Augenblick, in welchem die Literaturwissenschaft das Mittelalter entdeckt. Was vor Luther war, bezeugt nicht die holde Frühe deutscher Art und Sitte, sondern die Kultur des Mittelalters auf deutschem Boden. Aber was heißt das? Welche neuen Forschungsprogramme setzen dieses neue Interesse ins Werk? Da gibt es die Möglichkeit, die Überlieferung in deutscher Sprache in Beziehung zu dem überreichlich erhaltenen lateinischen Schrifttum zu bringen. So ›Die deutsche Literatur des Mittelalters. Verfasserlexikon‹[9] – ein monumentales Nachschlagewerk, dessen erster Band 1933 vorlag. Es erfaßte auch die lateinisch schreibenden Autoren, soweit sie dem deutschen Kulturraum zuzuordnen sind. Das schuf Abgrenzungsprobleme und machte zahllose Nachträge erforderlich; seit 1978 erscheint eine Neubearbeitung: noch umfassender, noch monumentaler. Ein Bild vom Zusammenhang der mittelalterlichen Kultur allerdings ergibt die alphabetische Reihung von Autornamen nicht. Dafür suggeriert es die Homogenität einer Überlieferung. Das Kontinuum der Namen garantiert das menschenmögliche Maximum an Vollständigkeit, und diese ersetzt, was an Anstrengung des Begriffs unterblieb. So ist das ›Verfasserlexikon‹ dazu verurteilt, immer nur als Voraussetzung konstruktiver Forschung in Betracht zu kommen; zu legitimieren vermag es diese nicht. Das Interesse an der mittelalterlichen Literatur muß sich denn doch aus anderen Quellen speisen. Julius Schwietering (1884–1962) optierte am Ende der zwanziger Jahre für die

Kunstgeschichte. Seine ›Deutsche Dichtung des Mittelalters‹[10] legt die Stilbegriffe Romantik und Gotik zugrunde; für das 9. Jahrhundert allerdings behilft er sich mit dem Kriterium des Karolingischen, das er aus der politischen Geschichte entlehnt.

Im „deutschen Altertum" des vorigen Jahrhunderts, mit Sinn geladen als nationaler Signifikant, ging es darum, weniger den zeitgenössischen Kontext als die nationalhistorisch virulente Herkunft eines Werkes ins Spiel zu ziehen: Die frühe Germanistik optierte für eine *germanische* Perspektive. So kümmerte man sich kaum um die literarästhetischen und geistesgeschichtlichen Aspekte etwa von Otfrieds Evangelienbuch oder dem ›Heliand‹.[11] Daß es sich dabei um die größten, wahrscheinlich auch großartigsten poetischen Hervorbringungen der karolingischen Ära handelt, blieb den Germanisten lange verborgen. Sie studierten beide Werke als Dokumente früher Perioden der germanischen Sprachgeschichte; und sie suchten nach den Spuren einer germanischen Frühzeit unter der christlichen Oberfläche. War nicht in den Alliterationen des ›Heliand‹ ein Nachhall längst verwehter „Walhallklänge" zu erlauschen? Und zeugen nicht beide Texte für eine autochthon germanische Religiosität? An philologischem Eifer fehlte es nicht. Bis 1882 kamen drei kritische Ausgaben des Otfried auf den Markt, seither keine mehr. Dafür rückte die Literarästhetik der Karolingerzeit, das exegetische Verfahren der zeitgenössischen Theologen, auch die europäische Tradition der Bibelepik in den Vordergrund.[12] Das wäre eine andere Option: statt der germanischen die für das *Christentum*.

„Es waren schöne glänzende Zeiten, wo Europa ein christliches Land war, wo *eine* Christenheit diesen menschlich gestalteten Weltteil bewohnte, *ein* großes gemeinschaftliches Interesse verband die entlegensten Provinzen dieses weiten geistlichen Reichs."[13] So hatte Novalis (1772–1801) das Mittelalter definiert, als eine einheitliche Welt, deren wesentliche Bestimmungen durch die universale Religion gegeben waren. Die Option für das christliche Mittelalter ist also nicht jünger als die für das germanische; sie setzte sich aber in der Frühzeit der Germanistik nicht durch. Erst als die ideologischen Potentiale der nationalen Option aufgezehrt waren, bekam sie ihre Chance. Das hatte mit einem konfessionellen Katholizismus wohl nicht allzuviel zu tun; Gelehrte wie Anton E. Schönbach (1848–1911), der Grazer Germanist, den, als er in Berlin studierte, seines Lehrers Müllenhoff Verehrung für das germanische Heidentum entsetzt hatte,[14] blieben Außenseiter der Zunft. Es handelte sich um ein durchaus überkonfessionelles, im Grunde nicht religiöses Problem, wenn nun auch die Protestanten unter den Germanisten der Faszination einer kirchlichen Tradition erlagen, die ihnen unvergleichlich kompakt, außerdem wertbeständig und verschleißfest vorkommen mußte. Um das Gebiet mittelalterlicher Überlieferung zogen sie einen Schutzwall, fest gemauert aus den 222 Bänden der ›Patrologia Latina‹.

Die Frage ist allerdings, was damit draußengehalten wurde. Aus Hegels
>Ästhetik< war bekannt, daß die Poesie im christlichen Zeitalter an die
Grenze ihrer Möglichkeiten geraten war. Die substantielle Wahrheit lag
nicht länger in den schönen Gebilden, sondern war im Text der göttlichen
Offenbarung kodifiziert. Daß Gott Mensch geworden war: Das elementare
und entscheidende Faktum entzog sich der Gestaltung mit den Mitteln der
Kunst. Daß Gott verleibt wird – es macht den Leib, den die Kunst in der
Sphäre ihrer Immanenz zur Gestalt ausbildete, noch lange nicht zum Gott.
Ein später Hegelianer sprach, am Vorabend des ersten Weltkriegs, von der
transzendentalen Obdachlosigkeit, die das Schicksal des modernen Menschen, vor allem aber die Bedingung der Form moderner Kunstgebilde sei.
Eine spontane Totalität des Seins gebe es nicht mehr, Kunst sei die Reflexion
auf diese Abwesenheit, statt des Epos sei nur noch die problematische Form
des Romans möglich. Das läuft auf eine Entgegensetzung der klassisch-an-
tiken Welt und der bürgerlichen Moderne hinaus. Die Erzähler des Mittelalters finden sich irgendwie dazwischen. Obdachlos sind sie nicht, weil sie
ihrer Transzendenz gewiß sein dürfen; es gelingt ihnen aber nicht mehr, diese
in die epische Welt hineinzubilden. Dadurch bekommen ihre Werke etwas
Spielerisches, Märchenhaftes; es fehlt ihnen der letzte Ernst.[15] Georg Lukács' Worte hätten sich als Warnung lesen lassen: Sie legten den Finger auf
die Wunde, die alle strikt theologisierende Lektüre literarischen Texten
schlägt. Philologisches Lesen ist von vornherein auf die Herstellung eines
profanen Sinnes aus, nicht aber auf die Wiederherstellung einer geistlichen
Bedeutung. Der Philologe, der geistlichen Signifikanzen nachspürt, findet
diese als einen möglichen, historisch nun einmal gegebenen Horizont; das
Heranzitieren von Patriarchen, Propheten und Kirchenvätern garantiert
alles andere als religiöse Authentizität.

Man hat Lukács nicht gehört. Die Literarhistoriker suchten unverdrossen
nach dem Weltbild des mittelalterlichen Menschen, wie es auch in den vulgärsprachlichen poetischen Texten aufzufinden sein mußte. Schnell stieß
man da auf das Problem des Dualismus. Wie faßten die Zeitgenossen das
Verhältnis von Diesseits und Jenseits, von Mensch und Gott, von Zeit und
Ewigkeit auf? Hatte das irdische Leben überhaupt einen eigenen Wert?
Nicht alle Literatur verwarf die Freuden des Lebens und rief zur Askese auf
wie das alemannische >memento mori< aus dem 11. Jahrhundert oder das Gedicht des Heinrich von Melk. Im Gegenteil, die Wunderwerke der Poesie be-
singen Weltfreude und Frauenliebe; statt die Aufmerksamkeit ihrer Leser
aufs Jenseits zu verpflichten, führen sie in ein buntes Gewimmel profaner
Abenteuer. Und schrieb nicht Hartmann von Aue weiterhin Ritterromane
und Minnelieder, nachdem er im Prolog zu der Legende von dem guten
Sünder Gregorius dem weltlichen Dichten abgeschworen hatte? Das war
den Germanisten lange Zeit ein Problem. Welche geistliche Autorität

konnte hier weiterhelfen? So einfach war es um den homogenen Traditionsraum des Christentums nun auch wieder nicht bestellt. Wer nach dem Weltbild fragte, mußte es sich aus den Autoritäten irgendwie zusammenbasteln.
Charakteristisch der Versuch des Literaturwissenschaftlers Günther Müller
(1890–1957), den Dualismus, den er doch vorauszusetzen hatte, umzudeuten. Die äußere, irdische, menschliche Wirklichkeit war zu retten, wenn
die Welttotalität als eine Ordnung von Seinsstufen aufgefaßt wurde. Diese
unterscheiden sich, „von der leblosen Materie bis zu den Engeln", nach der
Intensität, mit der sie Gott nachzuahmen versuchen.[16] Müller nennt das
Gradualismus. Der Begriff kommt im Mittelalter nicht vor, ebensowenig übrigens wie der Dualismus, der damit korrigiert werden soll. Müllers Argumentation, in einem Aufsatz, der 1924 in der ›Deutschen Vierteljahrsschrift
für Literaturwissenschaft und Geistesgeschichte‹ erschien, mutet seltsam
konfus an. Es handelt sich um eine ziemlich gewagte philosophiehistorische
Improvisation, der die Fachleute für mittelalterliches Philosophieren wenig
gute Seiten abzugewinnen vermochten.[17] Aber das fiel nicht ins Gewicht.
Mit der Parole vom Gradualismus war die irdische Welt für die Mediävistik
gerettet.

Ein berühmter Beleg für den Gradualismus findet sich bei Walther von der
Vogelweide. Der Dichter, auf einem Felsen sitzend, den Kopf auf die Hand
gestützt, dachte darüber nach, „wie man in der Welt leben soll". Er wußte
keinen Rat, sagt er, aber es gehe darum, drei Dinge zu erwerben, ohne daß
eins das andere verdirbt: „die zwei sint êre unt varnde guot, / daz dicke ein
ander schaden tuot: / daz dritte ist gotes hulde, / der zweier übergulde."[18]
Ähnlich klingt die Stelle am Ausgang des ›Parzival‹: „swes leben sich sô verendet, / daz got nicht wirt gepfendet / der sêle durchs lîbes schulde, / und der
doch der werlde hulde/ behalden kan mit werdekeit, / daz ist ein nütziu arbeit."[19] Man hat es immer wieder zitiert. In der Germanistik nach dem ersten Weltkrieg wurde aus solchen Passagen ein „ritterliches Tugendsystem"
abstrahiert, dessen Ursprünge in der gelehrten Literatur weit zurück zu verfolgen waren.[20] Die Einzelheiten brauchen uns hier nicht zu beschäftigen;
interessant ist an dem Thema nur, daß es in der christlichen Option der Mediävistik eine auffällige Dialektik freisetzte. Die Genealogie jener Formeln
in der vulgärsprachlichen Dichtung des Hochmittelalters, die statt des Entweder-Oder von Gott und der Welt ein Sowohl-Als-auch ins Auge faßten,
führte bald über das kirchliche Schrifttum hinaus, über Augustinus und
Boethius zurück zu Cicero und Aristoteles. Was in den kirchlichen Institutionen tradiert worden ist, erwies sich als Gedankengut aus dem klassischen
Altertum. In der christlichen Option verbirgt sich immer wieder ein Rekurs
auf das vorchristliche Rom.

Ähnlich war es schon den Vertretern der germanischen Option ergangen.
Wer den archaisch-heldenepischen Charakter des Nibelungenlieds zu er-

gründen trachtete, sah sich immer schon an Homer und die Homerfor-
schung verwiesen. Karl Lachmann gelang es, das Paradigma der Homer-
kritik des Friedrich August Wolf (1757–1824) ebenso für die Nibelungenfor-
schung fruchtbar zu machen, wie umgekehrt seine Erfahrungen mit dem
mittelhochdeutschen Epos der Zerlegung der Ilias zugute kamen.[21] Und
Jacob Grimm, wenn er das Wesen der heidnischen Religion der Germanen
beschrieb, kam darauf zu sprechen, daß dem alten Polytheismus eine Tendenz zum Monotheismus innewohne; anderseits seien gerade im Katholizismus heidnische Regungen durchgebrochen.[22] So setzt die Suche nach
einer Tradition immer wieder heterogene Motive frei, und es zeichnet sich
eine dritte Option der philologischen Mediävistik ab: neben der germanischen und der christlichen die für das *antike Rom*.

Ob die Versenkung ins Mittelalter das Leiden an der Modernität zu heilen
vermag, ist fraglich. Es ist doppelt fraglich, wenn wir bedenken, wie in den
zwanziger Jahren des Novalis romantisches Phantasma aktualisiert wurde.
Da hielt Hugo von Hofmannsthal (1874–1929) am 10. Januar 1927 im Audi-
torium maximum der Münchner Universität seine Rede über ›Das
Schrifttum als geistiger Raum der Nation‹[23]. Der Text hat eine schillernde
Berühmtheit wohl vor allem deswegen erlangt, weil er am Ende, im vor-
letzten Satz, „eine konservative Revolution von einem Umfange, wie die
europäische Geschichte ihn nicht kennt", beschwört. Dies rechtsradikale
Stichwort vermag heutige Leser nachhaltig zu irritieren, so daß ihnen ent-
geht, wie harmlos und ungefährlich der Text im ganzen klingt. Die mephisto-
phelische Rolle eines faschistoiden Verführers der Jugend jedenfalls liegt
Hofmannsthal nicht. Seine Worte raunen dunkel und beschwören derart
große Mächte, daß politische Nutzanwendungen nicht so recht abzusehen
sind. Es läuft auf eine irgendwie „innere" Bewegung hinaus, eine „Gegenbewegung gegen jene Geistesumwälzung des sechzehnten Jahrhunderts, die
wir in ihren zwei Aspekten Renaissance und Reformation zu nennen
pflegen"[24]. Hofmannsthal will hinter den Ursprung der Moderne zurück, er
will Renaissance und Reformation kompensieren – aber wie? Sein eigenes
Œuvre zeigt, daß er sich für das Mittelalter nicht eigentlich zu interessieren
vermochte. Wenn er archaische Potentiale heraufbeschwor, war es der griechische Mythos, aber mediatisiert in dem durchaus neuzeitlichen Theater-
genre der Oper: „Denn wenn sie etwas ist, diese Gegenwart, so ist sie my-
thisch (...). Es ist nicht möglich, dies in bürgerlichen Dialogen aufzufangen.
Machen wir mythologische Opern, es ist die wahrste aller Formen."[25] So in
einem imaginären Gespräch mit Richard Strauß über das Projekt einer
›Ägyptischen Helena‹ aus dem Jahr 1928. Hofmannsthals kreative Phantasie reichte am Ende nicht weiter zurück als bis in die Gegenreformation.
Das barocke Salzburg, wo er die Festspiele begründen half, und Calderon,
dann das Venedig Casanovas und das Wien der Maria Theresia, gelegentlich

auch die Märchenatmosphäre der ›Zauberflöte‹ – hier suchte Hofmannsthal die Imaginationen einer geschichtlichen Welt, die helfen würde, der Gegenwart standzuhalten. Den Suggestionen eines Freundes wie Carl Jacob Burckhardt (1891–1974) vermochte er, jedenfalls in mittelalterlichen Dingen, keinen Reiz abzugewinnen. Der Schweizer Diplomat und hochgebildete Historiker schrieb ihm etwa, im April 1922: „Vorgestern im botanischen Garten von Urbino las ich Chrétien de Troyes" – den Prolog zum ›Cligès‹-Roman nämlich mit seinen Anspielungen auf Ovid.[26] Burckhardt zitiert ein paar Verse und fährt fort: „– Vor Dante. Und Ovid ist nicht *wieder*, er ist bestimmt *noch* gegenwärtig. War nicht das 12. Jahrhundert einer unserer höchsten Augenblicke? Da war alles in der Helle des Christentums wie funkelnde Quellen wieder hervorgebrochen, rauschte dahin in einem herrlichen Land. Byzanz klang mit, die arabisch-jüdische Welt war inbegriffen, ein Stil vom Goldenen Horn bis nach Granada, von der Krim bis zu den englischen Inseln und Dante stand noch bevor. Giotto war noch nicht geboren, aber was haben wir zu erwarten heute im Jahre 1922? Wer hat mitten im Kohlenrauch des 19. Jahrhunderts es gewagt, vom dunkeln Mittelalter zu sprechen?"[27] Das Mittelalter als Traum von einer Kultur, die zu Synthesen fähig ist. An seine Stelle ist in unseren Tagen, für Autoren wie Claudio Magris oder Milan Kundera, die Universalität eines habsburgischen Mitteleuropa getreten, das 1918 untergegangen ist.

Wenn Hofmannsthal von einer Bewegung zurück in die Vergangenheit träumte, sah er sich in einem Gegensatz zu Renaissance und Reformation, nicht aber im Mittelalter. Anders Ernst Robert Curtius (1886–1956), der damals schon hochberühmte Romanist, Professor in Bonn und Experte für die zeitgenössische französische Literatur. Er beschwor in der Krise der Jahre um 1930 den europäischen Humanismus als Gegenmittel gegen Bildungshaß und Kulturverfall. Das war, wie bei Hofmannsthal, eine Abwendung von der überkommenen, der in der frühen Neuzeit real existierenden Form des Humanismus. Nicht „Klassizismus und Renaissanceschwärmerei" also stehe auf der Tagesordnung; der neu zu aktivierende Humanismus werde „Mediaevalismus und Restaurationsgesinnung" sein müssen. Und weiter: „Nicht Pindar oder Sophokles, wohl aber die erlauchten Gründer unseres Abendlandes von Augustinus bis Dante können uns die Kräfte darbieten, die wir heute am nötigsten brauchen."[28] So steht es in der Broschüre ›Deutscher Geist in Gefahr‹ aus dem Januar 1932. Curtius kommt darin auch auf Hofmannsthals Rede von 1927 zu sprechen, nennt sie „das letzte denkwürdige Ereignis der deutschen Bildung"[29], das „ungehört verhallt" sei. Auch Curtius will hinter die Renaissance zurück, oder besser: irgendwie über sie hinaus. Aber wohin? Die kulturpolitische Tendenz der Schrift läßt sich leicht kritisieren.[30] Es handelt sich um das Pamphlet eines deutschen Professors, wie es viele gab; mit der Republik und der Demokratie mochte man sich nicht abfinden, man sehnte sich nach der großen Zeit von 1914, als es keine Parteien mehr gab, sondern nur noch Deutsche.[31] Antisemitische Töne fehlen nicht,[32] *bête noire* ist eine Intellektualität, die das Etikett „Soziologismus" erhält. Er erscheint als das theoretische Leitsymptom eines Kulturhasses, der für den Sozialismus typisch sein soll.[33] Was hilft da die „Wiederbegegnung mit dem Mittelalter"[34]?

Curtius intoniert das Thema in drei verschiedenen Tonarten. Zum einen bedeutet Mittelalter die Abkehr von Frankreich. Frankreich spielt keine geistig führende Rolle in Europa mehr; daß die jungen Deutschen für „das Ensemble von Formqualitäten", für die Frankreich heute noch einsteht, nicht mehr empfänglich sind, mag man bedauern – „aber man muß es feststellen und nötigenfalls verschmerzen"[35]. Deutschland soll vom europäischen Westen losgelöst werden. Es ist die alte Weise, die seinerzeit Thomas Mann in den ›Betrachtungen eines Unpolitischen‹ gesungen hatte. Im Mund des Elsässers Curtius, der sich bisher für die moderne Literatur des Nachbarlands engagiert hatte, klingt sie unvertraut. Zur Abwendung von Frankreich gehört nun aber, zweitens, die Sympathie für Italien. „Wer den Weg nach Paris abschneidet, muß den nach Rom öffnen"[36], schreibt Curtius. Das heißt, für den Philologen, daß man lieber Dante liest als Chrétien de Troyes; im politischen Kontext aber, daß Mussolinis Italien der französischen dritten Republik vorzuziehen sei. Und zwar vor allem deshalb, weil „seit dem Siege des Faschismus die Romidee eine Renaissance erlebt" habe.[37] Voller Bewunderung rapportiert Curtius, daß der Vertreter des Duce bei der Vierhundertjahrfeier des Collège de France erklärt habe, Europa verdanke Italien seinen größten Philosophen, seinen größten Dichter und seinen größten Künstler: Thomas von Aquin, Dante und Leonardo da Vinci.[38] Und drittens: Das Mittelalter ist die Epoche der Renaissancen. Sich auf das klassische, römische und griechische Altertum zurückzubeziehen, gehört zu den ewigen Eigenschaften der europäischen Völker. *Dark ages* gab es schon einmal: „von der Völkerwanderung bis zum Vorabend der Kreuzzüge"[39]. Daraus hat sich der Humanismus im 12. Jahrhundert befreit. Ganz genau will Curtius das allerdings nicht wissen: In einer Fußnote hält er fest: „Eigentlich dürfen nur das 7. und das 8. Jahrhundert 'dunkel' heißen. Mit Karl dem Großen beginnt die Reihe der Renaissancen."[40]

Renaissance: Das heißt bei Curtius nicht einfach das Aufgreifen eines klassischen Stils, sondern Erneuerung in einem höheren Sinn; es hat viel mit Einweihung in ewige Geheimnisse zu tun.[41] Ein so verstandener Humanismus wird ohne Religion nicht auskommen. Gerade auch darum sind die mittelalterlichen Renaissancen von Interesse. Sie waren, anders als der italienische Humanismus, von heidnischen Versuchungen frei; dem Europa, welches sich durch die Christenheit definiert, wächst aus dem Altertum Wissen und Weisheit und ein neues Leben zu. Paradigmatisch also erscheint das Mittelalter als *dark age*, dem die Kraft zum Hellwerden innewohnt. Das ist gewiß sorgfältiger gedacht als Carl Jacob Burckhardts Schwärmen von einem 12. Jahrhundert, in dem mehrere Kulturuniversen gleichzeitig noch anwesend sind. Als politische Strategie gegen die Barbarei, welche die Krisen der bürgerlichen Welt aus sich entließen, führte Curtius' Mediävalismus nicht weit. Als alles vorbei war, im Jahr 1945, schrieb er, ihn habe „das Vorgefühl der schmachvollen Katastrophe, die dann so bald über Deutschland hereinbrach", zu seiner Streitschrift angetrieben; 1952 hieß es dann deutlicher: die Schrift habe sich „gegen die drohende Nazibarbarei gerichtet"[42]. Einen hilflosen Antifaschismus, man wird es sagen dürfen, hat es wohl nie gegeben. Dafür setzte seine Vorstellung vom Mittelalter als dem sozusagen klassischen Zeitalter der Renaissance ein Forschungsprogramm frei, das den Anbruch einer neuen Epoche im wissenschaftlichen Leben des Fünfzigjährigen bedeutete: fast so etwas wie eine Vita Nova des Philologen Curtius. Seine Prämisse von der virtuellen Gegenwart des Altertums im Mittelalter setzte er um in das Studium der mittellateinischen Literatur. Das bot außerdem, wie er selber anmerkt, in den bösen Jahren der Naziherrschaft „ein willkommenes geistiges Alibi"[43]. Im Rückzug aus der politischen Sphäre erst wurde seine Humanismuskonzeption fruchtbar. Curtius praktizierte als erster und mit aller Konsequenz die römische Option der Mediävistik.

Das große Buch ›Europäische Literatur und lateinisches Mittelalter‹ erschien 1948 bei Francke in Bern. Es wird immer wieder neu aufgelegt und wirkt durchaus nicht veraltet. Andere Hauptwerke der Literaturwissenschaft aus jenen Jahren wie Walther Muschgs ›Tragische Literaturgeschichte‹ oder Wolfgang Kaysers ›Sprachliches Kunstwerk‹ wird man fast nur noch als Monumente der Fachgeschichte[44] lesen mögen; was Curtius zu sagen hat, wirkt demgegenüber immer noch wie neu, nicht zuletzt deshalb, weil es Evidenzen mitteilt, die dem Autor selber neu waren. Das gilt gerade auch für Dinge, die der Fachmann längst zu kennen glaubt. So ist das Pathos des Entdeckens auf jeder Seite wirksam und erzeugt die unvergleichliche Mischung aus Vergnügen an der Literatur und strenger Philologie. *Le plaisir du texte*, das Paradies der Gelehrsamkeit ... wo finden wir sie heute in unserer Fachliteratur? Jeder Mediävist wird früher oder später auf Curtius zu sprechen kommen, es hat sich auch schon eine Art Curtius-Philologie entwickelt[45]: Wir können uns eine nähere Erörterung seines Buches sparen. Dessen Hauptteil schließt mit einem Zitat aus der Erzählung des Odysseus im sechsundzwanzigsten Gesang des ›Inferno‹. Es ist die Stelle, wo Odysseus die Gefährten auffordert, nachdem sie, durch tausend Gefahren, an den äußersten westlichen Rand der Welt gelangt seien, doch auch noch über die letzte Grenze hinauszugehen: in der kurzen Zeit, die ihnen im Leben bleibt (Inf. XXVI, 114f.). Nicht anders möchte Curtius in künftigen Arbeiten zeigen, daß seine Betrachtungsweise, wie er sagt, „methodisch und sachlich über das Mittelalter hinaus greift"[46]. Das wird dem auch politischen Ansatz der Mittelalterstudien in der Not der Zeit um 1930 gerecht. Zugleich deutet es auf die Gestalt, auf welche in dem Buch alles hinausläuft: Dante Alighieri.

An ihm wird sich alles Mittelalterstudium abarbeiten müssen, irgendwann einmal. Hegel, Schelling und die Romantiker entdeckten ihn für die Deutschen,[47] Jacob Burckhardt aber erkannte in ihm den ersten Repräsentanten der neuen Welt. In jedem Kapitel des Renaissance-Buches kommt er auf Dante zu sprechen: Er ist der erste *uomo universale*, das erste ausgeprägte Individuum, der erste Altertumsforscher, der erste Sprachwissenschaftler und Begründer der Nationalsprache; auch die Entdeckung der Welt und des Menschen beginnt mit ihm.[48] Was ist daran wahr? Curtius versuchte, den Widerspruch dialektisch aufzuheben. In Dante ist der ganze Bildungskosmos des lateinischen Mittelalters enthalten, und das schließt die mittelalterlichen Renaissancen ein; man hat gesagt, Curtius' Buch handle im Grund von nichts anderem als dem mittellateinischen Weg zur ›Divina Commedia‹.[49] Aber dazu kommt etwas anderes: die Sprache und die Seele. Beides treibt über die Tradition hinaus, die Curtius so intensiv heraufbeschworen hatte, hinüber in die Dimension Michelangelos und Shakespeares.[50] In seiner Vollendung schlägt das Mittelalter um in eine andere Qualität; statt immer neu zu Renaissancen anzusetzen, verwandelt es sich am Ende selber: in *Die Renaissance*. Erreicht Curtius damit die Grenze seiner mediävalistischen Ideologie? Resorbiert die klassische Auffassung vom Humanismus dessen mediävistische Variante dann doch? Curtius selber zog sich in seinem letzten Winter nach Rom zurück; dort erlag er am 19. April 1956 seiner Herzkrankheit. Sein Freund Max Rychner (1897–1965) hat das im klassizistischen Sinn zu deuten versucht: „Ein Ahn hat sich seinen Namen Kurz latinisiert, hat sich in der Humanistenzeit verrömert. Welche Folgen: der Nachfahr wiederholte diese Bewegung und ging nach Rom um zu sterben." So in einem Brief an C. J. Burckhardt, dem er von den Besuchen bei dem kranken Freund berichtet. Die Klinik lag nahe der Stelle, wo das Castrum der kaiserlichen Prätorianer sich befunden hatte. „Da haben sich junge Germanen aus der Rheingegend militärisch zurecht schleifen lassen und Latein gelernt und sind mit dem Vielvölkerwillen des Imperiums geladen worden. Fast zweitausend Jahre später lag neben ihrer Kaserne ihr sterbender Landsmann, der ihren Dienst im Zusammenhang mit den obersten uns faßbaren Vorgängen geistiger Schöpfung und Überlieferung gesehen hat."[51] Die römische Option der Mittelalterforschung erwies sich am Ende doch wohl als eine Option für Rom – und gegen das Mittelalter.

Dem Pamphlet ›Deutscher Geist in Gefahr‹ wurde noch im Jahr seines Erscheinens eine Art Replik zuteil in der Broschüre ›Deutsche Nation in Gefahr‹[52]. Ihr Verfasser war der Germanist Hans Naumann (1886–1951). Curtius' Fakultät hatte ihn eben nach Bonn berufen. Seinen illustren Kollegen erwähnt Naumann mit keinem Wort; Curtius hatte dessen Abhandlung ›Ritterliche Standeskultur um 1200‹ respektvoll zitiert.[53] In der Diagnose einer Krise sind sich beide einig. Naumann aber votiert nicht für die Kraft zur Erneuerung des Lebens im Wiedergebären antiken Geistes, überhaupt nicht für irgendeinen Humanismus. Er setzt auf eine „Gegenbewegung volkstümlich-völkischer Art"[54]. Nicht daß Naumann leugnen würde, wie sehr antike und christliche Komponenten die deutsche Kulturgeschichte bestimmten. Die Adelskultur der Staufer hatte er immer wieder studiert, auch karolingische und ottonische Renaissance waren ihm vertraut.[55] Doch eben die Komplexität der Überlieferung mochte er jetzt nicht mehr aushalten. „Es ist verständlich, daß eine Bewegung kam, die den Entgegensetzungen ein Ende bereiten wollte, indem sie nur von *einer* Komponente ihr Heil erwartete": von der „Aktivierung des Führer- und Gefolgschaftsgedankens, der Idee einer Elite als eines neuen deutschen Adels, der Energie des Willens und der Tat, mit ihrer Heiligsprechung des rassisch-nordischen Typs, der Erhöhung von Blut und Geist über Verstand, Gefühl und Bildung". Das alles verfolge das Ziel, „von der germanischen Ebene aus die Konstruktion eines deutschen Volkstums wiederherzustellen"[56]. Konstruktion eines deutschen Volkstums? Da verrät sich das ideologisierte Reden. Was Naumann Volkstum nennt, ist in der Tat ein Konstrukt. Man mag es nicht zitieren. Germanisch sei eine strikte Ständeordnung: Adel, Bürger, Bauer; sie habe der Klassenkampf ruiniert, denn das Proletariat sei ja bloß eine Klasse. Wenn es gelänge, es in einen Stand zu verwandeln ...[57] Gegen den Universalismus des Römischen Reiches, das auf die Germanen übergegangen war, hält Naumann fest: Wir sind keine *cives Romani* geworden.[58] Mit Curtius gemeinsam hat Naumann das Bedürfnis nach religiöser Akzentuierung: Das Volkstum ist für ihn etwas Unverfügbares, Transzendentes, das Apriori aller irdischen Ordnungen.[59] Dazu kommt die Wendung gegen Frankreich. Wolframs ›Parzival‹ atmet das germanische Pathos des ewigen Strebens in Kummer und Sorge. Chrétiens ›Perceval‹ dagegen: „[w]er auch nur *ein* Buch des Wolframschen Parzival las, dem sagt das französische Original nicht mehr viel, und es läuft von ihm ab wie Wasser."[60] Mit Curtius teilt Naumann einige Affinität zum Georgekreis. Curtius hielt ›Porta nigra‹ aus dem ›Siebenten Ring‹ für die großartigste Evokation der deutsch-römischen Kultursynthese,[61] Naumann läßt seine Analyse der ritterlichen Standeskultur in die Verse von Georges Gedicht über die Kaisergräber in Speyer ausklingen.[62] Undenkbar aber, daß Curtius sich der Widmung eines anderen Naumannschen Buches angeschlossen hätte: „Dem Dichter und dem Führer"[63], datiert auf den 21. März 1933, den „Tag von Potsdam".

Naumann praktizierte die germanische Option, und zwar mit einer Radikalität, wie sie noch nie dagewesen war. In dem Buch ›Der staufische Ritter‹

von 1936 weist er die christliche und die römische Perspektive ausdrücklich
zurück, wenn er die herrschenden Auffassungen vom Mittelalter folgendermaßen charakterisiert: „Breit fließt da der Strom der Lehre Augustins dahin
und sonst nichts, bis er vom Strom der Lehre des Thomismus abgelöst wird;
höchstens ein mehr oder minder stilles, weitgehend christianisiertes Fortleben der Antike gleitet ohne sehr tiefe Bedeutung nebenher." Demgegenüber soll nun gelten: „... [w]ir müssen erkennen, daß das alles nur hauch-
dünner Firnis blieb und daß der mächtigste Strom des Lebens noch immer
der völkische war. Wer nur seine Kirchenväter, nicht aber das germanische
Altertum kennt, wird am deutschen Mittelalter scheitern und über dessen
Welthaltung und Gottesbegriff, mindestens epochenweise, einseitigen Vorstellungen unterliegen."[64] Immerhin kommt sofort die Einschränkung, daß
das nicht für alle Epochen in gleichem Maße zutreffe. Auf der ersten Seite
des Buches heißt es dann auch, „die zum Teil ganz unverfälscht wieder auf-
rauschende Antike" werde für heute ganz beiseite gelassen; und was das
Christentum angeht, so hat die staufische Dichtung im germanischen
Deutschland eben jene Abwendung vom rigiden Dualismus der augustini-
schen Tradition vorweggenommen, die der Thomismus dann theologisch
sanktionierte; der höfische Gott[65] der ritterlichen Klassiker führt zu der germanischen Wurzel eines christlichen Problems. Es ist ein ständiges Hin und
Her. Nie wird deutlich, ob Naumann seine Perspektive für sachlich notwendig ansieht oder aber für politisch opportun. Die Verfechter germanischer Kontinuität haben es ohnehin schwer. Sie überzeugen oft nur jene, die
nicht mehr überzeugt werden müssen: gerade auch im Nazireich. Aus dem
germanischen Altertum bezogen dessen Ideologen wenig Imaginationen,
die sich massenwirksam verarbeiten ließen. Die Rede vom nordischen Menschen und Ethos war nicht so recht an konkreten Zeugnissen der altgermani-
schen Kultur festzumachen. Hatte man sich die alten Germanen als Krieger
vorzustellen, die in geweihten Männerbünden ihre Energien dämonisch zu
steigern vermochten? Oder eher als friedliche Bauern, die ihre Welt gegen
die finsteren Mächte von draußen zu schützen versuchten?[66] So fragt man
sich, ob Naumann recht zu geben sei, wenn er den *hôhen muot* der mittelhochdeutschen Lyrik mit dem heroischen *stormodr*, dem „großen Sinn", wie
er gelegentlich in den Heldenliedern der Edda vorkommt, identifiziert.[67]
Zum Interregnum als einem staufischen *ragnarǫc*, dem Götterschicksal, in
dem die alte Ordnung untergeht, ist es dann nur noch ein Schritt. Walther
von der Vogelweide lebte als ein fahrender Sänger; er zog von einem Hof
zum nächsten. Naumann vergleicht das mit dem Herumziehen der deutschen Kaiser von Pfalz zu Pfalz und folgert: Walther „realisierte wie sie (scil.
die Kaiser) den Mythos des ewigen Wanderers Odin"[68].
     Gegen die engagierte Hypostasierung von christlichen und antiken Kul-
tursubstraten zur Substanz mittelalterlicher Kulturzustände machten in-

dessen nicht nur die germanophilen Mediävisten Front. Gerade Curtius wurde auch von ganz anderer Seite kritisiert. Erich Auerbach (1892–1957) drückte das, als er 1950 das Mittelalterbuch rezensierte, sehr zurückhaltend aus: „Das Volkstümliche, Individuelle und Nationale tritt zurück, die Kontinuität der Überlieferung wird betont."[69] Auerbachs Mediävistik bietet von Anbeginn eine Alternative zum Mediävalismus des Ernst Robert Curtius. Auerbach war sechs Jahre jünger als Curtius; er hatte, bevor er sich der romanischen Philologie zuwandte, Jura studiert und 1914 auch den Titel eines Doktors der Rechte erworben. 1921 promovierte er dann in Greifswald zum zweiten Mal,[70] und 1929 erschien die Habilitationsschrift ›Dante als Dichter der irdischen Welt‹. Im selben Jahr erhielt er den Ruf nach Marburg auf den Lehrstuhl Leo Spitzers; nach 1933 trieben ihn die Nationalsozialisten ins Exil, zuerst in die Türkei, dann nach Amerika. Curtius war zu diesem Zeitpunkt schon seit vielen Jahren Professor, in Marburg, Heidelberg und Bonn. Er kam am Ende seiner Mittelalterstudien auf Dante; bei Auerbach stand Dante am Anfang. Und er blieb im Zentrum der philologischen Arbeit.

Das Dantebuch ist eine der eindrucksvollsten Leistungen in der Literaturwissenschaft der zwanziger Jahre. Es geht aus von Platons Herabstufung der Poesie: Nach den Ideen und der empirischen Welt ist die Dichtkunst nur „ein Drittes im Range nach der Wahrheit"[71]. Dieses Urteil wird von der europäischen Literaturgeschichte widerlegt. Auerbach spricht zunächst von der Geschichte Christi. Deren Bedeutung für die europäische Literatur kann gar nicht überschätzt werden. Nicht nur, weil das Christentum eine neue und über alle Maßen wirkungsmächtige Buchreligion wurde – die Geschichte von Jesu Tod und Auferstehung überbot an Paradoxien und Spannungsweite alles bisher Dagewesene;[72] sie durchschlägt alle profanen Ordnungen und ist dennoch historisch und empirisch real gewesen. Alle Ausdrucksmittel der klassischen Literatur mit ihrer Trennung des hohen vom niederen Stil mußten versagen. Die Bibel erzählt das allererhabenste Geschehen, aber nicht im hohen Stil.

Das läßt gänzlich neue Probleme der literarischen Ästhetik entstehen. Zunächst im Hinblick auf die Bibel: Ist die Heilige Schrift im *sermo humilis* abgefaßt? Sie schafft eine neue Art des hohen Stils.[73] Der Grundgedanke Auerbachs kommt aus Hegels Ästhetik. Es geht darum, in der Kunst zu gestalten, was sich der sinnlichen Darstellung gerade entzieht. Mimesis, die Nachahmung von Wirklichem, kann sich nicht an das allein heften, was den Sinnen zugänglich ist; es kam darauf an, die irdische Welt zu durchgeistigen, aber so, daß, wie Auerbach sagt, „ihre Sinnlichkeit erhalten und evident blieb"[74]. Das leisten zuerst die Troubadours der Provence seit dem Ende des 11. Jahrhunderts. Wie es zu deren unerhörter Liebesdichtung kommen konnte, ist bis heute nicht zureichend erklärt. Jedenfalls entstand etwas Neues: „eine Verschmelzung der sinnlichen Begierden mit den metaphysischen Grundlagen der Bildung (...), die allen früheren Kulturen Europas fremd war"[75]. Mittelalterliche Poesie schafft damit ein erstes Paradigma, das sich dem Schematismus der Renaissance entzieht. Mit der antiken Liebeslyrik hat der Minnesang gar nichts zu tun. Wichtig daran ist die Denkfigur von der Sinnlichkeit, die in aller Spiritualität „erhalten" bleiben muß. Das Alte wird nicht im Neuen verschwinden, sondern rückt in andere Beziehungen. Das gilt erst recht für Dantes Beatrice, zunächst in der ›Vita Nova‹, dann in der ›Göttlichen Komödie‹. Die antiken Göttinnen waren immer überirdische Wesen und keine Menschen, die angebeteten Minneherrinnen der Troubadours Göttinnen nur in der Metapher; Beatrice dagegen wurde entrückt und verwandelt, aber „in der erhaltenen Gestalt"[76]. Das denkt Auerbach ausdrücklich nach dem Modell der Christologie. Christus ist als einzige historische Figur Gott und Mensch zugleich gewesen.

Im ersten Gesang des ›Purgatorio‹ tritt Dante und Vergil Cato von Utica entgegen: ein Heide, ein Feind Caesars, ein Selbstmörder. Ihn hat Dante zum Wächter des Läuterungsbergs bestellt. Darüber haben sich schon die ältesten Kommentatoren der ›Divina commedia‹ gewundert. In Vergils Worten wird es jedoch erklärt (Purg. 1,70ff.): Cato hat die Freiheit so sehr geliebt, daß er sogar sein Leben dafür gab. Der historische Cato ist eine *figura* der Freiheit, der Cato im Purgatorium ist die erfüllte und enthüllte Wahrheit dessen, was er in der Geschichte war. Die politische Geschichte nämlich bot eine Präfiguration für die christliche Freiheit, die Cato jetzt behütet[77]: die ewige Freiheit der Kinder Gottes, die Befreiung der Seele aus der Knechtschaft der Sünde. Ähnlich ist Vergil nicht die Personifikation der Vernunft oder der Dichtung oder des Kaisertums, sondern der Dichter Vergil selbst, der die Wahrheit von Dantes Gedicht präfiguriert. Auerbach unterschied diese figurale Geschichtsdeutung streng von der Allegorese,[78] welche Mythen, Zeichen und Texte auf eine bestimmte geheime Bedeutung hin auslegt. Die Figuraldeutung dagegen stellt eine Beziehung zwischen zwei Geschehnissen oder Personen her, die beide innerhalb der Geschichte gelegen sind. Dabei hebt die Erfüllung einer Figur diese nicht auf, sondern läßt sie in ihrer eigenen Wirklichkeit bestehen. Auerbach glaubte damit die Denkform gefunden zu haben, aus welcher sich die ›Divina Commedia‹ historisch erklären läßt.

Der Titel seines Buches scheint ja ein Paradox zu enthalten. Dante als der Dichter der irdischen Welt: Er ist dies gerade deshalb, weil er die Welt der Menschen unter dem Gesichtspunkt des Jenseits darstellt. Das ergibt einen Realismus, wie er radikaler nicht zu denken ist. Kein anderer Dichter hat soviel gewagt. Dante nennt sein Gedicht selber „lo sacrato poema" (Par. 23,26) und „il poema sacro / al quale ha posto mano e cielo e terra" (Par. 25,1f.). Die Dichtung, sagt Auerbach dazu, „tritt heraus aus dem Bezirk des schönen Scheins, sie ist nicht mehr Nachahmung und ein drittes im Range nach der Wahrheit, sondern die offenbarte Wahrheit und ihre poetische Gestalt sind eines"[79]. Damit ist eine Grenze der Literaturhistorie erreicht. Gehört Dante überhaupt noch hierher oder in die Theologie und Religionswissenschaft? Er war „der weiseste und willensstärkste Mensch seiner Zeit"[80], heißt es bei Auerbach; aber das reicht als Begründung wohl noch nicht. Es kommt hinzu, daß der übermenschliche Gegenstand seines Dichtens Dante die Kraft verlieh, alle Mannigfaltigkeit der Welt im Licht der Ewigkeit zu gestalten.[81] Letzten Endes muß eine transzendente Instanz, ein außergeschichtliches Absolutes, für die Einzigartigkeit des Gedichtes haften; dieses aber ist in der Geschichte wirklich geworden. Einen solchen Widerspruch vermag Auerbach nicht mehr aufzulösen. Er ist ihm aus Hegels Ästhetik überkommen, wo das geistphilosophische System ihn von vornherein als erledigt erscheinen läßt. Die theoretischen Probleme, die sich daraus für den relativistischen Historismus ergeben, hat Auerbach später mit Hilfe der Geschichtsphilosophie des Giambattista Vico (1668–1744) zu lösen versucht;[82] uns braucht das nicht zu beschäftigen.

Das Prinzip der figuralen Beziehungen ist eine hermeneutische Applikation der Christologie. In unserem Zusammenhang erweist es sich als eine hochspekulative Variante der *christlichen Option*. Dante ist, in einem ganz spezifischen Sinn, der *poeta christianissimus*. Er setzt die Geschichte Christi in literarische Praxis um. Zugleich aber enthält Auerbachs Lehre auch eine Alternative zum Konzept der Renaissancen, wie es zum Beispiel von Curtius angewendet wurde. Die alte Welt wird, figural betrachtet, nicht in der neuen wiedergeboren – weil sie in ihr anwesend ist, identisch und verwandelt in einem. Curtius konnte das nicht akzeptieren. Er brachte immer wieder Einwände gegen Auerbachs auf Dante zentrierte Realismuskonzeption vor, und die These von der Präfiguration hielt er für schlichtweg falsch.[83] Auerbach hat immer betont, daß wissenschaftliche Fragestellungen etwas mit historischer Erfahrung zu tun haben.[84] Man hat daher nach einer zeitgeschichtlichen Wurzel seiner „Figura" gesucht. Für Auerbach mußte das Jahr 1933 in einem intensiveren Sinn als für den Kollegen Curtius die Erfahrung einer Krise bedeuten. Auerbach war Jude; er wurde aus seinem Lehramt an der Universität Marburg vertrieben; 1933 schrieb er die Abhandlung ›Figura‹, die erst sechs Jahre später erscheinen konnte. Versuchte er darin eine Art Selbstdeutung als deutscher Jude? Das Verhältnis der christlichen Welt zur jüdischen Tradition war nie unproblematisch gewesen. Ist das Judentum nach Jesus belanglos und wertlos geworden? Die Frage bekam im Nationalsozialismus eine beklemmende Aktualität, und die christlichen Kirchen waren sehr wohl empfänglich für den Gedanken, daß die theologische Minderwertigkeit der Juden politische Konsequenzen haben müsse.[85] Darin erkannte Auerbach ein Stück böses Mittelalter; gegen dieses argumentierte er in ›Figura‹. Das Volk des Alten Testaments wird durch die Offenbarung des

Neuen nicht um seine Würde und seinen Wert gebracht; denn eben wenn die
Europäer das eine als ein Buch der Figuren für das andere auffaßten, akzep-
tierten sie das Gesetz und die Geschichte der Juden.[86] Ist es erlaubt, noch
einen Schritt weiterzugehen? ›Figura‹ wäre dann nicht nur als Stellungnahme zu einer theologischen Streitfrage zu lesen, sondern als ein Text über
die Voraussetzungen der Assimilation.

Blicken wir zurück. Die Mediävistik der zwanziger Jahre reagiert auf
Burckhardts ›Kultur der Renaissance‹. Sie konstituiert das Mittelalter als
einen homogenen Kulturraum vor der Renaissance, gegen die Renaissance.
Dabei erkennt sie, daß das Mittelalter selbst immer wieder zu Renaissancen
ansetzt. Curtius zog daraus die Konsequenz, die Kraft zur Neugeburt des
Altertums als das Kriterium mittelalterlicher Kultur zu bestimmen; Naumann schob die antiken Referenzen beiseite, weil er das Heil von der germanischen Kontinuität erwartete; Auerbach bannte die europäische Literatur
in den Schatten des einen Dante Alighieri, dessen Entdeckung der Welt und
des Menschen jeder rinascimentalen Diesseitigkeit immer schon voraus ist.
Die Homogenität des Mittelalters als einer Alternative zur Renaissance
löste sich schnell wieder auf. Mediävistik reagiert nicht nur auf die sozialen
und politischen Krisen der zwanziger Jahre, sie wird selber zum Medium
einer Krisenerfahrung. Das Mittelalter, durch die christliche Option homo-
genisiert, erweist sich als die Krise seiner selbst. Radikaler noch als die zitierten Philologen hat das ein Außenseiter formuliert, der hochmütige Neu-
schöpfer Dantes und der Troubadours: Rudolf Borchardt (1877–1945). Er
stammte aus einer großbürgerlichen Familie, hatte Philosophie und Philologie studiert, seit 1906 lebte er vorzugsweise, als Dichter und Privatgelehr-
ter, in der Gegend von Lucca und Pisa; im August 1944 fiel er, der jüdische
Vorfahren hatte, doch noch den Schergen Hitlers in die Hände; in Innsbruck
ließ man ihn und seine Familie frei. Er starb am 10. Januar 1945 in Trins am
Brenner. Noch heute ist Borchardt bei den Mediävisten von Profession nicht
eben gern gesehen. Curtius widmete ihm 1950 einen Radiovortrag für die
BBC,[87] aber da ging es um Vergil. Im Mittelalterbuch zitierte er einen Satz
über die „leidenschaftlichen Widersinne" bei Arnaut Daniel – das hatte auch
Auerbach in seinem Dantebuch angeführt,[88] dessen Seiten über die Troubadours Borchardt offensichtlich viel verdanken. Karl Voßler nannte Borchardts Einleitung in die ›Vita Nova‹ „beachtenswert, ansprechend und
geistvoll", Curtius formulierte seine Anerkennung nicht weniger pauschal
und von oben herab.[89] Konrad Burdach, dem er die große Einleitung zu
seiner Übersetzung der ›Divina Commedia‹ gewidmet hatte, ließ sich auf
Borchardts Konzept eines mittelalterlichen Dante von Anfang an nicht ein:
„[I]ch persönlich dagegen höre und sehe in Dante mehr (...) den Schöpfer
der Renaissance."[90] Noch die neueste zweisprachige Ausgabe der ›Vita
Nova‹ schweigt Borchardt einfach tot.[91] Das ist gewiß ein Fehler. Zwar

hatte es Borchardt den Fachmännern nicht eben leicht gemacht, ihn zu mögen. Trotzdem verdient sein Zugriff als Übersetzer und Interpret Bewunderung.[92] Bei Borchardt kehren die Optionen seiner Zeitgenossen wieder, aber in neuer, aufregender Kombination: als wäre aus den Themen und Motiven der Kollegen eine andere Symphonie komponiert worden. An der Münchener Universität sprach im Winter 1926/27 nicht nur Hofmannsthal. Borchardt hielt am 9. März 1927 eine Rede über ›Schöpferische Restauration‹. Sie läßt es nicht beim Beschwören einer Welt jenseits von Renaissance und Reformation bewenden, kokettiert auch nicht mit der konservativen Revolution, sondern verkündet Restauration durch Revolution oder, „wenn Ihnen das Wort Revolution hier bedenklich klingt, als eine Reformation an Haupt und Gliedern"[93]. Dabei ging es um Poesie, nicht um Politik. Anders als Curtius machte sich Borchardt keine Illusionen über die kulturpolitischen Effekte seiner Restaurationsbestrebungen. Er verwarf die moderne Kultur im ganzen und ohne Kompromiß. Das ließ für die Restauration nur den Raum „in unserem Busen – wie Goethe sagt, im Geiste –"[94] als Schauplatz der Aktion übrig. Wenn wir das genau sehen, lassen sich einige antimodernistische Schroffheiten, die uns hier zugemutet werden, etwas leichter ertragen.

Borchardts Mediävalismus[95] scheint dem von Curtius ähnlich. „Wir erkennen uns als die Kinder des Mittelalters, die die Antike in Generation nach Generation jedesmal von neuem zu erleben und in uns aufzunehmen haben", heißt es in der Münchener Rede,[96] aber das hat nichts mit der Vorstellung von archetypischer Wiedergeburt eines Ur- und Vorbilds zu tun. Vielmehr gehörte die Antike seit jeher zur Substanz des deutschen Volkstums. Damit erübrigt sich der Begriff der Renaissance, germanische und römische Option fallen zusammen. Was immer gegenwärtig ist, kann nicht wiederkommen. Ein Jahrtausend lang, von der römischen Kaiserzeit bis 1100, tragen die Germanen, welche das römische Reich zerstörten, dessen Kultur und Staatsgesinnung weiter durch die Geschichte. Es ist, in Borchardts Worten, eine „tausend Jahre während deutsche Antike"[97] oder auch die „germanische Periode des klassischen Altertums"[98]. Was Mittelalter zu heißen verdient, ist die Revolte gegen diese dritte Epoche des Altertums. Das geht nicht ohne äußerst vertrackte Ironie und Dialektik. Politisch wird es zum ersten mal in der Auseinandersetzung Friedrich Barbarossas mit den oberitalienischen Kommunen virulent: da stand der „deutsche Züchtiger Mailands" ironischerweise „als Vollstrecker antiker Regierungspflichten einem Italien gegenüber, in dem plötzlich zum ersten Male dasjenige auftritt, plastisch dasteht, was durch Deutschland und deutsches Volk in die Welt gekommen, aber in ihm latent geblieben, was die deutschen Kaiser am erbittertsten gehaßt und verfolgt haben und woran sie samt dem deutschen Kaisertume gestorben sind: Mittelalter, die Empörung des Volkstums"[99].

Mittelalter: Das ist nicht die Epoche einer in der Christenheit selig geborgenen Völkergemeinschaft Europas. Es ist nicht das katholische Märchenzeitalter, das den Balsam wüßte, welcher die Schmerzen der modernen Welt lindert. Es ist vielmehr selber Drama, Aufruhr, Dissidium;[100] definieren läßt es sich nur im Widerspruch.

Daran hat Borchardts Mediävalismus seine Stärke. Es setzte die Energien frei, deren es bedurfte, um Dante nicht bloß zu kommentieren, sondern in eine mehr oder weniger frühneuhochdeutsche Sprache zu übersetzen[101]: die ›Göttliche Komödie‹ Vers für Vers, und mit allen Reimen. Es erklärt auch die Sympathie für die Troubadours. In der Provence mischte sich germanische Energie mit griechischem Einfluß, und das ergab „die erste große Originalpoesie des Abendlandes und die Mutter aller übrigen"[102]. Einen autochthon deutschen, „bodenheimischen" Minnesang im Donauland kann es nicht gegeben haben; schon die frühste Frühe von Minnesangs Frühling ist den Provenzalen zu verdanken.[103] Wer für die Provence ist, votiert gegen Frankreich, lehrte Borchardt: Wolfram von Eschenbach hat die französische Vorlage des Parzivalromans gegen das Buch des Provenzalen Kyot eingetauscht,[104] und Dante ächtete den Lanzelotroman „in der Hölle der Kuppler"[105]. Wenn Gottfried von Straßburg in seinem frankophilen Tristanroman gegen Wolfram wütet, meint er im Grunde immer noch den *trobar clus* und Arnaut Daniel, den „miglior fabbro del parlar materno" (Purg. XXVI, 117).[106] Die provenzalische Kultur wurde schon im 13. Jahrhundert vernichtet. Es ist eine Kultur der Besiegten. Ihrer nahm Borchardts restaurative, restaurierende Phantasie sich an. Er schuf auch, was die Geschichte versäumt hatte, einen deutschen Dante in der Sprache des Quattrocento zum Beispiel. Das mußte die Gewißheiten eines selbstzufriedenen Historismus irritieren. Borchardt erfand sich kein Mittelalter aus frommer Konvention und Behaglichkeit. Im schärfsten Widerspruch gegen sein eigenes Jahrhundert erschrieb er sich, als Dichter und als Gelehrter, ein Mittelalter von bestürzender Modernität. Es wäre an der Zeit, von ihm zu lernen.

Die Beurteilung der mittelalterlichen Ostpolitik als Paradigma für zeitgebundene Geschichtsbewertung

Von GERD ALTHOFF

Auf keinem anderen Gebiet der deutschen Geschichte waren im Verlauf des 20. Jahrhunderts so gravierende Veränderungen zu verzeichnen wie im Bereich der Ostgebiete und der Ostpolitik. Begleitet wurden diese Veränderungen von unermeßlichem Leid für die betroffene Bevölkerung, Leid, das auf allen Seiten bis heute kaum vernarbte Wunden zurückließ. Und da nach jeder Veränderung neue Konfrontation stattfand oder stattzufinden drohte, hatten Feindbilder Konjunktur, nicht abgewogene und um Distanz bemühte Urteile über die wechselseitigen Ansprüche, Rechtspositionen und historisch begründeten Rechte. Dies ist erst in den letzten Jahren, vielleicht Jahrzehnten, ein wenig anders geworden. Der Wandel schuf auch neue Voraussetzungen für die Bewertung der Urteile über die mittelalterliche Ostpolitik, wie sie in den Zeiten der Konfrontation von allen beteiligten Parteien abgegeben wurden.[1]

Diese Chance gilt es zu nutzen, keinesfalls ist sie jedoch Anlaß für Überheblichkeit, für die Überheblichkeit einer Generation, die sich die Schwierigkeiten und Probleme der Väter-Generationen kaum noch vorzustellen vermag und deshalb in neuer Weise anachronistisch urteilt. Es geht daher im folgenden nicht um Bloßstellung oder Entlarvung. Worum es allein geht: aufzuzeigen, wie Geschichtsbilder von aktuellen Problemen und Fragen beeinflußt, ja bestimmt wurden und werden und wie problematisch Geschichtsbewertungen sind, die aus historischem Geschehen Argumente zur Lösung aktueller politischer Probleme abzuleiten versuchen.[2] Dabei empfiehlt es sich zunächst, sozusagen vor der eigenen Tür zu kehren, denn der Hinweis, daß die anderen ja auch nicht besser gewesen seien, kann nicht die notwendige Aufarbeitung der eigenen Positionen ersetzen.

Die Reihe der gravierenden Einschnitte, die den Hintergrund des Themas bilden, ist lang: Sie begann mit dem Gebietsverlust nach der Niederlage Deutschlands im Ersten Weltkrieg. Dieser Verlust führte zum Volkstumskampf in den abgetrennten Gebieten während der Zeit der Weimarer Republik, von deutscher Seite geführt mit dem erklärten Ziel der Revision dieser Grenzziehung, ein Ziel, dem sich alle politischen Parteien der Weimarer Zeit verpflichtet fühlten.[3] Auf mehr als die Revision dieser Grenzen zielte die aggressive Außenpolitik des 'Dritten Reiches': Der Anschluß Österreichs, der Einmarsch in das Sudetenland 1938 sowie in Böhmen-Mähren mit der Bildung des Reichsprotektorates und schließlich der Überfall auf Polen 1939 sind die bekannten Schritte, die in den Zweiten Weltkrieg führten.[4] Dem deutschen Sieg über Polen folgte die sog. „Entpolonisierung der eingegliederten Ostgebiete", deren menschenverachtende Grausamkeit kein Deutscher vergessen darf, der sich ernsthafte Gedanken über unser Verhältnis zu Polen machen will.[5] Der Zusammenbruch der Ostfront und des 'Dritten Reiches' 1944/45 hatte die systematische Vertreibung der Deutschen aus den Gebieten östlich der Oder und Neiße zur Folge und die im Potsdamer Abkommen festgeschriebene staatliche Neugestaltung Polens sowie die Abtretung des nordöstlichen Ostpreußens an die Sowjetunion.[6] Das Potsdamer Abkommen behielt die endgültige Grenzziehung einem zukünftigen Friedensvertrag vor, eine Position, die lange Zeit die Ostpolitik der Bundesrepublik bestimmte.[7] Zu Beginn der siebziger Jahre war es dann die „neue Ostpolitik" der sozialliberalen Koalition, die im Warschauer Vertrag die Oder-Neiße-Grenze als westliche Grenze Polens anerkannte und dies durch eine förmliche Gewaltverzichtserklärung absicherte.[8] Die Vereinigung der beiden deutschen Staaten im Jahre 1990 hat eine neue Lage geschaffen. In den Tagen, in denen dies geschrieben wird, ratifizieren die Parlamente Deutschlands und Polens Grenz- und Nachbarschaftsverträge. Die öffentliche Diskussion um diese Verträge zeigt nicht zuletzt, wie schwer ein Schlußstrich unter das Bisherige und ein Neuanfang immer noch fällt.[9]

Warum muß man an diese Dinge zu Beginn eines Beitrags über die Beurteilung der mittelalterlichen Ostpolitik durch die historische Forschung erinnern? Die zitierten Ereignisse lenkten immer wieder die öffentliche Aufmerksamkeit auf die historische Entwicklung in den strittigen Gebieten, um aus ihr Ansprüche abzuleiten. Man erwartete, ja forderte von der Wissenschaft Argumente, die die unveräußerlichen Rechte auf bestimmte Territorien belegen sollten. Dies geschah beileibe nicht allein auf deutscher Seite – es war und ist ein allgemein verbreitetes Phänomen. Gerade deshalb wirft dieses Phänomen die Frage auf, in welcher Weise die Geschichte zur Lösung aktueller Streitfragen dienen kann. Das Problem läßt sich am besten verdeutlichen, indem man die wissenschaftliche Beschäftigung mit der mittelalterlichen Ostpolitik im 20. Jahrhundert mit den jeweiligen tagespolitischen Diskussionen und Problemen der zeitgenössischen Ostpolitik konfrontiert, wie es im folgenden versucht werden soll.

Mittelalterliche Ostpolitik war bereits im 19. Jahrhundert ein Thema wissenschaftlicher Auseinandersetzung.[10] Als Argument in der politischen Diskussion hatte sie jedoch einen gänzlich anderen Stellenwert als in dem gleich zu behandelnden Zeitraum. Ins Blickfeld der breiten Öffentlichkeit geriet die Ostpolitik vor allem, als man versuchte, die nationale Gestaltung Deutschlands, die sog. großdeutsche oder kleindeutsche Lösung, mit histo-

rischen Argumenten zu entscheiden. In dieser Absicht ritt der protestanti-
sche Preuße Heinrich von Sybel eine heftige Attacke gegen die mittelalterliche Kaiserpolitik, die er als „Grab der Nationalwohlfahrt" bezeichnete.
„Zweihundert Jahre lang erschöpfte Deutschland in diesen Streitigkeiten
[gemeint ist die Italienpolitik der Kaiser] seine beste Kraft, und als der Sieg
der Kurie vollendet war, lag unter den Ruinen des Kaisertums auch die
Macht und die Einheit des deutschen Volkes begraben."[11] Diesem irratio-
nalen Drang nach dem Süden wäre die eigentliche nationale Aufgabe, die
Kolonisation des Ostens, zum Opfer gefallen. Ostpolitik, dies verdient nachhaltig unterstrichen zu werden, war in den erregten Auseinandersetzungen
des 19. Jahrhunderts nicht die große Leistung der deutschen Herrscher, sondern das, was sie verhängnisvoll versäumt hatten. Als erster, der die wahren
nationalen Aufgaben erkannte, konnte so Heinrich der Löwe und seine Ostpolitik gegen die Romverblendung der Kaiser ausgespielt werden.[12]

Die Gegenpartei in diesem Streit, die Verfechter einer großdeutschen
Lösung unter Einschluß Österreichs, die folgerichtig die Politik der mittelalterlichen Kaiser verteidigte, wie der in Innsbruck lehrende katholische
Westfale Julius Ficker, hat bezeichnenderweise nicht versucht, den Vorwurf der ostpolitischen Inaktivität seitens der deutschen Kaiser des Mittelalters zu entkräften. Ihre Argumentation akzentuierte andere Gesichtspunkte.[13]

Diese Sachlage änderte sich erst und geradezu schlagartig, als mit dem
Versailler Vertrag das deutsche Reich im Osten erhebliche Gebietsverluste
hinnehmen mußte. Die ob des verlorenen Weltkrieges und der Novemberre-
volution in Deutschland ohnehin höchst angespannte Stimmung wurde
durch den Volkstumskampf, der in den umstrittenen Ostgebieten in aller
Schärfe entbrannte, nicht wenig angeheizt. Im Vorfeld und Zusammenhang
der Volksabstimmungen kam es zu zahlreichen Schikanen, Übergriffen und
bewaffneten Auseinandersetzungen, die die öffentliche Meinung des jewei-
lig betroffenen Landes nachhaltig beeinflußten.[14]

Einig war man sich auf deutscher Seite über alle politischen Fraktionen
hinweg, daß die Grenzregelungen ein himmelschreiendes Unrecht bedeute-
ten, dem man sich mit allen zur Verfügung stehenden Mitteln zu widersetzen
habe. Es sei angefügt, daß auch die Polen die Versailler Bestimmungen als
einen „grausamen Schlag" gegen sich ansahen, weil ihre Hoffnungen und Erwartungen bei weitem nicht erfüllt wurden.[15] In dieser erregten Situation
aber wurde von den Politikern nicht zuletzt historisch argumentiert. So formulierte ein Aufruf aus dem Januar 1919 an die Bewohner Ost- und West-
preußens, der mit der Zustimmung des Kriegsministers Reinhardt publiziert
wurde, die Polen seien „Leichenfledderer, die den gegenwärtigen Schwäche-
zustand des Reiches benutzen, um die blühenden Provinzen des Ostens zu
rauben". Dabei hätten sich die Polen „niemals in der Geschichte staatsbil-

dend gezeigt", „die polnische Kultur mit ihrem weitverbreiteten Analphabe-
tentum" sei „der deutschen weit unterlegen".[16]
    Und der Ostmarkenverein veröffentlichte im gleichen Jahr ein Flugblatt
mit der Überschrift: „Brauchen und dürfen wir auf unsere Ostmarken verzichten? Nein! Niemals! Unter keinen Umständen! Warum nicht?" Die
letzte Frage wurde wie folgt beantwortet: „Wir besitzen ein historisches und
moralisches Recht auf die Ostmarken, denn: 1. sie sind vor der Einwande-
rung der Polen von germanischen Stämmen bewohnt gewesen; 2. nach der
Besitzergreifung durch die Polen sind sie von den durch diese selbst ins Land
gerufenen deutschen Bauern und Bürger seit 8 Jahrhunderten in friedlicher
Arbeit der deutschen Kultur erschlossen worden; 3. nach ihrer Eingliederung in den Preußischen Staat 1772 und 1793 verdanken sie ihren [...] unver-
gleichlichen kulturellen Aufstieg der Fürsorge des preußischen Staates. Alle
kulturellen, sozialen und wirtschaftlichen Errungenschaften waren stets und
sind noch heute nur deutsch. Eine polnische Kultur hat es dort nie gegeben."[17] Dies sind nur zwei Beispiele für Stimmung und Argumentation in
dieser Zeit, die von der Wissenschaft nun die Beweise für das unverbrüch-
liche Recht der Deutschen auf die strittigen Gebiete forderte.
    Diese hat sich auf die neue Situation schnell eingestellt, wobei anzu-
merken ist, daß der weitaus überwiegende Teil der Historikerzunft von der
Berechtigung der nationalen Positionen zutiefst überzeugt war. Bei der
folgenden knappen Auswahl aus den Stellungnahmen und Diskussionsbei-
trägen der Fachwissenschaftler zum strittigen Thema der geschichtlich begründeten deutschen Rechte im Osten stehen bewußt berühmte Mediävisten im Vordergrund, die keineswegs Randpositionen im Fach vertraten,
sondern die 'herrschende Meinung' repräsentierten bzw. formten.
    Bereits 1921 erschien von Karl Hampe, der mit seinen bis heute immer
wieder aufgelegten Bänden ›Das Hochmittelalter‹ und ›Die deutsche Kaisergeschichte in der Zeit der Salier und Staufer‹ das Mittelalterbild meh-
rerer Generationen von Studenten und Gebildeten beeinflußt hat, ein
schmales Bändchen mit dem Titel ›Der Zug nach dem Osten‹ und dem charakteristischen Untertitel: „Die kolonisatorische Großtat des deutschen
Volkes im Mittelalter."[18] Hervorgegangen ist das Buch aus Vorträgen, die
Hampe zu Beginn des Jahres 1920 gehalten hatte. Einleitend hat er den Sinn
seiner Abhandlung umrissen: „Während der furchtbaren Jahre des Weltkrieges sind auch im Westen des Deutschen Reiches [...] die Blicke ge-
spannter und nachhaltiger, als das früher wohl der Fall war, auf das gewaltige
deutsch-slawische Völkerringen gerichtet worden. Weit stärker als an der
französischen Front hat dort die Woge des Erfolges auf und ab geschwankt.
Dem panslawistischen Haß und Vernichtungsdrang traten Bestrebungen auf
Befreiung alter Außenposten des Reiches, auf neues Siedlungsland für über-
schüssige germanische Kräfte, auf ein weiteres Vorschieben deutschen Ein-

flusses nach Osten entgegen. Sie erwiesen sich trotz unleugbarer Überspannung so lange als die stärkeren, bis der Zusammenbruch gegenüber den Westfeinden und im Innern auch hier zum Rückzug zwang und abermals eine slawische Flutwelle emporhob, die seitdem an die durch den Schmachfrieden von Versailles ohnehin zurückgenommene und durchlöcherte deutsche Ostgrenze mit erneuter Wucht brandet. Diese Dinge erfordern also auch in Zukunft die gespannteste Aufmerksamkeit jedes Deutschen. Zur vollen Würdigung gehört aber, wenn irgendwo, so hier die Kenntnis des geschichtlichen Werdegangs. An die deutschen Errungenschaften des Mittelalters konnten unsere Hoffnungen unmittelbar anknüpfen; was damals unfertig abgebrochen war, sollte vollendet werden."[19]

Unter diesen Prämissen stellt Hampe dann die „deutsche Ostbewegung" als einen zusammengehörigen Vorgang dar, der sich mit Notwendigkeit aus den geopolitischen Voraussetzungen des Kontinentes ergeben habe. Aus den geographischen Gegebenheiten folgte „die Notwendigkeit eines west-östlichen Austausches, und naturgemäß waren es die westlichen Kulturträger, welche in die östlichen Gebiete, die für sie Kolonialland wurden, vordrangen"[20]. Bei Hampe tauchen im Zusammenhang der Kulturträgertheorie auch rassische Argumente auf, wie sie bereits im 19. Jahrhundert benutzt worden waren: „So wird es stets zwischen zwei Rassen, wo sicher trennende geographische Grenzen fehlen, zu einem Drängen herüber und hinüber, zu einem Messen der Kräfte kommen. Der stärkere Teil wird sein Gebiet, kriegerisch oder friedlich, auf Kosten des Schwächeren vorschieben. So bedauerliche Härten solches Ringen auch notwendig mit sich bringt; vom höheren Gesichtspunkt aus erscheint es insofern gerechtfertigt, als es in der Regel die wertvolleren Eigenschaften des einen, die eben seine Überlegenheit bedingen, sein werden, die der andere ihm abzulernen sucht."[21] Dennoch, und hier ist Hampe gegen moderne Kritiker in Schutz zu nehmen, hat sein Buch noch wenig gemein mit der aggressiven Schärfe späterer Äußerungen. Hierfür ein letztes Zitat, mit dem Hampe endet: „Überlegenheit an Kultur, Technik, Arbeitsfreudigkeit und sittlicher Kraft brachte dem mittelalterlichen Deutschen mehr als rohe Gewalt seine erstaunlichen Erfolge. Gegenwärtig ist er im Völkergeschiebe des Ostens der weichende Teil, nicht weil er den dortigen Nachbarn unterlegen wäre, sondern weil es die westlichen Sieger zu seiner Schwächung so wollen. Er braucht indessen zu der höheren Kultur und Technik [...] durch ernste Sammlung und Stärkung des Arbeitswillens nur sein besseres Selbst zurückzugewinnen, um die Waagschale im Osten [...] zu seinen Gunsten zu senken und auch ohne neues Völkermorden im friedlichen Wettstreit der Nationen den Einflußbereich seiner Art und seiner Kultur wiederum auszudehnen."[22]

Die zentralen Aussagen dieses schmalen Bändchens blieben auch in der Folgezeit Thema und Zielsetzung einer breit gefächerten Einzelforschung:

einmal die Behauptung einer Kontinuitätslinie, die sich von Karl dem
Großen bis ins späte Mittelalter erstrecke, womit dem Geschehen eine quasi
naturgesetzliche Qualität zugesprochen wurde; zum anderen die Kulturträgertheorie, die alle kulturellen Errungenschaften der östlichen Nachbar-
völker auf deutschen Einfluß zurückführte.[23] Beide Argumentationsreihen
dienten, wie unschwer einzusehen ist, der Legitimierung deutscher Ansprüche im Osten. Sie waren je nach Lage revisionistisch als auch imperiali-
stisch zu verwenden und wurden so verwandt. Die in diesem Zusammenhang ausgebildete terminologische Differenzierung zwischen deutschem
Staatsboden, Volksboden und Kulturboden ließ eine Erweiterung der Revi-
sionsansprüche jederzeit zu. Dennoch ist festzuhalten, daß seit der Arbeit
Hampes zwar die Richtung der Argumentation vorgegeben war, diese sich
jedoch in Ton und Urteil deutlich von späteren Erzeugnissen abhebt.

Es ist hier nicht das Ziel, im einzelnen aufzuzeigen, wie in der Weimarer
Republik die historische Forschung durch Einrichtung wissenschaftlicher In-
situte, durch Zeitschriften, Reihen und die finanzielle Förderung einschlä-
giger Projekte auf den Weg der „Ostforschung" gewiesen wurde bzw. sozusagen in vorauseilender Geschäftigkeit sich dieses Themas annahm, es als
ihren Beitrag zum Volkstumskampf auffaßte.[24] Worauf jedoch nachdrücklich aufmerksam zu machen ist, ist die Tatsache, daß das Jahr 1933 mit der
nationalsozialistischen Machtergreifung in diesem Zusammenhang kein
Epochendatum darstellt.[25]

Wie kontinuierlich vielmehr seit den zwanziger Jahren an dem wissenschaftlichen Gebäude gebaut – und nach 1933 weitergebaut – wurde, zeigen
die Zwischenbilanzen und Forschungsüberblicke, die am Ende der dreißiger
und in den frühen vierziger Jahren erschienen. Sie alle konstatieren ein Auf-
blühen der Ostforschung seit dem Ende des Ersten Weltkriegs.[26] So konnte
Hermann Aubin, als er 1939 eine überarbeitete Fassung einer Aufsatzreihe
›Zur Erforschung der deutschen Ostbewegung‹ vorlegte, auf eine beträcht-
liche Anzahl von Büchern verweisen, die seit dem Hampeschen Band zu
diesem Thema erschienen waren. Als charakteristisch für die intensiven For-
schungsbemühungen hob er die interdisziplinäre Zusammenarbeit hervor,
an der sich Siedlungsgeographen, Sprachforscher, Volkskundler u. a. neben
den Historikern beteiligt hatten und die beachtliche methodische Fort-
schritte, namentlich auf dem Gebiet landesgeschichtlicher Einzelfor-
schungen, gezeitigt habe. Dieses Urteil besteht sicherlich zu Recht. Die
Unterschiede zu den Positionen Hampes aber sind charakteristisch für den
Fortgang der Forschung – und Aubin spart denn auch nicht mit Kritik an
Hampe.[27] Während dieser noch von einem Abbruch der mittelalterlichen
Ostbewegung gesprochen und überdies in den frühmittelalterlichen Jahrhunderten lediglich Vorstufen dieser Ostbewegung konstatiert hatte, postu-
lierte Aubin nun den einheitlichen Charakter aller mittelalterlichen und neu-

zeitlichen Vorgänge im Bereich des Ostens und akzeptierte so auch das Urteil von den Vorstufen nicht mehr: „Der Wandel der Formen kann nicht über
die Einheit der Grunderscheinung täuschen. So erweist es sich zweifellos als
berechtigt, trotz des An- und Abschwellens ihrer Stärke von einer durch die
mittelalterlichen und neuzeitlichen Jahrhunderte zusammenhängenden Bewegung des deutschen Volkes nach dem Osten hin zu sprechen."[28] Man muß
sich klar machen, daß mit dieser Einschätzung geschichtliche Erscheinungen und Prozesse, beginnend mit der karolingischen Südostpolitik und den
ottonischen Bemühungen um die Mission und die Marken im Elbslawenge-
biet, über die Siedlungsvorgänge im 12. und 13. Jahrhundert, die Geschichte
des Deutschen Ordens in Preußen bis hin zu Kolonisationsvorgängen unter
Friedrich dem Großen und der Zarin Katharina im 18. Jahrhundert, zu
einem einheitlichen Vorgang verbunden wurden.

Der einen deutschen Ostbewegung war so endgültig eine naturgesetzähn-
liche Zwangsläufigkeit attestiert. Dies macht nicht zuletzt den mobilisie-
renden Charakter dieser 'wissenschaftlichen Lehre' aus, denn auf die Gültigkeit von Naturgesetzen konnte man auch in Gegenwart und Zukunft
vertrauen. Die naturgesetzliche Gewalt dieses Vorgangs akzentuierte Aubin
mit der Wertung: „Es handelte sich im Grunde um eine Umkehr der wilden
Wogen der Völkerwanderung."[29] Wie immer man eine solche Geschichtsbe-
wertung bezeichnen mag – man hat sie mystifizierend und organizistisch genannt –, diese Sicht ist nicht spezifisch nationalsozialistisch, sondern schon
Teil des völkisch-nationalistischen Geschichtsbildes, wie es sich seit der Niederlage von 1918 entwickelt hatte und wie es Aubin so zusammenfaßt: „Das
deutsche Volk mußte es erleben, daß mit seinen Staatsgebieten, wie im Westen so noch mehr im Osten, zugleich sein Lebensraum zerrissen wurde und
daß man unter allen Nationen gerade ihm die Vereinigung seiner geschlos-
senen Wohngebiete innerhalb Mitteleuropas in einem Staate verweigerte.
Da nun hat das Bewußtsein der blutenden Grenzen und der Wille, im Geistigen die Einheit aufzubauen, die in der Wirklichkeit nicht hatte erreicht
werden können, sehr viel dazu beigetragen, die Deutschen aus der Enge der
territorialen und staatsbezogenen zu einer weiteren, allgemeindeutschen,
einer völkischen Geschichtsauffassung zu erwecken. Ohne fernerhin durch
einen Beigeschmack getrübt zu sein, wurde der großdeutsche Gedanke die
natürliche Losung des um seine Wiederaufrichtung ringenden Volkes."[30]

Nationalsozialisten drückten sich in dieser Zeit ganz anders aus, wenn sie
auf den tausendjährigen deutschen Kampf im Osten zu sprechen kamen, auf
den schon Adolf Hitler in ›Mein Kampf‹ als vorbildhaft für seine Boden- und
Lebensraumpolitik hingewiesen hatte: „Wollte man in Europa Grund und
Boden, dann mußte sich [. . .] das neue Reich wieder auf der Straße der ein-
stigen Ordensritter in Marsch setzen [. . .]."[31] Für nationalsozialistische
Diktion sei nur als ein Beispiel Franz Lüdtke zitiert, einen der führenden

NS-Ostlandpropagandisten, der 1941 sein Buch ›Ein Jahrtausend Krieg zwischen Deutschland und Polen‹ so einleitete: „Eine Vielzahl von Stämmen und Völkern hat uns in dem langen Zeitraum unsern Anspruch auf den Ostlandboden [...] streitig gemacht [...]. So mußte der Kampf kommen, in Abwehr und Angriff. Wir haben ihn bestanden. Unsere Leistung liegt begründet in unserem Blut, das den Boden schirmt, zu dem es gehört. Aus der Leistung aber erwuchs das Ethos des höheren Rechts. Es ist nicht das Recht der äußeren Gewalt, sondern das des Geistes. Er hat den Osten gestaltet, und das Schwert, das er sich schuf, war berufen, sein Werk zu schützen [...]. Bis in die Gegenwart! Da diese Zeilen geschrieben werden, geht es um die letzte Entscheidung im europäischen Osten und damit um den Osten überhaupt: um den Kampf gegen den Bolschewismus. In ihm hatten sich alle zerstörerischen Kräfte des Raumes [...] wie in einem Becken gesammelt und strömten nun den Hauch der Vernichtung aus. Unter dem Befehl des Führers ist Deutschland zum Retter nicht der deutschen, sondern der abendländischen Kultur geworden."[32] Diese und viele weitere Sätze sprechen eine andere Sprache als die Hampes oder Aubins, und es ist daher nötig zu differenzieren, ohne allerdings auch die Nähe des völkisch-nationalen Geschichtsbildes zum nationalsozialistischen zu leugnen und die somit vorgegebene „Anfälligkeit" der deutschen Historiker für nationalsozialistische Gedanken und Ziele zu übersehen.[33]

Diese Nähe wurde schlagend deutlich, als sich 1942 viele Autoren zusammenfanden, um Albert Brackmann zu seinem 70. Geburtstag zu ehren. Nichts lag angesichts der Arbeiten des Jubilars näher, als dem Werk den Titel ›Deutsche Ostforschung. Ergebnisse und Aufgaben seit dem ersten Weltkrieg‹ zu geben.[34] Alle Beiträge dieser Festschrift sind dem eben behandelten völkisch-nationalen Geschichtsbild verpflichtet, einige gehen deutlich darüber hinaus, indem sie den Problemen der sog. „völkischen Mischzonen" mit Methoden der Rassenlehre zu Leibe rücken. Man hält unwillkürlich den Atem an, wenn man die Ausführungen über die Langköpfe, Mittelköpfe, Kurzköpfe, Überkurzköpfe liest und dabei bedenkt, welch tödliche Konsequenz es in dieser Zeit für Betroffene haben konnte, der einen oder anderen Gruppe zugerechnet zu werden. Eingeleitet werden die diesbezüglichen Ausführungen Otto Reches wie folgt: „Das Großdeutsche Reich hat das Westslawentum nun endgültig in seine Obhut genommen. Damit gewinnt auch die Frage nach dem rassischen Bestand dieser Völker für uns ein erhöhtes Interesse, denn wir müssen uns darüber klar werden, was wir an rassischen Werten vor uns haben, schon weil sonst ein wirklich sinnvoller Einsatz nicht möglich ist, vor allem aber um die notwendige biologische Grenze gegen die uns rassisch fern stehenden Elemente ziehen zu können, die sich zahlreich genug im Slawentum finden."[35]

Die Festschrift bietet für unsere Fragestellung nicht zuletzt deshalb wichtige Informationen, weil viele Autoren im Angesicht der militärischen Erfolge – das Vorwort wurde im August 1942 verfaßt, die Beiträge dürften daher wohl 1941/42 geschrieben worden sein – auf die sich nun bietende Möglichkeit einer Neuordnung des Ostens zu sprechen kamen, ein Gedanke, der schon in den Vorbemerkungen der Herausgeber – unter ihnen Hermann Aubin und Otto Brunner – so artikuliert wurde: „Der gewaltige Umbruch im Osten Mitteleuropas, welchen seit den Sommermonaten des Jahres 1939 der Krieg heraufgeführt hat, indem die in den Pariser Vorortsdiktaten geschaffene Scheinordnung endgültig unter den Schlägen unserer Wehrmacht zusammenstürzte, hat zahlreiche alte und neue Probleme aufgerissen. Die deutsche Wissenschaft sah sich ihnen gegenüber dank den seit 1919 geleisteten Vorarbeiten besser gerüstet, als sie im Weltkrieg dagestanden hatte."[36]

In diesem Sinne ließen viele Beiträge die seit 1919 intensivierten Bemühungen um die wissenschaftliche Begründung der deutschen Ansprüche im Osten Revue passieren und bieten so einen sicheren Beleg für den ungeheuren Schub, den der verlorene Erste Weltkrieg für die deutsche Ostforschung bedeutete. Genau diesen Aspekt akzentuierte in der Festschrift auch der Ministerialdirektor Ernst Vollert, als er die Verdienste Albert Brackmanns um die ostdeutsche Volks- und Landesforschung würdigte: „Vor dem Weltkrieg hat die deutsche Wissenschaft im Gefühl fester Sicherheit, wie es das Bismarcksche Reich gewährte, keine Veranlassung finden können, den nationalen Besitzstand mit ihren Mitteln zu schützen und zu verteidigen, am wenigsten gegen die sich zwar wissenschaftlich ausgebenden, aber vom wissenschaftlichen Standpunkt aus meist unhaltbaren und gar zu deutlich als politische Zweckschriften erkennbaren polnischen Machwerke [...]. So konnte es kommen, daß auf der Versailler Friedenskonferenz die Polen mit ihrer geschichtsklitternden Propagandaliteratur und den sich darauf begründenden Denkschriften, besonders aber mit ihren die Wahrheit verfälschenden Nationalitätenkarten und -statistiken einen gewaltigen Erfolg erzielen konnten, dem bereites Material von deutscher Seite nicht entgegenzustellen war."[37] Vollert schildert dann die polnischen Bemühungen, durch Einrichtung von Instituten und Wissenschaftsorganisation „alles zusammenzutragen, was nur irgend zur Herabsetzung deutscher Kulturleistung im Osten und zur Verunglimpfung der preußischen Verwaltung diente". Und er würdigt die daraufhin einsetzende Einrichtung deutscher „Verteidigungs- und Abwehrstützpunkte", womit er gleichfalls wissenschaftliche Institute, Zeitschriften, Reihen und ähnliches meint, von denen aus nun deutscherseits der wissenschaftliche Kampf um die historisch begründbaren Rechte im Osten geführt und koordiniert wurde.[38]

Eine führende Rolle in diesen Auseinandersetzungen spielte zweifellos Albert Brackmann. An seinem Wirken lassen sich vielleicht exemplarisch

Vorgehensweise und Geist dieses wissenschaftlichen Deutschtumkampfes verdeutlichen.[39] Brackmann, der nach Universitätsstationen als Professor für mittlere und neuere Geschichte in Königsberg und Marburg 1922 Nachfolger Dietrich Schäfers in Berlin und 1929 Generaldirektor der Preußischen Staatsarchive wurde, galt zu Recht als einer der führenden Kenner der mittelalterlichen Papst- und Kaisergeschichte.[40] Er hatte u. a. als Herausgeber der ›Germania pontificia‹ große Verdienste um die Edition der die deutsche Geschichte betreffenden päpstlichen Quellen. Politisch engagiert trat er 1925 von der DVP zur DNVP über und gehörte so zum starken konservativ-rechten Flügel der deutschen Professorenschaft in der Weimarer Republik, der dem demokratischen Staatswesen deutlich ablehnend gegenüberstand.[41] Beginnend in den zwanziger, klar erkennbar aber erst in den dreißiger Jahren, also „an der Schwelle zu seinem siebten Lebensjahrzehnt", verlegte Brackmann seinen wissenschaftlichen Schwerpunkt auf die deutsche Ostpolitik und hier vor allem auf das frühe Jahrhundert der Ottonenzeit. Um dies zu verdeutlichen, genügt es, seine wichtigsten diesbezüglichen Arbeiten kurz Revue passieren zu lassen: 1926 ›Die Ostpolitik Ottos des Großen‹ in der ›Historischen Zeitschrift‹; 1931 ›Die Anfänge der Slawenmission und die Renovatio imperii des Jahres 800‹ in den ›Sitzungsberichten der Berliner Akademie der Wissenschaften‹; 1932 ›Der „römische Erneuerungsgedanke" und seine Bedeutung für die Reichspolitik der Kaiserzeit‹ (hier ging es zentral um die Ostpolitik Ottos III.); 1933 ›Die politische Entwicklung Osteuropas vom 10.–15. Jahrhundert‹, in dem von Brackmann herausgegebenen Band ›Deutschland und Polen. Beitrag zu ihren geschichtlichen Beziehungen‹; 1934 ›Die Anfänge des polnischen Staates‹, wieder ›Sitzungsberichte‹; 1936 ›Zantoch: Eine Burg im deutschen Osten‹, Buchpublikation über Ausgrabungen, deren historische Auswertung Brackmann übernahm; 1937 ›Magdeburg als Hauptstadt des deutschen Ostens‹, Buchpublikation; noch 1937 ›Die politische Bedeutung der Mauritius-Verehrung im frühen Mittelalter‹ in den ›Sitzungsberichten‹; 1938 ›Die Anfänge der abendländischen Kulturbewegung in Osteuropa und deren Träger‹ im ›Jahrbuch für die Geschichte Osteuropas‹; 1939 ›Kaiser Otto III. und die staatliche Umgestaltung Polens und Ungarns‹ in den ›Abhandlungen der Berliner Akademie‹; 1940 ›Die Anfänge des polnischen Staates in polnischer Darstellung‹ in einer ›Festschrift für Ernst Heymann‹.[42] Dies sind nur die wichtigsten die Geschichte des Ostens betreffenden Publikationen Brackmanns. Die Beschäftigung mit dieser Thematik drängte in dem genannten Zeitraum seine anderen wissenschaftlichen Schwerpunkte vollständig in den Hintergrund.

Vor der Behandlung der Fragestellungen, die die zitierten Arbeiten leiteten, und der Ergebnisse, die sie zeitigten, sei wenigstens schlaglichtartig ein Eindruck davon gegeben, in welchem Geist diese Studien betrieben wurden, oder anders gesagt, in welcher politischen Stimmung Brackmann seine Wendung zur Ostforschung vollzog. 1929 hielt Brackmann vor der Berliner Akademie der Wissenschaften die Gedächtnisrede für seinen verstorbenen Vorgänger auf dem Berliner Lehrstuhl, Dietrich Schäfer. Schäfer hatte selbst in seinem 1924 erschienenen Buch ›Osteuropa und wir Deutschen‹ die hier interessierende Thematik durch die Epochen verfolgt und mit dem Appell geschlossen: „Vorbedingung einer erträglichen Zukunft aber ist, daß wir bis zum letzten Mann ein starkes Staatsgefühl gewinnen. Internationalismus kann nicht unsere Losung sein; er führt mit Sicherheit in den Abgrund. Die ihn predigen, sind bewußt oder unbewußt Reichs- und Volksverderber, sind eine Pest, der wir erliegen werden, wenn es uns nicht gelingt, ihren letzten Keim zu vertilgen. Nur deutsches Staats- und Nationalgefühl kann uns retten."[43]

Ganz in diesem Sinne portraitierte ihn Brackmann und schloß seine Ausführungen wie folgt: „Was in der Erinnerung des deutschen Volkes von der Persönlichkeit Dietrich Schäfers haften wird, das wird nicht nur der Gelehrte, der akademische Lehrer, der Geschichtsschreiber sein, sondern der deutsche Mann mit seinem heißen vaterländischen Empfinden. Auch in unserem Kreise sehen wir ihn vor allem als unerschrockenen Kämpfer für das Wohl und die Ehre seines deutschen Volkes. Nicht ohne innere Bewegung erinnern wir uns in dieser Gedächtnisstunde der Worte, die er 1924 niederschrieb:

> Lenker der Welt, der himmlischen Scharen,
> Laß werden uns wieder, wie einstens wir waren,
> Männer, denen wallet das Blut,
> Männer mit starkem aufrechtem Mut,
> Männer, nicht Sklaven irdischer Lust,
> Männer, denen sich hebt die Brust,
> Wenn die Schwerter blitzen, die Trommel ruft,
> Die nicht bangen und zagen vor kalter Gruft.
> Herr gib uns wieder ein solches Geschlecht,
> Das frei nur will leben, nicht dienend als Knecht.

Vor solcher Gesinnung [fuhr Brackmann fort] verstummt die Kritik. Wir aber [...] gedenken seiner heute und in Zukunft in Liebe und Stolz, und dieses Gefühl wird so lange in besonderem Maße lebendig bleiben, als wir uns, wie er es tat, in heißem Verlangen nach der Befreiung aus den Ketten sehnen, die unser Volk seit nunmehr 10 Jahren gefesselt halten."[44] Man muß das hier und anderenorts ausgesprochene Bewußtsein wohl in Rechnung stellen, wenn man die wissenschaftliche Beschäftigung der gleichen Männer mit der mittelalterlichen Ostpolitik würdigen will.

Eine eingehendere Untersuchung der Arbeiten Brackmanns zeigt dann in der Tat, daß die Fragestellung wie die Ergebnisse seiner Bemühungen sehr deutlich den aktuellen Problemen verpflichtet waren. Eines der Beweisziele deutscher Forschung in dieser Zeit war, wie schon betont, die Rolle der Deutschen als Kulturträger herauszuarbeiten: Brackmann steuert zu diesem Thema etwa folgende Einschätzungen bei: „Wo befanden sich in Polen damals Kulturzentren wie Corvey oder Gandersheim oder Magdeburg – ganz zu schweigen von den Stätten der alten Kultur am Rhein? Gnesen und Posen waren Siedlungen primitivster Art. Der polnische Bauernstand auf der Anfangsstufe kultureller Betätigung. Und auch die politischen Leistungen des ersten Piasten erhoben sich nicht viel über das Niveau der Stammeshäuptlinge dieser Zeit."[45] Oder: „Eine tiefe Kluft trennt die beiden ersten Piasten und den von ihnen geschaffenen Staat in kultureller Beziehung von den Herrschergestalten und von den Staatsformen des Westens und des Ostens. Keinem von ihnen ist die Umbildung des primitiven Staates, den sie gegründet hatten, in einen Staat von kultureller Bedeutung geglückt." Und als Fazit nach mehreren Seiten derartiger Ausführungen: „Es ist immer wieder dasselbe Bild: der polnische Staat war für eine höhere politische und kulturelle Mission noch nicht geeignet."[46]

Es sei hier nur am Rande erwähnt, daß fast die gesamte deutsche Forschung in dieser Zeit den ersten Piasten, Mieszko, für einen Normannen hielt, der mit seinen Scharen oderaufwärts gefahren sei und in Polen eine Reichsgründung geschaffen habe, wie die Waräger in Rußland oder Rollo in der Normandie. Die Einschätzung basierte auf dem Argument, daß Mieszko in einer päpstlichen Quelle „Dagome" genannt wird und Dago ein normannischer Name ist.[47] Die These paßte natürlich gut zu dem Urteil, daß den Slawen selbst jede staatsbildende Kraft fehle.[48] Sie wurde übrigens nach 1945 aufgegeben.

Die vorrangige Absicht Brackmanns aber war es, eine zielgerichtete und weitausgreifende Ostpolitik insbesondere Ottos des Großen nachzuweisen und in diesem Zusammenhang die polnische Herrschaftsbildung der Piasten als zweit- und drittrangig zu klassifizieren, die von vornherein durch eine weitgehende Abhängigkeit vom deutschen Herrscher gekennzeichnet gewesen sei. Polnische Historiker waren zur gleichen Zeit intensiv damit beschäftigt, die Unabhängigkeit dieser Herrschaftsbildung vom deutschen Reich zu betonen, eine Sicht, die Brackmann in mehreren Arbeiten detailliert diskutierte und zurückwies.[49] Es ist hier natürlich nicht der Platz, diese Diskussion in allen Details vorzuführen, doch sei mit einigen der Hauptfragen zumindest angedeutet, daß die Auseinandersetzung nur vor den aktuellen Problemen des 20. Jahrhunderts verständlich ist.

Die Grenzen des Erzbistums Magdeburg waren ursprünglich nach Osten offen, hieß eine der wichtigsten Thesen. Otto der Große plante, mit anderen Worten, die Missionierung und Unterstellung aller slawischen Gebiete, einschließlich Polens, unter Magdeburger Oberhoheit. Diese Konzeption eines weitausgreifenden Erzbistums konnte aber nur bedeuten, daß auch die staatliche Ein- und Angliederung dieser Gebiete geplant war. Nach Brackmann scheiterten diese Pläne vor allem am Widerstand des Papstes. Die moderne Forschung ist von diesen Thesen gänzlich abgerückt, sie zielten allzu deutlich auf die Beschreibung eines schon fast eingedeutschten Polen.[50]

Für eine derartig zielgerichtete ottonische Ostpolitik gibt es nämlich kaum Anhaltspunkte. Unerklärt bleibt auch die Tatsache, daß Otto der Große die unterstellten ostpolitischen Initiativen so gut wie alle von Italien aus hätte in die Wege leiten müssen. Er verbrachte nämlich 9½ der 11 Jahre, in denen er seine angebliche Ostkonzeption durchzusetzen versuchte, nachweislich in Italien[51] – was im 19. Jahrhundert ja nicht zuletzt dazu geführt hatte, ihm und anderen Kaisern Versäumnisse in dieser Ostpolitik vorzuwerfen.[52] Und als 983 – wieder während der Abwesenheit eines Kaisers in Italien – eine Erhebung der Elbslawen alle missionspolitischen Erfolge der Ottonen zunichte machte[53] – die Grenze bildete über weite Strecken wieder die Elbe –, da dauerte es mehr als ein Jahrhundert, ehe man im Osten wieder expansiv wurde – und das unter gänzlich veränderten Vorzeichen.[54]

Die Otto dem Großen von Brackmann unterstellten Pläne und Ziele vergessen die wichtige Tatsache, daß das mittelalterliche Reich nicht in der Weise expansiv und erobernd tätig war, wie man sich das im 20. Jahrhundert von mächtigen Staaten vorstellte. Man begnügte sich im 10. Jahrhundert mit der Anerkennung einer nominellen Oberhoheit, Tributen, Lehnsbanden, ehrte den Nachbarn auch durch ein Freundschaftsbündnis oder bündelte all diese Bindungen, um den Frieden fester zu gestalten – nur an erobern dachte man selten.[55] Und wenn man schließlich noch erwähnt, daß massiver Widerstand von Reichsbischöfen – unter ihnen der Sohn Ottos – lange Jahre die Gründung des Erzbistums Magdeburg überhaupt verhinderte, dann wird wohl endgültig deutlich, daß die These von der geplanten weitausgreifenden Ostexpansion Ottos des Großen eine zeitgebundene Geschichtsinterpretation war, die an den Gegebenheiten der behandelten Zeit ebenso vorbeiging wie die bekämpften Bemühungen der polnischen Forschung.[56] Gleiches gilt für die von Brackmann und anderen formulierte Charakteristik des Staates der ersten Piasten, für die Frage des Ostseezugangs dieses Staates – die das Korridorproblem mit Argumenten aus dem 10. und 11. Jahrhundert zu lösen versuchte – und für andere Bewertungen, die ihren Zusammenhang mit den Problemen des 20. Jahrhunderts nicht verleugnen können.[57] Und deshalb ist auch Brackmanns Fazit nicht zuzustimmen: „Es war also im 10. Jahrhundert genauso wie später so oft in der polnischen Geschichte und zuletzt im Herbst '39: die Frontstellung gegen Deutschland brachte Polen den Niedergang oder den Untergang".[58]

Mitten in die Phase dieser massiven wissenschaftlichen Auseinandersetzungen zwischen Deutschen und Polen fiel der Internationale Historikerkongreß in Warschau, der 1933 stattfand.[59] Es stand natürlich zu befürchten, daß die Polen dieses Forum nutzen würden, um die eigenen Positionen der Weltöffentlichkeit der Historiker nachdrücklich vor Augen zu führen. Diese Gefahr führte in Deutschland zu dem Entschluß, dieses Feld nicht kampflos zu räumen, sondern die Auseinandersetzungen offensiv, d. h. durch eine wissenschaftlich hochkarätige Delegation aufzunehmen. Zu ihr gehörten u. a. Erich Brandenburg, Karl Brandi, Albert Brackmann, Robert Holtzmann, Wilhelm Mommsen und Hans Rothfels. Aber nicht nur dies: Man bereitete sich auch überaus gründlich auf dieses Ereignis vor. Einmal durch das schon erwähnte, von Brackmann herausgegebene Sammelwerk ›Deutschland und Polen. Beiträge zu ihren geschichtlichen Beziehungen‹, das 1933 erschien.[60] Zum anderen aber verschickte Brackmann ein Vademecum an alle Kongreßteilnehmer, mit der Bitte um strikte Vertraulichkeit, in dem die zwischen Polen und Deutschen strittigen Fragen auf sehr eigenartige Weise abgehandelt wurden. Auf 52 maschinengeschriebenen Seiten stellt immer wieder ein als 'Pole' bezeichneter Anonymus eine These auf, die ein 'Deutscher' genannter Anonymus dann ausführlich widerlegt.[61] Als Beispiel für dieses den gestandenen Wissenschaftlern als Hausaufgabe zugeschickte Thesenpapier sei folgendes zitiert:

Pole: Wenn Danzig heute deutsch ist, so ist es das nur deshalb, weil der deutsche Ritterorden die einheimische Bevölkerung ausgerottet hat. Bei der Besitzergreifung im Jahre 1308 hat er nämlich in einem furchtbaren Massacre 10000 polnische Bürger Danzigs hinschlachten lassen.

Deutscher: Diese Tatarennachricht entstammt bereits dem 14. Jahrhundert und bildet den wesentlichsten Punkt einer Greuelpropaganda, die Polen gegen den Deutschen Orden inszenierte, weil es sich in seinen eigenen Absichten auf Danzig getäuscht sah. Dagegen ist zu sagen:

1. Die Bewohner der Stadt Danzig vor Besitzergreifung durch den Orden, also unter der Herrschaft der einheimischen Pommerellischen Herzoghäuser, waren durchweg deutscher Herkunft; alle noch erhaltenen Bürgernamen aus jener Zeit zeugen dafür.
2. In dem der Stadt Danzig benachbarten Fischerdorf wohnten keine Polen, sondern Pommereller und nichtslawische Preußen.
3. Die Stadt Danzig zählte um 1300 überhaupt nur eine Bevölkerung von höchstens 1500–2000 Köpfen.
4. Bereits Papst Klemens V. hat in den Jahren 1310 eine eingehende Untersuchung über diese Anklagen gegen die Ordensritter angeordnet, die völlig negativ verlief, ebenso wie ein vom Papste im Jahre 1320 nochmals eingeleiteter Prozeß. Beide Prozesse, deren Akten samt den Zeugenaussagen noch vorhanden sind, bieten nicht die geringste Handhabe für die Begründung dieser Anschuldigung, so daß sich auch der Papst entschieden auf die Seite der Ordensritter stellte.[62]

An dieser Zurückweisung ist gewiß richtig, daß für diese Zeit eine Bezeichnung aller Bewohner Danzigs als Polen falsch ist. Auch die Zahl der Umgebrachten mag übertrieben sein. Damit ist aber die Tatsache eines Massakers durch ein Deutschordensheer keineswegs aus der Welt geschafft, ein Massaker, das in einer zeitgenössischen Quelle so beschrieben wird: *Frater Gunther* [von Schwartzburg, Führer des Ordensheeres] *occidit omnes milites etc.* [...] *et impleverunt fossam corporibus occisorum, nec quisquam captivabatur.*[63] (Man tötete also alle *milites* etc. d. h. alle, die sich am Kampfe beteiligten – oder auch andere? – und man füllte den Stadtgraben mit den Leibern der Getöteten und machte keine Gefangenen.) Diese Tatsache, die man wohl kaum anders als mit dem Wort Massacre bezeichnen kann, bleibt in der deutschen Antwort bezeichnenderweise unerwähnt. Als Grundlage für eine wissenschaftliche Diskussion dieses Problems eignen sich die Ausführungen daher wohl kaum.

Trotz dieses kämpferischen Einsatzes für deutsche Belange gerieten die Teilnehmer an diesem Kongreß in die Kritik nationalsozialistischer Propaganda, an der sich auch Kollegen maßgeblich beteiligten. So hielt 1934 ein Althistoriker in Göttingen anläßlich der Reichsgründungsfeier die akademische Festrede, in der er Karl Brandi wegen seiner Teilnahme an diesem Kongreß, wegen der 'Forschung um der Forschung willen', und wegen der überholten Vorstellung von der 'internationalen Gelehrtenrepublik' massiv schmähte. Brandi reagierte übrigens einigermaßen unprofessoral. Er forderte den Schmäher nämlich zum Pistolenduell – dem sich dieser jedoch nicht stellte.[64]

Mittelalterliche Ostpolitik – so darf man für die Phase der Weimarer Republik und des Dritten Reiches zusammenfassend sagen – wurde seit 1919 unter dem Blickwinkel der Rechtfertigung aktueller revisionistischer Ansprüche gesehen – auch und gerade von der Fachwissenschaft. Hieraus resultiert die Verdichtung aller Vorgänge im Osten zu einer einheitlichen Ostbewegung als einem Wesenszug des Deutschtums; hieraus die penetrante Betonung der Rolle der Deutschen als Kulturträger; und hieraus die Abwertung aller staatlichen und staatsbildenden Vorgänge namentlich in Polen. Dieses Geschichtsbild der mittelalterlichen Ostpolitik und -siedlung ist nicht typisch für die Nationalsozialisten, denn diese bemühten für ihre Lebensraumargumentation nicht allein historisch erworbene Rechte; bei ihnen dominierte das Recht der überlegenen Rasse – eine Argumentationslinie, der sich die Mittelalterhistoriker kaum öffneten. Daß sie dennoch alles andere als wertfreie Wissenschaft betrieben, dürfte deutlich geworden sein.

Es bleibt die Zeit nach 1945 und die Frage, wie die erneut gravierend veränderten politischen Verhältnisse auf die wissenschaftliche Einschätzung der mittelalterlichen Ostpolitik rückwirkten. Zunächst einmal: Es hat Versuche gegeben, so weiter zu machen wie bisher und auch publizierte gegenseitige Bescheinigungen, man habe keinen Grund umzudenken oder etwas von dem Geäußerten zurückzunehmen. Zitiert sei als ein Beispiel noch einmal Hermann Aubin – dies deshalb, weil er nach dem Krieg als Vorsit-

zender des deutschen Historikerverbandes eine exponierte Stellung inne-
hatte. Er schrieb 1952 unter dem Titel ›Gemeinsam Erstrebtes. Umrisse
eines Rechenschaftsberichtes‹ etwa folgende Einschätzungen nieder: „Im
Osten führte der Gang der abendländischen Entwicklung zu dem umge-
kehrten Verhältnis. Die Deutschen legten sich mit ihren höheren und
reicheren Lebensformen über die noch sehr einfachen Zustände der Einge-
borenen. Sie behielten die ihrigen bei [. . .]. Im Kulturellen gilt, daß das ein-
geborene Wesen fast ausschließlich als eine Unterschicht ohne anziehende
Kraft liegen blieb. Soweit es in die deutsche Gesittung einging, gehörte es
auch dort der Sphäre des einfachen Lebens an."[65] Hier ist also die Kulturträgertheorie, wenn auch in sprachlich leicht verändertem Gewande, noch
einmal sehr drastisch formuliert.

Trotz solcher und anderer Stimmen war die Situation der Wissenschaft
eher durch die Abwendung von der Erforschung der mittelalterlichen Ostpolitik gekennzeichnet. Namhafte DDR-Historiker haben nicht ganz zu Unrecht konstatiert, die bürgerliche Mediävistik habe nach dem Krieg sehr
schnell von der Propagierung des Reichsgedankens auf den Europagedan-
ken umgeschaltet und – der Politik der Westintegration der Bundesrepublik
folgend – die gemeinsamen Wurzeln der europäischen Völker im Karolinger-
reich und anderenorts – aber jedenfalls im Westen und Süden – gesucht.[66] In
diesem neuen Geschichtsbild hatte die Betonung einer expansiven Politik
des deutschen Reiches nach Osten keinen herausragenden Platz mehr.
Nichts vermag diesen Wandel besser zu verdeutlichen als der Hinweis, daß
man im Dritten Reich die 1000-Jahr-Feier des Herrschaftsantritts Ottos des
Großen 1936 noch zu einer nationalen Feier ausgestaltet hatte, während
man seinen 1000. Todestag 1973 in der bundesrepublikanischen Öffentlichkeit so gut wie vergaß.[67]

Konfrontiert mit dem unbewältigten Erbe der deutschen ostpolitischen
Vergangenheit wurde die Öffentlichkeit der Bundesrepublik – und auch die
Fachwissenschaft – wohl erst zu Beginn der siebziger Jahre, als die neue Ostpolitik der sozialliberalen Koalition in den Verhandlungen mit den östlichen
Nachbarstaaten auf dieses Erbe stieß und gestoßen wurde. Genau aus
diesen Jahren stammen zwei herausragende Initiativen, die in neuer Weise
und in neuem Geist an die Bewältigung der Probleme gingen. In drei Tagungen führte der Konstanzer Arbeitskreis polnische, tschechische, ungarische, deutsche und Historiker anderer Nationalitäten unter der Themenstel-
lung zusammen: Die deutsche Ostsiedlung des Mittelalters als Problem der
europäischen Geschichte.[68] Die Tagungen gelangen offensichtlich, und die
dort gehaltenen Vorträge wurden von Walter Schlesinger 1975 in einem Sammelband herausgegeben. Eingeleitet wurden die Tagungen mit Bestandsauf-
nahmen von Walter Schlesinger aus deutscher und František Graus aus
tschechischer Sicht. In dieser Bestandsaufnahme hat Walter Schlesinger eine

Grundvoraussetzung der gemeinsamen wissenschaftlichen Tätigkeit ausgesprochen, die für alle Zeiten und Geschichtsbilder gültig zu sein scheint: „Politische Ansprüche" – formulierte Schlesinger – „die ihrem Wesen nach die Folge von Machtentscheidungen sind, lassen sich historisch weder begründen noch widerlegen, sondern allenfalls verstehen. Wer diesem Satze nicht zustimmt, ist, so meine ich, bei der Diskussion unseres Themas fehl am Platze."[69] Dies gilt meines Erachtens uneingeschränkt noch heute, auch wenn seine Anwendung auf die Probleme des Ostens für manche Deutsche gewiß schwer ist.

Die andere bedeutsame Initiative waren die deutsch-polnischen Schulbuchkonferenzen, die in den Jahren 1972–76 gemeinsame Empfehlungen für die Revision der in den Schulbüchern enthaltenen und durch sie ungeheuer wirksamen Geschichtsbilder erarbeiteten.[70] Die Tätigkeit der Kommission dauert übrigens bis heute an. Worum es ging, mag mit einem Beispiel einer Arbeitsaufgabe für Schüler in der Weimarer Republik belegt werden: „Erkläre folgende Ausdrücke: Deutsche Sprachinsel, volksdeutsche Minderheit, die Deutschen als 'Kulturdünger' in aller Welt, das deutsche Volk, ein 'Volk ohne Raum'."[71] Hier findet sich noch einmal das Geschichtsbild der Weimarer Republik in wenigen Worten.

Die Gespräche mit den polnischen Kollegen gestalteten sich, wie man aus verschiedenen Erfahrungsberichten entnehmen kann, nicht leicht. Fast noch schwieriger war es, die Ergebnisse dieser Arbeit der bundesrepublikanischen Öffentlichkeit einsichtig zu machen. Es kam zu einer erregten öffentlichen Diskussion und zu Alternativ-Empfehlungen. Für das traditionelle deutsche Geschichtsbild über Polen stellten die Empfehlungen eine offensichtliche Zumutung dar.[72]

Inzwischen ist mit der Vereinigung von Bundesrepublik und DDR eine in mehrfacher Hinsicht neue Lage entstanden. Gerade die Vereinigung aber brachte auch einen bindenden Verzicht auf die ehemals deutschen Ostgebiete durch die neue Bundesrepublik Deutschland mit sich, der in Nachbarschafts- und Freundschaftsverträgen etwa mit Polen Eingang fand. Die öffentliche Diskussion um diese Verträge bis hin zum Abstimmungsverhalten der Abgeordneten des Bundestages machte eines noch einmal deutlich: Das Thema Verzicht auf die Ostgebiete weckt nach wie vor heftige Emotionen. Zu konstatieren ist überdies eine neue Welle von Ressentiments gegenüber Polen, insbesondere in den neuen Bundesländern, die nicht zuletzt aus den alten Stereotypen der 'Kulturträgertheorien' gespeist wird. Das Verhältnis gerade des vergrößerten Deutschlands zu seinen direkten östlichen Nachbarn ist also immer noch eines, das größte Sensibilität auf beiden Seiten erfordert. Die aber ist nur möglich auf der Grundlage einer genauen Kenntnis der Positionen, Argumente und Verirrungen in der Vergangenheit und daraus behutsam gezogener Konsequenzen. Niemand wird Heimatver-

triebenen die Achtung vor ihrem Schmerz und die Mittrauer um das Verlorene versagen; doch darf auch eines nicht vergessen werden: Revisionsan-
sprüche erzeugen Feindbilder und nähren solche. Und genauso wie der Satz
Walter Schlesingers, daß politische Ansprüche sich mit historischen Argumenten nicht begründen lassen, gilt auch die Maxime, daß kein kluges Volk
sich in seiner Politik von der Pflege eines Feindbildes leiten lassen sollte. Sie
wurde 1979 in Polen und für Polen formuliert, besitzt aber auch für Deutsche
ihre volle Gültigkeit.[73]

Anmerkungen

G. Althoff: Sinnstiftung und Instrumentalisierung

¹ Aus der Fülle diesbezüglicher Literatur nur eine Auswahl, die einen Einstieg in die Thematik ermöglicht: WERNER WEIDENFELD (Hrsg.), Die Identität der Deutschen (1983); DERS. (Hrsg.), Geschichtsbewußtsein der Deutschen. Materialien zur Spurensuche einer Nation (1987); KARL-ERNST JEISMANN (Hrsg.), Einheit – Freiheit – Selbstbestimmung. Die deutsche Frage im historisch-politischen Bewußtsein (1987); THOMAS M. GAULY, Die Last der Geschichte. Kontroversen zur deutschen Identität (1988); BERNHARD GIESEN (Hrsg.), Nationale und kulturelle Identität. Studien zur Entwicklung des kollektiven Bewußtseins in der Neuzeit (1991). Zum sogenannten Historikerstreit vgl. „Historikerstreit". Die Dokumentation der Kontroverse um die Einzigartigkeit der nationalsozialistischen Judenvernichtung (1987); IMMANUEL GEISS, Die Habermas-Kontroverse. Ein deutscher Streit, o. J. [1988]; HANS-ULRICH WEHLER, Entsorgung der deutschen Vergangenheit? Ein polemischer Essay zum ›Historikerstreit‹ (1988); zur Diskussion um die Präsentation von Geschichte in Museen vgl. HARTMUT BOOCKMANN, Geschichte im Museum? (1987); zum Themenfeld Identität der Deutschen zuletzt CHARLES S. MAYER, Die Gegenwart der Vergangenheit. Geschichte und die nationale Identität der Deutschen (1992).

² Der Facettenreichtum des Begriffs wurde besonders deutlich durch ODO MARQUARD – KARL-HEINZ STIERLE (Hrsg.), Identität (Poetik und Hermeneutik 8, 1979); spezieller zur nationalen Identität der Deutschen vgl. den Überblick bei WERNER WEIDENFELD, Die Identität der Deutschen – Fragen, Positionen, Perspektiven, in: DERS. (Hrsg.), Die Identität der Deutschen (1983) S. 13–49 mit vielen weiteren Hinweisen.

³ Zur Ich-Identität vgl. die grundlegenden Arbeiten von ERIK H. ERIKSON, Identität und Lebensrhythmus (1966); DERS., Dimensionen einer neuen Identität (1975); neuerdings s. HANS-PETER FREY – KARL HAUSSER (Hrsg.), Identität (1987) mit einem Abriß der sozialwissenschaftlichen Forschungsgeschichte; vgl. auch den Art. 'Identität, Ich-Identität', in: Historisches Wörterbuch der Philosophie, hrsg. v. JOACHIM RITTER – KARLFRIED GRÜNDER, 4 (1976) Sp. 148–151. Zur kollektiven Identität und den Problemen ihrer Erforschung vgl. JÜRGEN HABERMAS, Können komplexe Gesellschaften eine vernünftige Identität ausbilden?, in: DERS., Zur Rekonstruktion des Historischen Materialismus (1976) S. 92–126; vgl. hierzu zuletzt RUDOLF VON THADDEN, Aufbau nationaler Identität. Deutschland und Frankreich im Vergleich, in: GIESEN (wie Anm. 1) S. 493–510, bes. S. 495 ff.

⁴ Zur Entwicklung von Identität in der Bundesrepublik vgl. KARL DIETRICH BRACHER, WOLFGANG JÄGER, WERNER LINK (Hrsg.), Republik im Wandel 1969–1974 (1986) S. 396 ff. Die Bedeutung wirtschaftlicher Leistungen für die Identitätsbildung der Deutschen (über)betont jetzt HAROLD JAMES, A German Identity 1770–1990,

London 1989, dtsch. Deutsche Identität, 1770–1990 (1991), speziell zur Entwicklung der bundesrepublikanischen Identität s. dort S. 230 ff.

[5] Vgl. dazu die zahlreichen Beiträge: in: WILLI OELMÜLLER (Hrsg.), Wozu noch Geschichte? (1977); neuerdings KARL-ERNST JEISMANN, „Identität" statt „Emanzipation"? Zum Geschichtsbewußtsein in der Bundesrepublik, in: Aus Politik und Zeitgeschichte B 20–21/86 (1986) S. 3–16; HANS-ULRICH WEHLER, Aus der Geschichte lernen (1988), bes. S. 11–33.

[6] Vgl. aus der reichen Literatur zu diesem Thema FRANTIŠEK GRAUS, Lebendige Vergangenheit. Überlieferung im Mittelalter und in den Vorstellungen vom Mittelalter (1975); an herausragenden exempla orientiert ARNO BORST, Reden über die Staufer (1978), KLAUS SCHREINER, Friedrich Barbarossa – Herr der Welt, Zeuge der Wahrheit, die Verkörperung nationaler Macht und Herrlichkeit, in: Die Zeit der Staufer V (1979) S. 521–59. Aus der Sicht der Literaturwissenschaften s. RÜDIGER KROHN (Hrsg.), Materialien und Beiträge zur Mittelalter-Rezeption. Ein Symposion (1986); PETER WAPNEWSKI (Hrsg.), Mittelalter-Rezeption. Ein Symposion (1986); neuerdings zudem die Beiträge in REINHARD ELZE–PIERANGELO SCHIERA (Hrsg.), Il Medioevo nell'Ottocento in Italia e Germania. Das Mittelalter im 19. Jahrhundert in Italien und Deutschland (1988) und HORST FUHRMANN, Das Interesse am Mittelalter in heutiger Zeit. Beobachtungen und Vermutungen (Schriften des Historischen Kollegs. Dokumentationen 2: Theodor-Schieder-Gedächtnisvorlesung, 1987) S. 13–37, mit einem Literaturüberblick zum Thema S. 35 ff. Ein spezieller, aber für die Mittelalter-Rezeption wichtiger Teilbereich ist behandelt in Beiträgen sehr verschiedener Herkunft bei WOLFGANG STORCH (Hrsg.), Die Nibelungen. Bilder von Liebe, Verrat und Untergang (1987).

[7] Vgl. dazu ERNST-WOLFGANG BÖCKENFÖRDE, Die deutsche verfassungsgeschichtliche Forschung im 19. Jahrhundert (1961); HEINZ GOLLWITZER, Die Auffassung der mittelalterlichen Kaiserpolitik im 19. Jahrhundert. Eine ideologie- und wissenschaftsgeschichtliche Nachlese, in: Dauer und Wandel in der Geschichte. Festgabe für Kurt von Raumer, hrsg. von RUDOLF VIERHAUS und MANFRED BOTZENHART (1966) S. 483–512; ALEXANDER DEISENROTH, Deutsches Mittelalter und deutsche Geschichtswissenschaft im 19. Jahrhundert (1983), materialreich, aber mit einseitigen Wertungen. Das Interesse an der Thematik der mittelalterlichen Kaiserpolitik bis in die Zeit des Zweiten Weltkriegs hinein beweist nichts nachhaltiger als die Dokumentation von FRIEDRICH SCHNEIDER, Die neueren Anschauungen der deutschen Historiker über die deutsche Kaiserpolitik des Mittelalters und die mit ihr verbundene Ostpolitik, die 1934 in 1., 1943 in 6. erneut vermehrter Auflage erschien. Allg. zur Entwicklung der deutschen Geschichtswissenschaft vgl. GEORG IGGERS, Deutsche Geschichtswissenschaft. Eine Kritik der traditionellen Geschichtsauffassung von Herder bis zur Gegenwart ([3]1976).

[8] Vgl. dazu etwa HERMANN HEIMPEL, Deutschlands Mittelalter–Deutschlands Schicksal, in: DERS, Deutsches Mittelalter (1941) S. 9–30, S. 9 mit der programmatischen Wertung: „Deutschlands Mittelalter ist Deutschlands Anfang in Macht, Größe und Weltruf". Das im Text zitierte Wort von der „köstlichen Botschaft" des Mittelalters an das deutsche Volk findet sich bei ROBERT HOLTZMANN, Otto der Große (1936) S. 1. Vom marxistischen Standpunkt vgl. dazu JOACHIM STREISAND (Hrsg.), Studien über die deutsche Geschichtswissenschaft, 2 Bde. (1965); HANS SCHLEIER, Die bürgerliche deutsche Geschichtsschreibung der Weimarer Republik (1975).

[9] Aus diesem Blickwinkel erklärt sich nicht zuletzt die positive Bewertung Friedrich Barbarossas; vgl. dazu SCHREINER (wie Anm. 6); ARNO BORST, Barbarossas Erwachen – Zur Geschichte der deutschen Identität, in: MARQUARD–STIERLE (wie Anm. 1) S. 17–60; HARTMUT BOOCKMANN, Friedrich I. Barbarossa in der Malerei und Bildenden Kunst des Historismus, in: Bulletino dell'Istituto storico per il Medio Evo e Archivo Muratoriano 96, 1990, S. 347–365, wie auch die negative bzw. ambivalente Beurteilung Heinrichs IV., vgl. dazu HARALD ZIMMERMANN, Der Canossagang von 1077. Wirkungen und Wirklichkeit (1975). Die Diskussion um Heinrich IV. dokumentiert der Sammelband der Wiss. Buchgesellschaft: HELMUT KÄMPF (Hrsg.), Canossa als Wende (1969); vgl. dazu neuerdings GERD TELLENBACH, Der Charakter Heinrichs IV. Zugleich ein Versuch über die Erkennbarkeit menschlicher Individualität im hohen Mittelalter, in: Person und Gemeinschaft im Mittelalter. Karl Schmid zum fünfundsechszigsten Geburtstag, hrsg. v. GERD ALTHOFF, DIETER GEUENICH, OTTO GERHARD OEXLE und JOACHIM WOLLASCH (1988) S. 345–367.

[10] Zur Situation der Mediävistik nach 1945 vgl. WINFRIED SCHULZE, Deutsche Geschichtswissenschaft nach 1945 (1989) bes. S. 145 ff. („Neuorganisation der Monumenta Germaniae Historica"); KLAUS SCHREINER, Wissenschaft von der Geschichte des Mittelalters nach 1945. Kontinuitäten und Diskontinuitäten der Mittelalterforschung im geteilten Deutschland, in: ERNST SCHULIN (Hrsg.) Deutsche Geschichtswissenschaft nach dem Zweiten Weltkrieg (1945–1965) (1989) S. 87–146; bes. S. 92 ff. mit kenntnisreichen und abwägenden Urteilen über die Haltung der Mediävisten in dieser Situation. Vgl. auch DENS., Führertum, Rasse, Reich. Wissenschaft von der Geschichte nach der national-sozialistischen Machtergreifung, in: Wissenschaft im Dritten Reich, hrsg. v. PETER LUNDGREN (1985) S. 163–252 über die vorhergehende Zeit. Im Zusammenhang mit der westeuropäischen Integration stand etwa die 1965 vom Europarat in Aachen veranstaltete Ausstellung: Karl der Große, in deren Zusammenhang auch das vierbändige Werk Karl der Große. Lebenswerk und Nachleben, hrsg. v. WOLFGANG BRAUNFELS (1965–67) erschien.

[11] Vgl. dazu GERT-JOACHIM GLAESNER, Politische Kultur und nationales Erbe in der DDR, in: JEISMANN (Hrsg.) (wie Anm. 1) S. 120–142; JOHANNES KUPPE, Das Geschichtsbewußtsein in der DDR, in: WEIDENFELD (Hrsg.), Geschichtsbewußtsein der Deutschen (wie Anm. 1) S. 165–184.

[12] Kritisch zu dem Vorhaben BORST (wie Anm. 9) S. 18 ff. Zu möglichen Gründen für das neue Interesse am Mittelalter vgl. FUHRMANN (wie Anm. 6).

[13] Überdies zu notieren sind in den 70er, 80er und 90er Jahren eine Wittelsbacher-Ausstellung in Bayern, eine Zähringer-Ausstellung in Freiburg, eine Ausstellung über die mittelalterliche Stadt und mittelalterliches Bürgertum in Braunschweig, eine Kuenringer- und eine Babenberger-Ausstellung in Österreich, gar nicht zu erwähnen zahlreiche thematisch auf das Mittelalter bezogene Ausstellungen wie 'Rhein und Maas', 'Ornamenta ecclesiae' oder 'Die Parler', über das Evangeliar Heinrichs des Löwen oder zum 1000. Todestag der Kaiserin Theophanu. Alle Ausstellungen erfreuten sich regen Zuspruchs, so daß die Frage von ELISABETH WERNER, Das Mittelalter – ein ›ideales‹ Ausstellungsobjekt?, in: WAPNEWSKI (Hrsg.), Mittelalter-Rezeption (wie Anm. 6) S. 345–353 zweifelsohne zu bejahen ist – zumindest zur Zeit.

[14] Es ist interessant, daß unter dem modernen Titel ein sehr antiquiertes Bild von den Saliern verkauft wurde, in dem die alten Feinde der Königsmacht, Fürsten und

Päpste, fröhliche Urstände feierten. Dieses Ergebnis hängt wohl mit der tiefsitzenden Abneigung moderner Medienvertreter gegen 'wissenschaftliche Beratung' zusammen.

[15] Vgl. zu diesen Problemen jetzt MICHAEL SALEWSKI (Hrsg.), Nationale Identität und europäische Einigung (1992).

O. G. Oexle: Das entzweite Mittelalter

[1] REINHART KOSELLECK, Vergangene Zukunft, Frankfurt a. M. 1979, bes. S. 310 ff. Vgl. auch HANS-ULRICH GUMBRECHT, 'Modern, Modernität, Moderne', in: OTTO BRUNNER – WERNER CONZE – REINHART KOSELLECK (Hrsg.), Geschichtliche Grundbegriffe 4, 1978, S. 93–131.

[2] Vgl. OTTO GERHARD OEXLE, 'Historismus'. Überlegungen zur Geschichte des Phänomens und des Begriffs, in: Braunschweigische Wissenschaftliche Gesellschaft. Jahrbuch 1986, S. 119–155.

[3] Diese Feststellung berührt nicht die Tatsache einer Vielzahl von Variationen im einzelnen. Vgl. dazu aus der neueren Literatur PETER WAPNEWSKI (Hrsg.), Mittelalter-Rezeption. Ein Symposion, Stuttgart 1986, und HORST FUHRMANN, Das Interesse am Mittelalter in heutiger Zeit. Beobachtungen und Vermutungen, in: DERS., Einladung ins Mittelalter, München 1987, S. 262–280. Eine noch immer beeindruckende Typologie der Mittelalter-Deutungen der Moderne um 1800 versuchte RUDOLF STADELMANN, Grundformen der Mittelalterauffassung von Herder bis Ranke, in: Deutsche Vierteljahrschrift 9 (1931), S. 45–88. Dazu auch, mit derselben Absicht, UWE PÖRKSEN, Der Totentanz des Spätmittelalters und sein Wiederaufleben im 19. und 20. Jahrhundert, in: Mittelalter-Rezeption, S. 245–262, S. 259 f.

[4] Vgl. dazu z. B. den Titel des Spiegel 33/Nr. 7 vom 12. Februar 1979: Zurück ins Mittelalter. Iran: Der Islam fordert die Macht.

[5] Vgl. außer dem in Anm. 4 genannten Beispiel etwa die Artikel ›Rückfall ins Mittelalter‹ („Zu hohe Löhne behindern die Arbeitsteilung"), in: Die Zeit Nr. 28 vom 1. Juli 1977; ›Zurück ins Mittelalter‹ („Über die Motive der Kritiker, die gegen kontrollierte klinische Studien zum Nachweis der Wirksamkeit von Arzneimitteln sind"), in: ebd. Nr. 51 vom 15. Dezember 1978; ›Zurück ins Mittelalter‹ („Amnesty International kritisiert die Haftbedingungen der in der Bundesrepublik einsitzenden Terroristen"), in: Der Spiegel 34/Nr. 23 vom 2. Juni 1980; ›Zurück ins Mittelalter?‹ („Anwälte wollen den geheimen Strafprozeß wieder einführen"), in: Die Zeit Nr. 38 vom 17. September 1982, usw.

[6] CHRISTOPHER LASCH, The Culture of Narcissism. American Life in an Age of Diminishing Expectations, New York 1978; HELMUT SCHELSKY, Die Arbeit tun die anderen. Klassenkampf und Priesterherrschaft der Intellektuellen, Opladen 1975.

[7] ROBERTO VACCA, The Coming Dark Age, Garden City – New York 1974.

[8] UMBERTO ECO, Auf dem Wege zu einem Neuen Mittelalter, in: Ders., Über Gott und die Welt, München – Wien 1985, S. 7–33; der Essay erschien zuerst in dem Sammelband ›Documenti su il nuovo medioevo‹ (Mailand 1973).

[9] DIETER E. ZIMMER, Die schwarze Revolution. Die Zeitung nimmt Abschied vom Mittelalter, in: Zeit-Magazin Nr. 21 vom 12. Mai 1977, S. 12 ff.

[10] Darüber der Bericht von KONRAD ADAM, Wie das Mittelalter entlarvt wird, in: Frankfurter Allgemeine Zeitung Nr. 20 vom 24. Januar 1981.

[11] Vgl. die Zusammenstellung der französischen Topoi bei REGINE PERNOUD, Pour en finir avec le Moyen Age, Paris 1977.

[12] JOACHIM C. FEST, Hitler. Eine Biographie, Frankfurt a. M.–Berlin–Wien 1973, S. 943.

[13] LOTHAR KETTENACKER, Sozialpsychologische Aspekte der Führer-Herrschaft, in: GERHARD HIRSCHFELD–LOTHAR KETTENACKER (Hrsg.), Der „Führerstaat": Mythos und Realität (Veröffentlichungen des Deutschen Historischen Instituts London 8), Stuttgart 1981, S. 98–132, S. 127 ff.

[14] KLAUS HILDEBRAND, Nationalsozialismus ohne Hitler? Das Dritte Reich als Forschungsgegenstand der Geschichtswissenschaft, in: Geschichte in Wissenschaft und Unterricht 31 (1980), S. 289–304, S. 295 f.

[15] Dazu NIKOLAUS HIMMELMANN, Utopische Vergangenheit. Archäologie und moderne Kultur, Berlin 1976, S. 110 ff.

[16] Ebd. S. 111 mit zahlreichen Beispielen, die sich beliebig vermehren lassen.

[17] Dies ist auch der dominante Aspekt in dem Heft ›Mittelalter‹ des Magazins ›P. M. – Perspektive‹ vom Juni 1989, wie schon das Cover mit einer neuerdings vielerörterten Bordell-Darstellung aus der zweiten Hälfte des 15. Jh. anzeigt. Das Vorwort der Herausgeberin weist die gesamte Topik auf: „Das Leben war überschaubar ... Man kannte die Nachbarn, nicht verloren in der Anonymität ... Die Arbeit war zwar hart, aber alles, was man tat, war ursprünglicher, nicht entfremdet ... Der Umgang untereinander war unverblümt und deftig, hatte dabei aber gleichzeitig den Vorteil, daß man Gefühle freier ausleben konnte als heute ... Man folgte seinen Trieben. Ritterkultur und Minnedienst erscheinen uns heute in unserer gleichgültigen, nüchternen Welt als etwas Bewundernswertes. Dort herrschten strenge Regeln, wurden Ideale noch ... hochgehalten", usw.

[18] Dies ist die Sichtweise des Romanisten HANS ROBERT JAUSS, Alterität und Modernität der mittelalterlichen Literatur, München 1977.

[19] So das außerordentlich erfolgreiche Buch der Journalistin BARBARA W. TUCHMAN, A Distant Mirror. The Calamitous 14th Century, New York 1978; dt. Übers. unter dem Titel ›Der ferne Spiegel‹. Das dramatische 14. Jahrhundert, Düsseldorf 1980.

[20] Diese Wahrnehmung des Mittelalters vertritt z. B. der Dramatiker Tankred Dorst mit seinem bemerkenswerten Stück ›Merlin oder Das wüste Land‹. Dazu (anläßlich der Düsseldorfer Uraufführung) HANS SCHWAB-FELISCH, Merlin, der verzauberte Zauberer und die moderne Ritterwelt, in: Frankfurter Allgemeine Zeitung Nr. 28 vom 3. Februar 1982, sowie RÜDIGER KROHN, Mehrfach gebrochenes Mittelalter. Tankred Dorsts ›Merlin‹ auf der Bühne und in der Kritik, in: Mittelalter-Rezeption (wie Anm. 3), S. 296–307.

[21] Vgl. FRANCIS G. GENTRY, Die Darstellung des Mittelalters im amerikanischen Film von ›Robin Hood‹ bis ›Excalibur‹, in: Mittelalter-Rezeption (wie Anm. 3), S. 276–295.

[22] Ein hervorragendes Beispiel ist der Film ›La Passion Béatrice‹ des französischen Regisseurs Bertrand Tavernier von 1989. Vgl. die Besprechung von CLAUDIA WEFEL, in: Frankfurter Allgemeine Zeitung Nr. 131 vom 9. Juni 1989: „... ein filmi-

sches Szenario, in dem Poesie und Grauen, Schönheit und Brutalität, Pathos und Kargheit nah beieinanderliegen ..."; ein Film, „der von großen leidenschaftlichen Gefühlen erzählt, von Liebe und Haß, von Zerstörung, Gewalt und Tod, eine mythische Vater-Tochter-Geschichte ..." Der Film beabsichtigte zugleich auch eine authentische Dokumentation über den Niedergang des französischen Rittertums nach der Schlacht von Crécy (1346). Dazu heißt es in der Besprechung a. a. O.: „Der französische Mediävist Jacques Le Goff hat Taverniers Film eine doppelte Wahrhaftigkeit bescheinigt. In der inneren wie in der äußeren Gestaltung sei eine Authentizität erreicht worden wie nur selten in Mittelalteradaptionen."

[23] So ARNO BORST, Begegnung mit Barbarossa. Überlegungen über das neuerwachte Interesse an der Geschichte, in: Evangelische Kommentare 12, Dezember 1977, S. 719–722. Ähnlich, im Hinblick auf den überwältigenden Erfolg des Romans von U. Eco (s. unten Anm. 27), ERNST VOLTMER, Das Mittelalter ist noch nicht vorbei ... Über die merkwürdige Wiederentdeckung einer längst vergangenen Zeit und die verschiedenen Wege, sich ein Bild davon zu machen, in: ALFRED HAVERKAMP – ALFRED HEIT (Hrsg.), Ecos Rosenroman. Ein Kolloquium, München 1987, S. 185–228, S. 192 ff.

[24] Vgl. den Leitartikel ›Gegen die Besessenheit‹ von BERNHARD HEIMRICH in: Frankfurter Allgemeine Zeitung vom 13. August 1978.

[25] So PETER WAPNEWSKI, Ein neues Mittelalter?, in: Der Spiegel 31/Nr. 31 vom 25. Juli 1977.

[26] Vgl. MOSES I. FINLEY, Die Sklaverei in der Antike. Geschichte und Probleme, München 1981, S. 11 ff.

[27] UMBERTO ECO, Il nome della rosa, Mailand 1980.

[28] Vgl. dazu auch VOLTMER (wie Anm. 23), S. 213 ff.

[29] Vgl. LIONEL GOSSMAN, Medievalism and the Ideologies of the Enlightenment. The World and Work of La Curne de Sainte-Palaye, Baltimore 1968; JÜRGEN VOSS, Das Mittelalter im historischen Denken Frankreichs (Veröffentlichungen des Historischen Instituts der Universität Mannheim 3), München 1972; HORST MÖLLER, Vernunft und Kritik. Deutsche Aufklärung im 17. und 18. Jahrhundert, Frankfurt a. M. 1986, S. 144 ff.

[30] Vgl. HEINZ GOLLWITZER, Zur Auffassung der mittelalterlichen Kaiserpolitik im 19. Jahrhundert. Eine ideologie- und wissenschaftsgeschichtliche Nachlese, in: Dauer und Wandel in der Geschichte. Festgabe für Kurt von Raumer, Münster 1966, S. 483–512. Zum Verlust der Schemata nationaler Vergangenheitsdeutung in Deutschland nach 1945 vgl. HARTMUT BOOCKMANN, Die Gegenwart des Mittelalters, Berlin 1988.

[31] GERD KRUMEICH, Jeanne d'Arc in der Geschichte. Historiographie – Politik – Kultur (Beihefte der Francia 19), Sigmaringen 1989.

[32] MARK GIROUARD, The Return to Camelot. Chivalry and the English Gentleman, New Haven – London 1981; vgl. auch JOHN FRASER, America and the Patterns of Chivalry, Cambridge u. a. 1982.

[33] EDWARD GIBBON, The History of the Decline and Fall of the Roman Empire, edited by J. B. BURY, 7 Bde., London 1909/14.

[34] Zur Geschichte der Bearbeitung dieses Problems ALEXANDER DEMANDT, Der Fall Roms. Die Auflösung des Römischen Reiches im Urteil der Nachwelt, München 1984.

[35] Dazu vor allem WALTHER REHM, Der Untergang Roms im abendländischen Denken, Leipzig 1930, Nachdruck Darmstadt 1966.

[36] REHM (wie Anm. 35), S. 6.

[37] Dazu bes. Kap. 15 und 16, ed. BURY (wie Anm. 33), Bd. 2, S. 1ff. und 76ff.

[38] GIBBON, Kap. 71, ed. BURY (wie Anm. 33), Bd. 7, S. 321.

[39] Darüber MICHEL BARIDON, Edward Gibbon et le mythe de Rome. Histoire et idéologie au siècle des lumières, 2 Bde., Lille 1975.

[40] Darüber FRANÇOIS FURET, Civilisation et barbarie selon Gibbon, in: DERS., L'atelier de l'histoire, Paris 1982, S. 185–196, bes. S. 195 f.

[41] So z. B. KARL CHRIST, Von Gibbon zu Rostovtzeff, Darmstadt 1972, S. 25. Das Urteil kann sich auf NIEBUHR („herrliches Meisterwerk") und MOMMSEN („das bedeutendste Werk, das je über römische Geschichte geschrieben wurde") stützen, vgl. DEMANDT (wie Anm. 34), S. 132.

[42] So z. B. BARIDON (wie Anm. 39), S. 828 f.

[43] REHM (wie Anm. 35), S. 138: Nietzsche zog „ein Jahrhundert später klar und vernehmlich die Schlußfolgerungen, die Gibbon nicht gezogen hatte".

[44] NOVALIS, Die Christenheit oder Europa, in: DERS., Werke, Tagebücher und Briefe, Bd. 2: Das philosophisch-theoretische Werk, hrsg. von HANS-JOACHIM MÄHL, München–Wien 1973, S. 732 ff.; die folgenden Zitate hier S. 732, 733, 738, 742 und 744.

[45] REHM (wie Anm. 35), S. 135 f.

[46] NOVALIS, zit. bei REHM, S. 135.

[47] REHM (wie Anm. 35), S. 136 f., mit Hinweisen u. a. auf Adam Müller, Görres, F. Schlegel, Fichte und Schelling.

[48] NOVALIS, Die Christenheit oder Europa (wie Anm. 44), S. 732 und 736.

[49] Vgl. MANFRED RIEDEL, Artikel: 'Gesellschaft, Gemeinschaft', in: OTTO BRUNNER–WERNER CONZE–REINHART KOSELLECK (Hrsg.), Geschichtliche Grundbegriffe 2, 1975, S. 801–862, S. 812 ff. und 827 ff.; OTTO GERHARD OEXLE, Die mittelalterliche Zunft als Forschungsproblem. Ein Beitrag zur Wissenschaftsgeschichte der Moderne, in: Blätter für deutsche Landesgeschichte 118 (1982), S. 1–44, S. 17 ff.

[50] Vgl. OTTO GERHARD OEXLE–WERNER CONZE–RUDOLF WALTHER, Artikel: 'Stand, Klasse', in: BRUNNER–CONZE–KOSELLECK, Geschichtliche Grundbegriffe, Bd. 6, Abschnitt X/7 (R. WALTHER). – Reiches Material zum Thema bietet PAUL KLUCKHOHN, Persönlichkeit und Gemeinschaft. Studien zur Staatsauffassung der deutschen Romantik (Deutsche Vierteljahrsschrift für Literaturwissenschaft und Geistesgeschichte. Buchreihe 5), Halle 1925, bes. S. 47 ff., und RALPH H. BOWEN, German Theories of the corporative State, with Special Reference to the Period 1870–1919, New York–London 1947, S. 24 ff.

[51] WOLFGANG HARDTWIG, Geschichtsschreibung zwischen Alteuropa und moderner Welt. Jacob Burckhardt in seiner Zeit (Schriftenreihe der Historischen Kommission bei der Bayerischen Akademie der Wissenschaften 11), Göttingen 1974.

[52] JACOB BURCKHARDT, Die Kultur der Renaissance in Italien. Ein Versuch (Gesammelte Werke 3), Darmstadt 1955, S. 89. Hier zeigt sich das in der Typologie der Bilder vom Mittelalter so häufig anzutreffende 'Schluchtbild'. Dazu STADELMANN (wie Anm. 3), S. 86 ff. Vgl. auch Burckhardts Äußerungen über das Mittelalter in seiner Vorlesung ›Über geschichtliches Studium‹ ('Neues Schema') von 1868: JACOB

BURCKHARDT, Über das Studium der Geschichte, hrsg. von PETER GANZ, München 1982, S. 319 ff. – Die analoge Position zu J. Burckhardts Auffassung von Mittelalter und Renaissance vertrat in Frankreich JULES MICHELET im siebten Teil seiner ›Histoire de France‹ von 1855. Von Michelet hat Burckhardt das Stichwort von der „Entdeckung der Welt und des Menschen" übernommen.

[53] Unter dem unmittelbaren Einfluß der Deutungen J. Burckhardts steht die in der Kunstgeschichte immer wieder vertretene These, daß Darstellungen von Personen im Mittelalter wegen ihrer Einbindung in die Zusammenhänge der Religion nicht das Individuum, sondern nur das 'Typische' darstellen konnten: so z. B. PETER BLOCH, Bildnis im Mittelalter. Herrscherbild – Grabbild – Stifterbild, in: Bilder vom Menschen in der Kunst des Abendlandes, Berlin 1980, S. 105–120, sowie HENNING BOCK– RAINALD GROSSHANS, Das Bildnis. Das autonome Portrait seit der Renaissance, ebd. S. 143–161, mit audrücklicher Berufung auf „Jacob Burckhardts berühmten Satz" (S. 145). Das Beharrungsvermögen des Urteils erstaunt, da doch schon längst, ebenfalls von kunsthistorischer Seite, darauf hingewiesen wurde, daß auch die mittelalterliche Personendarstellung deutlich vom Streben nach Individualisierung und nach der Ähnlichkeit mit dem Dargestellten bestimmt ist. Vgl. OTTO GERHARD OEXLE, Memoria und Memorialbild, in: KARL SCHMID–JOACHIM WOLLASCH (Hrsg.), Memoria (Münstersche Mittelalterschriften 48), München 1984, S. 384–440, S. 436 ff. Eine unmittelbare Wirkung der Burckhardtschen Deutungen findet sich auch in der These von OTTO PÄCHT, Van Eyck. Die Begründung der altniederländischen Malerei, München 1989, S. 12, daß die „neue Schönheit" der Kunst des 15. Jh. „eine von ideologischen Fesseln befreite, eine nicht in irgendwelchen metaphysischen Werten und religiösen Idealen begründete, sondern eine aus der Sichtbarkeit, der farbigen Erscheinung, so unmittelbar wie möglich herausgeholte Schönheit" sei.

[54] Burckhardts Werk von 1860 bezeichnet den Beginn der modernen Renaissance-Forschung. Über die vielschichtige Auseinandersetzung mit diesem Werk in Aneignung, Kritik und Ablehnung AUGUST BUCK, Zu Begriff und Problem der Renaissance. Eine Einleitung, in: DERS. (Hrsg.), Zu Begriff und Problem der Renaissance (Wege der Forschung 204), Darmstadt 1969, S. 1–36, sowie die in diesem Band wiederabgedruckten Beiträge von DELIO CANTIMORI, HANNS W. EPPELSHEIMER und FRANCO SIMONE.

[55] RUDOLF STADELMANN, Jacob Burckhardt und das Mittelalter, in: Historische Zeitschrift 142 (1930), S. 457–515, S. 500.

[56] JACOB BURCKHARDT, Über das Mittelalter, in: DERS., Weltgeschichtliche Betrachtungen. Historische Fragmente aus dem Nachlaß (Gesamtausgabe Bd. 7), Berlin–Leipzig 1929, S. 248 ff., S. 249 und S. 254.

[57] Ebd. S. 252, 254.

[58] RIEDEL (wie Anm. 49), S. 854.

[59] FERDINAND TÖNNIES, Gemeinschaft und Gesellschaft. Grundbegriffe der reinen Soziologie, Nachdruck Darmstadt 1972. Den angegebenen Titel trägt das Buch seit der zweiten Auflage von 1912. Der Untertitel der ersten Auflage von 1887 lautete noch ›Abhandlung des Kommunismus und des Sozialismus als empirischer Kulturformen‹. Damit war gemeint, „daß die natürliche und (für uns) vergangene, immer aber zu Grunde liegende Constitution der Cultur communistisch ist, die actuelle und werdende socialistisch" (a. a. O. S. XXIV).

[60] Vgl. die rückblickenden Erläuterungen in der Vorrede zur 2. Aufl. von 1912, a. a. O. S. XXXV, mit dem Hinweis auf den wissenschaftsimmanenten Auslöser des Theorems, die Lektüre von HENRY MAINES ›Ancient Law‹ im Jahre 1880, mit den Äußerungen über den Kontrakt als Grund aller rationalen Rechtsverhältnisse.

[61] A. a. O. S. 251.

[62] Vorrede von 1912, S. XXXVII.

[63] Ebd. S. XXXI.

[64] FERDINAND TÖNNIES, Zur Einleitung in die Soziologie, in: DERS., Soziologische Studien und Kritiken 1, 1925, S. 65–74, S. 71. Zu den Kontexten dieser Äußerungen in der historischen und soziologischen Erforschung sozialer Gruppen in der europäischen Geschichte OEXLE (wie Anm. 49), S. 32 ff. und DERS., Kulturwissenschaftliche Reflexionen über soziale Gruppen in der mittelalterlichen Gesellschaft: Tönnies, Simmel, Durkheim und Max Weber, in: CHRISTIAN MEIER (Hrsg.), Zugehörigkeit zur Stadt in Antike und Mittelalter. Max Webers Ansätze unter der Frage, wie man sie überholen kann (im Druck).

[65] Erinnert sei hier an die Gegenüberstellung von moderner Arbeitsteilung und gesellschaftlicher Differenzierung einerseits, mittelalterlicher 'Korporation' andererseits bei EMILE DURKHEIM, De la division du travail social (1893), bes. im Vorwort zur zweiten Auflage dieses Buches von 1902, Paris ¹¹1986, S. I–XXXVI, sowie an die Gegenüberstellung von Mittelalter und Moderne bei GEORG SIMMEL, Philosophie des Geldes (1908) (Gesammelte Werke 1), Berlin ⁷1977. Vgl. OEXLE (wie Anm. 64), Abschnitte III und IV.

[66] THEODOR GEIGER, Artikel: 'Gemeinschaft', in: ALFRED VIERKANDT (Hrsg.), Handwörterbuch der Soziologie, 1931, S. 173–180, S. 175.

[67] OTTO GERHARD OEXLE, Das Mittelalter und das Unbehagen an der Moderne: Mittelalterbeschwörungen in der Weimarer Republik und danach, in: SUSANNA BURGHARTZ–HANS JÖRG KROMEN u. a. (Hrsg.), Spannungen und Widersprüche. Gedenkschrift für František Graus, Sigmaringen 1992, S. 1–29.

[68] PAUL LUDWIG LANDSBERG, Die Welt des Mittelalters und wir, Bonn 1922. Die folgenden Zitate hier S. 7, 9, 23 f., 76, 79 f., 11 f., 25.

[69] Dazu der in Anm. 67 genannte Beitrag.

[70] ROMANO GUARDINI, Das Ende der Neuzeit. Ein Versuch zur Orientierung, Basel 1950. Die Zitate hier S. 15 und 34 f. – Ein unmittelbares Pendant zu den Thesen und Deutungen R. Guardinis in der Kunstgeschichte bietet HANS SEDLMAYR, der zunächst in seinem Buch ›Verlust der Mitte‹ (Salzburg 1948) der Moderne als „Zeitwende in der Weltgeschichte" (seit 1760), gekennzeichnet durch den „autonomen Menschen" ebensowohl wie durch „Deshumanisation", und der „modernen Kunst" mit ihren „Symptomgruppen" und Tendenzen (u. a. „Polarisation", „Neigung zum Anorganischen", „Loslösung vom Boden", „Zug zum Unteren", „Herabsetzung des Menschen", „Aufhebung des Unterschieds von 'Oben' und 'Unten'") den Prozeß machte, um im Anschluß daran in seinem Buch ›Die Entstehung der Kathedrale‹ (Zürich 1950) die Kathedrale als „Abbild des Himmels" (S. 95 ff.), als „höchsten Gipfel" der europäischen Kunst (S. 9), die Kathedralarchitektur als „Ordnungsmacht für die anderen Künste" (S. 100) darzustellen.

[71] HANS BLUMENBERG, Die Legitimität der Neuzeit, Frankfurt a. M. 1966. Die Zitate hier S. 78 und 90.

⁷² RALF DAHRENDORF, Lebenschancen. Anläufe zur sozialen und politischen Theorie, Frankfurt a. M. 1979. Die Zitate hier S. 52, 58 und 67.
⁷³ Vgl. dazu die Explikationen und Argumentationsmuster von PETER KOSLOWSKI, Die postmoderne Kultur. Gesellschaftlich-kulturelle Konsequenzen der technischen Entwicklung (Perspektiven und Orientierungen. Schriftenreihe des Bundeskanzleramtes 2), München 1987; DERS., Die Prüfungen der Neuzeit, Wien 1989.
⁷⁴ Diese These von der Fesselung des Individuums in der Gemeinschaft als typisches Kennzeichen des Mittelalters vertritt wieder AARON J. GURJEWITSCH, Das Weltbild des mittelalterlichen Menschen, München 1980, S. 327 ff. („Auf der Suche nach der Persönlichkeit"). Ebenso in der Soziologie: HANS BAYER, Zur Soziologie des mittelalterlichen Individualisierungsprozesses. Ein Beitrag zu einer wirklichkeitsbezogenen Geistesgeschichte, in: Archiv für Kulturgeschichte 58 (1976), S. 115–153 (mit der Grundthese von der „archaischen", der „statischen" und „traditionsgeleiteten" Gesellschaft des Mittelalters: „Der Ordo der mittelalterlichen Gemeinschaftskultur ... steht ... jeglicher sozialer Emanzipation im Wege", S. 142). Das Bild vom traditionalen Mittelalter im Gegensatz zur prinzipiellen Wandlungsfähigkeit der Moderne findet sich auch in der Rechtssoziologie (N. Luhmann); kritisch dazu JOACHIM RÜKKERT, Autonomie des Rechts in rechtshistorischer Perspektive (Schriftenreihe der Juristischen Studiengesellschaft Hannover 19), Hannover 1988, S. 14 ff.; OTTO GERHARD OEXLE, Luhmanns Mittelalter, in: Rechtshistorisches Journal 10 (1991), S. 53–66.
⁷⁵ Vgl. KARL BOSL, Die Grundlagen der modernen Gesellschaft im Mittelalter, Bd. 1 (Monographien zur Geschichte des Mittelalters 4/1), Stuttgart 1972, S. 161 ff. („Die Verwandlung der archaischen Gesellschaft durch soziale Mobilität und gesellschaftlichen Aufstieg. Die Gesellschaftsstruktur der europäischen Aufbruchsepoche in Deutschland", seit dem 11. Jh.); PETER BLICKLE, Der Kommunalismus als Gestaltungsprinzip zwischen Mittelalter und Moderne, in: Gesellschaft und Gesellschaften. Festschrift Ulrich Im Hof, Bern 1982, S. 95–113 (der 'Kommunalismus' als „horizontales Ordnungsprinzip" der Gemeinde steht in einem Antagonismus zum 'Feudalismus' und stellt deshalb ein „Gestaltungsprinzip" dar, das zwar seit dem 14. Jh. in Erscheinung tritt, aber eigentlich außerhalb des Mittelalters, nämlich „zwischen Mittelalter und Moderne" steht); NORBERT ELIAS, Thomas Morus' Staatskritik, in: WILHELM VOSSKAMP (Hrsg.), Utopieforschung, Bd. 2, Frankfurt a. M. 1985, S. 101–150, verweist „Zur Erklärung von Morus' Idee der Aufhebung des Privatbesitzes" u. a. auf die „Auflösung der mittelalterlichen Korporation" und die „wachsende Individualisierung" (S. 133 f.); für THOMAS NIPPERDEY wird die „Neuzeitlichkeit" des utopischen Denkens darin sichtbar, „daß sich die Utopie nicht nur gegen das theologisch fundierte Zeit- und Geschichtsverständnis des Mittelalters, sondern überhaupt gegen die Tradition, gegen die Übermacht des Gewordenen, des Vergangenen und Gegebenen wendet" (Gesellschaft, Kultur, Theorie [Kritische Studien zur Geschichtswissenschaft 18], Göttingen 1976, S. 79); ebenso sei das moderne Vereins- und Assoziationswesen seit dem Ende des 18. Jh. Ausdruck der Modernisierung, weil die hier wirksamen Motive „in der herrschaftlich-korporativ organisierten alten Welt" keine Erfüllung gefunden hätten – hier habe der Einzelne „in dem durch Haus, Korporation, Kirchengemeinde ... strukturierten Lebenskreis" gelebt, „in den Mustern der Tradition"; er lebte „mit seiner Gruppe konform" (ebd. S. 178 f.). Vgl. OTTO GERHARD

OEXLE, Das Bild der Moderne vom Mittelalter und die moderne Mittelalterforschung, in: Frühmittelalterliche Studien 24 (1990), S. 1–22.

[76] REINHART KOSELLECK, 'Neuzeit'. Zur Semantik moderner Bewegungsbegriffe, in: DERS., Vergangene Zukunft (wie Anm. 1), S. 300–348; DERS., Das achtzehnte Jahrhundert als Beginn der Neuzeit, in: REINHART HERZOG–REINHART KOSELLECK (Hrsg.), Epochenschwelle und Epochenbewußtsein (Poetik und Hermeneutik 12), München 1987, S. 269–282; DERS., Moderne Sozialgeschichte und historische Zeiten, in: PIETRO ROSSI (Hrsg.), Theorie der modernen Geschichtsschreibung, Frankfurt a. M. 1987, S. 173–190.

[77] KOSELLECK, Moderne Sozialgeschichte (wie Anm. 76), S. 178.

[78] Darüber Voss (wie Anm. 29), S. 22 ff.

[79] KOSELLECK, Moderne Sozialgeschichte (wie Anm. 76), S. 178. Vgl. dazu oben Anm. 54.

[80] LUCIE VARGA, Das Schlagwort vom „finsteren Mittelalter" (Veröffentlichungen des Seminars für Wirtschafts- und Kulturgeschichte an der Universität Wien 8), Baden-Brünn 1932; NATHAN EDELMAN, Attitudes of Seventeenth Century France toward the Middle Ages, New York 1946; Voss (wie Anm. 29).

[81] KOSELLECK, Moderne Sozialgeschichte (wie Anm. 76), S. 178.

[82] Ebd. S. 178 f.

[83] Ebd. S. 179.

[84] REINHART KOSELLECK, Artikel: 'Fortschritt', in: OTTO BRUNNER–WERNER CONZE–REINHART KOSELLECK (Hrsg.), Geschichtliche Grundbegriffe 2, 1975, S. 351–423; S. 371 ff. mit der Feststellung: „Die Renaissance brachte zwar das Bewußtsein einer neuen Zeit hervor, aber noch nicht das des Fortschreitens in eine bessere Zukunft, solange das Mittelalter als dunkle Zwischenzeit erschien, über die hinweg das Altertum als Vorbild betrachtet wurde" (S. 371).

[85] Ebd. S. 384 ff., bes. S. 388 f.

[86] Vgl. GERD VAN DEN HEUVEL, Artikel: 'Féodalité. Féodal', in: Handbuch politisch-sozialer Grundbegriffe in Frankreich 1680–1820, Heft 10, München 1988, S. 7–54.

[87] CHRISTIAN MEIER, Was soll uns heute noch die Alte Geschichte, in: DERS., Entstehung des Begriffs 'Demokratie'. Vier Prolegomena zu einer historischen Theorie, Frankfurt a. M. 1970, S. 151–181, S. 176.

[88] Vgl. die Hinweise oben in den Anm. 12 f., 53, 70–75.

[89] JÜRGEN KOCKA (Hrsg.), Max Weber, der Historiker (Kritische Studien zur Geschichtswissenschaft 73), Göttingen 1986, vor allem mit dem einleitenden Essai ›Max Webers Bedeutung für die Geschichtswissenschaft‹ von J. KOCKA.

[90] Darüber zuletzt die dezidierten Ausführungen von CHRISTIAN MEIER, Max Weber und die Antike, in: CHRISTIAN GNEUSS–JÜRGEN KOCKA (Hrsg.), Max Weber. Ein Symposion, München 1988, S. 11–24.

[91] Einen Neuansatz unternahm KLAUS SCHREINER, Die mittelalterliche Stadt in Webers Analyse und die Deutung des okzidentalen Rationalismus, in: Max Weber, der Historiker (wie Anm. 89), S. 119–150. Dazu aber OEXLE (wie Anm. 64), Abschnitte V bis VIII, mit anderen Bewertungen.

[92] DIRK KÄSLER, Max Weber, in: DERS. (Hrsg.), Klassiker des soziologischen Denkens, Bd. 2, München 1978, S. 40–177, S. 47.

⁹³ MAX WEBER, Gesammelte Aufsätze zur Religionssoziologie, Bd. 1, Tübingen
⁷1978, S. 238.
⁹⁴ Vgl. WILHELM HENNIS, Max Webers Fragestellung, Tübingen 1987.
⁹⁵ Nämlich in der Frage nach dem Grund für „eines der eigenartigsten" Schau-
spiele, „das die Geschichte kennt: die innere Selbstauflösung einer alten Kultur" und
die „in den Tiefen der Gesellschaft" sich vollziehenden „Strukturänderungen", die
„zum Feudalismus drängen": MAX WEBER, Die sozialen Gründe des Untergangs der
antiken Kultur, in: DERS., Gesammelte Aufsätze zur Sozial- und Wirtschaftsgeschichte, Tübingen ²1988, S. 289–311, S. 291, S. 310.
⁹⁶ WEBER, Religionssoziologie (wie Anm. 93), S. 1.
⁹⁷ MAX WEBER, Die Stadt. Eine soziologische Untersuchung, in: Archiv für Sozial-
wissenschaft und Sozialpolitik 47 (1920/21), S. 621–772. Dazu jetzt der von CH. MEIER
hrsg. Sammelband (s. o. Anm. 64).
⁹⁸ Ebd. S. 658: „Die Stadt des Okzidents, in speziellem Sinn aber die mittelalterliche, . . . war . . . eine schwurgemeinschaftliche Verbrüderung." Ebd. S. 659 f.:
„Entscheidend war für die Entwicklung der mittelalterlichen Stadt zum Verband
aber, daß die Bürger in einer Zeit, als ihre ökonomischen Interessen zur anstalts-
mäßigen Vergesellschaftung drängten, einerseits daran nicht durch magische oder
durch religiöse Schranken gehindert waren, und daß andererseits auch keine rationale Verwaltung eines politischen Verbandes über ihnen stand . . . Die Entstehung
des autonomen und autokephalen mittelalterlichen Stadtverbandes . . . ist ein Vorgang, der sich von aller nicht nur asiatischen, sondern auch antiken Stadtentwicklung
wesenhaft unterscheidet." Max Weber konnte diese Perspektive Otto von Gierke
und seiner ›Rechtsgeschichte der deutschen Genossenschaft‹ von 1868 entnehmen.
Vgl. OTTO GERHARD OEXLE, Otto von Gierkes ›Rechtsgeschichte der deutschen
Genossenschaft‹. Ein Versuch wissenschaftsgeschichtlicher Rekapitulation, in:
NOTKER HAMMERSTEIN (Hrsg.), Deutsche Geschichtswissenschaft um 1900, Stuttgart
1988, S. 193–218.
⁹⁹ Vgl. OTTO GERHARD OEXLE, Ein politischer Historiker: Georg von Below
(1858–1927), in: Deutsche Geschichtswissenschaft um 1900 (wie Anm. 98), S. 283–
312.
¹⁰⁰ Vgl. JÜRGEN KOCKA, Otto Hintze, in: HANS-ULRICH WEHLER (Hrsg.), Deutsche Historiker, Bd. 3, Göttingen 1972, S. 41–64, und die beiden Beiträge von
WINFRIED SCHULZE (›Otto Hintze und die deutsche Geschichtswissenschaft um
1900‹) und von PIERANGELO SCHIERA (›Otto Hintze und die Krise des modernen
Staates‹), in: Deutsche Geschichtswissenschaft um 1900 (wie Anm. 98), S. 323–340
und S. 341–355.
¹⁰¹ OTTO HINTZE, Weltgeschichtliche Bedingungen der Repräsentativverfassung,
in: DERS., Staat und Verfassung (Gesammelte Abhandlungen 1), Göttingen ³1970,
S. 140–185, S. 140.
¹⁰² Vgl. OTTO GERHARD OEXLE, Sozialgeschichte – Begriffsgeschichte – Wissenschaftsgeschichte. Anmerkungen zum Werk Otto Brunners, in: Vierteljahrschrift für
Sozial- und Wirtschaftsgeschichte 71 (1984), S. 305–341.
¹⁰³ Vgl. OTTO GERHARD OEXLE, Marc Bloch et la critique de la raison historique,
in: HARTMUT ATSMA–ANDRÉ BURGUIÈRE (Hrsg.), Marc Bloch aujourd'hui. Histoire
comparée et Sciences sociales, Paris 1990, S. 419–433.

[104] MARC BLOCH, Pour une histoire comparée des sociétés européennes, in: DERS., Mélanges historiques, Bd. 1, Paris 1983, S. 16–40.

[105] MARC BLOCH, La société féodale, Neudruck Paris 1968.

[106] Ebd. S. 13.

[107] Auch dies ist eine Sichtweise der mittelalterlichen Gesellschaft, die auf Gierke und seine Darlegungen über den Gegensatz von 'Feudalismus' und 'freier Einung' zurückgeht, vgl. OEXLE (wie Anm. 98), S. 206 ff., bes. S. 212 f.

[108] BLOCH (wie Anm. 105), S. 603 ff. Vgl. dazu auch S. 309 ff., 493 f., 563 ff. Das Zitat S. 320.

[109] Ebd. S. 15.

[110] Hier ist ein weiteres Mal an Gierke und seine › Rechtsgeschichte der deutschen Genossenschaft‹ von 1868 zu erinnern, vgl. OEXLE (wie Anm. 98).

[111] ERNST PITZ, Der Untergang des Mittelalters. Die Erfassung der geschichtlichen Grundlagen Europas in der politisch-historischen Literatur des 16. bis 18. Jahrhunderts (Historische Forschungen 35), Berlin 1987.

D. Mertens: Mittelalterbilder

[1] STEPHAN SKALWEIT, Der Beginn der Neuzeit. Epochengrenze und Epochenbegriff (Erträge der Forschung 178), Darmstadt 1978, S. 3 ff.; WINFRIED SCHULZE, Einführung in die Neuere Geschichte (Uni-Taschenbücher 1422), Stuttgart 1987, S. 13 ff. – HORST FUHRMANN, Einladung ins Mittelalter, München 1988.

[2] REINHART KOSELLECK, Standortbindung und Zeitlichkeit. Ein Beitrag zur historiographischen Erschließung der geschichtlichen Welt, in: DERS., Vergangene Zukunft. Zur Semantik geschichtlicher Zeiten (Suhrkamp-Taschenbuch Wissenschaft 757), Frankfurt a. M. 1989, S. 176–207.

[3] Vom „Ende der Neuzeit" sprach schon 1844, also am Beginn der Verwendungsgeschichte des Terminus „Neuzeit", MAX STIRNER, Der Einzige und sein Eigentum, hrsg. von AHLRICH MEYER, Stuttgart 1972, S. 142: „in diesem Ende der Neuzeit (Zeit der Neuen)"; zur Einordnung („Altertum, Mittelalter, Reformationsgeschichte bis heute") vgl. S. 89 ff.

[4] REINHART KOSELLECK, 'Neuzeit'. Zur Semantik moderner Bewegungsbegriffe, in: DERS., Vergangene Zukunft (wie Anm. 2), S. 300–348; DERS., Das achtzehnte Jahrhundert als Beginn der Neuzeit, in: Epochenschwelle und Epochenbewußtsein, hrsg. von REINHART HERZOG und REINHART KOSELLECK (Poetik und Hermeneutik 12), München 1987, S. 269–282; HORST GÜNTHER, Neuzeit, Mittelalter, Altertum, in: Historisches Wörterbuch der Philosophie 6, Darmstadt 1984, Sp. 782–798. Zu den bislang gebuchten Belegen von 1838 und 1844 können hinzutreten: STIRNER (wie Anm. 3) und JULIUS FICKER, Das Deutsche Kaiserreich in seinen universalen und nationalen Beziehungen [1861], in: Universalstaat oder Nationalstaat. Macht und Ende des Ersten deutschen Reiches. Die Streitschriften von Heinrich v. Sybel und Julius Ficker zur deutschen Kaiserpolitik des Mittelalters, hrsg. von FRIEDRICH SCHNEIDER, Innsbruck 1941, S. 138, 142.

[5] FRITZ SCHALK, Artikel: 'Aufklärung', in: Historisches Wörterbuch der Philosophie 1, Basel 1971, Sp. 620 ff.; HORST STUKE, Artikel: 'Aufklärung', in: Geschichtliche

Grundbegriffe. Historisches Lexikon zur politisch-sozialen Sprache in Deutschland, hrsg. von OTTO BRUNNER, WERNER CONZE und REINHART KOSELLECK, Bd. 1, Stuttgart 1972, S. 243–342, hier S. 244 ff.

⁶ KOSELLECK, 'Neuzeit' (wie Anm. 4), S. 302 ff.

⁷ ERICH MEUTHEN, Gab es ein spätes Mittelalter?, in: Spätzeit. Studien zu den Problemen eines historischen Epochenbegriffs, hrsg. von JOHANNES KUNISCH (Historische Forschungen 42), Berlin 1990, S. 91–135. DERS., Das 15. Jahrhundert (Oldenbourg Grundriß der Geschichte 9), München–Wien 1980, S. 2 grenzt ein 'langes' 15. Jahrhundert als „endmittelalterliche Epoche" aus. – Der bündige Ausdruck „Spätmittelalter" könnte von Jacob Burckhardt stammen; er findet sich (erstmals?) 1860 in seiner › Kultur der Renaissance in Italien ‹, IV, 1; in der Ausgabe Stuttgart 1958 (Kröners Taschenausgabe 53), S. 264.

⁸ GÜNTHER (wie Anm. 4), Sp. 791.

⁹ Mit den Ausdrücken 'unser Mittelalter' und 'unser heutiges Mittelalter' sollen im folgenden die im heutigen traditionellen Verständnis dem Mittelalter zugerechneten Jahrhunderte, also etwa die vom 6. bis 15./16. Jh., bezeichnet werden, wenn kein zeitgenössischer Mittelalterbegriff zur Verfügung steht.

¹⁰ UWE NEDDERMEYER, Das Mittelalter in der deutschen Historiographie vom 15. bis zum 18. Jahrhundert. Geschichtsgliederung und Epochenverständnis in der frühen Neuzeit (Kölner historische Abhandlungen 34), Köln–Wien 1988, S. 165–201.

¹¹ Vgl. GERT MELVILLE, Geschichte in graphischer Gestalt. Beobachtungen zu einer spätmittelalterlichen Darstellungsweise, in: Geschichtsschreibung und Geschichtsbewußtsein im späten Mittelalter, hrsg. von HANS PATZE (Vorträge und Forschungen 31), Sigmaringen 1987, S. 57–154.

¹² THEODOR E. MOMMSEN, Der Begriff des „Finsteren Zeitalters" bei Petrarca, in: AUGUST BUCK (Hrsg.), Zu Begriff und Problem der Renaissance (Wege der Forschung 204), Darmstadt 1969, S. 151–179; ERNEST H. WILKINS, Die Krönung Petrarcas, in: AUGUST BUCK (Hrsg.), Petrarca (Wege der Forschung 353), Darmstadt 1976, S. 100–167; WERNER SUERBAUM, Poeta laureatus et triumphans. Die Dichterkrönung Petrarcas und sein Ennius-Bild, in: Poetica, Zeitschrift für Sprach- und Literaturwissenschaft 5 (1972), S. 293–328; CARLO GODI, La „Collatio laureationis" del Petrarca, in: Italia medioevale e umanistica 13 (1970), S. 1–27; DIETER MERTENS, Petrarcas „Privilegium Laureationis", in: Litterae Medii Aevi. Festschrift für JOHANNE AUTENRIETH zu ihrem 65. Geburtstag, hrsg. von MICHAEL BORGOLTE und HERRAD SPILLING, Sigmaringen 1988, S. 225–247.

¹³ JOSEPH CHMEL (ed.), Regesta chronologica diplomatica Friderici IV. Romanorum regis (imperatoris III.), Wien 1840 (Nachdruck Hildesheim 1962), Anhang S. XXIX.

¹⁴ BRIGITTE SCHÜRMANN, Die Rezeption der Werke Ottos von Freising im 15. und frühen 16. Jahrhundert, Stuttgart 1986, S. 14 ff., 17–27.

¹⁵ AENEAS SILVIUS, Germania, und JAKOB WIMPFELING, Responsa et replicae ad Eneam Silvium, hrsg. von ADOLF SCHMIDT, Köln–Graz 1962.

¹⁶ Ebd. S. 66 f.

¹⁷ JAKOB WIMPFELING, Responsa et replicae, ebd. S. 125.

¹⁸ LUDWIG KRAPF, Germanenmythus und Reichsideologie. Frühhumanistische Rezeptionsweisen der Taciteischen › Germania ‹ (Studien zur deutschen Literatur 59),

Tübingen 1959; JACQUES RIDÉ, L'image du germain dans la pensée et la littérature allemandes de la redécouverte de Tacite à la fin du XVIème siècle, I–III, Lille–Paris 1977, bes. I, S. 229 ff. (Celtis), S. 389 ff. (Aventin), S. 409 ff. (Bebel), 441 ff., 570 ff. (Hutten).

¹⁹ JAKOB WIMPFELING, Responsa et replicae (wie Anm. 15), S. 129 f.
²⁰ Vgl. JAKOB WIMPFELING, Briefwechsel, hrsg. von OTTO HERDING und DIETER MERTENS, 1–2 (Jacobi Wimpfelingi opera selecta III/1. 2.), München 1990, Nr. 69, S. 262 ff.; Nr. 164, S. 464 ff.; Nr. 318, S. 787 ff.; JAKOB WIMPFELING, Epithoma Germanorum, Straßburg, Johannes Prüß, 1505. Dazu RIDÉ (wie Anm. 18), I, S. 308 ff.
²¹ WIMPFELING, Epithoma (wie Anm. 20), cap. VIII, fol. VI^r: *Hae res igitur laudi Germaniae fuere usque ad salutis nostrae initia. Tu autem* [sc. Thomas Wolfius iun.], *ut religioni Christi addictum theologumque decet, quid fidei, quid moribus humanis, artibus denique ac disciplinis humano contulerimus generi a me explicari postulas.* (Diese Dinge also [v. a. unbesiegt geblieben zu sein] gereichten Deutschland zum Lob bis zu den Anfängen unseres Heiles. Wie es aber einem Christen und Theologen geziemt, forderst Du, ich solle darlegen, was wir dem Glauben, was wir durch menschliche Gesittung, durch Künste und Wissenschaften dem menschlichen Geschlecht genützt haben.)
²² Ebd. cap. X, fol. VII^v.
²³ Ebd. Conclusio, fol. XLI^v–XLII^r und Widmungsbrief an Thomas Wolf iun. fol. I^{rv} bzw. WIMPFELING, Briefwechsel (wie Anm. 20), Nr. 164, S. 464 ff.; vgl. auch Anm. 21.
²⁴ WIMPFELING, Briefwechsel (wie Anm. 20), Nr. 69, S. 262 ff.; Nr. 243, S. 630 ff.
²⁵ WIMPFELING, Epithoma (wie Anm. 20), cap. X, fol. VII^r: *Quid gloriosius, quid laude dignius Germanis unquam accidere potuit quam propter praeclaras belli sacerdotiique defensi virtutes supremi regni et totius orbis monarchiam summique principatus habenas et gubernacula meruisse?*
²⁶ Ebd. fol. VII^v: *Fuit autem Carolus ... tantae amplitudinis et integritatis imperator, ut postea neminem superiorem, nedum parem habuerit.* – ARNO BORST, Das Karlsbild in der Geschichtswissenschaft vom Humanismus bis heute, in: Karl der Große. Lebenswerk und Nachleben, Düsseldorf 1967, S. 364–402.
²⁷ Ebd. cap. XXXIX *De laudibus Friderici secundi*, fol. XXI^{rv}.
²⁸ KLAUS ARNOLD, Johannes Trithemius (1462–1516) (Quellen und Forschungen zur Geschichte des Bistums und Hochstifts Würzburg 23). Würzburg 1971, S. 132 ff.; WIMPFELING, Briefwechsel (wie Anm. 20). Nr. 23, S. 163 ff.; Nr. 49, S. 233 f.; Nr. 203, S. 528 ff.
²⁹ WIMPFELING, Briefwechsel (wie Anm. 20), S. 32 ff., Nr. 115 a, 115 b, S. 352 ff.
³⁰ Vgl. POLYDORUS VERGILIUS, De inventoribus rerum libri tres, Venedig 1499, Paris 1502, Straßburg 1509 und öfter; spätere Ausgaben sind durch die Aufnahme der *instituta omnia nostrae christianae religionis aliarum⟨que⟩ gentium ac eorum primordia* auf 8 Bücher erweitert, so Basel 1525, Paris 1528. Der Druck Straßburg 1509 bietet auf Rat des Beatus Rhenanus den versifizierten (und deshalb leichter zu memorierenden) Abriß der Erfindergeschichte des M. ANTONIUS SABELLICUS, De rerum et artium inventoribus poema.
³¹ WIMPFELING, Epithoma (wie Anm. 20) cap. LXIIII, LXV, fol. XXXVIII^v–XXXIX^v. Wimpfeling, der ansonsten mehrfach den Polydorus Vergilius heranzieht,

weicht hier in der Sache, was die Geschichte dieser Erfindungen anbetrifft, und be-
züglich der Bombarde auch in der Wertung von Polydorus Vergilius ab. Für den Italiener ist die Bombarde ein brutales, kulturloses Vernichtungsinstrument, dem „alle
Kraft des Fußvolks, aller Glanz der Reiterei, letztlich alle kriegerische Tüchtigkeit"
weichen muß; in der Ausgabe Straßburg 1509 fol. XXXI[r].

[32] Ebd. cap. LII, fol. XXXIIII[rv].

[33] Ebd. cap. LIX, fol. XXXVI[v], cap. LXIII, fol. XXXVIII[v].

[34] Ebd. cap. LXVI–LXVIII, fol. XXIX[v]–XL[r].

[35] KARL HEINZ BURMEISTER, 'Mennel, Jakob', in: Verfasserlexikon der deutschen
Literatur des Mittelalters, 6, ²1986, Sp. 389–395; DIETER MERTENS, Geschichte und
Dynastie – zu Methode und Ziel der ›Fürstlichen Chronik‹ Jakob Mennels, in: Histo-
riographie am Oberrhein im späten Mittelalter und in der frühen Neuzeit, hrsg. von
KURT ANDERMANN (Oberrheinische Studien 7), Sigmaringen 1988, S. 121–153.

[36] RUDOLF SEIGEL, Zur Geschichtsschreibung beim schwäbischen Adel in der Zeit
des Humanismus. Aus den Vorarbeiten zur Textausgabe der Hauschronik der Grafen
von Zollern, in: Zeitschrift für württembergische Landesgeschichte 40 (1981), S. 93–
118, bes. S. 94ff., 100ff., mit ausdrücklichem Bezug auf das Vorbild Maximilians für
die helfensteinische Geschichtsschreibung S. 101 Anm. 3; eine um 1600 offenbar für
die Herzöge von Württemberg angefertigte Abschrift des 1. Buches der Mennelschen
Chronik entdeckte GERHARD FAIX in Altshausen, AHW 2° A 167. – Daß Maximilian
durch sein Beispiel die übrigen Fürsten angespornt und bestärkt habe, die Kenntnis
der Geschichte zu fördern, hält CASPAR PEUCER im ›Chronicon Carionis‹ fest, wo er
Maximilians Historiker und unter ihnen Mennel anführt; 'Chronicon Carionis' (wie
unten Anm. 43), S. 1054.

[37] ⟨GEORG RÜXNER⟩, Anfang, ursprung und herkommen des Thurnirs in Teut-
scher nation. Verlegt von Hieronymus Rodler, Fürstlicher Sekretarius zu Siemern,
1530; danach mehrere weitere Drucke. – Rüxners Buch, das bisweilen auch unter
dem Namen des Verlegers zitiert wird, wurde den lateinischen und deutschen Ausgaben der Kosmographie des SEBASTIAN MÜNSTER geschlossen einverleibt, vgl. Cos-
mographey, Basel 1588 (Reprint München 1977), S. MXXVI–MLXX; MARTIN CRU-
SIUS, Annales Sueviae, Frankfurt a. M. 1596 rezipierte die Teilnehmerlisten jeweils zu
den entsprechenden Jahren.

[38] MARTINUS CRUSIUS, Annales Suevici Bd. 2, Frankfurt a. M. 1596, S. 479 zu 1487
(pars III, lib. VIII, cap. XXI); unter Berufung auf diese Stelle CASPARUS LERCHIUS A
DÜRNSTEIN, Sacri Romani Imperii nobilitatis Caesareae immediatae antiquitas, di-
gnitas, libertas et iura [verfaßt 1628], in: JOHANN STEPHAN BURGERMEISTER, Bibliotheca equestris, I–II, Ulm 1720, hier I, S. 261f.

[39] LERCHIUS A DÜRNSTEIN (wie Anm. 38), S. 261; vgl. ferner die Verwendung des
Turnierbuches ebd. S. 225, 256f. (von der Ritterschaft wurden mehrere Turniere in
eigener Vollmacht veranstaltet, „welches von Ländsäßischem Adel ... ohnbefind-
lich"), 250 (Beweis uralter Herkunft wegen Nennung im 9., angeblich 1019 abgehaltenen Turnier), 255 (Turniere, seit Heinrich I. auch Adelsgerichte, beweisen *Kais.
Immediatet in Civilibus et Criminalibus* des Reichsadels).

[40] Turnierbuch, Frankfurt a. M. 1568, Vorrede fol.)(iii[v].

[41] BURGERMEISTER (wie Anm. 38), II, S. 1–349.

[42] EMIL MENKE-GLÜCKERT, Die Geschichtsschreibung der Reformation und Ge-

genreformation. Bodin und die Begründung der Geschichtsmethodologie durch Bartholomäus Keckermann, Osterwieck/Harz 1912, S. 23–35 mit dem Fazit, daß schon die Chronik Carions von 1532 als das Werk Melanchthons zu betrachten sei. Dagegen GOTTHARD MÜNCH, Das ›Chronicon Carionis Philippicum‹. Ein Beitrag zur Würdigung Melanchthons als Historiker, in: Sachsen und Anhalt 1 (1925), S. 199–283, hier S. 238 ff.

⁴³ Chronicon Carionis, Petrus Santandreanus, 1584, S. 1079; HILDEGARD ZIEGLER, Chronicon Carionis. Ein Beitrag zur Geschichtsschreibung des 16. Jahrhunderts (Hallesche Abhandlungen zur neueren Geschichte 35), Halle 1898, S. 37 ff.

⁴⁴ EMIL CLEMENS SCHERER, Geschichte und Kirchengeschichte an den deutschen Universitäten. Ihre Anfänge im Zeitalter des Humanismus und ihre Ausbildung zu selbständigen Disziplinen, Freiburg i. Br. 1927, S. 468–474 verzeichnet getrennt die Ausgaben (und Übersetzungen) der drei durch die Namen Carion, Melanchthon und Peucer markierten Bearbeitungsstufen der stets nach Carion benannten Chronik. Die Druckgeschichten dieser Bearbeitungsstufen lösen einander nicht ab, sondern überschneiden sich.

⁴⁵ SCHERER (wie Anm. 44), S. 476–480; MENKE-GLÜCKERT (wie Anm. 42), S. 85 f.

⁴⁶ EDUARD FUETER, Geschichte der neueren Historiographie. Mit einem Vorwort von HANS CONRAD PEYER. Dritte, um einen Nachtrag vermehrte Auflage, besorgt von DIETRICH GERHARD und PAUL SATTLER, Zürich–Schwäbisch Hall 1985 [1. Auflage 1911], S. 186 ff.

⁴⁷ MENKE-GLÜCKERT (wie Anm. 42), S. 44 ff.; WERNER GOEZ, Translatio Imperii. Ein Beitrag zur Geschichte des Geschichtsdenkens und der politischen Theorien im Mittelalter und in der frühen Neuzeit, Tübingen 1958, S. 258 ff. zu Carion und Melanchthon; NOTKER HAMMERSTEIN, „Imperium Romanum cum omnibus suis qualitatibus ad Germanos est translatum". Das vierte Weltreich in der Lehre der Reichsjuristen, in: JOHANNES KUNISCH (Hrsg.), Neue Studien zur frühneuzeitlichen Reichsgeschichte (Zeitschrift für Historische Forschung, Beiheft 3), Berlin 1987, S. 187–202.

⁴⁸ Chronicon Carionis (wie Anm. 43), fol. **iiᵛ (›Epistola dedicatoria‹ Peucers an Kurfürst August von Sachsen, 14. 9. 1572); S. 8 ff. (›Praefatio‹), 212, 214 (›Epigramma de monarchiis' Melanchthons), 219. Melanchthons ›Praefatio‹ auch im Corpus Reformatorum 12, Halle 1844 (Reprint 1963), hier Sp. 717 ff., und in: Die Anfänge der reformatorischen Geschichtsschreibung, hrsg. von HEINZ SCHEIBLE (Texte zur Kirchen- und Theologiegeschichte 2), Gütersloh 1966, hier S. 38 ff.

⁴⁹ Chronicon Carionis (wie Anm. 43), S. 752.

⁵⁰ Ebd. S. 32 f., 76 f., 139 f. (= Corpus Reformatorum 12 [wie Anm. 48], Sp. 739 f., 778 f., 835 f.); (das Folgende von Peucer) 487 ff., 530, 587 ff., 624 f., 675, 752 f., 755 f., 759.

⁵¹ Vgl. zu dieser Einteilung RODERICH SCHMIDT, Aetates mundi. Die Weltalter als Gliederungsprinzip der Geschichte, in: Zeitschrift für Kirchengeschichte 67 (1955/56), S. 288–317, hier S. 294 ff.; GOEZ (wie Anm. 47), S. 261. Auf das Problem eines dem Sabbat entsprechenden wiederum 1000jährigen Zeitalters gehen Carion, Melanchthon und Peucer gar nicht ein.

⁵² Chronicon Carionis (wie Anm. 43), S. 7 f. (= Corpus Reformatorum 12 [wie Anm. 48], Sp. 717); SCHEIBLE (wie Anm. 48), S. 38 f.

⁵³ Chronicon Carionis (wie Anm. 43), S. 221 (bzw. Sp. 904).

⁵⁴ Ebd. S. 8 (bzw. Sp. 717 bzw. SCHEIBLE [wie Anm. 48], S. 39).

⁵⁵ Chronicon Carionis (wie Anm. 43), S. 212 = Corpus Reformatorum 12, Sp. 900 f. *(universalis mutatio generis humani in conspectu est)*, 1053 (Weissagung über den Wechsel von Maximilian I. zu Karl V., von Peucer übernommen aus Melanchthons ›Oratio de dignitate principum, quibus electio imperatoris in Germania commendata est‹, Corpus Reformatorum 12, Sp. 85 f.), 1075 f. (Luther).

⁵⁶ Vgl. unten Anm. 72.

⁵⁷ *Deus ... Germanicam gentem ... praecipuos esse custodes Europae voluerit*, Chronicon Carionis (wie Anm. 43), S. 10 (= Corpus Reformatorum 12, Sp. 719; SCHEIBLE [wie Anm. 48], S. 41).

⁵⁸ RIDÉ (wie Anm. 18), S. 734 ff.

⁵⁹ Chronicon Carionis (wie Anm. 43), S. 225 (= Corpus Reformatorum 12, Sp. 907 f.).

⁶⁰ Chronicon Carionis (wie Anm. 43), S. 9 ff. (= Corpus Reformatorum 12, Sp. 718 ff.; SCHEIBLE [wie Anm. 48] S. 39 ff.).

⁶¹ Vgl. die den paginierten Seiten vorangestellte ›Epistola dedicatoria‹ Peucers sowie die Kapitel ›De ecclesia‹ im ›Chronicon Carionis‹ (wie Anm. 43), S. 82 ff., 243 ff., 281 ff., 348 ff., 391 ff., 530 ff., 765 ff., 942 ff., 1073 ff.

⁶² Chronicon Carionis (wie Anm. 43), S. 487 ff., zum Karolinum in Osnabrück S. 491.

⁶³ Ebd. S. 578 f.

⁶⁴ Ebd. S. 652 f.

⁶⁵ Ebd. S. 776 ff., 789.

⁶⁶ Ebd. S. 956 ff.

⁶⁷ Ebd. S. 969 f., 1075 f.

⁶⁸ Vgl. z. B. ebd. S. 707: *Taulerus, Wesselius Groningensis, Johannes Huss, Hieronymus Pragensis, Hiltenus Isennacensis.*

⁶⁹ Peucer polemisiert gegen Laurentius Surius' ›Paralipomena‹ zur Nauclerus-Chronik in seiner ›Epistola dedicatoria‹ zum 5. Buch des ›Chronicon Carionis‹ (wie Anm. 43), S. 740 ff., bes. S. 745 f.

⁷⁰ Ebd. S. 494.

⁷¹ MENKE-GLÜCKERT (wie Anm. 42), S. 52 f.; NEDDERMEYER (wie Anm. 10), S. 42 ff.

⁷² Chronicon Carionis (wie Anm. 43), S. 537 ff. *(Si quis historiam ecclesiae diligentius considerarit)*, S. 641 ff., 1075 f.

⁷³ Ebd. S. 643.

⁷⁴ Ebd. S. 752 ff., das Zitat S. 756. – WINFRIED BECKER, Der Kurfürstenrat. Grundzüge seiner Entwicklung in der Reichsverfassung und seine Stellung auf dem Westfälischen Friedenskongreß (Schriftenreihe der Vereinigung zur Erforschung der Neueren Geschichte e. V. 5), Münster 1973, behandelt ausführlich die Staatsrechtsliteratur des 14.–17. Jh. über die Kurfürsten, aber nicht die Geschichtsschreibung; in ihr würden Carion und Peucer einen sehr wichtigen Platz einnehmen.

⁷⁵ Chronicon Carionis (wie Anm. 43), S. 587 ff.

⁷⁶ Ebd. S. 225: *praesentia Dei in imperiis*; S. 530: *perpetua Dei in imperiis praesentia*.

⁷⁷ Ebd. S. 487: *Et quidem hae res optimae, leges, coniugia, distinctio dominiorum,*

contractus, magistratus, iudicia, poenae, sunt testimonia de sapientia, bonitate et iustitia Dei et eius praesentia in genere humano: quia ipse Deus custos est sui ordinis. – Vgl. MELANCHTHON, Oratio de dignitate principum (wie Anm. 54), Sp. 80.

[78] Vgl. z. B. die zusammenfassende Charakterisierung des Unterschieds zwischen der nachstaufischen und der früheren Zeit im ›Chronicon Carionis‹ (wie Anm. 43), S. 753: *Etsi igitur post Suevos monarchia in occidente minus virium habuit et roboris, tamen dignitatem imperii retinuit* ...

[79] HANS-JÜRGEN SCHÖNSTÄDT, Antichrist, Weltheilsgeschehen und Gottes Werkzeug. Römische Kirche, Reformation und Luther im Spiegel des Reformationsjubiläums 1617 (Veröffentlichungen des Instituts für Europäische Geschichte Mainz 88), Wiesbaden 1988; DERS., Das Reformationsjubiläum 1617. Geschichtliche Herkunft und geistige Prägung, in: Zeitschrift für Kirchengeschichte 93 (1982), S. 5–57. DERS., Das Reformationsjubiläum 1717. Beiträge zur Geschichte seiner Entstehung im Spiegel landesherrlicher Verordnungen, in: Zeitschrift für Kirchengeschichte 93 (1982), S. 58–118.

[80] Vgl. z. B. J. BRAUN, Geschichte der Buchdrucker und Buchhändler Erfurts im 15. bis 17. Jahrhundert, in: Archiv für Geschichte des deutschen Buchhandels 10 (1886), S. 59–116, hier bes. S. 65.

[81] Vgl. Bibliographie zur Geschichte der Universität Tübingen, bearb. von FRIEDRICH SECK u. a., Tübingen 1980, Nr. 1009–1031 (Tübingen 1577/78). WILHELM ERMAN – EWALD HORN, Bibliographie der deutschen Universitäten, 1–3, Leipzig–Berlin 1904–1905 (Reprint Hildesheim 1965), Nr. 19461–19470; 1952f., 19390 (Wittenberg 1602; 1702), Nr. 3424–3433; 3384a, b (Frankfurt 1606, 1706), Nr. 15373–15382 (Rostock 1619).

[82] Vgl. dazu demnächst Verf. über das Bild Eberhards im Bart.

[83] FRANZ QUARTHAL, Kloster Zwiefalten zwischen Dreißigjährigem Krieg und Säkularisation. Monastisches Selbstverständnis im 6. und 7. Saeculum der Abtei, in: HERMANN JOSEF PRETSCH (Hrsg.), 900 Jahre Benediktinerabtei Zwiefalten, Ulm 1989, S. 401–430, hier bes. S. 405 Anm. 37 und S. 407 Anm. 49 mit dem Hinweis auf die Jubiläen 20 weiterer süddeutscher Benediktiner- und Prämonstratenserabteien.

[84] Die Carion-Chronik (wie Anm. 43) nennt in ihrem ausführlichen Titel die *res ecclesiasticae et politicae*; Cellarius (wie Anm. 85) unterscheidet *historia civilis, historia ecclesiastica* und *historia literaria*.

[85] CHRISTOPH CELLARIUS, Historia antiqua ..., Zeitz 1685; DERS.., Historia medii aevi a temporibus Constantini Magni ad Constantinopolim a Turcis captam deducta ..., Zeitz 1688; DERS., Historia nova, hoc est XVI. et XVII. saeculorum, qua eiusdem auctoris historiae, antiqua et medii aevi, ad nostra tempora continenti ordine proferuntur ..., Halle 1696.

[86] CELLARIUS, Historia antiqua (wie Anm. 85), Praefatio ad lectorem, unpaginiert.

[87] CELLARIUS, Historia nova (wie Anm. 85), S. 1.

[88] CELLARIUS, Historia medii aevi (wie Anm. 85), S. 214.

[89] CELLARIUS, Historia nova (wie Anm. 85), S. 1.

[90] Vgl. NEDDERMEYER (wie Anm. 10), S. 153 ff.

[91] Zur Fortführung der Gliederung in Jahrhunderte bei Cellarius vgl. JOHANNES BURKHARDT, Die Entstehung der modernen Jahrhundertrechnung. Ursprung und

Ausbildung einer historiographischen Technik von Flacius bis Ranke (Göppinger Akademische Beiträge 43), Göppingen 1971, S. 51 ff.

⁹² NEDDERMEYER (wie Anm. 10), S. 170 ff., 178 ff.

⁹³ NOTKER HAMMERSTEIN, Jus und Historie. Ein Beitrag zur Geschichte des historischen Denkens an den deutschen Universitäten im späten 17. und 18. Jahrhundert, Göttingen 1972, S. 17 ff., 33 ff. u. ö.

⁹⁴ Zitiert ebd. S. 183 aus LUDEWIGS ›Vorrede‹ zu ERNST WEGENER, Einleitung zu den Welt- und Staats-Geschichten der vornehmsten so wohl ehemaligen als heutigen Reiche und Staaten, Jena 1743.

⁹⁵ JOHANN HÜBNER, Kurtze Fragen aus der Politischen Historia biß auff den Friedens-Schluß zu Ryswyck continuiret und mit einer nützlichen Einleitung vor die Anfänger ... vermehret. 1. Teil, Leipzig ²1698; 5. Teil ³1705; 6. Teil 1706. Die Teile 5 und 6 bieten die Geschichte der deutschen Staaten.

⁹⁶ Ebd. 1. Teil, fol. a2ᵛ; vgl. auch S. 5–22.

⁹⁷ Ebd.

⁹⁸ Vgl. z. B. ebd. S. 814 und 5. Teil, Abschnitte XI. und XV. der unpaginierten ›Vorbereitung zu Deutschland‹.

⁹⁹ Ebd. 1. Teil. S. 987.

¹⁰⁰ Ebd. 5. Teil, S. 729–1040, hier S. 729 f.

¹⁰¹ Ebd. 5. Teil, S. 746 f.

¹⁰² HAMMERSTEIN (wie Anm. 93), passim, insbesondere S. 209–265 über Nicolaus Hieronymus Gundling.

¹⁰³ DIETMAR WILLOWEIT, Rechtsgrundlagen der Territorialgewalt. Landesobrigkeit, Herrschaftsrechte und Territorium in der Rechtswissenschaft der Neuzeit (Forschungen zur deutschen Rechtsgeschichte 11), Köln–Wien 1975, S. 348 ff.

¹⁰⁴ J. MÜLLER, Discours ob G. Rixners Teutsches Thurnier-Buch pro scripto authentico zu halten und wie weit demselben Glauben zuzustellen sey? 2 Teile, Nürnberg 1765–1766.

¹⁰⁵ SCHERER (wie Anm. 44), S. 213 ff.; JOSEF ENGEL, Die Deutschen Universitäten und die Geschichtswissenschaft, in: Historische Zeitschrift 189 (1959), S. 223–378, hier S. 257 ff.

¹⁰⁶ SCHERER (wie Anm. 44), S. 262 f.

¹⁰⁷ FRIEDRICH MEINECKE, Die Entstehung des Historismus. Hrsg. und eingeleitet von CARL HINRICHS, München 1959, S. 73–115, hier S. 76.

¹⁰⁸ VOLTAIRE, Œuvres complètes, nouvelle édition, ed. MOLAND, Bd. 13, Paris 1878.

¹⁰⁹ PETER FUCHS, Palatinatus illustratus. Die Historische Forschung an der kurpfälzischen Akademie der Wissenschaften (Forschungen zur Geschichte Mannheims und der Pfalz NF 1), Mannheim 1963, S. 69 f. Eine anerkennende und doch wohl gerechtere Beurteilung durch SVEN STELLING-MICHAUD und JANINE BUENZOD, Pourquoi et comment Voltaire a-t-il écrit les Annales de l'Empire?, in: PETER BROCKMEIER–ROLAND DESNÉ–JÜRGEN VOSS (Hrsg.), Voltaire und Deutschland, Stuttgart 1979, S. 201–222.

¹¹⁰ VOLTAIRE, Œuvres complètes (wie Anm. 108), Bd. 11–13, Paris 1878; ed. RENÉ POMEAU, 2 Bde., Paris 1963.

¹¹¹ JÜRGEN VOSS, Das Mittelalter im historischen Denken Frankreichs. Unter-

suchungen zur Geschichte des Mittelalterbegriffs und der Mittelalterbewertung von der zweiten Hälfte des 16. bis zur Mitte des 19. Jahrhunderts (Veröffentlichungen des Historischen Instituts der Universität Mannheim 3), München 1972, S. 274 ff., hier S. 275 A. 46.

[112] Essai sur les moeurs, chap. XII, ed. POMEAU, Bd. 1 (wie Anm. 110), S. 310: «L'entendement humain s'abrutit dans les superstitions ... les plus insensées. ... L'Europe entière croupit dans cet avilissement jusqu'au XVIᵉ siècle, et n'en sort que par des convulsions terribles». Zum Charakter des 16. Jh. als Zeit der kulturellen Weiterentwicklung vgl. chap. 118 und 121. Den Begriff «moyen âge» verwendet Voltaire nur beiläufig in chap. 82, Bd. 1, S. 762.

[113] Ebd. Bd. 1, S. 316, 393, 394, 410, 767; vgl. auch S. 632, 697, 757, 762; Bd. 2, S. 87, 171.

[114] Chap. 17–22.

[115] Ed. POMEAU Bd. 1 (wie Anm. 110), S. 349.

[116] Ed. POMEAU Bd. 2, S. 35.

[117] Ed. POMEAU Bd. 1, S. 505.

[118] Ebd. S. 589.

[119] Ebd. S. 770.

[120] Ebd. S. 757 ff.

[121] Ebd. S. 774.

[122] Ed. POMEAU Bd. 2, S. 87.

[123] Ebd. S. 170 f.

[124] Ed. POMEAU Bd. 1, S. 195 f.

[125] JUSTUS MÖSER, Osnabrückische Geschichte, Allgemeine Einleitung 1768, hrsg. von PAUL GÖTTSCHING (JUSTUS MÖSERS Sämtliche Werke 12, 1), Hamburg 1964, S. 31 f. – JONATHAN B. KNUDSEN, Justus Möser and the German Enlightenment, Cambridge 1986, S. 94 ff., 145 ff. DERS., Justus Möser: Local History as Cosmopolitan History, in: HANS ERICH BÖDEKER u. a. (Hrsg.), Aufklärung und Geschichte (Veröffentlichungen des Max-Planck-Instituts für Geschichte 81), Göttingen 1986, S. 324–343.

[126] Ebd. S. 42 f.

[127] Ebd. S. 34 f.

[128] Möser an Friedrich Nicolai, 14. 12. 1778; JUSTUS MÖSER, Briefe, hrsg. von ERNST BEINS und WERNER PLEISTER, Osnabrück 1939, Nr. 198, S. 321; vgl. MEINECKE (wie Anm. 106), S. 316. Das Wort 'Landesgeschichte' hat keine Aufnahme in das Grimmsche Wörterbuch gefunden, ist jedoch von JOACHIM HEINRICH CAMPE, Wörterbuch der Deutschen Sprache, Braunschweig 1809 s. v. mittels eines Zitats aus JEAN PAUL gebucht. Mösers oben angeführter Brief dürfte, weil er einen vermutlich recht frühen Beleg liefert, auch wort- und begriffsgeschichtlich von Interesse sein; s. auch JUSTUS MÖSER, Osnabrückische Geschichte, Erster Teil 1780, hrsg. von PAUL GÖTTSCHING (JUSTUS MÖSERS Sämtliche Werke 12, 2), Hamburg 1965, S. 304.

[129] MÖSER, Osnabrückische Geschichte (wie Anm. 125), S. 34.

[130] REINHART KOSELLEK, Moderne Sozialgeschichte und historische Zeiten, in: PIETRO ROSSI (Hrsg.), Theorie der modernen Geschichtsschreibung, Frankfurt a. M. 1987, S. 173–190, hier S. 178; DERS., Das achtzehnte Jahrhundert als Beginn der Neuzeit (wie Anm. 4); OTTO GERHARD OEXLE, Das Bild der Moderne vom Mittelalter

und die moderne Mittelalterforschung, in: Frühmittelalterliche Studien 24 (1990),
S. 1–22.

V. Mertens: Bodmer und die Folgen

[1] Zürich 1749, S.474–507. Zur Geschichte vom Erdmännchen vgl. MAX WEHRLI,
Johann Jakob Bodmer und die Geschichte der Literatur, Frauenfeld – Leipzig 1936,
S. 27 f.

[2] Zit. nach HANS WYSSLING, Zürich im 18. Jahrhundert, Zürich 1983, S. 153.

[3] Die Entdeckung des Minnesangs und die deutsche Sprache (1918), in: KONRAD
BURDACH, Vorspiel. Gesammelte Schriften zur Geschichte des deutschen Geistes, II,
Halle (Saale) 1926, S. 1–37, hier S. 5.

[4] JOSEF DÜNNINGER, Geschichte der deutschen Philologie, in: Deutsche Philologie
im Aufriß, hrsg. von WOLFGANG STAMMLER, Berlin ²1957, I, Sp. 83–222, hier Sp. 141;
FRIEDRICH NEUMANN, Studien zur Geschichte der deutschen Philologie, Berlin 1971,
S. 50 ff.; JOHANNES JANOTA (Hrsg.), Eine Wissenschaft etabliert sich. 1810–1870
(Texte zur Wissenschaftsgeschichte der Germanistik 3), Tübingen 1980; ULRICH
HUNGER, Romantische Germanistik und Textphilologie: Konzepte zur Erforschung
mittelalterlicher Literatur zu Beginn des 19. Jahrhunderts, in: DVjs 61 (1987), Son-
derheft, S. 42–68. – Zu Grimm vgl. u. a. ULRICH WYSS, Die wilde Philologie. Jacob
Grimm und der Historismus, München 1979; VOLKER MERTENS (Hrsg.), Die
Grimms, die Germanistik und die Gegenwart (Philologica Germanica 9), Wien 1988;
HORST BRUNNER, „Denn es giebt doch nur Eine Poesie ...“ Jacob und Wilhelm
Grimm und die Literaturgeschichte, in: ANNELIESE KUCHINKE(-BACH), Hrsg., Die
Brüder Grimm, Frankfurt a. M.–Bern–New York 1987, S. 75–91.

[5] A. W. Schlegels Vorlesungen über schöne Litteratur und Kunst. Dritter Teil
(1803/04). Geschichte der romantischen Litteratur, hrsg. von JAKOB MINOR, Heil-
bronn 1884, S. 26.

[6] Brief an Schinz, 22. März 1779, zit. nach FELIX LEIBROCK, Aufklärung und Mittelalter. Bodmer, Gottsched und die mittelalterliche deutsche Literatur (Mikrokosmos
23), Frankfurt a. M.–Bern–New York–Paris 1988, S. 69.

[7] HUGO MOSER, Zu den Typen der Translation mittelalterlicher deutscher Dich-
tung, in: Untersuchungen zur Literatur als Geschichte. Festschrift f. Benno von
Wiese, hrsg. von VINCENT JOACHIM GÜNTHER–HELMUT KOOPMANN u. a., Berlin 1973,
S. 4–12, hier S. 7 f.

[8] HELMUT HENNE, Eine frühe kritische Edition neuerer Literatur. Zur Opitz-Aus-
gabe Bodmers und Breitingers von 1745, in: ZfdPh 87 (1968), S. 180–196.

[9] JOHANN JAKOB BODMER, Vorrede II, S. V.

[10] Vgl. dazu NIKLAS LUHMANN, Liebe als Passion. Zur Codierung von Intimität,
Frankfurt a. M. 1982.

[11] LEIBROCK (Anm. 6), S. 140.

[12] WILHELM KÖRTE (Hrsg.), Briefe der Schweizer Bodmer, Sulzer, Geßner. Aus
Gleims litterarischem Nachlasse, Zürich 1804, S. 48.

[13] LEIBROCK (Anm. 6), S. 144.

[14] JOHANN JAKOB BODMER, Critische Briefe, Zürich 1746, XII, S. 208.

[15] Der Name geht auf Bodmer zurück: Proben der alten schwäbischen Poesie des

Dreyzehnten Jahrhunderts. Aus der Maneßischen Sammlung, Zürich 1748 (Nachdruck Hildesheim 1973), S. III. Vgl. dazu MAX WEHRLI, Zur Geschichte der Manesse-Philologie, in: Codex Manesse. Kommentar zum Faksimile, hrsg. von WALTER KO-SCHORRECK – WILFRIED WERNER, Kassel 1981, S. 145–165, hier S. 154.

[16] Vgl. WEHRLI, (Anm. 1), S. 66.

[17] Vgl. LEIBROCK (Anm. 6), S. 98.

[18] Bodmers Apollinarien, hrsg. von GOTTOLD FRIEDRICH STÄUDLIN, Tübingen 1783, S. 88f.

[19] CHRISTOPH HEINRICH MYLLER (Hrsg.), Sammlung I, Der Got Amur, Bl. 4v, Berlin 1783; KARL MICHAELER (Hrsg.), Iwain, ein Heldengedicht von Ritter Hartmann . . ., 2 Bde., Wien 1786/87, S. 77f.

[20] JOHANNES CRUEGER, Die erste Gesammtausgabe der Nibelungen, Frankfurt a. M. 1884, S. 5.

[21] JOHANN JAKOB BODMER, Von den vortrefflichen Umständen, S. 30f. in: Sammlung critischer, poetischer und anderer geistvoller Schriften, hrsg. von J. J. B. – JOHANN JAKOB BREITINGER, Zürich 1741–44. – Zu Gottscheds eher feudal-aristokratisch orientiertem Muster vgl. LEIBROCK (Anm. 6), S. 134ff.

[22] Brief an Schinz, zit. bei WEHRLI (Anm. 1), S. 131.

[23] Zu der Rezeption der altdeutschen Dichtung unter dem Vorzeichen der englischen Homer-Rezeption vgl. WEHRLI (Anm. 1), S. 81ff., S. 93ff.

[24] Vgl. LEIBROCK (Anm. 6), S. 94f.

[25] Ebd. S. 155f. u. 158.

[26] JOHANN W. GOETHE, Hans Sachs und sein didaktischer Realism, 1776.

[27] JOHANN JAKOB BODMER, Freymüthige Nachrichten von neuen Büchern 2 (1745); vgl. JOHANNES CRUEGER, Das erste neuhochdeutsche Minnelied, in: ZfdPh 16 (1884) S. 85–88, hier S. 86f.

[28] JOHANNES CRUEGER, Der Entdecker der Nibelungen, Frankfurt a. M. 1883, S. 32; OTFRIED EHRISMANN, Das Nibelungenlied in Deutschland. Studien zur Rezeption des Nibelungenlieds von der Mitte des 18. Jahrhunderts bis zum Ersten Weltkrieg, München 1975, S. 29ff.; DERS., Rez. von Leibrock (Anm. 6), in: AfdA 100 (1989), S. 178–183.

[29] Aus Briefen an Schinz 1777, 1776 und 1771, zit. nach LEIBROCK (Anm. 6), S. 106.

[30] JOHANN JAKOB BODMER, Chriemhilden Rache und die Klage . . . Zürich 1757, S. VIII.

[31] Ebd. S. VII.

[32] Ebd.

[33] ROBERT RIEMANN, Bodmers ›Rache der Schwester‹, in: Euphorion 10 (1903), S. 22–55, hier S. 39–42.

[34] Altenglische und altschwäbische Balladen. In Eschilbachs Versart. Zugabe von Fragmenten aus dem altschwäbischen Zeitalter, und Gedichten. Zweytes Bändchen, Zürich 1781, S. 150–178.

[35] Vgl. THEODOR VETTER, J. J. Bodmer und die englische Litteratur, in: Bodmer. Denkschrift zum 200. Geburtstag, Zürich 1900, S. 313–386, hier S. 358f.

[36] Zitate Bodmer, Chriemhilden Rache, S. VII–X; zum Wunderbaren als poetologischer Kategorie vgl. EHRISMANN (Anm. 28), S. 28f.; JAN-DIRK MÜLLER, J. J. Bod-

mers Poetik und die Wiederentdeckung mittelhochdeutscher Epen, in: Euphorion 71 (1977), S. 336–352.

[37] Bodmer bemerkte den Unterschied, nicht jedoch Myller, der in seiner Edition unkommentiert also zuerst A, dann, mit Bodmers Ausgabe, C folgt.

[38] Dazu BURDACH (Anm. 3), S. 11. Zur Abhängigkeit von Blackwell vgl. DOROTHY KNIGHT, Thomas Blackwell and J. J. Bodmer: The Establishment of a Literary Link between Homeric Greece and Medieval Germany, in: GLL 6 (1952/53), S. 249–258.

[39] Vgl. die Parodie bei JAKOB MICHAEL REINHOLD LENZ, Der Landprediger, in: Deutsches Museum I, 5 (1777), S. 409–439; „So leitete er von den Steinkohlen die Melankolie der Engländer, von dieser ihren Eigensinn, ihre Freyheitsliebe ihre Regierungsform …" (S. 427).

[40] BODMER, Chriemhildens Rache (wie Anm. 30), Glossar Sp. 63 f.

[41] BODMER, Neue Critische Briefe, Nr. 63; Text auch bei RUDOLF SOKOLOWSKY, Die ersten versuche einer nachahmung des altdeutschen minnesangs in der neueren deutschen litteratur, in: ZfdPh 35 (1903), S. 71–80, hier S. 75.

[42] Vgl. auch LEIBROCK (Anm. 6), S. 41 ff.; SOKOLOWSKY (Anm. 41), S. 77.

[43] Zit. nach LEIBROCK (Anm. 6), S. 106.

[44] Von der Epopöe des altschwäbischen Zeitpunktes, in: Literarische Denkmale von verschiedenen Verfassern, Zürich 1779, S. 4.

[45] Vgl. LEIBROCK (Anm. 6), S. 186 f.: Zitate aus Briefen zwischen 1774 und 1780.

[46] Zitiert nach RICHARD BATKA, Altnordische Stoffe und Studien in Deutschland. I: Von Gottfried Schütze bis Klopstock, in: Euphorion Erg.-Heft II (1896), S. 1–70, hier S. 13.

[47] Zit. nach BATKA (wie Anm. 46), S. 17.

[48] Zur „altnordischen Renaissance" vgl. KLAUS VON SEE, Deutsche Germanen-Ideologie. Vom Humanismus bis zur Gegenwart, Frankfurt a. M. 1970. – Schütze veröffentlicht 1779 in Hamburg Teile der Weltchronik des Rudolf von Ems aus einer Handschrift der Hamburger Stadtbibliothek, deren erster Bibliothekar er 1778 geworden war, unter dem Titel ›Die Historischen Bücher des Alten Testaments, das Buch Josua, der Richter, Ruth und das erste Buch Samuels …‹: Er hielt den Text für eine (schlechte) gereimte Bibelübersetzung und stellte die mittelalterliche Literatur weit unter die germanische und nordische. Seine deutsche Ausgabe ist primär sprachgeschichtlich motiviert und für „Liebhaber der deutschen Sprache" bestimmt, die durch sie die Möglichkeit haben, „Stammwörter der deutschen Sprache" zu bestimmen und „veraltete Wörter und Redensarten nach ihren ursprünglichen Bedeutungen" zu berichtigen (Vorrede, S. XI f.).

[49] Klopstocks sämmtliche Werke, Leipzig 1844, Bd. 4, S. 207.

[50] Das Wort stammt von WOLFRAM VON DEN STEINEN, Mittelalter und Goethezeit, in: DERS., Menschen im Mittelalter, Bern–München 1967, S. 287.

[51] FRIEDRICH GOTTLOB KLOPSTOCK, Epigramme. Text und Apparat, hrsg. von KLAUS HURLEBUSCH (= Histor.-krit. Ausg. Abt. Werke II), Berlin–New York 1982, S. 14 f.

[52] Leibrock (Anm. 6), S. 156.

[53] Wie Anm. 5, S. 26.

[54] IRMGARD SCHWARZ, Friedrich David Gräter, Greifswald 1935.

[55] VOLKER MERTENS, Richard Wagner und das Mittelalter, in: Richard-Wagner-

Handbuch, hrsg. von ULRICH MÜLLER–PETER WAPNEWSKI, Stuttgart 1986, S. 19–59, hier S. 31–40.

[56] CRUEGER (Anm. 20), S. 100 f.

[57] ECKHARD GRUNEWALD, Friedrich Heinrich von der Hagen 1780–1856. Ein Beitrag zur Frühgeschichte der Germanistik (Studia Linguistica Germanica 23), Berlin–New York 1988, S. 45 ff. Sprachlich lehnte sich von der Hagen an die Tiecksche Konzeption der ›Minnelieder‹ an (der selbst an einer Nibelungen-Umsetzung arbeitete) – dazu siehe unten.

[58] Kronprinz Friedrich Wilhelm (später König Friedrich Wilhelm IV.), Großherzog Leopold I. von Toskana (später Kaiser Leopold II.), Kurfürst August III. von Sachsen und Karl Theodor von der Pfalz, Landgraf Friedrich II. von Hessen-Kassel (Staatsminister Martin Ernst von Schlieffen verschafft Myller eine Ehrenmedaille dafür), Herzog Karl August von Weimar und andere; fünf der sieben Kollegen Myllers am Joachimsthalschen Gymnasium in Berlin, der Berliner Hofkapellmeister Reichardt, Schütze in Hamburg (und Klopstock, der es ebenso wenig liest wie zunächst Goethe, der die Ausgabe als Geschenk erhält), Boie und Gleim, Oberlin, acht Universitäten im preußisch-sächsischen Raum. Vgl. CRUEGER (Anm. 20), S. 126, 129 ff.; CHRISTOPH SCHMIDT, Die Mittelalterrezeption des 18. Jahrhunderts zwischen Aufklärung und Romantik, Frankfurt a. M. 1979, S. 344–350.

[59] JOSEPH KÖRNER, Nibelungenforschungen der deutschen Romantik, Leipzig 1911, Neudruck Darmstadt 1968, S. 12.

[60] EHRISMANN (Anm. 28), S. 40 ff., S. 55. Vgl. auch HELMUT BRACKERT, Nibelungenlied und Nationalgedanke. Zur Geschichte einer deutschen Ideologie, in: Mediaevalia litteraria, Festschrift H. de Boor zum 80. Geburtstag, hrsg. von URSULA HENNIG–HERBERT KOLB, München 1971, S. 343–364.

[61] Brief des Verlegers Reimer an die Grimms; WILHELM SCHOOF, Verlegersorgen der Brüder Grimm, Börsenblatt für den deutschen Buchhandel 10 (Frankfurt a. M. 1954), S. 83 f. Zu den Absatzproblemen vgl. RÜDIGER KROHN, Die Wirklichkeit der Legende. Widersprüchliches zur sogenannten Mittelalter-„Begeisterung" der Romantik, in: Mittelalter-Rezeption II, hrsg. von JÜRGEN KÜHNEL u. a. (GAG 358), Stuttgart 1982, S. 1–29.

[62] CURT VON WESTERNHAGEN, Richard Wagners Dresdener Bibliothek 1842–1849, Wiesbaden 1966.

[63] PETER WAPNEWSKI, Richard Wagner. Die Szene und ihr Meister, München ²1983, Überschrift für S. 25–180.

[64] Vgl. EHRISMANN (Anm. 28), S. 43; CARL SCHERER, Martin Ernst von Schlieffen, sein Leben und sein Verhältniß zur Sprachreinigung. Hessenland. ds. für hessische Geschichte und Literatur, H. 19 (1891), S. 254 f.

[65] FRANZ GUNDLACH, Johannes von Müller am landgräflich hessischen Hofe und königlich westfälischen in Cassel, Jahrbuch für schweizerische Geschichte 18 (1893), S. 159–228.

[66] WILHELM JOHANN CHRISTIAN GUSTAV CASPARSON, Ankündigung eines deutschen epischen Gedichts der altschwäbischen Zeit, aus einer Handschrift der Fürstl. Hessen-Casselischen Bibliothek, Cassel 1780, S. 6.

[67] Später wurde dann daraus der Bau „künstlicher" Altertümer nach englischem (Strawberry Hill, 1750–1763) und anhaltinischem (gotisches Haus in Wörlitz, 1773)

Vorbild: Der Nachfolger Friedrichs, Wilhelm IX., erbaute die „Löwenburg" im Park Wilhelmshöhe mit Zugbrücke, Wall, zinnenbekrönten Mauern, Burgkapelle, Seneschall und kostümierter Wache.

[68] FRANK BÜTTNER, Wilhelm Tischbeins ›Konradin von Schwaben‹, in: Kunstsplitter, Festschrift Wolfgang J. Müller, Husum 1984, S. 100–119. Tischbein malte das Bild 1784 in Rom und beruft sich in seinen Lebenserinnerungen auf Anregung seitens Bodmers. Er malte die beiden Prinzen in „altdeutschen" Kostümen und die anderen Figuren in antikisierenden Gewändern, wie es dem „hohen Stil" der Historienmalerei entsprach. Später behandelte er keine mittelalterlichen Themen mehr.

[69] In diesen Gegensatz gehört natürlich die bis zum Überdruß zitierte Replik Friedrichs II. von Preußen auf die Übersendung des ersten Bandes der Myllerschen Ausgabe, daß diese Gedichte (also nicht nur das ›Nibelungenlied‹) „nicht einen Schuss Pulver werth" seien und er sie in seiner Bibliothek „nicht dulten; sondern herausschmeissen" würde (zit. nach FRIEDRICH ZARNCKE, [Hrsg.], Das Nibelungenlied, Leipzig ⁶1887, S. XXXI f.). Am hessischen Hof gab es im Prinzip die gleichen Gegensätze, zur „Gesellschaft der Alterthümer" gehörte Voltaire, und der «secrétaire perpétuel» war „ein Franzos, der keine Silbe deutsch versteht", Brief von Dohm an Gleim, zit. bei ILSEGRET DAMBACHER, Christian Wilhelm von Dohm. Ein Beitrag zur Geschichte des preußischen aufgeklärten Beamtentums und seiner Reformbestrebungen am Ausgang des 18. Jahrhunderts, Bern–Frankfurt a. M. 1974, S. 16.

[70] CRUEGER (Anm. 20), S. 132–142.

[71] Er führt sie sogar im Personenvergleich aus, indem er Tybalt und Terramer zu Menelaus und Agamemnon, Willehalm und Arabel zu Paris und Helena und Rennewart zu Achill stellt; CASPARSON (Anm. 66), S. 31.

[72] FRITZ PETER KNAPP, Die altdeutsche Dichtung als Gegenstand literarhistorischer Forschung in Österreich von den Brüdern Pez bis zu Friedrich Schlegels Wiener Vorlesungen im Jahre 1812, in: Die österreichische Literatur. Ihr Profil an der Wende vom 18. zum 19. Jahrhundert (1750–1830), hrsg. von HERBERT ZEMAN, II, Graz 1979, S. 679–734.

[73] MICHAELER (Anm. 19), Vorbericht, I, S. 17.

[74] Die Mode der Ritterromane, „rechts die Rittergeschichten mit Gespenstern, links ohne Gespenster" (Brief Kleists an Wilhelmine von Zenge, 14. September 1800), ist nicht von den Editionen mittelhochdeutscher Epen beeinflußt – Ritterromane gibt es im ganzen 18. Jahrhundert; vgl. MICHAEL HADLEY, The Undiscovered Genre. A Search for the German Gothic Novel, Bern–Frankfurt a. M. 1978, S. 28–71. Wielands ›Oberon‹ hingegen, der Themen aus altfranzösischen Epen aufnimmt, ruft Nachahmer hervor, unter denen Johann Baptist von Alxinger, Logenbruder Michaelers, mit seinen „Rittergedichten" von 1787, ›Doolin von Mainz‹, und 1791, ›Bliomberis‹, Einflüsse der ›Iwain‹-Lektüre zeigt. Zu Alxinger vgl. ERWIN FRANK RITTER, Johann Baptist von Alxinger and the Austrian Enlightenment, Las Vegas–Bern 1970.

[75] Zit. nach RUDOLF SOKOLOWSKY, Der altdeutsche Minnesang im Zeitalter der deutschen Klassiker und Romantiker, Dortmund 1906, S. 16.

[76] Ebd., S. 29.

[77] JOHANN GOTTFRIED HERDER, Von der Aehnlichkeit der mittlern englischen und deutschen Dichtkunst, in: Deutsches Museum 1777, II, S. 421–435, hier S. 427.

[78] Vgl. WOLFGANG HARMS, Das Interesse an mittelalterlicher deutscher Literatur

zwischen der Reformationszeit und der Frühromantik, in: Akten des VI. Internationalen Germanistenkongresses Basel 1980, Bern–Frankfurt a. M.–Las Vegas 1981, S. 60–84; FRANZ MÜHLENPFORDT, Der Einfluss der Minnesinger auf die Dichter des Göttinger Hains, Diss. Leipzig 1899; R. PORSCH, Der altdeutsche Minnesang und die Göttinger Dichter, insbesondere G. A. Bürger, in: Berichte des Freien Deutschen Hochstifts, N. F. 17 (1901), S. 31–79.

[79] Zit. nach PORSCH (Anm. 78), S. 35.

[80] Vgl. dazu LUHMANN (Anm. 10).

[81] RUDOLF SOKOLOWSKY, Klopstock, Gleim und die Anakreontiker als Nachdichter des altdeutschen Minnesangs, in: ZfdPh 35 (1903), S. 212–224, hier S. 213.

[82] Lied L. 53, 25, hier 53, 29 ff.: „mit Freuden werde ich ihnen [den Frauen] allen dienen, jedoch habe ich mir diese auserwählt. Ein anderer weiß genau, [wer] die Seine [ist]: die möge er preisen, ohne daß ich Unwillen zeige. Mag er Melodie und Worte auch mit mir gemein haben: wenn ich hier lobpreise, so lobpreise er dort."

[83] PORSCH (Anm. 78), S. 34, führt eine Zwischenstufe von 1786 auf, die den Zusammenhang deutlich macht: „Andre mögen andre loben / Und zu Engeln sie erhöhn! / Mir von unten auf bis oben / Dünkt wie sie nicht Eine schöne." Die Frivolität in Z. 3 ist eine Umkehrung von Walthers Descriptio vom Scheitel bis zur Sohle, wobei er mit dem „enzwischen", das er im Bade gesehen haben will, ebenfalls frivol wird.

[84] „Güte" scheint hier vom minnesängerischen güete = edle Eigenschaft beeinflußt zu sein. Derartige Veränderungen des Wortgebrauchs durch die alte Sprache, bzw. der Neugebrauch von alten Wörtern ist bei den Hainbunddichtern nicht selten – v. a. das Wort „Minne" wird von ihnen wieder in der (Dichter-)Sprache verankert. Vgl. AUGUST LANGEN, Deutsche Sprachgeschichte vom Barock bis zur Gegenwart, in: Deutsche Philologie im Aufriß, hrsg. von WOLFGANG STAMMLER, I, Berlin ²1966, Sp. 931–1396.

[85] INGRID BENNEWITZ, 'vrouwe/maget'. Überlegungen zur Interpretation der sogenannten Mädchenlieder im Kontext von Walthers Minnesang-Konzeption, in: Walther von der Vogelweide. Beitr. zu Leben u. Werk, hrsg. von HANS-DIETER MÜCK (Kulturwissenschaftl. Bibl. 1), Stuttgart 1989, S. 237–252.

[86] Außerdem von GLEIM, Gedichte nach Walther von der Vogelweide (1779), S. 17; KLAMER SCHMIDT (Freund Gleims) in ›Almanach der deutschen musen‹ von 1774, S. 8 u. 12; KARL EMIL SCHUBERT, in: Das Kränzel, Breslau 1773, – vgl. SOKOLOWSKY (Anm. 81), S. 219 ff.

[87] VOLKER MERTENS, Reinmars „Gegensang" zu Walthers ›Lindenlied‹, in: ZfdA 112 (1983), S. 161–177.

[88] Göttinger Musenalmanach 1773, S. 115, zit. nach SOKOLOWSKY (Anm. 81), S. 213 f.

[89] Zitat von 1778 und weitere Textstellen bei LEIBROCK (Anm. 6), S. 186 und CRUEGER (Anm. 20), S. 45.

[90] Zitiert nach KÖRTE (Anm. 12), S. 54.

[91] JOHANN JAKOB BODMER, Neue Critische Briefe, S. 379; dazu noch LEIBROCK (Anm. 6), S. 108, Anm. 423. Ich versage mir, auf den Aspekt der „Männerphantasien" weiter einzugehen.

[92] Eine tatsächlich existierende Person, die er in einer Walther-Adaption (S. 46) im

Text selbst nennt. Die Beispiele aus den ›Gedichte(n) nach den Minnesingern‹, S. 56, 81, 83, 100.

⁹³ Während dieser 30 Jahre erschienen noch weitere ›Minnelieder‹ in ähnlichem Stil, u. a. im ›Göttinger Musenalmanach‹, wo sie Tieck während seiner Studienzeit wahrscheinlich kennengelernt hat – sein abschätziges Urteil über die Minnelieder aus dieser Zeit an Wackenroder (Brief vom 28. Dez. 1792, vgl. WILHELM HEINRICH WAKENRODER, Werke und Briefe, hrsg. von GERDA HEINRICH, München–Wien 1984, S. 414) beruht vielleicht auf dieser Vorgabe.

⁹⁴ GISELA BRINKER-GABLER, Poetisch-wissenschaftliche Mittelalter-Rezeption. Ludwig Tiecks Erneuerung altdeutscher Literatur (GAG 309), Göppingen 1980, hier S. 77; DIES., Wissenschaftlich-poetische Mittelalterrezeption in der Romantik, in: Romantik. Ein literaturwissenschaftliches Studienbuch, hrsg. von ERNST RIBBAT, Königstein/Ts. 1979, S. 80–97; UWE MEVES (Hrsg.), Einleitung zu: Alt-Deutsche Epische Gedichte ..., bearbeitet von Ludwig Tieck, I: König Rother (GAG 168), Göppingen 1979, S. II–LXXIX.

⁹⁵ JACOB GRIMM, Kleinere Schriften, VI, Berlin 1882, S. 233.

⁹⁶ Vgl. KROHN (Anm. 61), S. 13 f.

⁹⁷ HUGO MOSER, Karl Simrock als Erneuerer mittelhochdeutscher Dichtung, in: Festschrift H. Eggers (PBB 94, Sonderheft), Tübingen 1972, S. 458–483; DERS., Karl Simrock. Universitätslehrer und Poet, Germanist und Erneuerer von „Volkspoesie" und älterer „Nationalliteratur", Berlin 1976.

⁹⁸ Vgl. HEINZ SCHLAFFER, Roman und Märchen. Ein formtheoretischer Versuch über Tiecks ›Blonden Eckbert‹, in: Gestaltungsgeschichte und Gesellschaftsgeschichte, hrsg. von KÄTE HAMBURGER–HELMUT KREUZER, Stuttgart 1969, S. 224–241; wieder in: WULF SEGEBRECHT (Hrsg.), Ludwig Tieck (WdF 386), Darmstadt 1976, S. 444–464.

⁹⁹ LUDWIG TIECK, Frühe Erzählungen und Romane, Bd. 1, hrsg. von MARIANNE THALMANN, München 1973, S. 75 f. u. 80.

¹⁰⁰ SCHLEGEL, Vorlesungen (Anm. 5), S. 148.

¹⁰¹ Tieck hatte allerdings auch eine eher restriktive Vorstellung der Geschlechterrollen. Er schrieb am 6. Dezember 1799 an seine Frau Sophie über Dorothea Veit (später Schlegel) und Caroline Schlegel, sie seien „mehr listig als klug und mehr klug als verständig und mehr verständig als edel und mehr edel als eine Frau, man ist mit ihr wie mit einem Rhinozeros (hätt ich bald geschrieben), wie mit einem Androgyn oder vielmehr – hols der Teufel, ich kann mich nicht besinnen – wie mit einem Hermaphrodit. Daß die beiden Weiber sind, fällt einem gar nicht ein." (Zit. nach Ludwig Tieck, Schriften, hrsg. von MANFRED FRANK–GERHARD KLUSSMANN u. a., Bd. VI, Frankfurt a. M. 1985, S. 1158.)

¹⁰² Jean Renarts ›Roman de la Rose ou Guillaume de Dôle‹ vom Anfang des 13. Jh. kannte er wohl kaum, eher Gerbert de Montreuils Nachahmung, den ›Roman de la Violette‹, der – in Prosa – 1780 von Louise de Tressans in der ›Bibliothèque universelle des Romans‹ veröffentlicht worden war. Helmina von Chézy übertrug den Text nach der Originalfassung in deutsche Prosa, und Friedrich Schlegel gab diese 1804 im zweiten Band der ›Sammlung romantischer Dichtungen des Mittelalters‹ heraus – daraus wurde 1821–23 die erste romantische Mittelalter-Oper: Webers ›Euryanthe‹. Die Chantefable ›Aucassin und Nicolette‹ mit ihrem Wechsel von Vers

und Prosa (mit Melodien überliefert) war wohl noch unbekannt. In der deutschen mittelalterlichen Literatur ist Ulrichs von Lichtenstein ›Frauendienst‹, den Tieck 1812 in einer Übertragung veröffentlichte, der einzige Vertreter dieser Form.

103 LUDWIG TIECK, Vorrede zum 1. Band der Schriften, Berlin 1928, S. XL.

104 Die Alternative, der große Mittelalterroman fehlt in Deutschland, wie er in Frankreich mit dem mythenbildenden ›Nôtre Dame‹-Epos von Victor Hugo vertreten ist (vgl. PAUL ZUMTHOR, Le Moyen Age de Victor Hugo, in: VICTOR HUGO, Œuvres complètes, ed. JEAN MASSIN, Bd. IV, Paris 1970): Arnims „Kronenwächter" sind als Vision zu wenig faszinierend und zu eintönig – im populären Erzähl-Genre gelingt erst Felix Dahn mit ›Ein Kampf um Rom‹ ein Wurf, der eine breite Wirkung gehabt hat: Aber für die Vorstellung von der Übergangszeit, nicht für das Hohe Mittelalter, dessen „ideales" Bild Wagner im ›Tannhäuser‹ und vor allem im ›Lohengrin‹ entworfen hat. Die Kathedrale als nationaler Mittelalter-Mythos ist in Deutschland mit Schinkels Gemälde (Neue Nationalgalerie, Berlin) und dann mit dem Kölner Dom gefunden worden – in Frankreich war er lange virulent, vgl. Claude Monets Bilder der Kathedrale von Rouen 1892–94 als Besinnung auf die kulturelle Tradition Frankreichs nach dem preußisch-französischen Krieg 1870/71.

105 Nietzsche contra Wagner. Aktenstücke eines Psychologen, in: FRIEDRICH NIETZSCHE, Werke in drei Bänden, hrsg. von KARL SCHLECHTA, München 1955, II, S. 1035–1061, hier S. 1039.

106 RÜDIGER KROHN, Die Geschichte widerlegt die Utopie? Zur Aktualität von Tankred Dorsts Bühnenspektakel ›Merlin oder Das wüste Land‹, in: Euphorion 78 (1984), S. 160–179; HORST WENZEL, Geträumtes Mittelalter. Unheiliger Aufbruch in die heile Welt oder Merlin in der Weißdornhecke, in: Schreibheft. Zs. f. Literatur 19 (1982), S. 51; VOLKER MERTENS, Die Grimms, Wagner und wir, in: DERS. (Anm. 4), S. 113–132.

107 Frauentanz. Sieben Gedichte des Mittelalters für Sopran, op. 10 (1923), erschienen 1924 in der Universal Edition Wien (UE 7599 N), dem führenden Verlag für moderne Musik.

108 MARTIN ELSTE, Die Popularisierung mittelalterlicher Musik durch Schallplatten, in: PETER WAPNEWSKI (Hrsg.), Mittelalter-Rezeption. Ein Symposion (Germanist. Symposien, Berichtsbände VI), Stuttgart 1986, S. 547–554.

P. Johanek: Mittelalterliche Stadt

1 WILHELM VON KÜGELGEN. Zwischen Jugend und Reife des Alten Mannes 1820–1840, hrsg. von JOHANNES WERNER, Leipzig 1925, S. 123 f.

2 Ebd. S. 88, zitiert in einem Brief der Mutter an Krummacher, 9. Jan. 1826.

3 KÜGELGEN. Zwischen Jugend und Reife, S. 88.

4 Zur Familie Kügelgen vgl. Wilhelm von Kügelgen. Jugenderinnerungen eines alten Mannes 1802–1820, hrsg. von JOHANNES WERNER, Leipzig 1924, S. XVIII–XXIII; zur Familie Krummacher BERNHARD PAUL SCHLEMANN, Friedrich Adolf Krummachers Jugend und Jungmannesjahre, Diss. (Masch.) Münster 1929, S. 1–7.

5 REINHARD KOSELLECK, Preußen zwischen Reform und Revolution. Allgemeines Landrecht, Verwandlung und soziale Bewegung von 1791 bis 1848, Stuttgart ²1975,

S. 115; vgl. dazu und auch zu den im folgenden zitierten Formulierungen UTZ HAL-TERN, Bürgerliche Gesellschaft. Sozialtheoretische und sozialhistorische Aspekte (Erträge der Forschung), Darmstadt 1985, der einen ausgezeichneten Überblick über die Forschung bietet; hier S. 79.

⁶ So eine griffige Formulierung von FRANKLIN KOPITZSCH, Sozialgeschichte der deutschen Aufklärung als Forschungsaufgabe, in: DERS. (Hrsg.), Aufklärung, Absolutismus und Bürgertum in Deutschland, München 1976, S. 25; vgl. HALTERN, Bürgerliche Gesellschaft (wie Anm. 5), S. 78.

⁷ JÜRGEN KOCKA, Bürgertum und Bürgerlichkeit als Probleme der deutschen Geschichte vom späten 18. zum frühen 20. Jahrhundert, in: DERS. (Hrsg.), Bürger und Bürgerlichkeit im 19. Jahrhundert, Göttingen 1987, S. 21–63; hier S. 27 sowie DERS., Bürgertum und bürgerliche Gesellschaft im 18. Jahrhundert. Europäische Entwicklungen und deutsche Eigenarten, in: DERS.–UTE FREVERT (Hrsg.), Bürgertum im 19. Jahrhundert. Deutschland im europäischen Vergleich, Bd. 1, München 1988, S. 11–76; vgl. auch THOMAS NIPPERDEY, Deutsche Geschichte 1800–1866. Bürgerwelt und starker Staat, München 1983, S. 255–271.

⁸ KOCKA, Bürgertum und bürgerliche Gesellschaft (wie Anm. 7), S. 12 mit Lit.

⁹ Wie Anm. 1.

¹⁰ KÜGELGEN, Zwischen Jugend und Reife (wie Anm. 1), S. 104.

¹¹ CHARLES SEALSFIELD (Karl Postl), Der Legitime und die Republikaner, Leipzig o. J., S. 138 (10. Kap.): „Es liegt nun einmal im britischen Charakter jener abstoßende starre Zug, der sich so gern isoliert, und scharf in sich selbst einzwängt, jener schroffe, unbeugsame aristokratische Sinn, der sich selbst und nur sich selbst im Auge hat. Wir würden ihn verdammen, diesen selbstsüchtigen Kaufmann- und Aristokraten-Zwittersinn, ... wenn er nicht eine so achtbare Grundlage und so große Dinge bewirkt hätte. Es liegt dieser Gefühllosigkeit eine Verstandesreife zu Grunde, die nur durch vielfältig überstandene Kämpfe und Gefahren, durch lange Anschauung, durch vielfältig angestellte Vergleiche zwischen Wirklichkeit und Täuschung, durch kräftig bewirktes Gelingen und erkämpften Genuß von positiven Rechten und Freiheiten erwuchs; ein Gefühl, das zur Selbstachtung geworden, ein bereits höherer, edlerer Nationalstolz, der sich nicht töricht sklavischerweise auf gewonnene Schlachten und den Ruhm eines sogenannten Kriegshelden, sondern auf ein positives, selbsterworbenes Recht gründet, der bereits in die Klassen des Volkes gedrungen, und, ungeachtet des aristokratisch-kastischen Beigeschmacks, der sicherste Bürge fortschreitender Freiheit ist." – Der Roman erschien zuerst Zürich 1833.

¹² Vgl. JOHANNA SCHULTZE, Die Auseinandersetzung zwischen Adel und Bürgertum in den deutschen Zeitschriften der letzten drei Jahrzehnte des 18. Jahrhunderts (1773–1803) (Historische Studien 163), Berlin 1925; ich entnehme dieser Schrift im folgenden die Reihe von Zitaten.

¹³ Vgl. nur HALTERN, Bürgerliche Gesellschaft (wie Anm. 5), S. 79 ff.

¹⁴ CARL JULIUS WEBER, Briefe eines in Deutschland reisenden Deutschen, Stuttgart 1826–28; ³1855, Bd. I, S. 199 f. Ich entnehme dieses und das nächste Beispiel der Darstellung von FRIEDRICH SENGLE, Biedermeierzeit. Deutsche Literatur im Spannungsfeld zwischen Restauration und Revolution 1815–1848, Bd. II: Die Formenwelt, Stuttgart 1972, S. 243; dort eine Fülle weiterer Beobachtungen.

¹⁵ FERDINAND FREILIGRATH–LEVIN SCHÜCKING, Das malerische und romantische

Westphalen, Barmen–Leipzig 1841 (Ndr. Hildesheim 1977), S. 231; vgl. dazu SENGLE (wie Anm. 14), S. 254.

[16] FRANZ GRILLPARZER, Sämtliche Werke. Historisch-kritische Gesamtausgabe, hrsg. von AUGUST SAUER–REINHOLD BACKMANN, I, 3, Wien 1931, S. 114.

[17] Vgl. etwa ALFRED DOPPLER, König Ottokars Glück und Ende. Das Verhältnis von dargestellter Zeit, Zeit der Darstellung und gegenwärtiger Rezeption, in: ROBERT PICHL (Hrsg.), Grillparzer und die europäische Tradition, Wien 1987, S. 23 f.

[18] Vgl. nur HEINZ STOOB, Stadtformen und städtisches Leben im späten Mittelalter, in: HEINZ STOOB (Hrsg.), Die Stadt. Gestalt und Wandel bis zum industriellen Zeitalter, Köln–Wien ²1985, S. 151–187.

[19] Dazu WILLI TREICHLER, Mittelalterliche Erzählungen und Anekdoten um Rudolf von Habsburg (Geist und Werk der Zeiten 26), Bern 1971, bes. S. 26 ff.; THOMAS MARTIN, Das Bild Rudolfs von Habsburg als 'Bürgerkönig' in Chronistik, Dichtung und moderner Historiographie, in: Blätter für deutsche Landesgeschichte 112 (1976), S. 203–228.

[20] Vgl. die beißende Kritik in einem fragmentarischen Nekrolog auf Franz I., in: GRILLPARZER, Werke (wie Anm. 16), I/13, S. 162 f.; dazu DOPPLER, König Ottokar (wie Anm. 17), S. 24 f. Im übrigen sei darauf verwiesen, daß Grillparzer auch der allgemeinen Mittelalterbegeisterung ablehnend gegenüberstand, vgl. seine Bemerkungen über die „abgeschmackte Nürnbergerei" und den „mittelhochdeutschen Unsinn", in seiner Selbstbiographie, Werke (wie Anm. 16) I, 13, S. 243 u. 258.

[21] Vgl. KÜGELGEN, Jugenderinnerungen (wie Anm. 4), Abb. gegenüber S. 337 u. die Erläuterungen S. XXI sowie Kügelgen, Zwischen Jugend und Reife (wie Anm. 1), S. 69.

[22] Hier genügen wenige Hinweise: FRANTIŠEK GRAUS, Lebendige Vergangenheit. Überlieferung im Mittelalter und in den Vorstellungen vom Mittelalter, Köln–Wien 1975 sowie PAUL FRANKL, The Gothic, Princeton 1960, S. 447–479; W. D. ROBSON-SCOTT, The literary background of the Gothic revival in Germany, Oxford 1965. Vergleichbare Entwicklungen vollziehen sich auch außerhalb Deutschlands vgl. GRAUS (wie o.); JÜRGEN VOSS, Das Mittelalter im historischen Denken Frankreichs. Untersuchungen zur Geschichte des Mittelalterbegriffs und der Mittelalterbewertung von der zweiten Hälfte des 16. bis zur Mitte des 19. Jahrhunderts, München 1972; JANINE R. DAKYNS, The middle ages in French literature, Oxford 1973; ALICE CHANDLER, A dream of order. The medieval ideal in 19th-century English literature, London 1971.

[23] Vgl. etwa den immer noch lesenswerten Überblick von ERNST SCHULIN, Der Einfluß der Romantik auf die deutsche Geschichtsforschung, in: Geschichte in Wissenschaft und Unterricht 13 (1962), S. 404–423; HARRY BRESSLAU, Geschichte der Monumenta Germaniae historica, Hannover 1921.

[24] HEINZ GOLLWITZER, Zum Fragenkreis Architekturhistorismus und politische Ideologie, in: Zeitschrift für Kunstgeschichte 42 (1979), S. 1–14; hier S. 1, Hervorhebung von mir.

[25] Gollwitzers Vorstellung vom „Geschichtsbildersaal" wird belegt durch eine überaus große Zahl von für ein breites Publikum bestimmten Werken, die sich bemühen, Geschichte in Bildern darzustellen, von denen hier nur einige aufgezählt werden können: LEOPOLD CHIMANI–FRANZ STÖBER, Historischer Bildersaal oder Dar-

stellung berühmter Männer und merkwürdiger Begebenheiten, Wien 1817; RUDOLF
FOSS–JULIUS STAHL, Die Geschichte des deutschen Volkes in fünfzehn Bildern darge-
stellt von Karl Heinrich Hermann, Gotha 1854; A. SCHMITZ–WILHELM LINDEN-
SCHMIDT, Die deutsche Geschichte in Bildern. Fünfzig hervorragende Ereignisse der
alten, mittleren und neuen Zeit, Berlin 1861/62; ADOLF BÄR, Bildersaal deutscher
Geschichte. Zwei Jahrtausende deutschen Lebens in Bild und Wort, Stuttgart 1890;
MAX HERZIG, Deutsche Gedenkhalle. Bilder aus der vaterländischen Geschichte,
Berlin–Leipzig 1907; Die Idee des Geschichtsbildersaales verkörpert sich besonders
anschaulich in ihrer Realisation auf der Bühne, vgl. etwa: Bildersaal vaterländischer
Geschichte, in lebenden Bildern dargestellt auf dem Erbhuldigungsfeste der Ritterschaft am 18. Oktober 1840 im königlichen Opernhaus Berlin, Berlin 1840; ähnlich erscheint im Schlußakt von Bedřich Smetanas vaterländischer Oper ›Libuše‹ eine Abfolge von Bildern aus der böhmischen Geschichte. – Eine analoge Funktion erfüllt die
Ausmalung historischer oder öffentlicher Gebäude, von denen hier nur auf die Kaiserpfalz in Goslar hingewiesen sei, dazu: MONIKA ARNDT, Die Goslarer Kaiserpfalz
als Nationaldenkmal. Eine ikonographische Untersuchung, Hildesheim 1976; vgl.
auch u. mit Anm. 91.

   [26] Vgl. HEINRICH EVERSBERG, Die neue Stadt Hattingen. Landschaft und Geschichte, Hattingen 1980, S. 184.

   [27] Ebd. S. 164; zur widersprüchlichen Beurteilung der mittelalterlichen Stadttore
im frühen 19. Jh. vgl. auch UDO MAINZER, Stadttore im Rheinland, Köln 1973, S. 199–
206.

   [28] Zitiert nach SCHULTZE, Auseinandersetzung (wie Anm. 12), S. 159.

   [29] Vgl. dazu MARIANNE THALMANN, Romantiker entdecken die Stadt, München
1965, die jedoch auf die Mittelalterrezeption durch die Romantik nicht eingeht.

   [30] WILHELM HEINRICH WACKENRODER, Werke und Briefe, hrsg. von GERDA HEIN-
RICH, München–Wien 1984, S. 50.

   [31] Ebd. S. 49.

   [32] LUDWIG RICHTER, Lebenserinnerungen eines deutschen Malers, hrsg. von
HEINRICH RICHTER (Volksausgabe des Dürerbundes), Leipzig o. J., S. 303 f.

   [33] WACKENRODER, Werke und Briefe (wie Anm. 30), S. 182.

   [34] Ebd.

   [35] Vgl. o. bei Anm. 3.

   [36] Dazu LUDWIG GROTE, Die romantische Entdeckung Nürnbergs, Nürnberg
1967; Dürers Gloria. Kunst. Kult. Konsum (Ausstellungskatalog), Berlin 1971;
DIETER BÄNSCH, Zum Dürerbild der literarischen Romantik, in: Marburger Jahrbuch
für Kunstwissenschaft 19 (1974), S. 259–274; MATTHIAS MENDE, Das Dürer-Denkmal
in Nürnberg, in: HANS-ERNST MILTIG–VOLKER PLAGEMANN, Denkmäler im 19. Jahrhundert (Studien zur Kunst des 19. Jahrhunderts 20), München 1972, S. 163–181;
DIETER WUTTKE, Nürnberg als Symbol deutscher Kultur und Geschichte (= Gratia
16), Bamberg 1987.

   [37] Zu den Meistersingern vgl. RICHARD WAGNER, Die Musikdramen. Mit einem
Vorwort von JOACHIM KAISER, Hamburg 1971, S. 492 f.; PETER JOHANEK, „Du treue,
fleissige Stadt". Nürnberg, das Städtewesen des Mittelalters und Richard Wagners
Meistersinger, in: Bayreuther Festspiele 1986, Programmheft VII.

   [38] Vgl. DETTA und MICHAEL PETZET, Die Richard Wagner-Bühne König Lud-

wigs II. München–Bayreuth (Studien zur Kunst des 19. Jahrhunderts 8), München 1970, S. 170 f. mit Abb. 300, sowie JOHANEK (wie Anm. 37), S. 20 f.

[39] Max von Schenkendorf's sämtliche Gedichte. Erste vollständige Ausgabe, Berlin 1837, S. 255.

[40] Vgl. o. mit Anm. 28.

[41] Vgl. ROLF FRITZ, Ein unbekanntes Jugendwerk von Alfred Rethel, in: Wallraf-Richartz-Jahrbuch 20 (1958), S. 213–224; Industriebilder aus Westfalen. Gemälde, Aquarelle, Druckgrafik 1800–1960 (Ausstellungskatalog), Redaktion SIEGFRIED KESSEMEIER–JOCHEN LUCKHARDT, Münster 1979, S. 56; den Bemerkungen auf S. 13 vermag ich nicht zuzustimmen.

[42] ACHIM VON ARNIM, Die Kronenwächter, hrsg. von PAUL MICHAEL LÜTZLER, Frankfurt a. M. 1989 (Achim von Arnim Werke in sechs Bänden. Bd. 2) (Bibliothek deutscher Klassiker) S. 55 ff.

[43] Vgl. ULRICH KRINGS, Bahnhofsarchitektur. Deutsche Großstadtbahnhöfe des Historismus (Studien zur Kunst des 19. Jahrhunderts 46), München 1985, S. 345; dort auch S. 343–395 zu allen Fragen des Kölner Bahnhofbaus.

[44] KARL HAMPE, Wilhelm I., Kaiserfrage und Kölner Dom. Ein biographischer Beitrag zur Geschichte der Reichsgründung, Stuttgart 1936; LUDGER KERSSEN, Das Interesse am Mittelalter im deutschen Nationaldenkmal (Arbeiten zur Frühmittelalterforschung 8), Berlin–New York 1975; Der Kölner Dom im Jahrhundert seiner Vollendung. Bd. 1–3: Ausstellung der Historischen Museen in der Josef-Haubrich-Kunsthalle Köln, 16. Okt. 1980 bis 11. Jan. 1981, hrsg. von HUGO BORGER, Köln 1980.

[45] So GÜNTER BANDMANN, Die Galleria Vittorio Emmanuele II in Mailand, in: Zeitschrift für Kunstgeschichte 29 (1966), S. 109, Anm. 79 im Hinblick auf die Kölner Verhältnisse; vgl. dazu KRINGS, Bahnhofsarchitektur (wie Anm. 43), S. 388.

[46] Eine Übersicht über diese Bauten bei KRINGS, Bahnhofsarchitektur (wie Anm. 43), zur „Deutschen Renaissance" ebd., S. 393 f. sowie jetzt die knappe Charakterisierung bei THOMAS NIPPERDEY, Deutsche Geschichte 1866–1918, 1. Bd.: Arbeitswelt und Bürgergeist, München 1990, S. 720.

[47] Justus Möser's sämtliche Werke. Neugeordnet und aus dem Nachlasse desselben gemehrt von B. R. Abeken. Erster Theil: Patriotische Phantasien von Justus Möser, hrsg. von seiner Tochter J. W. J. v. VOIGTS, geb. Möser. Erster Theil. Neue vermehrte Ausgabe, Berlin 1842, S. 94.

[48] GEORG SARTORIUS, Geschichte des Hansischen Bundes, Göttingen 1803–1808.

[49] GUSTAV FREYTAG, Bilder aus der deutschen Vergangenheit, 2. Bd., 1. Abt.: Vom Mittelalter zur Neuzeit (= gesammelte Werke. Neue wohlfeile Ausgabe, 2. Serie, Bd. 4), Leipzig (s. Hirzel) – Berlin (H. Klemm) o. J., S. 115.

[50] Vgl. o. mit Anm. 24.

[51] Vgl. Anm. 1.

[52] Zur Sozialgeschichte dieser Beziehungen unter weitgehender Ausklammerung der mentalitätsgeschichtlichen Faktoren vgl. jetzt die zusammenfassende Betrachtung von WERNER MOSSE, Adel und Bürgertum im Europa des 19. Jahrhunderts. Eine vergleichende Betrachtung, in: JÜRGEN KOCKA (Hrsg.), Bürgertum im 19. Jahrhundert. Deutschland im europäischen Vergleich, Bd. 2, München 1988, S. 276–314 sowie ARNO J. MAYER, Adelsmacht und Bürgertum. Die Krise der europäischen Gesellschaft 1848–1914, München 1984.

198   Anmerkungen

⁵³ E. T. A. Hoffmann Werke, neudurchgesehen und revidiert von HERBERT
KRAFT–MANFRED WACKER, Bd. 2, Frankfurt a. M. 1967, S. 379–435.
⁵⁴ Freytag, Bilder (wie Anm. 48), S. 115.
⁵⁵ Ebd. S. 116.
⁵⁶ Vgl. o. mit Anm. 10.
⁵⁷ Vgl. etwa KNUT SCHULZ, Ministerialität und Bürgertum in Trier. Untersuchungen zur rechtlichen und sozialen Gliederung der Trierer Bürgerschaft vom ausgehenden 11. bis zum Ende des 14. Jahrhunderts (Rheinisches Archiv 66), Bonn 1968;
ERICH MASCHKE–JÜRGEN SYDOW (Hrsg.), Stadt und Ministerialität (Veröffentlichungen der Kommission für geschichtliche Landeskunde in Baden Württemberg, B 76),
Stuttgart 1973; THOMAS ZOTZ, Bischöfliche Herrschaft, Adel, Ministerialität und Bürgertum in Stadt und Bistum Worms (11.–14. Jahrhundert), in: Herrschaft und Stand.
Untersuchungen zur Sozialgeschichte des 13. Jahrhunderts, hrsg. von JOSEF FLECKEN-
STEIN (Veröffentlichungen des Max-Planck-Instituts für Geschichte 51), Göttingen,
S. 92–136; über ritterliche Betätigung von Bürgern zuletzt DERS., Adel, Bürgertum
und Turnier in deutschen Städten vom 13.–15. Jahrhundert, in: Das ritterliche Turnier
im Mittelalter. Beiträge zu einer vergleichenden Formen- und Verhaltensgeschichte
des Rittertums, hrsg. von JOSEF FLECKENSTEIN (Veröff. des Max-Planck-Instituts für
Geschichte 80), Göttingen 1985, S. 450–499; HERWIG WEIGL. Städte und Adel im
spätmittelalterlichen Österreich, in: Oberdeutsche Städte im Vergleich. Mittelalter
und frühe Neuzeit, hrsg. von JOACHIM JAHN–WOLFGANG HARTUNG–IMMO EBERL
(Regio. Forschungen zur schwäbischen Regionalgeschichte 2), Sigmaringendorf
1989, S. 74–100.
⁵⁸ Vgl. zu diesen Vorgängen MAYER, Adelsmacht (wie Anm. 52), bes. S. 86–91,
allerdings mit stark polemischer Tendenz.
⁵⁹ Vgl. dazu HEINZ GOLLWITZER, Zur Auffassung der mittelalterlichen Kaiserpolitik im 19. Jahrhundert. Eine ideologie- und wissenschaftsgeschichtliche Nachlese, in: Dauer und Wandel der Geschichte. Festgabe für Kurt von Raumer, hrsg. von
RUDOLF VIERHAUS–MANFRED BOTZENHART, Münster 1966, S. 483–512; KLAUS
SCHREINER, Friedrich Barbarossa – Herr der Welt, Zeuge der Wahrheit, die Verkörperung nationaler Macht und Herrlichkeit, in: Die Zeit der Staufer. Geschichte –
Kunst – Kultur. Katalog der Ausstellung Stuttgart 1977, Bd. V, hrsg. von REINER
HAUSSHERR–CHRISTIAN VÄTERLEIN, Stuttgart 1979, S. 521–579, hier: S. 539 ff.; ELI-
SABETH FEHRENBACH, Wandlungen des deutschen Kaisergedankens 1871–1918, München–Wien 1969.
⁶⁰ So treffend herausgearbeitet von SCHREINER, Friedrich Barbarossa (wie
Anm. 59), S. 536–540.
⁶¹ Vgl. CHARLOTTE KRANZ-MICHAELIS, Rathäuser im deutschen Kaiserreich 1871–
1918 (Materialien zur Kunst des 19. Jahrhunderts 23), München 1976, S. 25–27.
⁶² HALTERN, Bürgerliche Gesellschaft (wie Anm. 5), S. 89.
⁶³ Zitiert nach SCHULTZE, Auseinandersetzung (wie Anm. 12), S. 168, Anm. 111.
⁶⁴ Selbstverständlich handelt es sich nicht um eine auf Deutschland beschränkte
Entwicklung, vgl. etwa für Frankreich DAKYNS, Middle ages (wie Anm. 22), S. 14;
dazu die Feststellung von BERNARD GUENÉE, Histoire et culture historique dans l'occi-
dent médiéval, Paris 1980, S. 10: «Plus tard, au début du XIXᵉ siècle, les libéraux scru-
tèrent les temps où, dans les communes, la liberté avait fait ses premiers pas.»

[65] KARL FRIEDRICH EICHHORN, Deutsche Staats- und Rechtsgeschichte, Bd. II, Göttingen ⁵1843, S. 77 f., 224 a; während der Arbeit an diesem Werk publizierte er auch einen Aufsatz: Über den Ursprung der städtischen Verfassung in Deutschland, in: Zeitschrift für geschichtliche Rechtswissenschaft 1 (1815), S. 147–247; 2 (1816), S. 165–237; zu Eichhorn vgl. im übrigen ERNST WOLFGANG BÖCKENFÖRDE, Die deutsche verfassungsgeschichtliche Forschung im 19. Jahrhundert. Zeitgebundene Fragestellungen und Leitbilder, Berlin 1961, S. 49 f.; WOLFGANG SELLERT, Karl Friedrich Eichhorn, „Vater der deutschen Rechtsgeschichte", in: Juristische Schulung 1981, S. 799 ff.

[66] So MACK WALKER, German home towns. Community, state and general estate 1648–1971, Ithaca–London 1971, S. 251 f.

[67] OTTO VON GIERKE, Rechtsgeschichte der deutschen Genossenschaft (Das deutsche Genossenschaftsrecht, Bd. I), 1868, S. 250; zu Gierke vgl. J. D. LEWIS, The Genossenschaftstheory of Otto von Gierke: A Study in Political Thought, Madison, Wisc. 1935; HANS GEORG MERTENS, Otto von Gierke, Juristische Schulung 1971, S. 508 ff.

[68] The Chronicle of Richard of Devizes of the Time of King Richard the First, ed. JOHN T. APPLEBY, Edinburgh 1963, S. 49: *Communia est tumor plebis, timor regni, tepor sacerdotii.*

[69] GUIBERT DE NOGENT, Autobiographie, ed. EDMOND-RENÉ LABANDE, Paris 1981, S. 320; zu *communia* als Kampfruf der Aufständischen in Laon 1112 S. 336.

[70] Ihr Gang ist hier nicht zu verfolgen; verwiesen sei auf die grundlegende Arbeit von BÖCKENFÖRDE, Verfassungsgeschichtliche Forschung (wie Anm. 65) sowie auf die gedankenreichen und materialgesättigten Darlegungen von KLAUS SCHREINER, „Kommunalbewegung" und „Zunftrevolution". Zur Gegenwart der mittelalterlichen Stadt im historisch-politischen Denken des 19. Jahrhunderts, in: Stadtverfassung. Verfassungsstaat. Pressepolitik. Festschrift für Eberhard Naujoks zum 65. Geburtstag, hrsg. von FRANZ QUARTHAL–WILFRIED SETZLER, Sigmaringen 1980, S. 139–168 und OTTO GERHARD OEXLE, Die mittelalterliche Zunft als Forschungsproblem. Ein Beitrag zur Wissenschaftsgeschichte der Moderne, in: Blätter für deutsche Landesgeschichte 118 (1982), S. 1–44; für die Wende vom 19. zum 20. Jh. vgl. auch LUISE SCHORN-SCHÜTTE, Stadt und Staat. Zum Zusammenhang von Gegenwartsverständnis und historischer Erkenntnis in der Stadtgeschichtsschreibung der Jahrhundertwende, in: Die alte Stadt. Zeitschrift für Stadtgeschichte, Stadtsoziologie und Denkmalpflege 10 (1983), S. 228–266.

[71] Das gilt beispielsweise bereits für die preußische Städteordnung des Freiherrn vom Stein, in der neben den Einflüssen der Aufklärung auch Vorstellungen über die „Wiederbelebung genossenschaftlich-kommunaler Freiheit" wirksam wurden, die sich am Bild von der mittelalterlichen Stadt orientierten, vgl. HEINRICH HEFFTER, Die deutsche Selbstverwaltung im 19. Jahrhundert. Geschichte der Ideen und Institutionen, Stuttgart 1969, S. 92 f.

[72] WILHELM VON GIESEBRECHT, Geschichte der deutschen Kaiserzeit, 6 Bde., der erste Bd. erschien zuerst 1855; zahlreiche Auflagen und Volksausgaben, vgl. zum Bucherfolg HERMANN HEIMPEL, in: NDB 6 (1964), S. 381; die Baronin von Spitzemberg schrieb sich das Verdienst zu, durch ihre Giesebrecht-Lektüre Bismarck zu seinem Wort vom Canossagang angeregt zu haben, vgl. HARALD ZIMMERMANN, Der

Canossagang von 1077. Wirkungen und Wirklichkeit, Wiesbaden 1975, S.7f. Die Baronin mischte, wie ihr Tagebuch ausweist, die Lektüre historischer Romane mit der des Giesebrechtschen Werks, vgl. Das Tagebuch der Baronin Spitzemberg, geb. Freiin von Varnbühler. Aufzeichnungen aus der Hofgesellschaft des Hohenzollernreichs, hrsg. von RUDOLF VIERHAUS, Göttingen 1963, S.134f.

[73] Vgl. J.F. BÖHMER, Regesta Imperii V. Die Regesten des Kaiserreichs unter Philipp, Otto IV., Friedrich II., Heinrich (VII.), Conrad IV., Heinrich Raspe, Wilhelm und Richard. 1198–1272, neu hrsg. von JULIUS FICKER, Innsbruck 1881/82 (Ndr. Hildesheim 1971), Nr. 4860a, S. 910 zur Hinrichtung Konradins: „Gedenke wie unbarmeliche der künik Chuonrat wart verderbet, davon noch allen diutschen vürsten eiset (schaudert) sagt der Misnäre. Ja wohl! Aber gethan haben sie nichts, um die blutthat zu rächen, denn Deutschland fühlte sich nur wenig noch als einheit. Grossentheil durch schuld der Staufer. Diese aber endeten so kläglich in demselben land, welches sie siebenzig iahre früher mit nicht minderer grausamkeit erworben, ... welches sie der deutschen heimat zu deren unwiederbringlichen schaden (daran wir noch leiden) vorgezogen hatten." Julius Ficker hat die 1849 niedergeschriebenen Sätze Böhmers pietätvoll beibehalten, obwohl er im Streit um die mittelalterliche Kaiserpolitik eine andere Position einnahm (vgl. FRIEDRICH SCHNEIDER [Hrsg.], Universalstaat oder Nationalstaat. Macht und Ende des Ersten Deutschen Reiches. Die Streitschriften von Heinrich von Sybel und Julius von Ficker zur deutschen Kaiserpolitik des Mittelalters, Innsbruck 1941).

[74] Vgl. PAUL ALFRED MERBACH, Die Hanse im deutschen dichterischen Schrifttum (Pfingstblätter des Hansischen Geschichtsvereins 24), Lübeck 1934, S.8f.; zu Sartorius Anm. 48.

[75] Vgl. zur Rolle von Theateraufführungen bei der Propagierung politischer Symbole, insbesondere der Nationalhymnen, ELISABETH FEHRENBACH, Über die Bedeutung der politischen Symbole im Nationalstaat, in: Historische Zeitschrift 213 (1971), S. 296–357; hier S. 30f. u. 316ff.; zu beachten sind auch die Festzüge, die häufig mit historischen Einlagen angereichert wurden, vgl. etwa BERNWARD DENEKE, Zur Rezeption historisierender Elemente in volkstümlichen Festlichkeiten der ersten Hälfte des 19. Jahrhunderts, in: Anzeiger des Germanischen Nationalmuseums Nürnberg 1973, S.107–135; WOLF HARTMANN, Der historische Festzug. Seine Entstehung und Entwicklung im 19. und 20. Jahrhundert, München 1976; KLAUS TENFELDE, Adventus. Zur historischen Ikonologie des Festzuges, in: Historische Zeitschrift 235 (1982), S.45–84.

[76] Zum Rathausbau vgl. KRANZ-MICHAELIS, Rathäuser (wie Anm. 61); EKKEHARD MAI–JÜRGEN PAUL–STEPHAN WAETZOLDT (Hrsg.), Das Rathaus im Kaiserreich. Kunstpolitische Aspekte einer Bauaufgabe des 19. Jahrhunderts, Berlin 1982; MARTIN DAMUS, Das Rathaus. Architektur- und Sozialgeschichte von der Gründerzeit zur Postmoderne, Berlin 1988.

[77] Rathaus-Gedenkblatt. Beilage zum Casseler Tageblatt und Anzeiger zur Einweihung des Neuen Casseler Rathauses 9. Juni 1909, S. 6; zit. bei KRANZ-MICHAELIS, Rathäuser (wie Anm. 61), S. 100.

[78] Festschrift zur Einweihung des neuen Rathauses der Stadt Papenburg im Juni 1913, Papenburg 1913, S.273.

[79] Vgl. o. mit Anm. 26 u. 27.

[80] JULIUS FEKETE, Denkmalpflege und Neugotik im 19. Jahrhundert, dargestellt am Beispiel des Alten Rathauses in München (Miscellanea Bavarica Monacensia 96), München 1981.

[81] Vgl. dazu DAMUS, Rathaus (wie Anm. 76), S. 33–37; sowie die bei KRANZ-MICHAELIS, Rathäuser (wie Anm. 61), S. 103, 158f. u. 165 verzeichnete Lit.

[82] KRANZ-MICHAELIS, Rathäuser (wie Anm. 61), S. 100 sowie der Katalog der Rathausbauten, S. 148–175.

[83] KRANZ-MICHAELIS, Rathäuser (wie Anm. 61), S. 101.

[84] Festschrift Papenburg (wie Anm. 78), S. 279.

[85] Vgl. o. mit Anm. 19.

[86] Vgl. etwa ALBRECHT TIMM, Der Kyffhäuser im deutschen Geschichtsbild (Historisch-politische Hefte der Ranke-Gesellschaft), Hamburg 1961; sowie die Anm. 59 zitierte Lit.

[87] HEINRICH HEINE, Deutschland. Ein Wintermärchen, in: Sämtliche Schriften, Bd. 4, hrsg. von KLAUS BRIEGLEB, Darmstadt 1971, S. 616.

[88] GEORG HERWEGH, Der schlimmste Feind (Februar 1871), in: Herweghs Werke, 3. Teil: hrsg. von HERMANN TARDEL, Berlin–Leipzig–Wien–Stuttgart o. j., S. 120–132; vgl. ebd. S. 132 das Gedicht ›Epilog zum Kriege‹ mit den Versen: „Schon lenkt ein Kaiser dich am Zaum / Ein strammer, strenger Zepterhalter. / Hofbarden singen ihre Psalter / Dem auferstandnen Mittelalter."

[89] FELIX DAHN, Macte Imperator!, in: DERS., Gesammelte Werke. Erzählende und poetische Schriften. Neue wohlfeile Gesamtausgabe II, 5, Leipzig–Berlin–Grunewald o. J., S. 593; die Analogie Friedrich I. (Barbarossa) und Wilhelm I. (Barbarblaca) ist besonders eindrucksvoll in den Ausmalungen der Kaiserpfalz zu Goslar gestaltet worden, vgl. ARNDT, Goslarer Kaiserpfalz (wie Anm. 25), bes. S. 63 ff.; Bezug von Reicheinheit und Kaisertum unter gleichzeitiger Kritik an der staufischen Politik findet sich allerdings ebenfalls, vgl. etwa Anm. 73, u. GOLLWITZER, Auffassung (wie Anm. 59); FEHRENBACH, Kaisergedanke (wie Anm. 59).

[90] Vgl. o. mit Anm. 38.

[91] Vgl. GERD UNVERFEHRT, Bistum, Stadt und Reich. Das Programm der Fresken Hermann Prells, in: MAI–PAUL–WAETZOLDT, Rathaus (wie Anm. 76), S. 231–259; die Verschränkung bürgerlicher Selbstdarstellung (Porträts Hildesheimer Bürger; Personifikation der Gilden; Allegorien bürgerlicher Tugenden) und Kaiserhuldigung wird hier besonders deutlich. Zum gesamten Themenkomplex auch HEINZ-TONI WAPPENSCHMIDT, Studien zur Ausstattung des deutschen Rathaussaales in der zweiten Hälfte des 19. Jahrhunderts bis 1918, Bonn 1981, bes. S. 93 ff. und S. 76 f. zu Krefeld, Bochum und in Elberfeld, in: MAI–PAUL–WAETZOLDT, Rathaus (wie Anm. 76), S. 261–300.

[92] LUDWIG HOFFMEYER, Chronik der Stadt Osnabrück, 4. Aufl. bearb. von HEINRICH KOCH, Osnabrück 4/1978, S. 448 mit Abb.; LUDWIG SCHIRMEYER, Die Kaiserbilder am Osnabrücker Rathaus, in: Hannoverland, Monatsschrift für Geschichte, Landes- und Volkskunde, Sprache und Literatur unserer niedersächsischen Heimat 1909, S. 38; DERS., Osnabrück und das Osnabrücker Land, Osnabrück 1948, S. 136 f.

[93] Festschrift zur Einweihung des Rathaus-Neubaus der Stadt Duisburg am Rhein am 3. Mai 1902, Duisburg 1902, S. 46; der Stadtverordnetensaal enthielt eine Darstellung der Verteidigung der Stadt gegen den Überfall durch den Kölner Erzbischof

Dietrich von Moers am 12. März 1443; vgl. auch WAPPENSCHMIDT, Ausstattung (wie Anm. 91), S. 51 f.

[94] Paradigmatisch zum Ausdruck gebracht in der Rede des Duisburger Oberbürgermeisters Lehr bei der Eröffnung des neuen Rathauses, vgl. Festschrift Rathaus-Neubau Duisburg (wie Anm. 93), S. 73–84; bezeichnend ist das Hervorheben des harmonischen Zusammenwirkens von bürgerlicher Selbstverwaltung und dem im Kaiser verkörperten Staat.

[95] GUSTAV W. HEINEMANN, Reden und Interviews 1. Juli 1973–1. Juli 1974, hrsg. vom Presse- und Informationsamt der Bundesregierung, Bonn 1974, S. 169.

F. Büttner: Die Karlsfresken Alfred Rethels

[1] MAX SCHASLER, Ästhetik. Grundzüge der Wissenschaft des Schönen und der Kunst, Leipzig–Prag 1886, Bd. 2, S. 119 ff.

[2] JOHANN WOLFGANG GOETHE, Winckelmann und sein Jahrhundert in Briefen und Aufsätzen (1805), hrsg. von H. HOLTZHAUSER, Leipzig 1969, S. 115 u. ö.

[3] FRIEDRICH SCHLEGEL, Nachtrag italiänischer Gemälde, in: Kritische Friedrich-Schlegel-Ausgabe, Bd. 4, München–Paderborn 1959, S. 72.

[4] WILHELM VON HUMBOLDT, Werke, hrsg. von ALBERT LEITZMANN, Bd. 5, Berlin 1906, S. 54. Auch ERNST FÖRSTER, Untersuchungen über den Unterschied zwischen Genre und Historie in der bildenden Kunst, in: Kunstblatt 1830, Nr. 68, S. 269 ff. versteht den Begriff noch im herkömmlichen Sinne.

[5] JAKOB BURCKHARDT, Bericht über die Kunstausstellung zu Berlin im Herbste 1842, in: Kunstblatt 1843, Nr. 4, S. 15.

[6] REINHART KOSELLECK, Artikel: Geschichte, Historie, in: Geschichtliche Grundbegriffe. Historisches Lexikon zur politisch-sozialen Sprache in Deutschland, hrsg. von O. BRUNNER–W. CONZE–R. KOSELLECK, Bd. 2, Stuttgart 1975, S. 647 ff.

[7] Dazu REINHART KOSELLECK, Historia Magistra Vitae. Über die Auflösung des Topos im Horizont neuzeitlich bewegter Geschichte, in: DERS.: Vergangene Zukunft. Zur Semantik geschichtlicher Zeiten, Frankfurt a. M. 1979, S. 38 ff.

[8] JOHANN GEORG SULZER, Artikel: Künste, Schöne Künste, in: Allgemeine Theorie der schönen Künste, Bd. III, Leipzig, S. 100 ff. Vgl. JOHANNES DOBAI, Die bildenden Künste in J. G. Sulzers Ästhetik, Winterthur 1978, S. 17 ff.

[9] Vgl. JAMES A. LEITH, The Idea of Art as Propaganda in France, 1750–1799, Toronto 1965, S. 10 ff., 57 ff.

[10] JEAN LOCQUIN, La Peinture d'histoire en France de 1747 à 1785: étude sur l'évolution des idées dans la seconde moitié du XVIIe siècle en France, Paris 1912, S. 48 ff.

[11] FRANK BÜTTNER, Wilhelm Tischbeins ›Konradin von Schwaben‹, in: Kunstsplitter. Beiträge zur nordeuropäischen Kunstgeschichte. Festschrift für Wolfgang J. Müller zum 70. Geburtstag, Husum 1984, S. 100 ff.; FRANK BÜTTNER, Bernhard Rodes Geschichtsdarstellungen, in: Zeitschrift des deutschen Vereins für Kunstwissenschaft 42 (1988), S. 33 ff.

[12] CARL LUDWIG FERNOW, Römische Studien, Zürich 1808, Bd. III, S. 78; zitiert nach HERBERT VON EINEM, Carl Ludwig Fernow. Eine Studie zum deutschen Klassizismus, Berlin 1935, S. 46. Bemerkenswert ist, daß sich in diesem Zitat der Wandel

des Begriffes der Historienmalerei schon abzeichnet. Fernows Vorschlag, den traditionellen Begriff der Historie durch den Begriff der „dramatischen Malerei" zu ersetzen, konnte sich nicht durchsetzen.

[13] Zu diesen Bedenken vgl. z. B. HEINRICH MEYER, Über die Gegenstände der bildenden Kunst, in: Propyläen, hrsg. von J. W. GOETHE, Bd. 1, 1. Stück, 1798, S. 20 ff.

[14] Dazu KOSELLECK (wie Anm. 7).

[15] Vgl. BÜTTNER (wie Anm. 11).

[16] Vgl. FRANK BÜTTNER, Peter Cornelius – Fresken und Freskenprojekte, Bd. I, S. 94 f.

[17] Vgl. INGRID JENDERKO-SICHELSCHMIDT, Profane Historienmalerei. Die großen Bilderzyklen, in: Kunst des 19. Jahrhunderts im Rheinland, Bd. 3: Malerei, hrsg. von EDUARD TRIER–WILLY WEYRES, Düsseldorf 1979, S. 154 f.

[18] Vgl. FRANK BÜTTNER, Die Darstellung mittelalterlicher Geschichte in der deutschen Kunst des ausgehenden 18. Jahrhunderts, in: Mittelalter-Rezeption. Ein Symposion, hrsg. von PETER WAPNEWSKI (Germanistische Symposien 6), Stuttgart 1986, S. 407 ff.

[19] WALTHER HUBATSCH, Der Freiherr vom Stein und die Historienmalerei seiner Zeit, in: DERS., Stein-Studien (Studien zur Geschichte Preußens 25), Köln–Berlin 1975, S. 177 ff.

[20] DIETER GRAF, Die Fresken von Schloß Heltorf, in: Die Düsseldorfer Malerschule, Katalog der Ausstellung Düsseldorf–Darmstadt 1979, hrsg. von WEND VON KALNEIN, Mainz 1979, S. 112 ff.

[21] JOHANN DAVID PASSAVANT, Ansichten über die bildenden Künste und Darstellung des Ganges derselben in Toscana; zur Bestimmung des Gesichtspunctes, aus welchem die neudeutsche Malerschule zu betrachten ist, Heidelberg–Speyer 1820, S. 80 f.

[22] Kopien dieser Entwürfe befinden sich in Berlin im Schinkel-Pavillon, vgl. HELMUT BÖRSCH-SUPAN, Der Schinkel-Pavillon im Schloßpark zu Charlottenburg, Berlin 1970, S. 38 f. Eine eingehende Behandlung dieser Entwürfe bietet HARTMUT BOOCKMANN, Die Entwürfe von Karl Wilhelm Kolbe und Karl Wilhelm Wach für die Glasmalereien des Marienburger Sommerremters, Beiträge zu einer Ikonographie des Deutschen Ordens, in: UDO ARNOLD (Hrsg.), Preußen und Berlin, Beziehungen zwischen Provinz und Hauptstadt (Schriftenreihe Nordost-Archiv 22), Lüneburg 1982.

[23] MONIKA WAGNER, Allegorie und Geschichte. Austattungsprogramme öffentlicher Gebäude des 19. Jahrhunderts in Deutschland von der Cornelius-Schule zur Malerei der Wilhelminischen Ära (Tübinger Studien zur Archäologie und Kunstgeschichte), Tübingen 1989, S. 64 ff.; FRANK BÜTTNER, Bildung des Volkes durch Geschichte. Zu den Anfängen öffentlicher Geschichtsmalerei in Deutschland, in: Historienmalerei in Europa, hrsg. von EKKEHARD MAI, Mainz 1990, S. 77 ff.

[24] Vgl. THOMAS NIPPERDEY, Nationalidee und Nationaldenkmal in Deutschland im 19. Jahrhundert, in: Historische Zeitschrift 206 (1968), S. 529 ff.

[25] Vgl. Andeutungen über den Zweck des Kunstvereins für die Rheinlande und Westphalen, in: Kunstblatt 1829, Nr. 34, S. 133 f.: „Ihre höchste Bedeutung und edelste Wirkung kann aber die Kunst am unmittelbarsten und sichersten nur durch öffentliche Denkmale gwinnen. Sie sind Jedem ohne Mittel zugänglich, das Volk sam-

melt sich um sie, mit solchen Werken knüpft es die genauste Bekanntschaft an, sie werden zu einem geistigen Bande, wodurch sich die Nation in sich selbst verknüpft sieht. Volksdenkmale sind Volksheiligthümer, die Nation tröstet, ermuthigt, entzückt sich an ihnen." Abdruck des Statutes des Kunstvereins in: Kunstblatt 1829, Nr. 35, S. 137.

²⁶ Stadtarchiv Aachen (= SAA), Oberbürgermeister-Amt (= OBA), Caps. 78, Nr. 17a, fol. 26: Brief Schwengers an Emundts vom 7. 2. 1839; vgl. JOSEF PONTEN, Briefe und Akten zur Geschichte der Aachener Fresken Alfred Rethels, in: Kunst und Künstler 11 (1913), S. 611.

²⁷ Die Fresken des ersten Saales, der Rudolf von Habsburg gewidmet ist, vollendete Julius Schnorr von Carolsfeld 1839, diejenigen im Saal Karls des Großen wurden im wesentlichen 1843 vollendet; vgl. JULIUS SCHNORR VON CAROLSFELD, Künstlerische Wege und Ziele, Leipzig 1909, S. 57 ff.

²⁸ Abgedruckt bei PONTEN (wie Anm. 26), S. 612; zur Geschichte der Karls-Fresken vgl. vor allem KURT ZOEGE VON MANTEUFFEL, Zur Geschichte der Karlsfresken Alfred Rethels im Aachener Rathaus, in: Zeitschrift des Aachener Geschichtsvereins 61 (1940), S. 64 ff. und DETLEF HOFFMANN, Die Karlsfresken Alfred Rethels, Diss. Freiburg 1968.

²⁹ Zur damaligen Einschätzung Rethels vgl. HERMANN PÜTTMANN, Die Düsseldorfer Malerschule und ihre Leistungen seit der Errichtung des Kunstvereins im Jahre 1829, Leipzig 1839, S. 136 f.

³⁰ Die Reaktion in Düsseldorf schildert sehr schön ein Brief des Malers Steinbrück an Rethel vom 6. Juli 1840, abgedruckt bei: JOSEF PONTEN, Alfred Rethels Briefe, Berlin 1912, S. 50.

³¹ Die sieben Zeichnungen befinden sich im Kupferstichkabinett Dresden. Abgesehen von dem Blatt ›Gruft Karls des Großen‹, das als Tuschzeichnung ausgeführt ist, sind es Bleistiftzeichnungen im Format von durchschnittlich 48 × 64 cm.

³² Abgedruckt bei JOSEF PONTEN, Alfred Rethel. Des Meisters Werke, Stuttgart–Leipzig 1911, S. 184 ff.

³³ Vgl. ZOEGE VON MANTEUFFEL (wie Anm. 28), S. 73.

³⁴ FRIEDRICH SCHLEGEL, Sämtliche Werke, Wien 1846, Bd. 9, S. 44 ff.; zit. bei HERBERT V. EINEM, Die Tragödie der Karlsfresken Alfred Rethels, in: Arbeitsgemeinschaft für Forschung des Landes Nordrhein-Westfalen, Geisteswissenschaften, Heft 148, Köln–Opladen 1968, S. 23.

³⁵ In der Archäologie wird dieses Motiv nach seiner ersten exemplarischen Verwirklichung in einem attischen Grabrelief „Dexileos-Motiv" genannt; vgl. WOLFGANG HENZE, Studien zur Darstellung der Schlacht und des Kampfes in den Bildkünsten des Quattro- und Cinquecento in Italien, Diss. München 1970, S. 217 ff.

³⁶ KARL FRANZ MEYER, Aachensche Geschichten, Mühlheim 1781, S. 108 und 126; vgl. HOFFMANN (wie Anm. 28), S. 60. Hoffmann (S. 66 ff.) weist darauf hin, daß dieses Thema gleichzeitig mit Rethels Entwurf in EDUARD DULLER, Geschichte des Deutschen Volkes, Leipzig 1840, S. 13 in einem Holzstich nach einer Zeichnung von Ludwig Richter dargestellt wurde. Da Rethel selbst Illustrationen für dieses Buch lieferte, ist es möglich, daß er zumindest von der Themenwahl wußte.

³⁷ PONTEN (wie Anm. 32), S. 187.

³⁸ Vgl. HOFFMANN (wie Anm. 28), S. 80 ff.

³⁹ Ebd.

⁴⁰ ZOEGE VON MANTEUFFEL (wie Anm. 28), S. 76 f. Vgl. PONTEN, Briefe (wie Anm. 30), S. 53 f.

⁴¹ SAA, OBA 78, Nr. 17 a, fol. 17, Brief von Emundts an Schwenger, 25. 11. 1840.

⁴² KARL V. ROTTECK, Allgemeine Geschichte, Bd. 5, Freiburg ⁸1834, S. 43.

⁴³ HEINRICH LUDEN, Geschichte des teutschen Volkes, Bd. 4, Gotha 1828, S. 422.

⁴⁴ In dem nach diesem Entwurf von Joseph Kehren 1860/62 ausgeführten Fresko wird gerade dieses Motiv, das ein Gegengewicht zur Kaiserkrönung durch den Papst bilden soll, eliminiert. Hier weist Karl der Große auf den auf dem Altar stehenden Kruzifixus, so daß abermals die über dem weltlichen Regiment stehende Macht der Kirche betont wird.

⁴⁵ SAA, OBA 78, Nr. 17 a, fol. 27.

⁴⁶ SAA, OBA 78, Nr. 17 a, fol. 33r.; der Brief auch bei PONTEN, Briefe (wie Anm. 30), S. 56 ff.

⁴⁷ Zitiert wird dort Libri Carolini II, cap. 21: *Solus igitur deus colendus, solus adorandus, solus glorificandus est, de quo per Prophetam dicitur: exaltatum es nomen eius solius.* In seinem Brief schlägt Rethel vor, es durch ein Zitat aus Libri Carolini III, cap. 16 zu ersetzen: *In basilicis Sanctorum imagines non ad adorandum, sed ad memoriam rerum gestarum et venustatem parietum habere permittemus.*

⁴⁸ SAA, OBA 78, Nr. 17 a, fol. 276r, Schreiben vom 21. 10. 1846.

⁴⁹ ARNO BORST, Das Karlsbild in der Geschichtswissenschaft vom Humanismus bis heute, in: Karl der Große. Lebenswerk und Nachleben, Bd. IV: Das Nachleben, Düsseldorf 1967, S. 369.

⁵⁰ Stadt-Aachener Zeitung (= SAZ), Nr. 40 vom 9. 2. 1841.

⁵¹ SAZ, Nr. 55 vom 24. 2. 1841.

⁵² SAZ, Nr. 57 vom 26. 2. 1841.

⁵³ Ein Wort für die Wiederherstellung des Krönungs-Saales, in: SAZ, Nr. 61/62 vom 2./3. 3. 1841.

⁵⁴ RUDOLF DÜNNWALD, Aachener Architektur im 19. Jahrhundert. Friedrich Ark. Stadtbaumeister 1839–1876 (Aachener Beiträge für Baugeschichte und Heimatkunst 6), Aachen 1974, S. 23 ff.

⁵⁵ SAA, OBA 78, Nr. 17 a, fol. 111 r. Ähnlich argumentierte eine von über siebzig Bürgern unterzeichnete Eingabe an den Stadtrat vom 17. 11. 1842: SAA, OBA 78, Nr. 17 a, fol. 106 f.

⁵⁶ C. P. BOCK, Das Rathaus zu Aachen. Schutzschrift für die unverletzte Erhaltung des Deutschen Krönungssaales, Aachen 1843, S. 4 f.

⁵⁷ Ebd. S. 6 f. (Hervorhebung vom Verf.)

⁵⁸ Ebd. S. 175 f.

⁵⁹ Ebd. S. 180.

⁶⁰ SAZ, Nr. 62 vom 3. 3. 1841.

⁶¹ Andeutungen über den Zweck des Kunstvereins für die Rheinlande und Westphalen, in: Kunstblatt 1829, Nr. 34, S. 133.

⁶² Zur Baugeschichte vgl. DÜNNWALD (wie Anm. 54), S. 27 ff.

⁶³ Die wichtigsten: Die Erneuerung des Rathhaus-Saales in Aachen, Beilage zur SAZ, Nr. 103 vom 13. 4. 1847; über die Restauration des Kaisersaales zu Aachen, in: Beilage zur SAZ, Nr. 143 und 144 vom 23. 5. 1847 (mit Gutachten des Architekten

Chr. Schmidt aus Trier); und schließlich: Die historische Restauration des Kaisersaales und ihre Gegner, eine Folge von vier Artikeln in: SAZ, Nr. 346 vom 12. 12., Nr. 350 vom 16. 12., Nr. 352 vom 18. 12. und Nr. 355 vom 21. 12. 1847. Vgl. dazu HOFFMANN (wie Anm. 28), S. 236.

[64] Die am 11. resp. 14. 7. 1846 unterzeichneten Verträge in: SAA, OBA 78, Nr. 17a, fol. 279 ff.

[65] Auch diese beiden Entwürfe, Bleistiftzeichnungen im Format 48 × 65 cm, befinden sich im Kupferstichkabinett Dresden.

[66] SAA, OBA 78, Nr. 17a, fol. 83 f.: „Karl der Gesetzgeber mit den Würdenträgern seines Reiches und der Kirche seine Constitutiones Imperiales beratend, würde ein herrliches Motiv zu einem der Frescobilder für den Rathhaussaal liefern. Die von Herrn Rethel für das Concil zu Frankfurt entworfene Zeichnung, welche als solche den Beifall aller Kunstkenner gefunden hat, aber aus anderen Gründen nicht wohl zur Ausführung gelangen kann, könnte für das obige Motiv mit wenigen Abänderungen beibehalten, und auf diese Weise der Wunsch der Kenner mit den Anforderungen des Stadtrathes vereinigt werden."

[67] Brief von Emundts an den Kunstverein vom 9. 11. 1844: SAA, OBA 78, Nr. 17a, fol. 229r.

[68] Bleistiftzeichnung, 48 × 64 cm, im Kupferstichkabinett Dresden.

[69] SAA, OBA 78, Nr. 17a, fol. 242r.

[70] Vgl. die kritische Untersuchung der möglichen Quellen bei HOFFMANN (wie Anm. 28), S. 219.

[71] J. FELSING, Über die Freskomalereien von Philipp Veit in dem Städelschen Kunstinstitute, in: Kunstblatt 1838, Nr. 24 (22. 3. 1838), S. 93.

U. Wyss: Mediävistik als Krisenerfahrung

[1] Vgl. KLAUS WEIMAR, Geschichte der deutschen Literaturwissenschaft bis zum Ende des 19. Jahrhunderts, München 1989, S. 429 ff.

[2] Vgl. HARALD WEIGEL, Nur was du nie gesehn wird ewig dauern. Carl Lachmann und die Entstehung der wissenschaftlichen Edition, Freiburg 1989, S. 36 ff.

[3] Vgl. URSULA RAUTENBERG, Ein Hegelianer unter den Germanisten. Karl Rosenkranz' mediaevistische Studien, in: Welt und Wirkung von Hegels Ästhetik, hrsg. von ANNEMARIE GETHMANN-SIEFERT und OTTO PÖGGELER (Hegel-Studien Beih. 27), Bonn 1986, S. 340–361.

[4] KARL LACHMANN, Titurel und Dante, in: KARL LACHMANN, Kleinere Schriften zur deutschen Philologie, Berlin 1876, S. 351–357.

[5] KONRAD BURDACH, in: Briefwechsel der Brüder Jacob und Wilhelm Grimm mit Karl Lachmann, hrsg. von ALBERT LEITZMANN, Jena 1927, Bd. 1, S. LXVI.

[6] Vgl. JÜRGEN FOHRMANN, Das Projekt der deutschen Literaturgeschichte. Entstehung und Scheitern einer nationalen Poesiegeschichtsschreibung zwischen Humanismus und Deutschem Kaiserreich, Stuttgart 1989.

[7] Vgl. RUDOLF BORCHARDT, Prosa III, Stuttgart 1960, S. 72 ff.

[8] BORCHARDT (wie Anm. 7), S. 72.

[9] Die deutsche Literatur des Mittelalters. Verfasserlexikon. Begründet von WOLF-

GANG STAMMLER, fortgeführt von KARL LANGOSCH, Berlin 1933–1955, 2. Aufl. hrsg. von KURT RUH, Berlin 1978 ff.

[10] JULIUS SCHWIETERING, Die deutsche Dichtung des Mittelalters, Potsdam 1932.

[11] Vgl. DIETER KARTSCHOKE, Altdeutsche Bibeldichtung (Sammlung Metzler 135), Stuttgart 1975.

[12] Vgl. MAX WEHRLI, Sacra Poiesis: Bibelepik als europäische Tradition, in: MAX WEHRLI, Formen mittelalterlicher Erzählung, Zürich 1969, S. 51–72.

[13] NOVALIS, Die Christenheit oder Europa, in: DERS., Werke und Briefe, München o. J., S. 389.

[14] Vgl. ERNST ROBERT CURTIUS, Europäische Literatur und lateinisches Mittelalter, Bern ⁵1965, S. 508.

[15] Vgl. GEORG LUKÁCS, Die Theorie des Romans, Neuwied ²1963, S. 31 f., 144 et passim.

[16] Günther Müller, Gradualismus, in: GÜNTHER MÜLLER, Morphologische Poetik. Gesammelte Aufsätze, Darmstadt 1968, S. 46–85, S. 59.

[17] Vgl. das Historische Wörterbuch der Philosophie, hrsg. von GERHARD RITTER, sub voce.

[18] Die Lieder Walthers von der Vogelweide, hrsg. von KARL LACHMANN, bearb. von HUGO KUHN, München 1965, v. 8, 14.

[19] Wolfram von Eschenbach, hrsg. von KARL LACHMANN, Berlin 1965, Parzival v. 827, 21 ff.

[20] Vgl. die Dokumentation von GÜNTER EIFLER, Ritterliches Tugendsystem (Wege der Forschung 56), Darmstadt 1970.

[21] Dazu ULRICH WYSS, Zum letzten Mal: die teutsche Ilias, in: Pöchlarner Heldenliedgespräch. Das Nibelungenlied und der mittlere Donauraum, hrsg. von KLAUS ZATLOUKAL, Wien 1990 (Philologia Germanica 12), S. 157–179.

[22] Vgl. ULRICH WYSS, Die wilde Philologie. Jacob Grimm und der Historismus, München 1979, S. 219 ff.

[23] HUGO VON HOFMANNSTHAL, Das Schrifttum als geistiger Raum der Nation, in: DERS., Ausgewählte Werke in zwei Bänden, Frankfurt a. M. 1957, S. 724–740.

[24] HOFMANNSTHAL (wie Anm. 23), S. 740.

[25] HOFMANNSTHAL, Die ägyptische Helena, in: (wie Anm. 23), S. 770.

[26] CHRETIEN DE TROYES, Cligès, hrsg. von ALEXANDRE MICHA, Paris 1970, v. 1 ff.

[27] HUGO VON HOFMANNSTHAL – CARL JAKOB BURCKHARDT, Briefwechsel, Frankfurt a. M. 1956, S. 82 f.

[28] ERNST ROBERT CURTIUS, Deutscher Geist in Gefahr, Stuttgart–Berlin 1932, S. 126.

[29] CURTIUS (wie Anm. 28), S. 19.

[30] Vgl. MICHAEL NERLICH, Romanistik und Anti-Kommunismus, in: Das Argument 72 (1972), S. 276–313.

[31] CURTIUS (wie Anm. 28), S. 33. Vgl. überhaupt hierzu FRITZ K. RINGER, Die Gelehrten. Der Niedergang der deutschen Mandarine 1890–1933, München 1987.

[32] CURTIUS (wie Anm. 28), S. 3 ff.

[33] CURTIUS (wie Anm. 28), S. 24 ff.

[34] CURTIUS (wie Anm. 28), S. 31.

[35] CURTIUS (wie Anm. 28), S. 47.

[36] CURTIUS (wie Anm. 28), S. 48.
[37] CURTIUS (wie Anm. 28), S. 49.
[38] CURTIUS (wie Anm. 28), S. 49.
[39] CURTIUS (wie Anm. 28), S. 125.
[40] CURTIUS (wie Anm. 28), S. 126, Anm. 12.
[41] CURTIUS (wie Anm. 28), S. 119 ff.
[42] ERNST ROBERT CURTIUS, Kritische Essays zur europäischen Literatur, Bern ²1954, S. 440; DERS., Büchertagebuch, Bern 1960, S. 64.
[43] CURTIUS, Kritische Essays (wie Anm. 42), S. 441.
[44] WALTER MUSCHG, Tragische Literaturgeschichte, Bern ²1953; WOLFGANG KAYSER, Das sprachliche Kunstwerk, Bern 1948.
[45] HANS HELMUT CHRISTMANN, Ernst Robert Curtius und die deutschen Romanisten, SB Mainz 1987/3; EARL GEOFFREY RICHARDS, Modernism, Medievalism and Humanism: A Research Bibliography on the Reception of the Works of Ernst Robert Curtius (Beih. Zeitschr. für Romanische Philologie 196), Tübingen 1983.
[46] CURTIUS (wie Anm. 14), S. 404.
[47] ERICH AUERBACH, Entdeckung Dantes in der Romantik, in: Gesammelte Aufsätze zur romanischen Philologie, Bern 1967, S. 176–183.
[48] Man konsultiere das Namensregister zu irgendeiner Ausgabe der ›Kultur der Renaissance in Italien‹.
[49] So ERICH AUERBACH in der Rezension von Curtius' Buch in: Gesammelte Aufsätze (wie Anm. 47), S. 333.
[50] CURTIUS (wie Anm. 14), S. 383.
[51] CARL J. BURCKHART–MAX RYCHNER, Briefe 1926–1965, Frankfurt a. M. 1987, S. 189.
[52] HANS NAUMANN, Deutsche Nation in Gefahr, Stuttgart 1932.
[53] CURTIUS (wie Anm. 28), S. 11, 32.
[54] NAUMANN (wie Anm. 52), S. 34 ff.
[55] HANS NAUMANN, Wandel und Erfüllung, Stuttgart 1933, S. 73 ff.
[56] NAUMANN (wie Anm. 52), S. 35.
[57] NAUMANN (wie Anm. 52), S. 36.
[58] NAUMANN (wie Anm. 52), S. 21.
[59] NAUMANN (wie Anm. 52), S. 1 ff.
[60] NAUMANN (wie anm. 52), S. 12, 17.
[61] CURTIUS, Kritische Essays (wie Anm. 42), S. 233.
[62] HANS NAUMANN, Ritterliche Standeskultur um 1200, in: HANS NAUMANN–GÜNTHER MÜLLER, Höfische Kultur, Halle 1929, S. 1–77, S. 77. Vgl. STEFAN GEORGE, Werke, Ausgabe in zwei Bänden, Düsseldorf 1958, S. 237.
[63] NAUMANN (wie Anm. 55), Widmung.
[64] HANS NAUMANN, Der staufische Ritter, Leipzig 1936, S. 7.
[65] Vgl. NAUMANN (wie Anm. 62), S. 45 ff.
[66] Vgl. z. B. OTTO HÖFLER, Kultische Geheimbünde der Germanen, Band 1, Frankfurt a. M. 1934; BERNHARD KUMMER, Midgards Untergang. Germanischer Kult und Glaube in den letzten heidnischen Jahrhunderten, Leipzig 1937.
[67] Z. B. Atlakviða 9,8; NAUMANN (wie Anm. 64), S. 137 ff.
[68] NAUMANN (wie Anm. 64), S. 138.

⁶⁹ Erich Auerbach (wie Anm. 47), S. 332.

⁷⁰ Erich Auerbach, Zur Technik der Frührenaissancenovelle in Italien und Frankreich, Diss. Greifswald 1921, im Druck erschienen Heidelberg 1921.

⁷¹ Erich Auerbach, Dante als Dichter der irdischen Welt, Leipzig 1929, S. 9.

⁷² Auerbach (wie Anm. 71), S. 18 ff.

⁷³ Vgl. Auerbach, Sacrae scripturae sermo humilis, in: (wie Anm. 47), S. 21–26.

⁷⁴ Auerbach (wie Anm. 71), S. 28.

⁷⁵ Auerbach (wie Anm. 71), S. 31.

⁷⁶ Auerbach (wie Anm. 71), S. 78.

⁷⁷ Auerbach, Figura, in: (wie Anm. 47), S. 55–92, S. 85.

⁷⁸ Auerbach (wie Anm. 47), S. 77 f.

⁷⁹ Auerbach (wie Anm. 71), S. 125.

⁸⁰ Auerbach (wie Anm. 71), S. 100.

⁸¹ Auerbach (wie Anm. 71), S. 122.

⁸² Vgl. die Abhandlungen zu Vico in: (wie Anm. 47). Schon 1925 erschien eine (kürzende) Übersetzung von Vicos Hauptwerk: Giam Battista Vico, Die neue Wissenschaft über die gemeinschaftliche Natur der Völker, übers. und eingel. von Erich Auerbach, München 1925.

⁸³ Ernst Robert Curtius, Gesammelte Aufsätze zur romanischen Philologie, Bern 1960, S. 445, Anm. 18 über Figura; prinzipielle Bedenken gegen Auerbachs Realismusbegriff wurden bei den Seminaren 1949 in Princeton laut, vgl. Robert Fitzgerald, Enlarging the Change. The Princeton Seminars in Literary Criticism 1949–1951, Boston 1985, S. 12 ff.

⁸⁴ Auerbach, Vier Untersuchungen zur Geschichte der französischen Bildung, Bern 1951, S. 8.

⁸⁵ Dazu vgl. Geoffrey Green, Literary Criticism and the Structures of History. Erich Auerbach & Leo Spitzer, Lincoln–London 1982, S. 25 ff., dort der Hinweis auf eine Predigt des Kardinals Faulhaber von 1933.

⁸⁶ Green (wie Anm. 85), S. 32.

⁸⁷ Curtius (wie Anm. 42), S. 23–30.

⁸⁸ Curtius (wie Anm. 14), S. 107, Anm. 1; Auerbach (wie Anm. 71), S. 32; vgl. Rudolf Borchardt, Übertragungen, Stuttgart 1958, S. 250.

⁸⁹ Karl Vossler, zit. nach Curtius (wie Anm. 83), S. 308; dort auch Curtius' knapp gefaßte Würdigung Borchardts.

⁹⁰ Konrad Burdach, Brief an Borchardt, in: Rudolf Borchardt–Alfred Walter Heymel–Rudolf Alexander Schröder. Eine Ausstellung des Deutschen Literaturarchivs im Schiller-Nationalmuseum, Marbach am Neckar 1978, Katalog, S. 318.

⁹¹ Vgl. Dante Alighieri, Vita Nova – Das neue Leben, übers. und kommentiert von Anna Coseriu–Ulrike Kunkel, München 1988.

⁹² Literatur in: Fred Wagner, Rudolf Borchardt and the Middle Ages. Translation, Anthology and Nationalism (Mikrokosmos 6), Frankfurt a. M.–Bern–Cirencester 1981.

⁹³ Rudolf Borchardt, Reden, Stuttgart o. J., S. 252.

⁹⁴ Borchardt (wie Anm. 93), S. 252.

⁹⁵ Der Terminus kommt vor bei Rudolf Borchardt, Prosa III, Stuttgart 1960, S. 76.

[96] BORCHARDT (wie Anm. 93), S. 251.
[97] Ebd. S. 290.
[98] Ebd. S. 292.
[99] Ebd. S. 298.
[100] Ebd. S. 299 f.
[101] Dazu vgl. HANS-GEORG DEWITZ, 'Dante Deutsch'. Studien zu Rudolf Borchardts Übertragung der ›Divina Comedia‹ (Göppinger Arbeiten zur Germanistik 36), Göppingen 1971.
[102] RUDOLF BORCHARDT, Prosa II, Stuttgart 1959, S. 245.
[103] BORCHARDT (wie Anm. 93), S. 290 f.
[104] BORCHARDT (wie Anm. 102), S. 346; vgl. Wolframs Parzival (wie Anm. 19), v. 827, 1 ff.
[105] BORCHARDT (wie Anm. 102), S. 346; Inf. V, 137.
[106] Ebd. S. 346.

G. Althoff: Mittelalterliche Ostpolitik

[1] Der Wandel von der Konfrontation zur Zusammenarbeit zwischen deutschen und ostmitteleuropäischen Historikern zeigt sich vor allem in gemeinsamen Unternehmungen wie den drei Reichenauer Tagungen des Konstanzer Arbeitskreises für mittelalterliche Geschichte in den Jahren 1970–72 (veröffentlicht in: Die deutsche Ostsiedlung des Mittelalters als Problem der europäischen Geschichte. Reichenau-Vorträge 1970–1972, hrsg. von WALTER SCHLESINGER [Vorträge und Forschungen 18], Sigmaringen 1975); der seit 1972 arbeitenden deutsch-polnischen Schulbuchkommission (s. unten bei Anm. 70) und der 1973 erfolgten Einrichtung einer eigenen Sektion „Deutsch-polnische Beziehungen" in der Historischen Kommission zu Berlin; dazu vgl. die grundlegenden Äußerungen von KLAUS ZERNACK, Das Jahrtausend deutsch-polnischer Beziehungsgeschichte als geschichtswissenschaftliches Problemfeld und Forschungsaufgabe, in: Grundfragen der geschichtlichen Beziehungen zwischen Deutschen, Polaben und Polen, hrsg. von WOLFGANG H. FRITZE–KLAUS ZERNACK (Einzelveröffentlichungen der Historischen Kommission zu Berlin 18), Berlin 1976, S. 3–46.

[2] Dieser Vorbehalt gilt nicht nur für die deutsche, sondern in gleicher Weise für die polnische Historiographie, die sich etwa in der Zwischenkriegszeit um die historische Begründung für Gebietsansprüche bemühte; vgl. EWA MALECZYNSKA, Das polnisch-deutsche Problem in der bisherigen polnischen Geschichtsschreibung, in: Polen und Deutschland. Wissenschaftliche Konferenz polnischer Historiker über die polnisch-deutschen Beziehungen in der Vergangenheit, hrsg. von HERBERT LUDAT (Quellenhefte zur Geschichtswissenschaft in Osteuropa nach dem Zweiten Weltkrieg. Reihe I: Polen, Heft 1), Köln–Graz 1963, S. 29–53; FRANK GOLCZEWSKI, Das Deutschlandbild der Polen 1918–1939. Eine Untersuchung der Historiographie und der Publizistik (Geschichtliche Studien zu Politik und Gesellschaft 7), Düsseldorf 1974, S. 144 ff., 238 ff. u. ö.; WOLFGANG WIPPERMANN, Der 'deutsche Drang nach Osten'. Ideologie und Wirklichkeit eines politischen Schlagwortes (Impulse der Forschung 35), Darmstadt 1981, S. 70 ff.

[3] Vgl. VOLKMAR KELLERMANN, Schwarzer Adler – Weißer Adler. Die Polenpolitik der Weimarer Republik, Köln 1970, S. 32 ff., 102 ff. u. ö.; HARALD VON RIEKHOFF, German-Polish Relations 1918–1945, Baltimore – London 1971; ERICH MATTHIAS, Die deutsche Sozialdemokratie und der Osten 1914–1945, Tübingen 1954; JÜRGEN C. HESS, „Das ganze Deutschland soll es sein". Demokratischer Nationalismus in der Weimarer Republik am Beispiel der Deutschen Demokratischen Partei (Kieler Historische Studien 24), Stuttgart 1978, S. 190 ff., 195 ff. u. ö. Dem langfristigen Ziel der Grenzrevision diente auch die finanzielle und ideelle Unterstützung der deutschen Minderheit in der Republik Polen; s. hierzu NORBERT KREKELER, Revisionsanspruch und geheime Ostpolitik der Weimarer Republik. Die Subventionierung der deutschen Minderheit in Polen 1919–1933 (Schriftenreihe der Vierteljahrshefte für Zeitgeschichte 27), Stuttgart 1973; DERS., Die deutsche Minderheit in Polen und die Revisionspolitik des Deutschen Reiches 1919–1933, in: Die Vertreibung der Deutschen aus dem Osten. Ursachen, Ereignisse, Folgen, hrsg. von WOLFGANG BENZ, Frankfurt a. M. 1985, S. 15–28.

[4] Hierzu s. KLAUS HILDEBRAND, Deutsche Außenpolitik 1933–1945, Stuttgart – Berlin – Köln – Mainz [4]1980, bes. S. 30 ff., 63 ff., 78 ff., 86 ff.; HANS-ULRICH THAMER, Verführung und Gewalt. Deutschland 1933–1945 (Die Deutschen und ihre Nation), Berlin 1986, Kap. VII: Der Weg in den Krieg (S. 523–623).

[5] Zur deutschen Besetzung Polens s. MARTIN BROSZAT, Nationalsozialistische Polenpolitik 1939–1945 (Schriftenreihe der Vierteljahrshefte für Zeitgeschichte 2), Stuttgart 1961; WOLFGANG BENZ, Der Generalplan Ost. Zur Germanisierungspolitik des NS-Regimes in den besetzten Ostgebieten, in: Die Vertreibung (wie Anm. 3), S. 39–48; CZESŁAW MADAJCZYK, Die Okkupationspolitik Nazideutschlands in Polen 1939–1945, Berlin 1988.

[6] Über die Vertreibung informiert: Dokumentation der Vertreibung der Deutschen aus Ost-Mitteleuropa, bearb. von THEODOR SCHIEDER, hrsg. vom Bundesministerium für Vertriebene, Flüchtlinge und Kriegsgeschädigte, 5 Bde. und 3 Beihefte, Bonn 1953–61. Vgl. auch neuerdings Vertreibung und Vertreibungsverbrechen 1945–1948. Bericht des Bundesarchivs vom 28. Mai 1974. Archivalien und ausgewählte Erlebnisberichte, Bonn 1989.

[7] Wortlaut des Potsdamer Abkommens in: Amtsblatt des Kontrollrats in Deutschland, Ergänzungsblatt Nr. 1: Sammlung von Urkunden betreffend die Errichtung der Alliierten Kontrollbehörde, hrsg. vom Alliierten Sekretariat Berlin, Berlin 1946, S. 13–20. Ebd. S. 18, Art. IX: „Die Häupter der drei Regierungen bekräftigen ihre Auffassung, daß die endgültige Festlegung der Westgrenze Polens bis zu der Friedenskonferenz zurückgestellt werden soll." S. auch FRITZ FAUST, Das Potsdamer Abkommen und seine völkerrechtliche Bedeutung, Frankfurt a. M. [4]1969.

[8] Vgl. dazu OTTO KIMMINICH, Ungelöste Rechtsprobleme der deutsch-polnischen Beziehungen, in: Zeitschrift für Politik, NF 18 (1971), S. 333–347; BENNO ZÜNDORF, Die Ostverträge. Die Verträge von Moskau, Warschau, Prag, das Berlin-Abkommen und die Verträge mit der DDR, dargestellt und erläutert, München 1979.

[9] Das Hauptproblem wird in einer Entschließung des deutschen Bundestages vom 17. Oktober 1991 so formuliert: „Die Neugestaltung des Verhältnisses unserer Völker in der Mitte Europas geht deshalb von der unumgänglichen, aber für viele Deutsche, insbesondere Heimatvertriebene, schmerzlichen Erkenntnis aus, daß die bestehende

deutsch-polnische Grenze endgültig ist." Zitiert nach Frankfurter Allgemeine Zeitung vom 18. Oktober 1991, S. 1.

¹⁰ Kritisch hierzu: WERNER MÄGDEFRAU, Zur Beurteilung der mittelalterlichen deutschen Ostexpansion in der bürgerlichen Geschichtsschreibung von Herder bis Treitschke, in: Jahrbuch für Geschichte der UdSSR und der volksdemokratischen Länder Europas 9 (1966), S. 277–285; s. auch WIPPERMANN (wie Anm. 2), S. 70 ff.

¹¹ HEINRICH VON SYBEL, Die Deutsche Nation und das Kaiserreich, in: Universalstaat oder Nationalstaat. Macht und Ende des Ersten deutschen Reiches. Die Streitschriften von Heinrich von Sybel und Julius Ficker zur deutschen Kaiserpolitik des Mittelalters, hrsg. und eingeleitet von FRIEDRICH SCHNEIDER, Innsbruck 1941, S. 159–260, S. 212. Zur Auseinandersetzung zwischen von Sybel und Ficker s. auch GERHARD SCHILDT, Heinrich der Löwe im Geschichtsbild des 19. und 20. Jahrhunderts, in: Heinrich der Löwe, hrsg. von WOLF-DIETER MOHRMANN (Veröffentlichungen der Niedersächsischen Archivverwaltung 39), Göttingen 1980, S. 466–489, S. 472 ff.; GERD ALTHOFF – HAGEN KELLER, Heinrich I. und Otto der Große. Neubeginn und karolingisches Erbe (Persönlichkeit und Geschichte 122–125), Göttingen–Zürich 1985, S. 9 ff.

¹² Vgl. VON SYBEL, Über die neueren Darstellungen der deutschen Kaiserzeit, in: Universalstaat (wie Anm. 11), S. 1–18, S. 15: „Widerwillig folgte [...] die Nation den Geboten ihrer Herrscher zu den mörderischen Romfahrten – bis sie sich endlich unter den Hohenstaufen nach dem entscheidenden Vorgang Herzogs Heinrich des Löwen mit voller Energie davon losriß, um ihre Kräfte ungestört auf die großen Gründungen in Österreich, Böhmen, Schlesien, Brandenburg, Preußen zu wenden."

¹³ Vgl. die 1861 und 1862 entstandenen Abhandlungen von JULIUS FICKER, Das Deutsche Kaiserreich in seinen universalen und nationalen Beziehungen, in: Universalstaat (wie Anm. 11), S. 19–158 und Deutsches Königtum und Kaisertum, ebd. S. 269–365, der vor allem die nationale und universale Bedeutung des deutschen Kaiserreiches aus gesamteuropäischem Blickwinkel hervorhob.

¹⁴ Vgl. etwa JOHN WILLIAM ROSE, The Drama of Upper Silesia. A Regional Study, London 1936; GREGORY F. CAMPBELL, The Struggle of Upper Silesia 1919–1922, in: Journal of Modern History 42 (1970), S. 361–385; GISELA BERTRAM-LIBAL, Die britische Politik in der Oberschlesienfrage, in: Vierteljahrshefte für Zeitgeschichte 20 (1972), S. 105–132.

¹⁵ Vgl. MARTIN BROSZAT, Zweihundert Jahre deutsche Polenpolitik, Frankfurt a. M. ²1978, S. 173 ff.; GOTTHOLD RHODE, Geschichte Polens. Ein Überblick, Darmstadt ³1980, S. 456; JÖRG K. HOENSCH, Geschichte Polens (Uni-Taschenbuch 1251), Stuttgart 1983, S. 250 ff.; GOLCZEWSKI (wie Anm. 2), S. 235.

¹⁶ Zitiert nach BROSZAT (wie Anm. 15), S. 203.

¹⁷ Faksimilierte Wiedergabe des Flugblattes bei KELLERMANN (wie Anm. 3), S. 33.

¹⁸ KARL HAMPE, Der Zug nach Osten. Die kolonisatorische Großtat des deutschen Volkes im Mittelalter (Aus Natur und Geisteswelt 731), Leipzig–Berlin 1921.

¹⁹ Ebd. S. 9.

²⁰ Ebd. S. 10.

²¹ Ebd. S. 14. Um Hampe gerecht zu werden, ist hier darauf hinzuweisen, daß diese Sätze geschrieben wurden, als die rassisch begründete Politik des Dritten Rei-

ches gegenüber den slawischen Völkern noch nicht absehbar oder gar durchgeführt war.

[22] Ebd. S. 97.

[23] Historiographisch aufgearbeitet bei WIPPERMANN (wie Anm. 2), passim; LOTHAR DRALLE, Die Deutschen in Ostmittel- und Osteuropa, Darmstadt 1991, bes. S. 1 ff. Eine andere Sichtweise bot bereits 1923 Oskar Halecki, der die Rolle der Deutschen als Vermittler des antiken und karolingisch-christlichen Erbes an seine östlichen Nachbarn betonte; vgl. OSKAR HALECKI, L'histoire de l'Europe Orientale. Sa division en époques, son milieu géographique et ses problèmes fondamentaux, in: La Pologne au VIe Congrès International des Sciences Historiques à Bruxelles 1923, Warschau 1923, S. 73–94; DERS., Europa, Grenzen und Gliederung seiner Geschichte, Darmstadt 1957. An ihn knüpft die moderne Osteuropaforschung nach dem Zweiten Weltkrieg an, vgl. KLAUS ZERNACK, Osteuropa. Eine Einführung in seine Geschichte, München 1977, bes. S. 12 ff.; DERS. (wie Anm. 1), S. 6 ff.

[24] S. hierzu GERD VOIGT, Aufgaben und Funktionen der Osteuropa-Studien in der Weimarer Republik, in: Studien über die deutsche Geschichtswissenschaft 2: Die bürgerliche deutsche Geschichtsschreibung von der Reichseinigung von oben bis zur Befreiung Deutschlands vom Faschismus (Deutsche Akademie der Wissenschaften zu Berlin, Schriften des Instituts für Geschichte, Reihe I, 21), Berlin 1965, S. 369–399; CHRISTOPH KLESSMANN, Osteuropaforschung und Lebensraumpolitik im Dritten Reich, in: Wissenschaft im Dritten Reich, hrsg. von PETER LUNDGREEN (Edition Suhrkamp, NF 306), Frankfurt a. M. 1985, S. 350–383, S. 355 f.; MICHAEL BURLEIGH, Germany Turns Eastwards. A Study of Ostforschung in the Third Reich, Cambridge u. a. 1988, S. 22 ff.

[25] So auch KLESSMANN (wie Anm. 24), S. 352.

[26] Vgl. HERMANN AUBIN, Zur Erforschung der deutschen Ostbewegung (Deutsche Schriften zur Landes- und Volksforschung 2), Leipzig 1939, S. 6 ff.; DERS., Das Gesamtbild der mittelalterlichen deutschen Ostsiedlung, in: Deutsche Ostforschung. Ergebnisse und Aufgaben seit dem ersten Weltkrieg 1, hrsg. von HERMANN AUBIN – OTTO BRUNNER – WOLFGANG KOHTE – JOHANNES PAPRITZ (Deutschland und der Osten 20), Leipzig 1942, S. 331–361, S. 331; ERNST VOLLERT, Albert Brackmann und die ostdeutsche Volks- und Landesforschung, in: Deutsche Ostforschung (ebd.), S. 3–11, S. 5 f.

[27] Vgl. AUBIN, Zur Erforschung (wie Anm. 26), S. 4.

[28] Ebd. S. 27.

[29] Ebd. S. 15, unter Weglassung der Hervorhebungen.

[30] Ebd. S. 6, unter Weglassung der Hervorhebungen.

[31] ADOLF HITLER, Mein Kampf. Zwei Bände in einem Band, München [29]1933, S. 154. Hitlers ostpolitische Vorstellungen sind im Kapitel „Ostorientierung und Ostpolitik", S. 726–758, dargelegt.

[32] FRANZ LÜDTKE, Ein Jahrtausend Krieg zwischen Deutschland und Polen (Geschichtsfibeln für Wehrmacht und Volk 3), Stuttgart 1941, S. 7.

[33] Über die Nähe deutscher Historiker zum Nationalsozialismus s. KARL FERDINAND WERNER, Das NS-Geschichtsbild und die deutsche Geschichtswissenschaft, Stuttgart u. a. 1967, S. 70 ff.; BERND FAULENBACH, Deutsche Geschichtswissenschaft zwischen Kaiserreich und NS-Diktatur, in: Geschichtswissenschaft in Deutschland.

Traditionelle Positionen und gegenwärtige Aufgaben, hrsg. von DEMS. (Beck'sche Schwarze Reihe 111), München 1974, S. 66–85; HANS SCHLEIER, Die bürgerliche deutsche Geschichtsschreibung der Weimarer Republik (Akademie der Wissenschaften der DDR. Schriften des Zentralinstituts für Geschichte 40), Berlin 1975, S. 102 ff.; speziell zu zwei berühmten Mediävisten vgl. neuerdings HERIBERT MÜLLER, Der bewunderte Erbfeind. Johannes Haller, Frankreich und das französische Mittelalter, in: Historische Zeitschrift 252 (1991), S. 265–317, bes. S. 278 f.; JOHANNES FRIED, Konstanz und der Konstanzer Arbeitskreis für mittelalterliche Geschichte (1951–1991), in: Vierzig Jahre Konstanzer Arbeitskreis für mittelalterliche Geschichte, hrsg. von DEMS., Sigmaringen 1991, S. 11–28 (über Theodor Mayer).

[34] S. oben Anm. 26.

[35] OTTO RECHE, Stärke und Herkunft des Anteiles nordischer Rasse bei den Westslawen, in: Deutsche Ostforschung (wie Anm. 26), S. 58–89, S. 58.

[36] Vorbemerkungen, in: Deutsche Ostforschung (wie Anm. 26), S. 1.

[37] VOLLERT (wie Anm. 26), S. 3.

[38] Ebd. S. 4 ff.

[39] Zur Stellung Brackmanns s. vor allem BURLEIGH (wie Anm. 24), S. 43 ff., 61 ff. u. ö.

[40] Eine Bibliographie seiner Werke in ALBERT BRACKMANN, Gesammelte Aufsätze. Zu seinem 70. Geburtstag am 24. Juni 1941 von Freunden, Fachgenossen und Schülern als Festgabe dargebracht, Weimar 1941, S. 531 ff.; s. auch HERMANN MEINERT, Albert Brackmann und das deutsche Archivwesen, in: Archivalische Zeitschrift 49 (1954), S. 137.

[41] Vgl. BURLEIGH (wie Anm. 24), S. 45 f.; SCHLEIER (wie Anm. 33), S. 26 ff.; allgemein zur Parteizugehörigkeit der deutschen Historiker und ihrer politischen Anschauungen vgl. KAREN THIESSENHUSEN, Politische Kommentare deutscher Historiker zur Revolution und Neuordnung 1918/19, in: Aus Politik und Zeitgeschichte. Beilage zur Wochenzeitung Das Parlament, Beiheft 45 (1969), bes. S. 11 f., 45 f.; KURT SONTHEIMER, Die deutschen Hochschullehrer in der Zeit der Weimarer Republik, in: Deutsche Hochschullehrer als Elite 1815–1945, hrsg. von KLAUS SCHWABE, Boppard am Rhein 1988, S. 215–224.

[42] ALBERT BRACKMANN, Die politische Entwicklung Osteuropas vom 10. bis 15. Jahrhundert, in: Deutschland und Polen. Beiträge zu ihren geschichtlichen Beziehungen, hrsg. von DEMS., Berlin–München 1933, S. 28–39; DERS.–WILHELM UNVERZAGT, Zantoch. Eine Burg im deutschen Osten, Erster Teil: Zantoch in der schriftlichen Überlieferung und die Ausgrabungen 1932/33 (Deutschland und der Osten 1), Leipzig 1936; DERS., Magdeburg als Hauptstadt des deutschen Ostens im frühen Mittelalter, Leipzig 1937; DERS., Die Anfänge des ältesten polnischen Staates in polnischer Darstellung, in: Festschrift Ernst Heyman [...] überreicht von Freunden, Schülern und Fachgenossen 1: Rechtsgeschichte, Weimar 1940, S. 61–94. Die übrigen Aufsätze finden sich in seinen Gesammelten Aufsätzen (wie Anm. 40).

[43] DIETRICH SCHÄFER, Osteuropa und wir Deutschen (Nationale Bücherei 3), Berlin 1924, S. 186.

[44] ALBERT BRACKMANN, Gedächtnisrede auf Dietrich Schäfer am 4. Juli 1929, in: Sitzungsberichte der preußischen Akademie der Wissenschaften, Phil.-Hist. Klasse,

1929; wieder in: DERS., Gesammelte Aufsätze (wie Anm. 40), S. 525–528, S. 528, unter Weglassung der Hervorhebungen.

[45] BRACKMANN, Die politische Entwicklung (wie Anm. 42), S. 30.

[46] Ebd. S. 33 und S. 34.

[47] Eine Ausnahme bildet HERBERT LUDAT, Die Anfänge des polnischen Staates (Schriftenreihe des Instituts für deutsche Ostarbeit Krakau, Sektion Geschichte, 3), Krakau 1942, S. 55 ff., der die These einer normannischen Abstammung Mieszkos ablehnte, allerdings unter anderem mit dem bezeichnenden Argument, ein Germane hätte sich gegenüber einem Vertreter des Kaisertums nicht so unterwürfig benommen, wie es Mieszko nach dem Zeugnis Thietmars von Merseburg (V, 10) tat.

[48] Die dementsprechende grundsätzliche Einschätzung der Slawen findet sich auch bei HITLER, Mein Kampf (wie Anm. 31), S. 742: „... die Organisation eines russischen Staatsgebildes war nicht das Ergebnis der staatspolitischen Fähigkeiten des Slawentums in Rußland, sondern vielmehr nur ein wundervolles Beispiel für die staatenbildende Wirksamkeit des germanischen Elementes in einer minderwertigen Rasse. So sind zahlreiche mächtige Reiche der Erde geschaffen worden. Niedere Völker mit germanischen Organisatoren und Herren als Leiter derselben sind öfter als einmal zu gewaltigen Staatengebilden angeschwollen und blieben bestehen, solange der rassische Kern der bildenden Staatsrasse sich erhielt."

[49] So vor allem in: Die Anfänge des polnischen Staates; Reichspolitik und Ostpolitik im frühen Mittelalter; Die politische Bedeutung der Mauritius-Verehrung; Kaiser Otto III. und die staatliche Umgestaltung, alle in: ALBERT BRACKMANN, Gesammelte Aufsätze (wie Anm. 40); sowie Die Anfänge des ältesten polnischen Staates in polnischer Darstellung (wie Anm. 42).

[50] Vgl. BRACKMANN, Die politische Entwicklung (wie Anm. 42), S. 31: „Schon im Jahre nach dem Tode Ottos I., dem als letztes Ziel die Eingliederung der christianisierten slawischen Länder in das abendländische Imperium christianum vorgeschwebt hatte, ..."; DERS., Magdeburg (wie Anm. 42), S. 11 f.; dagegen vgl. HELMUT BEUMANN, Die Ottonen, Stuttgart–Berlin–Köln ²1991, S. 104.

[51] Dieser Befund läßt sich leicht verifizieren bei RUDOLF KÖPKE–ERNST DÜMMLER, Kaiser Otto der Große (Jahrbücher der Deutschen Geschichte), Leipzig 1876.

[52] S. oben bei Anm. 11.

[53] Zum Slawenaufstand von 983 vgl. den Ausstellungskatalog: Slawen und Deutsche zwischen Elbe und Oder. Vor 1000 Jahren: Der Slawenaufstand von 983, Berlin 1983; WOLFGANG FRITZE, Der slawische Aufstand von 983 – eine Schicksalswende in der Geschichte Mitteleuropas, in: Festschrift der Landesgeschichtlichen Vereinigung für die Mark Brandenburg zu ihrem hundertjährigen Bestehen, 1884–1984, hrsg. von ECKART HENNING–WALTHER VOGEL, Berlin 1984, S. 9–55.

[54] Vgl. dazu HANS-DIETRICH KAHL, Slawen und Deutsche in der brandenburgischen Geschichte des 12. Jahrhunderts. Die letzten Jahrzehnte des Landes Stodor (Mitteldeutsche Forschungen 30.1–2), Köln–Graz 1964; JÜRGEN PETERSOHN, Der südliche Ostseeraum im kirchlich-politischen Kräftespiel des Reichs, Polens und Dänemarks vom 10. bis 13. Jahrhundert (Ostmitteleuropa in Vergangenheit und Gegenwart 17), Köln–Wien 1979; DIETRICH KURZE, Slawisches Heidentum und christliche Kirche zwischen Elbe und Oder vom 10. bis zum 12. Jahrhundert, in: Slawen und Deutsche (wie Anm. 53), S. 48–68.

⁵⁵ Vgl. demnächst GERD ALTHOFF, Sachsen und Elbslawen (919–1024), in: New Cambridge Medieval History, hrsg. von TIMOTHY REUTER (im Druck).
⁵⁶ Mit den polnischen Historikern, bes. mit Marian Z. Jedlicki, Stanisław Kutrzeba und Oskar Halecki, setzte sich Brackmann vor allem in seinen beiden Aufsätzen über ›Die Anfänge des polnischen Staates‹ und ›Reichspolitik und Ostpolitik im frühen Mittelalter‹ (beide in seinen Gesammelten Aufsätzen [wie Anm. 40]) auseinander; vgl. auch DERS., Die Anfänge des ältesten polnischen Staates in polnischer Darstellung (wie Anm. 42).
⁵⁷ Vgl. BRACKMANN, Die Anfänge des ältesten polnischen Staates (wie Anm. 42), S. 62, 87 und 91.
⁵⁸ Ebd. S. 93.
⁵⁹ Kongreßbericht bei KARL BRANDI, Der Siebente Internationale Historikerkongreß zu Warschau und Krakau, 21.–29. August 1933, in: Historische Zeitschrift 149 (1934) S. 213–220. Zu den Hintergründen des Kongresses s. KARL DIETRICH ERDMANN, Die Ökumene der Historiker. Geschichte der Internationalen Historikerkongresse und des Comité International des Sciences Historiques (Abhandlungen der Akademie der Wissenschaften in Göttingen, Philologisch-Historische Klasse, Folge 3, 158) Göttingen 1987, S. 190–220; SCHLEIER (wie Anm. 33), S. 75 und 122 ff.
⁶⁰ S. oben Anm. 42. Neben der deutschen wurde zur weiteren Verbreitung des Buches auch eine englische und französische Ausgabe erstellt; s. hierzu und zur Entstehung des Buches BURLEIGH (wie Anm. 24), S. 61 ff.
⁶¹ Vademecum für die deutschen Teilnehmer mit Information über die beiderseitigen Argumente in der deutsch-polnischen historisch-politischen Auseinandersetzung, hrsg. von der Publikationsstelle des Preußischen Geheimen Staatsarchivs, Berlin (zitiert aus: Bundesarchiv Koblenz, R. 153/65); s. hierzu ERDMANN (wie Anm. 59), S. 197 f.; BURLEIGH (wie Anm. 24), S. 59 ff.
⁶² Vademecum, ebd. S. 12, unter Weglassung der Hervorhebungen.
⁶³ *Terra pomerania quomodo subjecta est ordini fratrum Theutonicorum*, in: Scriptores rerum Prussicarum. Die Geschichtsquellen der preußischen Vorzeit bis zum Untergange der Ordensherrschaft, hrsg. von THEODOR HIRSCH–MAX TÖPPEN–ERNST STREHLKE, 1, Leipzig 1861, S. 806–808, S. 808. Zur Behandlung dieser Vorgänge in der deutschen und polnischen Historiographie s. auch GOLCZEWSKI (wie Anm. 2), S. 179 ff.
⁶⁴ Hierzu und zu den Angriffen gegen Brandi s. WOLFGANG PETKE, Karl Brandi und die Geschichtswissenschaft, in: Geschichtswissenschaft in Göttingen. Eine Vorlesungsreihe, hrsg. von HARTMUT BOOCKMANN–HERMANN WELLENREUTHER (Göttinger Universitätsschriften, Serie A, 2), Göttingen 1987, S. 287–320, S. 305 ff.; ERDMANN (wie Anm. 59), S. 201 f.
⁶⁵ HERMANN AUBIN, Gemeinsam Erstrebtes. Umrisse eines Rechenschaftsberichtes, in: Festschrift für Theodor Frings (Rheinische Vierteljahrsblätter 17, 1952), S. 305–331, S. 318, wieder in: DERS., Grundlagen und Perspektiven geschichtlicher Kulturraumforschung und Kulturmorphologie, hrsg. von FRANZ PETRI, Bonn 1965, S. 100–124, S. 112 f. Zur Kontinuität im Denken Aubins über 1945 hinaus s. KLESSMANN (wie Anm. 24), S. 372 ff. Dies dokumentieren auch anläßlich seines 100. Geburtstages im Rahmen einer Feierstunde im Johann Gottfried Herder-Institut gehaltene Tischreden: Erinnerungen an Hermann Aubin (1885–1969): Beiträge zum

Persönlichkeitsbild des Hochschullehrers und ersten Präsidenten des J.G. Herder-Forschungsrates, hrsg. vom J.G. Herder-Forschungsrat e.V., Marburg 1987.

⁶⁶ Vgl. hierzu ECKHARD MÜLLER-MERTENS, Die Reichsstruktur im Spiegel der Herrschaftspraxis Ottos des Großen (Forschungen zur mittelalterlichen Geschichte 25), Berlin 1980, S. 57 ff. mit weiteren Hinweisen.

⁶⁷ Vgl. ALTHOFF-KELLER (wie Anm. 11), S. 7 ff.

⁶⁸ S. oben Anm. 1.

⁶⁹ WALTER SCHLESINGER, Zur Problematik der Erforschung der deutschen Ostsiedlung, in: Die deutsche Ostsiedlung des Mittelalters (wie Anm. 1), S. 11–30, S. 16.

⁷⁰ Gemeinsame deutsch-polnische Schulbuchkommission: Empfehlungen für Schulbücher der Geschichte und Geographie in der Bundesrepublik Deutschland und in der Volksrepublik Polen (Schriftenreihe des Georg-Eckert-Instituts für Internationale Schulbuchforschung 22), Braunschweig 1977.

⁷¹ RICHARD LÜPCKE, Tatsachen- und Arbeitshefte, Geschichte IV, Breslau o.J.; vgl. HORST SCHALLENBERGER, Untersuchungen zum Geschichtsbild der Wilhelminischen Ära und der Weimarer Zeit. Eine vergleichende Schulbuchanalyse deutscher Schulgeschichtsbücher aus der Zeit von 1888 bis 1933, Ratingen 1964, S. 208 f.

⁷² Vgl. JOSEF JOACHIM MENZEL–WOLFGANG STRIBRNY–ERNST VÖLKER, Alternativ-Empfehlungen zur Behandlung der deutsch-polnischen Geschichte in den Schulbüchern, Mainz o.J. [1978]; s. dazu KARL ERNST JEISMANN, Politische Determinanten der deutsch-polnischen Schulbuchempfehlungen und ihre Aufnahme in der Öffentlichkeit, in: Geschichtsdarstellung, Göttingen 1982, S. 102–122, wieder in: DERS., Geschichte als Horizont der Gegenwart, Paderborn 1985, S. 235–249; KLAUS ZERNACK, Gedanken zur XX. deutsch-polnischen Schulbuchkonferenz der Historiker 1987, in: Zum wissenschaftlichen Ertrag der deutsch-polnischen Schulbuchkonferenzen der Historiker 1972–1978 (Schriftenreihe des Georg Eckert-Instituts für internationale Schulbuchforschung 22/11) Braunschweig 1988, S. 157–164.

⁷³ Vgl. WOLFGANG JACOBMEYER, Die deutsch-polnischen Bemühungen zur Verständigung auf dem Gebiet der historischen und geographischen Unterrichtswerke, in: Internationale Schulbuchforschung 1 (1979), S. 23–31, S. 30; zur allgemeinen Problematik s. auch JOHANNES HOFFMANN, Stereotypen, Vorurteile, Völkerbilder in Ost und West – in Wissenschaft und Unterricht. Eine Bibliographie (Studien der Forschungsstelle Ostmitteleuropa an der Universität Dortmund 1), Wiesbaden 1986.

Autorenverzeichnis

GERD ALTHOFF, Professor für Mittlere und Neue Geschichte, Universität Gießen.

FRANK BÜTTNER, Professor für Kunstgeschichte, Universität Kiel.

PETER JOHANEK, Professor für Mittlere und Neue Geschichte, Universität Münster.

DIETER MERTENS, Professor für Mittlere und Neue Geschichte, Universität Freiburg.

VOLKER MERTENS, Professor für Ältere deutsche Literatur und Sprache, Freie Universität Berlin.

OTTO GERHARD OEXLE, Professor für Mittlere und Neue Geschichte, Direktor des Max-Planck-Instituts für Geschichte in Göttingen.

ULRICH WYSS, Professor für Germanistik, Universität Erlangen.